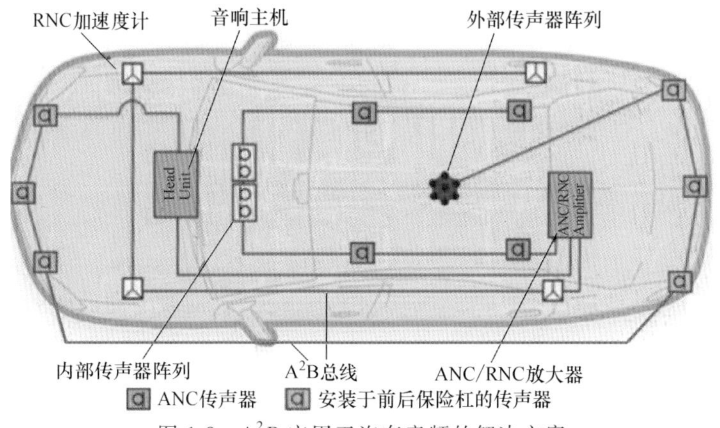


图 1-9　$A^2B$ 应用于汽车音频的解决方案

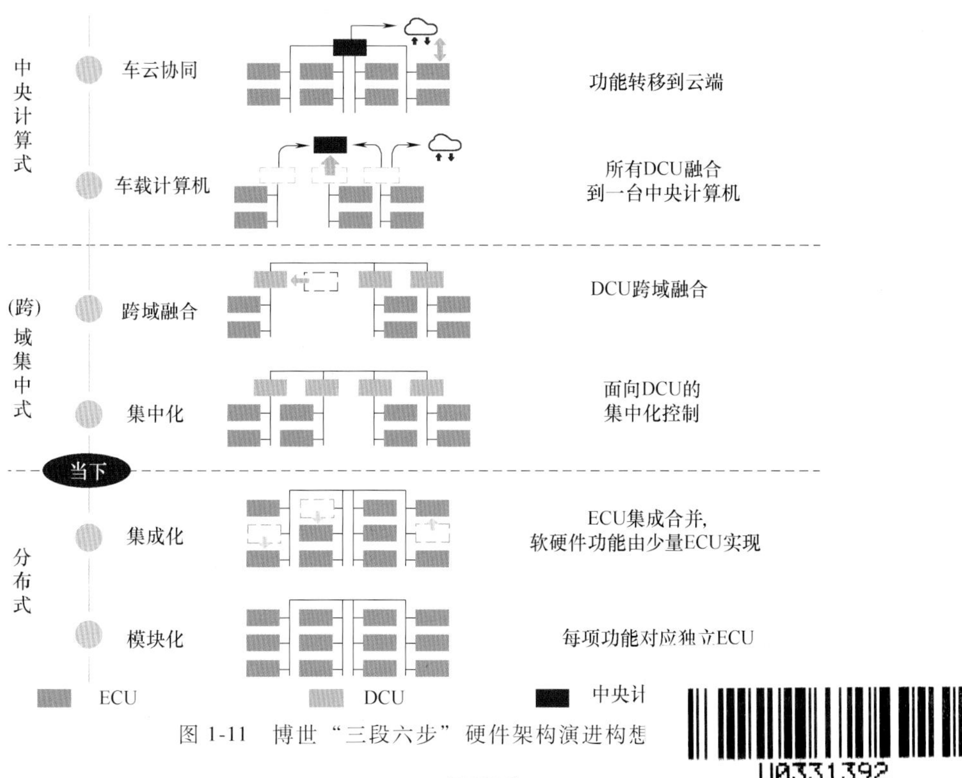


图 1-11　博世“三段六步”硬件架构演进构想



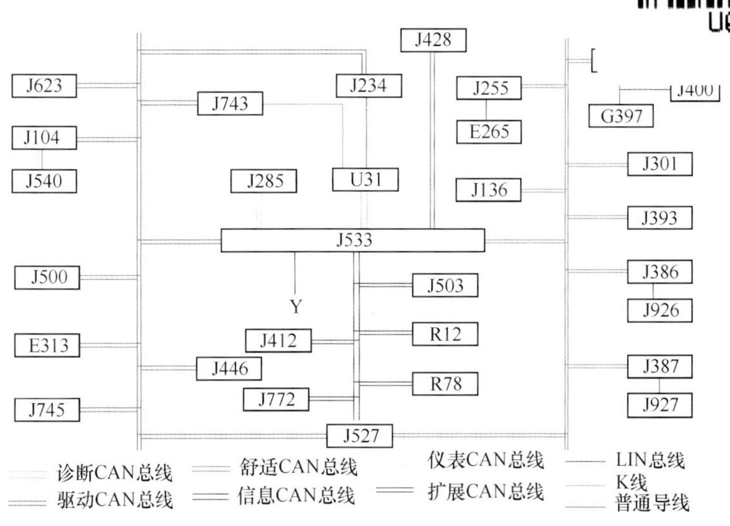


图 1-15　大众迈腾 B7L（2012 年型）车载通信系统的网络拓扑结构

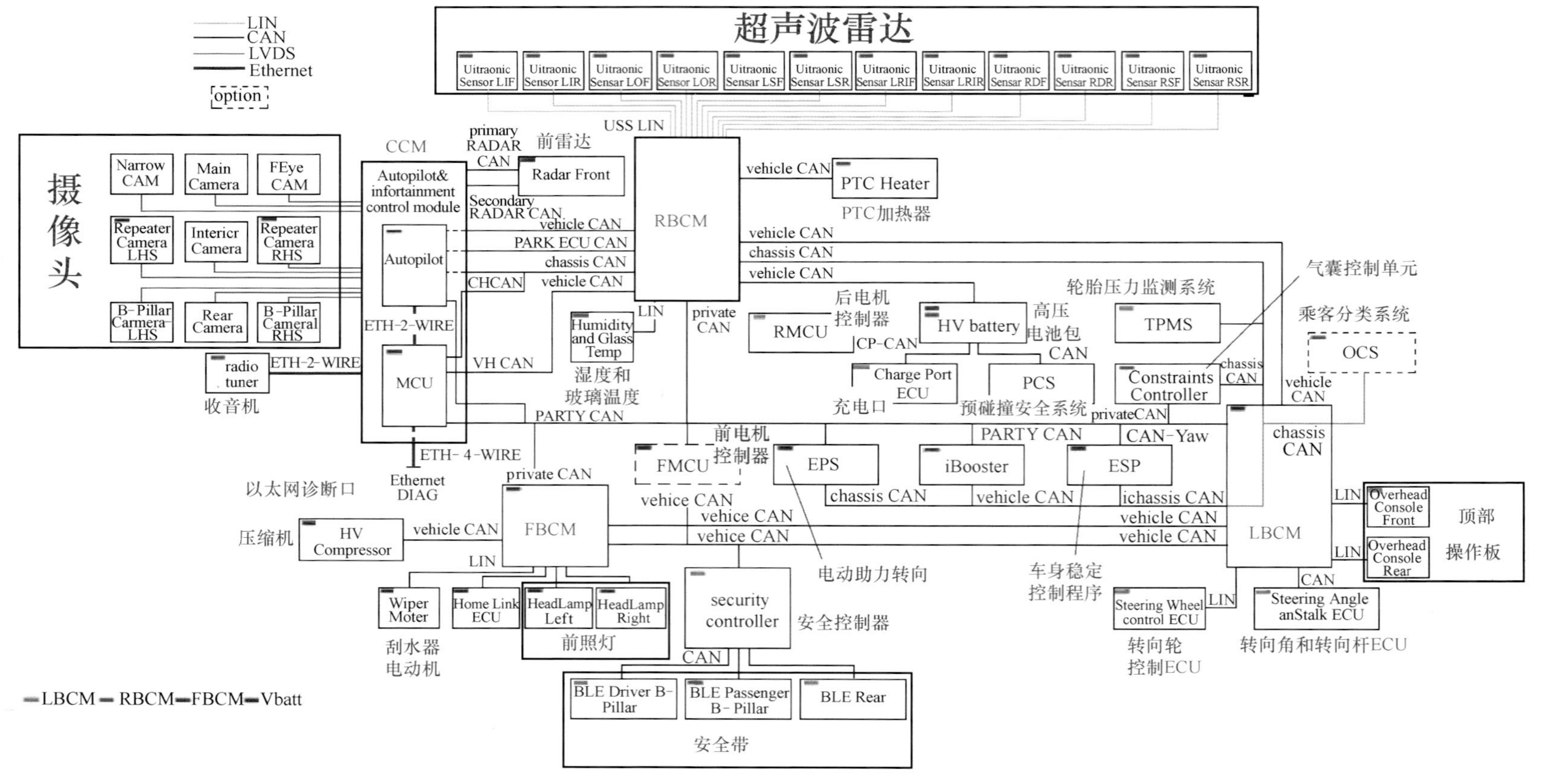


图 1-22　特斯拉 Model 3 的网络拓扑图

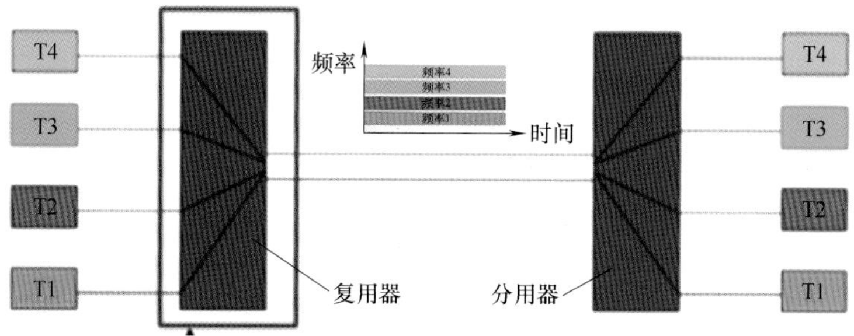


图 1-35　频分多路复用的数据传输过程

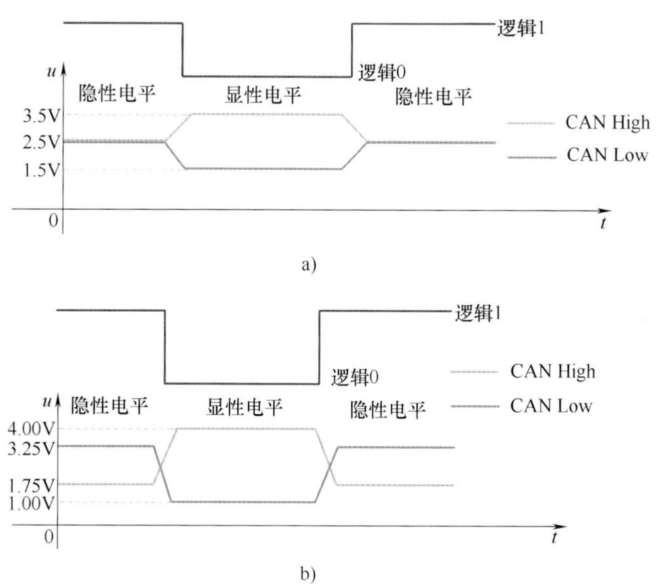


图 2-1　ISO 11898（高速 CAN）和 ISO 11519（低速 CAN）的 CAN 信号的定义
a）ISO 11898　b）ISO 11519

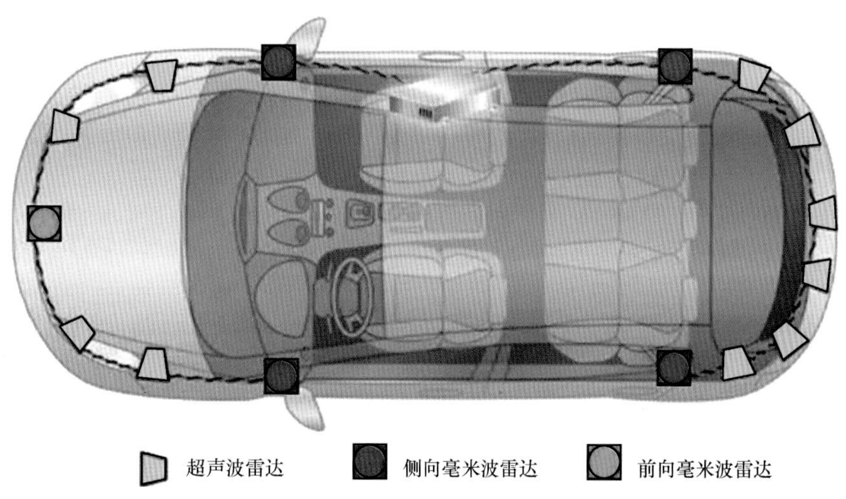


图 4-48　菊花链式拓扑结构在汽车上的应用案例

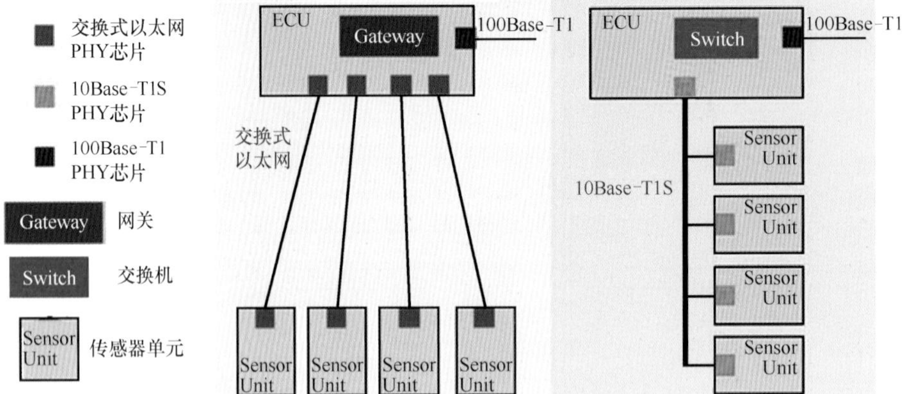


图 4-67 交换式以太网和总线型以太网的比较

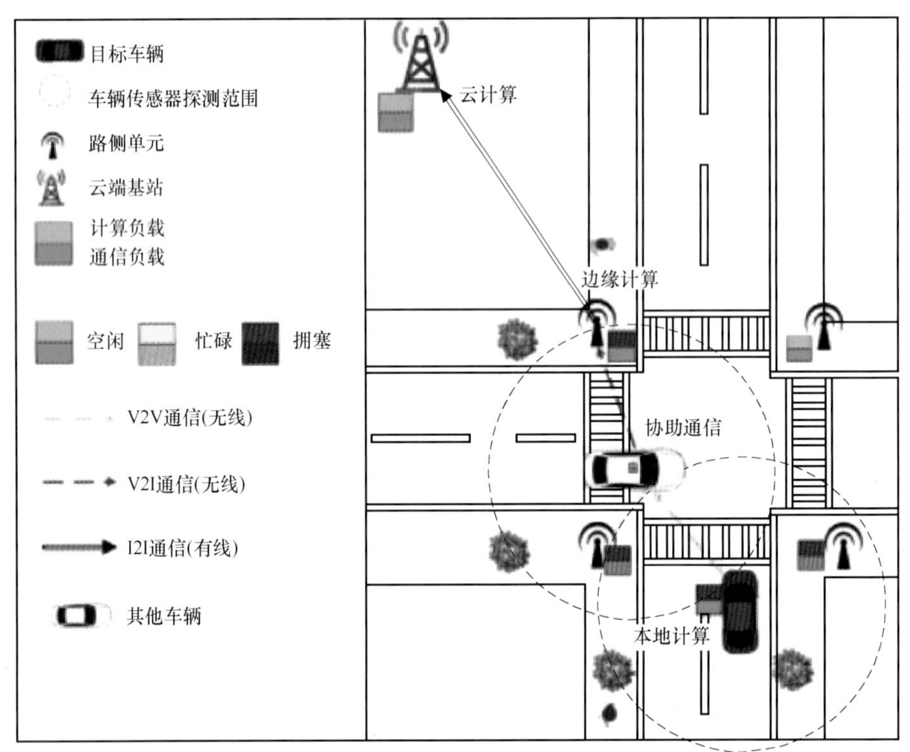


图 8-23 路侧 MEC 设备的部署实例

“十四五”时期国家重点出版物出版专项规划项目
新能源与智能网联汽车新技术系列丛书
中国机械工业教育协会“十四五”普通高等教育规划教材
新工科·普通高等教育汽车类系列教材

# 智能网联汽车通信技术

主　编　刘　果　李秋燕
副主编　刘义清
参　编　瓦　鑫　滕其满　王宗祥

机械工业出版社

本书是“十四五”时期国家重点出版物出版专项规划项目，是中国机械工业教育协会“十四五”普通高等教育规划教材。

本书为普通本科教育汽车专业系列校企合作教材。本书的编写采用项目化任务驱动教学模式，书中内容理论与实际结合度高，条理清晰，通俗易懂。为了便于理解，本书精心设计了大量的教学视频，可扫文前“教学资源”中的二维码进行观看。

本书分上下两篇，上篇为车载通信系统，下篇为车联网，主要内容有车载通信系统概述、CAN 总线、LIN 总线、车载以太网、车联网系统概述、DSRC 技术、基于蜂窝移动通信的车联网——LTE-V2X、基于蜂窝移动通信的车联网——5G-V2X 以及附录等。

本书立足实际，注重学生实践能力的提高，既可作为高等院校汽车及交通类专业、各类高职高专院校汽车相关专业的教学用书，也可作为汽车从业人员的培训用书，还可供汽车爱好者阅读。

本书配有 PPT 课件，免费赠送给采用本书作为教材的教师，教师可登录 www.cmpedu.com 注册下载。

**图书在版编目（CIP）数据**

智能网联汽车通信技术/刘果，李秋燕主编. —北京：机械工业出版社，2023.12（2025.6 重印）

新工科·普通高等教育汽车类系列教材

ISBN 978-7-111-74213-5

Ⅰ.①智… Ⅱ.①刘… ②李… Ⅲ.①汽车-智能通信网-高等学校-教材 Ⅳ.①U463.67

中国国家版本馆 CIP 数据核字（2023）第 214767 号

机械工业出版社（北京市百万庄大街 22 号 邮政编码 100037）

策划编辑：宋学敏　　责任编辑：宋学敏　赵晓峰

责任校对：贾海霞　张　征　　封面设计：张　静

责任印制：张　博

固安县铭成印刷有限公司印刷

2025 年 6 月第 1 版第 2 次印刷

184mm×260mm · 19.75 印张 · 2 插页 · 485 千字

标准书号：ISBN 978-7-111-74213-5

定价：64.80 元

电话服务　　网络服务

客服电话：010-88361066　　机　工　官　网：www.cmpbook.com

010-88379833　　机　工　官　博：weibo.com/cmp1952

010-68326294　　金　　书　　网：www.golden-book.com

**封底无防伪标均为盗版**　　机工教育服务网：www.cmpedu.com

# 前　言

在汽车电动化、智能化、网联化的背景下，智能网联汽车飞速发展，不仅汽车内部的ECU之间需要通过车载通信系统进行通信，而且车与车、路、人及互联网等之间也需要通过车联网建立无线通信和信息交换的大系统网络，实现智能化交通管理、智能动态信息服务和车辆智能化控制。为此，众多高校开办智能网联汽车技术、智能车辆工程等相关专业，以培养智能网联汽车行业人才。

但是目前的智能网联汽车通信技术类的教材和相关学习资料无法适应新专业的人才培养目标，主要存在以下几个问题：

1. 主要针对CAN/LIN等应用广泛的技术讲解，而对具有发展前景的新技术介绍较少。

2. 车联网相关书籍较多，但多为研发人员编写，且针对某个技术进行介绍，不适合作为教材使用。

3. 大部分车载以太网和车联网相关书籍缺乏计算机通信相关基础知识介绍，知识体系不完整。

4. 现用的有些教材存在理论知识讲解不清、理论与实践脱节等问题。

为此，编者编写了本书。本书适用于本科类的智能网联汽车通信课程的教学，也适用于初学者对智能网联汽车通信知识的学习。

本书由昆明理工大学的刘果和李秋燕担任主编，昆明理工大学的刘义清担任副主编，参编人员有瓦鑫、滕其满和王宗祥，此外，还有很多同志为本书的编写提供了方便和大力支持，在此表示衷心的感谢。

本书的编写参照了很多国内外的著作和技术资料，感谢书后所列参考文献的作者。

由于编者水平有限，书中难免有疏漏、错误及不妥之处，敬请广大读者批评指正。

编　者

# 教学资源

为方便教师教学和学生自学，本书根据实际教学过程的内容安排配备了教学资源，请扫码进行观看。

项目1　车载通信系统概述

| 序号 | 名　称 | 二维码 | 对应章节 | 序号 | 名　称 | 二维码 | 对应章节 |
|---|---|---|---|---|---|---|---|
| 1 | 车载通信系统的分类 |  | 任务 1.1<br>1.1.2 | 4 | 总线的数据传输方式 |  | 任务 1.5<br>1.5.1 |
| 2 | 硬件架构 |  | 任务 1.2<br>1.2.1 | 5 | 网络分层 |  | 任务 1.6<br>1.6.2 |
| 3 | 总线传输原理 |  | 任务 1.4<br>1.4.2 |  |  |  |  |

项目2　CAN 总线

| 序号 | 名　称 | 二维码 | 对应章节 | 序号 | 名　称 | 二维码 | 对应章节 |
|---|---|---|---|---|---|---|---|
| 6 | CAN 总线的传输介质及信号 |  | 任务 2.1<br>2.1.1 | 10 | CAN 总线的线与机制 |  | 任务 2.6<br>2.6.1 |
| 7 | CAN 总线的节点 |  | 任务 2.3 | 11 | 节点的错误状态 |  | 任务 2.6<br>2.6.2 |
| 8 | CAN 总线的数据传输过程 |  | 任务 2.4 | 12 | 错误帧的发送 |  | 任务 2.6<br>2.6.3 |
| 9 | CAN 总线的数据帧和远程帧 |  | 任务 2.5 |  |  |  |  |

（续）

**项目3　LIN 总线**

| 序号 | 名　称 | 二维码 | 对应章节 | 序号 | 名　称 | 二维码 | 对应章节 |
|---|---|---|---|---|---|---|---|
| 13 | LIN 总线的数据帧结构 | | 任务 3.3 3.3.1 | 16 | 查询指令的数据传输过程 | | 任务 3.5 |
| 14 | 校验和场 | | | 17 | 信息携带帧 | | 任务 3.6 |
| 15 | 动作指令的数据传输过程 | | 任务 3.4 | 18 | 诊断帧 | | 任务 3.7 |

**项目4　车载以太网**

| 序号 | 名　称 | 二维码 | 对应章节 | 序号 | 名　称 | 二维码 | 对应章节 |
|---|---|---|---|---|---|---|---|
| 19 | 车载以太网的网络分层 | | 任务 4.2 | 23 | 车载以太网的数据传输过程 | | 任务 4.9 |
| 20 | SOME/IP 的数据格式 | | 任务 4.3 4.3.2 | 24 | 车载以太网节点的物理结构 | | 任务 4.10 4.10.2 |
| 21 | SOME/IP 的通信机制 | | 任务 4.3 4.3.3 | 25 | 车载以太网的供电技术 | | 任务 4.11 4.11.1 |
| 22 | 车载以太网的帧结构 | | 任务 4.8 | | | | |

**项目5　车联网系统概述**

| 序号 | 名　称 | 二维码 | 对应章节 | 序号 | 名　称 | 二维码 | 对应章节 |
|---|---|---|---|---|---|---|---|
| 26 | 车联网的体系架构 | | 任务 5.2 5.2.2 | 27 | 车联网终端 | | 任务 5.3 |

（续）

**项目 6　DSRC 技术**

| 序号 | 名　称 | 二维码 | 对应章节 | 序号 | 名　称 | 二维码 | 对应章节 |
|---|---|---|---|---|---|---|---|
| 28 | DSRC 的分层体系架构 |  | 任务 6.2<br>6.2.1 | 31 | DSRC 数据链路层的<br>EDCA 访问模式 |  | 任务 6.3<br>6.3.4 |
| 29 | 信标信息 |  | 任务 6.2<br>6.2.3 | 32 | DSRC 的多信道操作 |  | 任务 6.3<br>6.3.5 |
| 30 | DSRC 数据链路层的<br>CSMA/CA 媒体<br>访问机制 |  | 任务 6.3<br>6.3.3 |  |  |  |  |

**项目 7　基于蜂窝移动通信的车联网——LTE-V2X**

| 序号 | 名　称 | 二维码 | 对应章节 | 序号 | 名　称 | 二维码 | 对应章节 |
|---|---|---|---|---|---|---|---|
| 33 | LTE-V2X 的通信<br>方式及应用 |  | 任务 7.1 | 35 | LTE-V2X 基于 PC5<br>接口的帧结构及<br>同步机制 |  | 任务 7.3<br>7.3.1 |
| 34 | LTE-V2X PC5 接口的<br>分层结构及信道 |  | 任务 7.2<br>7.2.2 | 36 | LTE-V2X 的<br>资源池配置 |  | 任务 7.3<br>7.3.2 |

**项目 8　基于蜂窝移动通信的车联网——5G-V2X**

| 序号 | 名　称 | 二维码 | 对应章节 | 序号 | 名　称 | 二维码 | 对应章节 |
|---|---|---|---|---|---|---|---|
| 37 | 5G-V2X 的 D2D<br>通信技术 |  | 任务 8.1<br>8.1.2 | 39 | 5G-V2X 的重传机制 |  | 任务 8.3<br>8.3.1 |
| 38 | 5G-V2X 的网络<br>切片技术 |  | 任务 8.2<br>8.2.2 | 40 | 边缘计算 |  | 拓展任务<br>8.4 |

# 目　录

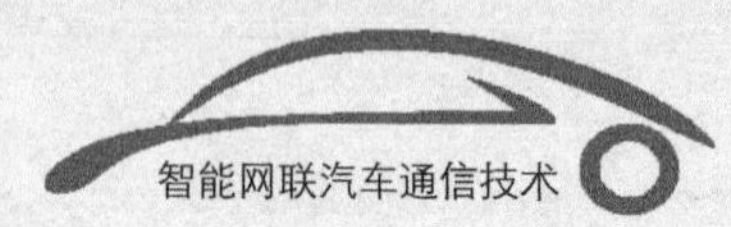
智能网联汽车通信技术

## 下篇　车联网

# 上篇

# 车载通信系统

# 项目1　车载通信系统概述

## 任务 1.1　车载通信系统的出现及发展

### 1.1.1　车载通信系统的出现

【思考】

**1. 仪表显示发动机转速有几种实现方式**［即发动机转速信号如何传递到仪表 ECU（Electronic Control Unit，电子控制单元）］？

（1）将发动机转速传感器通过导线直接连接到仪表 ECU。

（2）将发动机转速传感器连接到离该传感器较近的 ECU，通过 ECU 之间的通信，将信息传输到仪表 ECU。

**2. 上述两种方案，哪种方案较优？**

需要发动机转速传感器信号的 ECU 包括发动机 ECU、变速器 ECU 以及仪表 ECU 等，如果发动机转速传感器和所有需要该信号的 ECU 通过导线直接连接，会导致整车的线束复杂度增加，可靠性下降，同时线束重量增加，对成本和燃油经济性不利，所以采用通信方式实现信息传输的方案较优。

电动化、智能化、网联化和共享化的汽车“新四化”使得汽车上使用的电控单元越来越多。每个电控单元连接许多传感器和执行器完成信息传递，各电控单元之间也需要进行信息交换。如果信息传递和交换通过点对点的形式进行传输，将会导致整个电控系统的线束和插接件数量大幅增加，整车故障率增加。为了减少电气节点的数量和导线的用量，简化线束布局，提高各电控单元之间的通信速率，降低故障发生率，实现信息共享，提高可靠性和可维护性，车载通信系统应运而生。

采用车载通信系统的现代汽车，信息基于数据总线（Data Bus，DB）的原理进行传输。总线（Bus）是计算机各种功能部件之间传送信息的公共通信干线。如果说控制系统是一座城市，那么总线就像城市里的公共汽车，总线上传输的信息就是乘坐公共汽车的乘客。公共汽车可以按照固定的路线运送乘客，同理，总线也可以按照固定的路线传输信息。

20世纪80年代，德国博世开发出CAN（Control Area Network，控制局域网）总线，大大简化了整车电子及电气系统的拓扑结构。CAN总线从20世纪90年代初开始应用在量产车型上，在不到10年的时间迅速被各大汽车企业采用，并在车载通信网络中持续占据主导地位。CAN总线带宽低，如果依赖其实现整车功能，车上需要布置很多功能单一的ECU。当增加新功能时需要增加新的ECU，且各ECU之间只能通过有限的通信来实现一些对时延要求不高的简单功能组合。

20世纪90年代之后，车载通信技术飞速发展，车载通信网络呈现多总线共存的局面，出现了诸如车载影音娱乐和车载导航需要的MOST（Media Oriented System Transport，面向媒体的系统传输）技术，传输视频数据的LVDS（Low-Voltage Differential Signaling，低电压差分信号）技术、GMSL（Gigabit Multimedia Serial Link，吉比特多媒体串行链路）技术，应用于制动和转向等底盘控制的FlexRay技术，以及应用车门、车窗等简单控制器的LIN总线技术。这一时期，汽车内部的通信和控制采用堆叠模式，导致汽车电子与电气方面的复杂度增加，汽车的生产维护成本不断增加。

**【知识拓展】**

**1. 什么是局域网？**

局域网（LAN，Local Area Network）是在一个有限的区域内连接的计算机网络。局域网一般的数据传输速率在105Mbit/s～1Gbit/s范围内，传输距离在250m范围内，误码率低。

**2. 什么是带宽？**

频域的带宽是指该信号所包含的各种不同频率成分所占据的频率范围。时域的带宽是指在单位时间内从网络的某一点到另一点所能通过的“最高数据量”，详见本项目的任务1.5。

**3. 什么是时延？**

时延（Delay或Latency）是指数据（一个报文或者分组）从网络（或链路）的一端传送到另一端所需的时间，详见本项目的任务1.5。

**4. 什么是信息、数据和信号？**

通信的目的是传送信息（Message），如语音、文字、图像、视频等。数据（Data）是运送信息的实体。在计算机科学中，数据是指所有能输入到计算机并被计算机程序处理的符号的总称。数据经过加工可变为信息。信号（Signal）是指数据的电气或电磁表现，是数据传输的工具和载体，如光信号、电信号、电磁波信号等，计算机可识别的信号分为模拟信号和数字信号。

举例说明：通过聊天工具发送一条“你好”的信息，“你好”为信息，“你好”无法直接发送，需要根据规则转换成二进制进行发送，如果是GBK编码，对应的二进制代码是“11000100 11100011 10111010 11000011”，这个32位二进制是用于表达信息“你好”的数据。信息通过导线传输出去，需要将二进制转成电平，假设5V代表“1”，0V代表“0”，这个转换之后的高低电平就是传输信息“你好”的工具和载体，即信号。

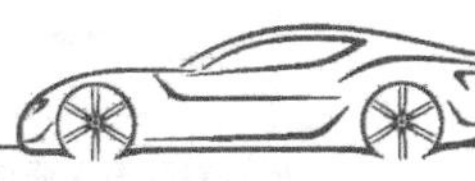

**5. 什么是模拟信号？什么是数字信号？并举例说明。**

模拟信号是指时间连续、幅值连续，计算机不能处理的信号，如图 1-1 所示。数字信号是指时间离散、幅值离散，计算机能够处理的信号，如图 1-2 所示。

计算机里常用的一种数字信号为二进制信号（Binary Signal）。一个二进制信号的幅值只有两个状态，高或低，对应 0 或 1，如车灯点亮或熄灭，开关断开或闭合等。

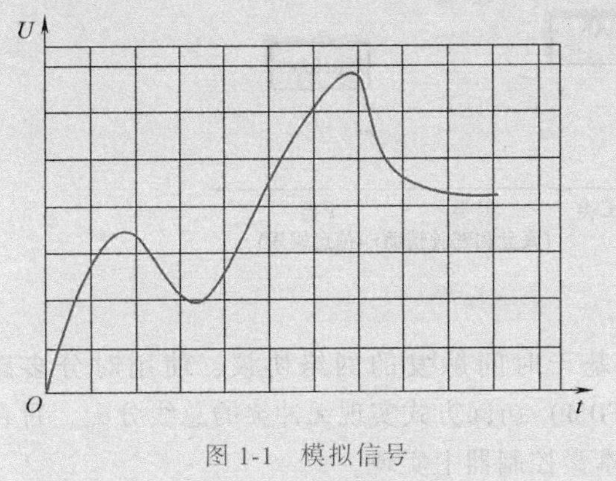


图 1-1 模拟信号

$U$—电压 $t$—时间

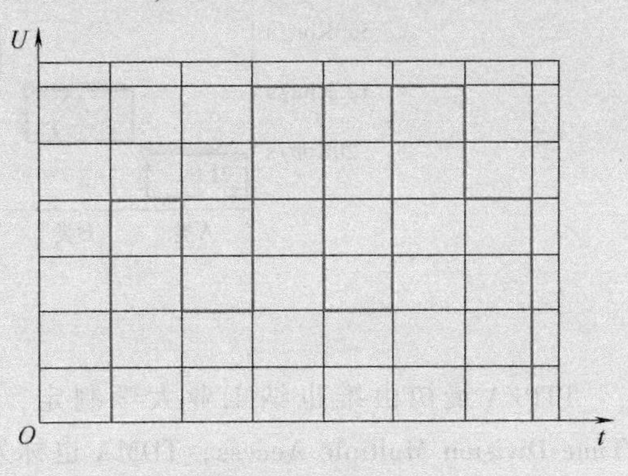


图 1-2 数字信号

$U$—电压 $t$—时间

自然界中各种事物变化都是模拟信号，如太阳缓缓升起的过程，时间是连续变化的，太阳的位置也是连续变化的，每一个时间点对应一个太阳位置，这样的信号是模拟信号。

利用计算机研究太阳位置的变化规律，需要将模拟信号转换成数字信号，比如早晨 8 点到 10 点每隔 5min 记录一次太阳位置，时间是离散的，幅值也是离散的，此时信号变成数字信号。

**6. 什么是差分信号？**

差分信号又称差模信号，用在差分传输上。差分传输是一种信号传输技术，区别于传统的一根信号线一根地线的传输方式。差分传输在两根导线上同时发送信号，这两个信号振幅相同，相位相反，称为差分信号。信号接收端比较这两个信号的差值，以判断发送端发送的数据。

## 1.1.2 车载通信技术的分类

为了方便研究和设计应用，美国汽车工程师学会（Society of Automotive Engineers，SAE）的汽车网络委员会按照系统的复杂程度、传输流量、传输速度、传输可靠性、动作响应时间等参数，将汽车数据传输网络划分为 A、B、C、D、E 共五类，如图 1-3 所示。

### 1. A 类网络

A 类网络是面向传感器/执行器控制的低速网络，数据传输速率通常小于 20Kbit/s，主要用于车外后视镜、电动车窗、灯光照明等对实时性要求不高的控制系统。

A 类网络标准包括 LIN（Local Interconnect Network，本地互联网）和 TTP/A（Time Triggered Protocol/A，基于时间触发的 A 类协议网络）两大类。其中 LIN 应用最广，是一种低成本开放式串行通信协议，2003 年开始进入使用阶段，LIN 总线在项目 3 进行详细介绍。

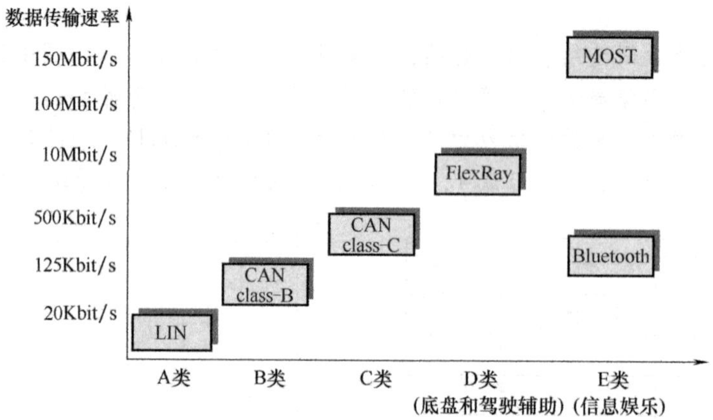


图 1-3　SAE 对汽车网络的分类

TTP/A 最初由维也纳工业大学制定，是基于时间触发的网络协议，使用时分多路（Time Division Multiple Access，TDMA 也称为 TDM）访问方式实现无冲突的总线分配，旨在将传感器和执行器集成到网络中，可以在低成本微控制器上实现。

注：bit/s 也可写为 b/s 或者 bps。

**【知识拓展】**

**1. 什么是基于时间触发？**

基于时间触发是指在预先规定的时刻激励各种系统的活动。

**2. 什么是通信协议？**

通信协议是指通信实体双方完成通信或服务所必须遵循的规则和约定，详见本项目的任务 1.6。

**3. 什么是服务？**

服务是垂直的，指下层为紧邻的上层提供的功能调用。对等实体在协议的控制下，使得本层能为上一层提供服务，本层能够使用下一层所提供的服务。

**4. 什么是对等实体？**

任何可以发送和接收信息的硬件或软件进程被称为实体（Entity）。对等实体（Peer Entity）是不同计算机上位于同一层次、完成相同功能的实体。关于计算机网络分层详见本项目的任务 1.6。

**5. 什么是串行通信？**

串行通信（Serial Communication）是在一根导线上以位为单位依次传输所需数据。相对应的另一种通信方式为并行通信，详见本项目的任务 1.5。

**6. 什么是时分多路访问？**

时分多路访问也称为时分多路复用，是将信道按时间加以分割成多个时间段，不同来源的信号要求在不同的时间段内得到响应，信号传输在时间坐标轴上不重叠，详见本项目的任务 1.4。

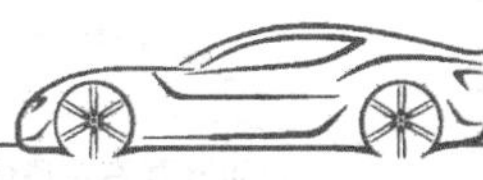

**7. 什么是信道（Channel）？**

信道是信号传输的通道，信号从发射端传输到接收端所经过的传输媒介，这是狭义信道的定义。广义信道的定义除了传输媒介，还包括信号传输的相关设备。

**2. B类网络**

B类网络是面向独立模块间数据共享的中速网络，传输速率在20Kbit/s和125Kbit/s之间，主要应用于车身舒适性系统、仪表显示等。

B类网络总线标准包括低速CAN、SAE J1850和VAN（Vehicle Area Network，车辆局域网）三类，其中以CAN最为著名。CAN网络最初只用于汽车内部测量和执行部件间的数据通信，1993年ISO正式颁布了CAN总线的国际标准ISO 11898（高速应用）和ISO 11519（低速应用）。CAN总线将在项目2进行详细介绍。SAE J1850作为B类网络标准协议最早被美国福特、通用以及克莱斯勒使用，现在主要用作诊断和数据共享协议。VAN标准基于ISO 11519-3，是ISO公司1994年6月推出的，目前主要被法国汽车公司使用。

**【知识拓展】**

什么是低速容错CAN总线？

低速容错CAN总线和高速CAN总线是CAN总线的两种类型。低速容错CAN总线的传输速度比较低，且具有单线工作模式。

**3. C类网络**

C类网络是面向高速、实时闭环控制的多路传输网络，传输速率在125Kbit/s和1Mbit/s之间，主要用于牵引力控制、发动机控制、ABS和ESP等系统。

C类网络总线标准包括TTP/C、FlexRay和高速CAN三大类。TTP/C由维也纳工业大学研发，基于TDMA传输，能够满足汽车和航空电子领域中X-By-Wire等关键应用。FlexRay总线是宝马、戴姆勒克莱斯勒、摩托罗拉、飞利浦等公司研制的功能强大的网络通信协议，基于TDMA访问方式，具有容错功能及确定的信息传输时间，同时支持基于事件触发和基于时间触发的通信机制。高速CAN是应用最广泛的C类网络，欧洲基本采用ISO 11898中传输速率高于125Kbit/s的那部分标准，美国则使用专门的通信协议SAE J1939。

**【知识拓展】**

**1. 什么是X-By-Wire？并举例说明。**

X-By-Wire也称为线控技术，是从应用于飞机驾驶控制上的Fly-By-Wire发展而来。该技术取代传统的机械结构，实现对汽车各种运动的电子线控，主要机理是利用传感器将驾驶人输入信号传递到中央处理器，通过中央处理器的控制逻辑发送信号给相应的执行机构完成驾驶相关操作。“X”代表汽车中各个系统，如线控转向（Steering-By-Wire）、线控制动（Brake-By-Wire）、线控节气门（Throttle-By-Wire）。

2. 什么是基于事件触发?

基于事件触发是指总线状态由外部环境或系统内发生的各种事件触发引起。

4. D 类网络

D 类网络是智能数据总线（Intelligent Data Bus，IDB）网络，主要面向影音娱乐、信息等多媒体系统，其传输速率在 250Kbit/s 和 100Mbit/s 之间。按照 SAE 的分类，IDB-C 为低速网络，IDB-M 为高速网络，IDB-Wireless 为无线通信网络。D 类网络主要有 D2B（Domestic Digital Bus，也叫 DDB，采用光纤作为传输介质）、MOST（采用光纤作为传输介质）和 IDB-Wireless 无线通信技术。

5. E 类网络

E 类网络是面向汽车被动安全系统（安全气囊）的网络。目前已有一些公司研制相关的总线协议，包括德尔福公司的 Safety Bus 和宝马公司的 Byte Flight。

Byte Flight 总线由宝马、摩托罗拉、埃尔莫斯、英飞凌等公司共同研发，基于 TDMA 协议，以 10Mbit/s 的速率传输数据，传输介质为光纤，传输距离最长可达 43m，可用于安全气囊系统的网络通信，也可用于 X-By-Wire 系统的通信和控制。

### 1.1.3 车载通信技术的发展

表 1-1 是大众 ID. 4、特斯拉 Model Y、福特 MACH E 上电控单元的数量及总线配置，从表中可以看出，特斯拉电控单元的总数量较少，集成度较高，主要原因是特斯拉将众多小型 ECU 的功能集成到域控制器中，比如将车门、车窗、车灯、后视镜等的控制策略集成到车身控制模块（Body Control Module，BCM），而 ID. 4 和 Mach E 中实现上述功能的控制单元之间采用 LIN 通信，因此这两款车型采用 LIN 总线通信的控制单元数量较多。

ID. 4 采用了大量的 100Mbit/s 的以太网，而特斯拉上 LVDS 总线使用居多，主要原因是特斯拉 Autopilot 采用视觉方案，摄像头居多，且摄像头的数据通信主要采用 LVDS。此外，特斯拉的部分 CAN 总线具有 CAN FD（CAN with Flexible Date-rate，灵活数据传输速率的 CAN）功能。此外，Model Y 和 MACH E 还使用了 $A^2B$（Automotive Audio Bus，车载音频总线）。

表 1-1 大众 ID. 4、特斯拉 Model Y、福特 MACH E 上电控单元的数量及总线配置情况

| 电控单元的数量 | 大众 ID. 4 | 特斯拉 Model Y | 福特 MACH E |
|---|---|---|---|
| 总数量 | 52 | 26 | 51 |
| 采用 LIN 总线通信的数量 | 9 个主节点，42 从节点 | 5 个主节点，24 个从节点 | 13 个主节点，44 个从节点 |
| 采用 CAN 总线通信的数量 | 7 | 10 | 8 |
| 采用 CAN FD 总线通信的数量 | 6 | 一些 CAN 总线具有 CAN FD 功能 | 1 |
| 采用以太网通信的数量 | 12 | 2 | 4 |
| 采用 LVDS 总线通信的数量 | 3 | 10 | 3 |

注：1. LIN 总线为一主多从结构，一个支路上包括一个主节点和多个从节点，详见项目 3。

2. 表中的节点可暂时理解为电控单元。

1. 车载以太网

车载以太网是一种连接车内电控单元的新型局域网技术，可实现 1Gbit/s 甚至更高的数据传输速率。2010 年，汽车上只有一条从 DLC 诊断端口到车载网关、传输速率为 100Mbit/s、

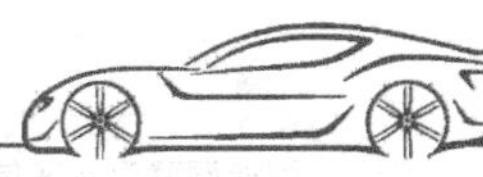

基于基带传输系统的以太网，用于诊断和固化软件更新。随着以太网技术的发展，2015 年起，以太网由诊断逐渐延伸至信息娱乐和 ADAS 系统。未来技术进一步突破，1Gbit/s 以太网将成为新网络骨干。

采用以太网方案线束更短，还可减少安装和测试成本。根据博通和博世调查数据显示，达到同等性能条件下，车载以太网的连接成本最多可降低 80%，线缆重量最多可减轻 30%。车载以太网将在项目 4 进行详细介绍。

**【知识拓展】**

**1. 什么是基带传输系统？**

通信网络中的数据传输形式可分为两种：基带传输和频带传输。基带传输主要用于有线通信系统，频带传输主要用于无线通信系统。基带传输时，发送端对二进制位流进行编码，接收端进行解码并接收二进制位流。

**2. 什么是编码和解码？**

编码（Coding）是指将二进制位流转换成电平信号的过程，解码的过程刚好相反。常用的编码方式包括不归零（Non-Return to Zero，NRZ）编码、归零（Return to Zero，RZ）编码、曼彻斯特编码（Manchester Encoding，ME）、差分曼彻斯特编码（Differential Manchester Encoding，DME）4 种，如图 1-4 所示。

（1）不归零编码　正电平代表 1，负电平代表 0。

（2）归零编码　正脉冲代表 1，负脉冲代表 0。

（3）曼彻斯特编码　当传输“1”时，在时钟周期的前一半为高电平，后一半为低电平；而传输“0”时正好相反，每个时钟周期内有一次跳变。

（4）差分曼彻斯特编码　位开始边界有跳变代表 0，位开始边界没有跳变代表 1，在每一位的中心处始终有跳变。

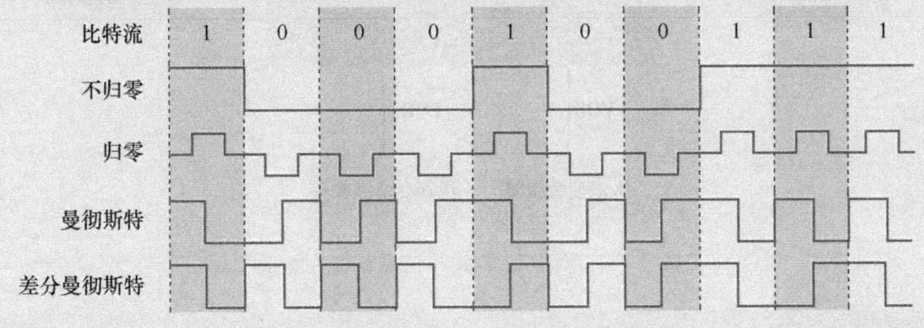


图 1-4　计算机常用的编码方式

**3. 什么是 ADAS？并举例说明。**

ADAS（Advanced Driving Assistance System，高级驾驶辅助系统）是利用安装在车辆上的传感器、通信、决策及执行等装置，实时监测驾驶人、车辆及其行驶环境，并通过信息和/或运动控制等方式辅助驾驶人执行驾驶任务，在发生危险时还可避免或减轻碰撞危害的各类系统的总称（GB/T 39263—2020）。

常见的 ADAS 系统包括车道偏离预警系统（Lane Departure Warning System，LDWS）、车道保持系统（Lane Keeping System，LKS）、自适应巡航系统（Adaptive Cruise Control，

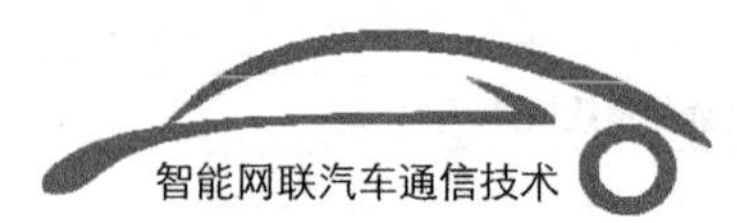


ACC)、前碰撞预警系统（Forward Collision Warning，FCW）、自动泊车系统（Automatic Parking Assist，APA）、盲点监测系统（Blind Spot Detection，BSD）、驾驶人疲劳监测系统（Driver Fatigue Monitor System，DFM）、自适应灯光控制（Adaptive Light Control，ALC）、自动紧急制动（Autonomous Emergency Braking，AEB）、夜视系统（Night Vision Device，NVD）等。

**2. LVDS**

1995 年 11 月，美国国家半导体公司率先发布了名为 ANSI/TIA/EIA-644—1995 的 LVDS 标准，下一年的 3 月，IEEE（the Institute of Electrical and Electronics Engineers，电气电子工程师协会）正式发布了名为 IEEE Std 1596. 3—1996 的另一项标准，这两项技术标准都分别针对 LVDS 接口的供电特性、互连方式等做了具体的规定，LVDS 可选择 3. 3～5V 之间不等的电源额定电压，655Mbit/s 是标准中推荐的传输速率，但是理论上，在一根完全没有信号衰减的数据传输线上，LVDS 的数据传输速率可达 1. 9Gbit/s。

LVDS 系列产品具有低功耗、低误码率及低串行干扰等优势，广泛应用于高速、远程及大量数据传输技术领域，例如 CMOS 图像传感器。LVDS 在车载通信系统上的应用如图 1-5 所示。

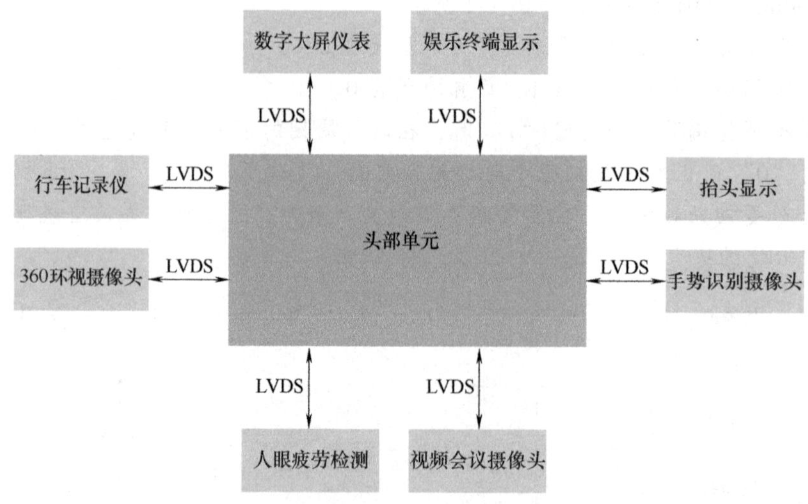


图 1-5　LVDS 在车载通信系统上的应用

**【知识拓展】**

什么是 CMOS 图像传感器?

CMOS 的全称是 Complementary Metal-Oxide-Semiconductor，即互补金属氧化物半导体。目前市面上的工业相机根据所使用的图像传感器不同，可以分为两类，一类基于 CCD（Charged Coupled Device，电荷耦合器件）图像传感器，另一类基于 CMOS 图像传感器。相对于 CCD 传感器，CMOS 图像传感器具有较小的功耗、较低的系统费用和较强的稳定性。专家预测，无人驾驶将是 CMOS 图像传感器的新增长点。

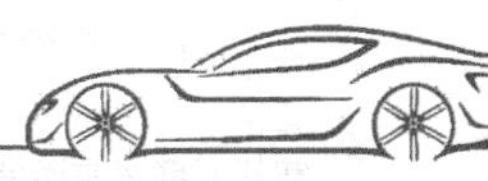

### 3. $A^2B$

音频是智能座舱的核心功能，传统音频系统采用图 1-6 所示的模拟信号传输方式，无法满足汽车智能化和网联化发展对音频的要求，也难以在功能增加与整车轻量化之间取得均衡。ADI 公司对音频总线优化，推出 $A^2B$，用一根非屏蔽双绞线可以双向传输 32 个通道的音频数据，还可实现远程 $I^2C$（Inter-Integrated Circuit，内部集成电路）控制和对多节点进行故障诊断，$A^2B$ 最多支持 9 个节点（1 个主节点和 8 个从节点），采用菊花链形式连接，如图 1-7 所示。节点之间最大支持 10m 距离的线缆，整条链路上支持最大 40m 距离的线缆。

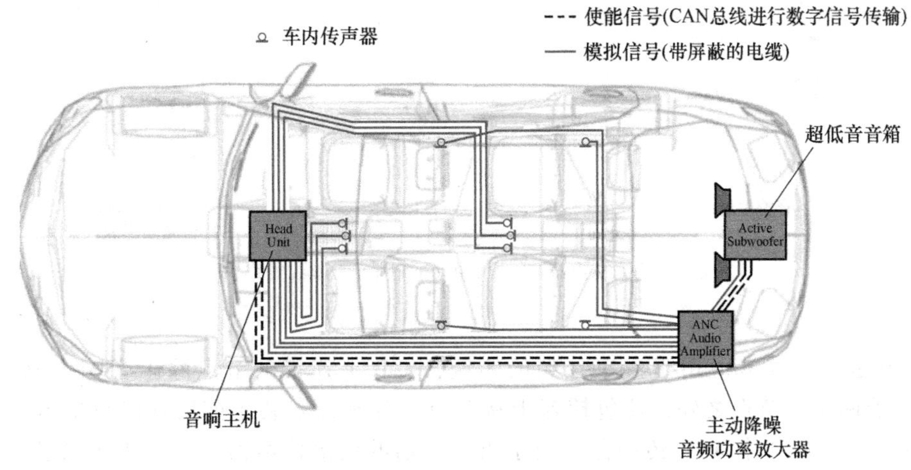


图 1-6　采用模拟信号传输方式的音频系统

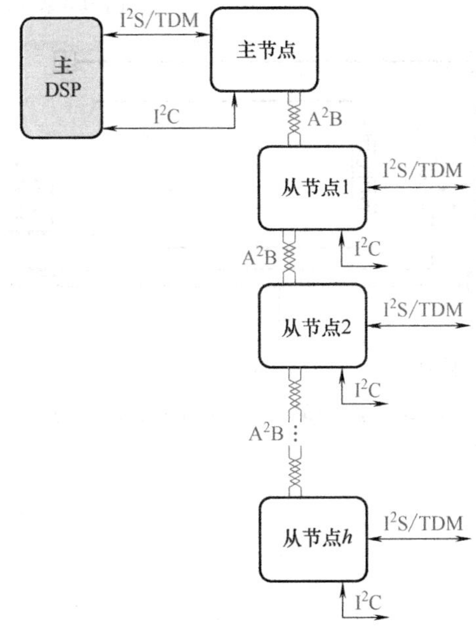


图 1-7　$A^2B$ 的菊花链连接形式

$I^2S$—Inter-IC Sound，集成电路内置音频总线　DSP—Digital Signal Processing，数字信号处理

相较于传统模拟音频总线，$A^2B$ 提供出色的音频质量，数字接口省去外围的 DAC（Digital to Analog Conversion，数模转换）/ADC（Analog to Digital Conversion，模数转换）转换模块，为音频设计提供更简单方便的解决方案，能大大节省汽车音频线束重量和成本（成本约减少 75%），图 1-8 是图 1-6 采用 $A^2B$ 简化后的线缆情况。

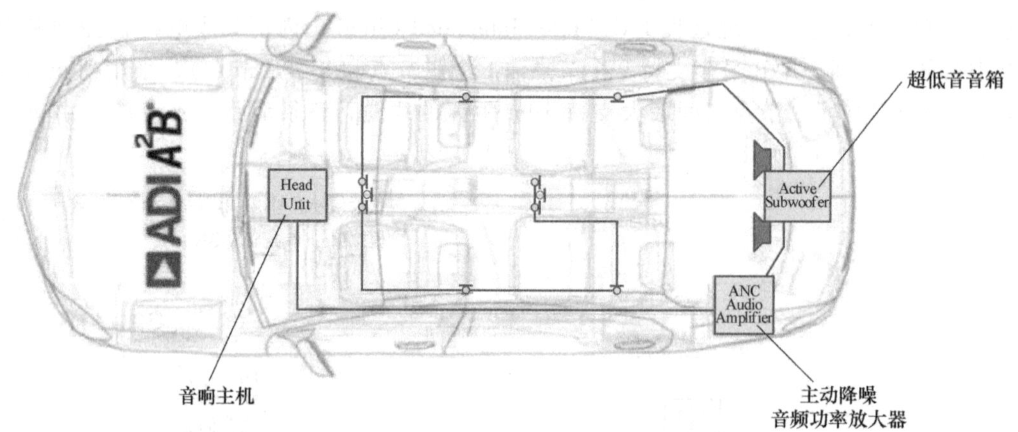


图 1-8 使用 $A^2B$ 简化后的车内音频系统线缆

图 1-9 是一个 $A^2B$ 应用于汽车音频的实例，$A^2B$ 上连接的节点除了音响主机和 ANC/RNC 放大器两个主节点之外，还包括若干从节点，分别是安装于前后保险杠的 6 个单传声器、安装于车内的 4 个 ANC 传声器、用于语音通信的内部传声器阵列、用于紧急警报检测和声学环境监测的外部传声器阵列（安装于车顶）以及 RNC 加速度计。

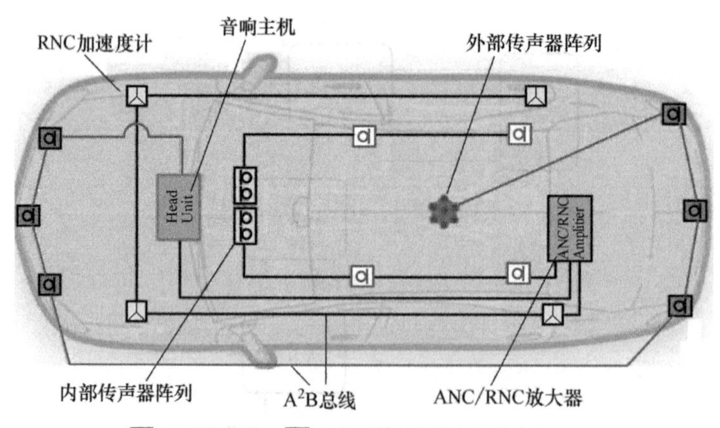


图 1-9 $A^2B$ 应用于汽车音频的解决方案（见彩图）

【知识拓展】

**1. 什么是非屏蔽双绞线？**

双绞线是两根像麻花一样绞在一起的导线，按照是否有屏蔽层，双绞线分为屏蔽双绞线与非屏蔽双绞线，详见本项目的任务 1.4。

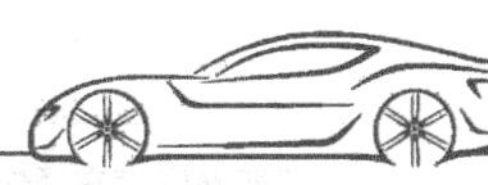

**2. 什么是 $I^2C$？**

$I^2C$ 是一种简单、双向二线制同步串行总线，只需要两根线连接在器件之间进行信息传输。

**3. 什么是 ANC？**

ANC（Active Noise Cancellation，主动降噪）是利用降噪系统产生与外界噪声相反的反向声波，用于中和噪声，达到降噪的目的。

**4. 什么是 RNC？**

RNC（Road Noise Cancellation，主动路噪消减）是 ANC 的一种特殊应用，通过安装在车身悬架系统上的加速度传感器，测量轮胎和悬架系统的工作振动频率，全面测算频谱特性，通过车舱内的传声器检测叠加的环境噪声变化，并模拟发出同频反相的声学信号，达到抑制路噪的目的。

## 任　务

1. 简述 SAE 是如何对车载通信网络进行分类的。
2. 名词解释：基于时间触发、基于事件触发、差分信号。
3. 翻译图 1-10，并根据图分析以太网的优势。

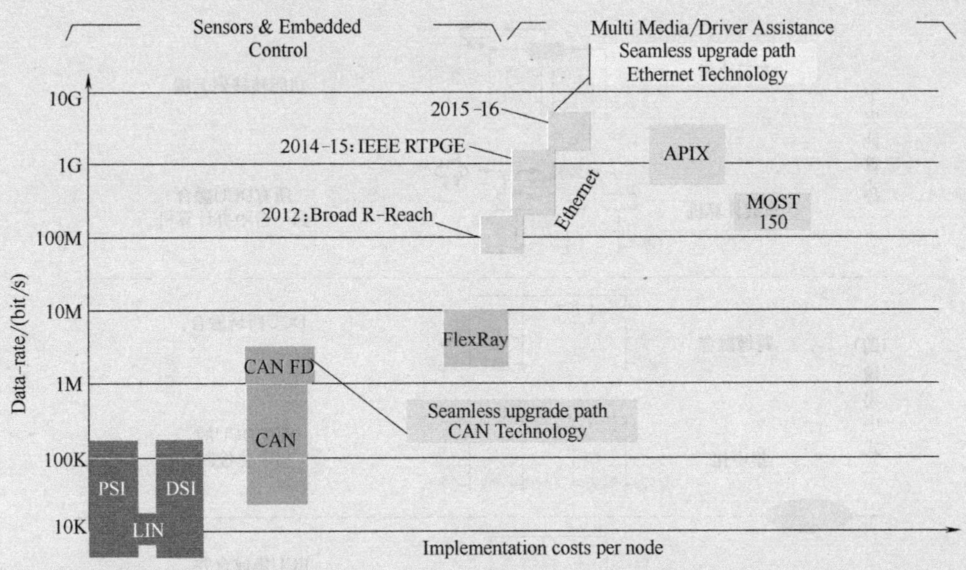


图 1-10　车载通信技术的比较

4. 举例说明什么是 X-By-Wire。
5. 什么是基带传输系统？
6. 试将比特流 10110010 进行编码，分别采用不归零编码、归零编码、曼彻斯特编码以及差分曼彻斯特编码，画出编码结果。
7. 举例说明什么是信息、数据和信号以及它们之间的关系。

8. 举例说明什么是模拟信号？什么是数字信号？
9. 查阅资料，分析车载通信技术的应用情况。

## 任务 1.2 汽车电子电气架构

2007 年，德尔福首次提出整车电子电气（Electrical/Electronic，E/E）架构的概念，开始从整车角度系统考虑车载电子与电气部件的通信网络问题。

汽车 E/E 架构是指整车电子电气系统的总布置方案，即将汽车里的各类传感器、处理器、线束连接、电子电气分配系统和软硬件整合在一起，以实现整车功能，主要体现在硬件架构、软件架构和通信架构三个方面。

### 1.2.1 硬件架构

博世在 2017 年提出“三段六步”硬件架构演进构想，如图 1-11 所示。三段分别是分布式 E/E 架构、（跨）域集中式 E/E 架构和中央计算式 E/E 架构，每一段又分为两步。E/E 硬件架构从分布式 ECU（每个功能对应一个 ECU）逐渐向集成化、域集中化发展；部分域开始跨域融合发展，并整合为中央计算平台，最后将云计算和中央计算平台融合，嵌入式功能转移到云端。

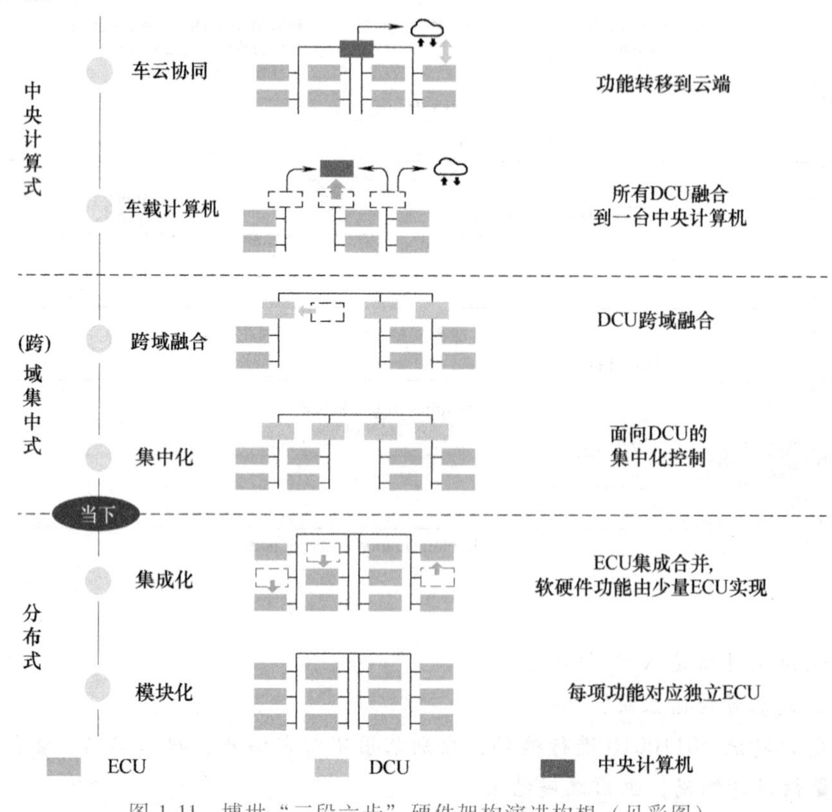


图 1-11 博世“三段六步”硬件架构演进构想（见彩图）

DCU—Domain Control Unit，域控制器

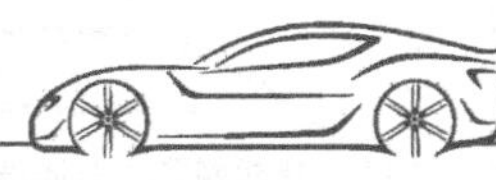

硬件架构升级具有以下优势：

1）硬件架构升级有利于提升算力利用率，减少算力设计总需求。

图1-12是相同功能条件下，采用分布式架构和采用域集中式或者中央计算式架构对算力的需求。芯片1和芯片2的最大算力分别是1.5TOPS和2TOPS，如果采用分布式架构，两个芯片均需要工作在最大算力，使得总算力达到3.5TOPS，如果使用域集中式或中央计算式架构，算力需求大幅下降。

2）分布式架构的感知数据无法统一决策处理，无异于盲人摸象，硬件架构升级有利于数据统一交互，实现整车功能协同。

3）硬件架构升级有利于缩短线束，降低故障率，减轻线束质量。

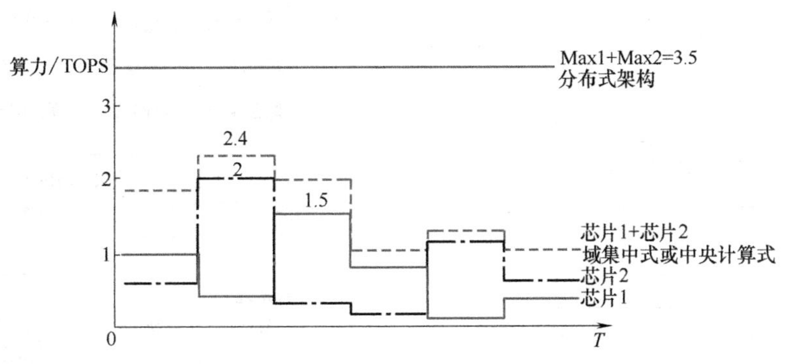


图1-12 相同功能条件下不同架构对算力的需求

## 【知识拓展】

什么是算力？

算力是指计算能力，即每秒执行数据运算次数的能力，基本单位为OPS（Operations Per Second，每秒运算的次数），常用单位包括TOPS（Tera OPS）、GOPS（Giga OPS）、MOPS（Million OPS）等算力单位。1TOPS代表处理器每秒钟进行1万亿次操作，1GOPS代表处理器每秒钟进行10亿次操作，1MOPS代表处理器每秒钟进行100万次操作。

2022年8月2日，小鹏汽车宣布在乌兰察布建成中国最大的自动驾驶智算中心“扶摇”，用于自动驾驶模型训练。“扶摇”基于阿里云智能计算平台，算力可达600 PFLOPS（Peta Floating-Point OPS，每秒浮点运算$10^{15}$次。本例即为60亿亿次）。

### 1. 分布式E/E架构

分布式E/E架构下，ECU和实现的功能存在对应关系。在模块化阶段，ECU和功能一一对应，ECU数量众多，而到集成化阶段，ECU开始集成多个功能，例如伟世通的Smart-Core将原本由两个ECU分别执行的车辆信息显示及娱乐系统合并到一个控制器上。

分布式E/E架构如图1-13所示，车载通信系统通过CAN和LIN连接多个ECU，通过车载网关（一个网络连接到另一个网络的“关口”）联网。当汽车需要配置新功能时，这种结构形式容易使网络复杂化，增加开发时间和成本。

为了简化车载通信系统的构成，基于中央车载网关的分布式E/E架构被提出，该架构将控制系统、安全系统、车身系统、信息系统等各个系统单独构建网络，并连接至中央车载网关。中央车载网关是车载通信系统的“大脑”，在各系统之间进行协调控制。

部分中央车载网关的分布式 E/E 架构把中央车载网关分为基本功能用车载网关和扩展功能用车载网关两种，如图 1-14 所示。基本功能用车载网关主要用来连接车身系统和控制系统等车型标配设备，扩展功能用车载网关用来连接只有高级车配备的或作为选配装备的 AV 设备及摄像头系统等，两个车载网关之间通过以太网连接，以满足二者之间的高速通信需求。

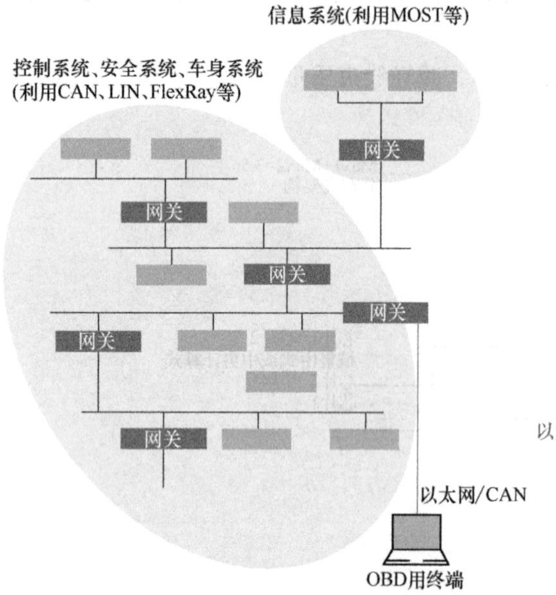

图 1-13　分布式 E/E 架构图

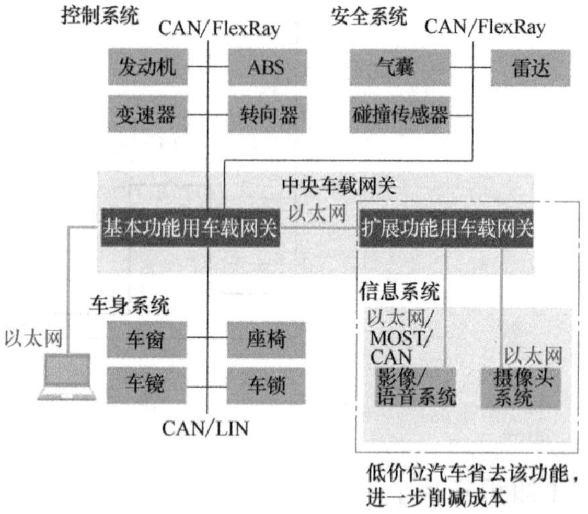

图 1-14　基于中央车载网关的分布式 E/E 架构

大众迈腾 B7L（2012 年型）的车载通信系统就是采用基于中央车载网关的分布式 E/E 架构，如图 1-15 所示，J533 为中央车载网关，总线系统由诊断 CAN 总线、驱动 CAN 总线、舒适 CAN 总线、信息 CAN 总线、仪表 CAN 总线、扩展 CAN 总线、LIN 总线和 K 线组成。K 线将双离合变速箱机电装置 J743 与诊断接口 U31 连接。J234 安全气囊控制单元比较重要，因此和 U31 诊断接口直接连接，出现故障时方便排查。

2.（跨）域集中式 E/E 架构

（跨）域集中式 E/E 架构引入域控制器，对 ECU 进一步集成，根据功能域是否融合，可分为域集中式 E/E 架构和跨域集中式 E/E 架构。

（1）域集中式 E/E 架构　德尔福率先在汽车上引入功能域的概念以统一整车 E/E 架构。功能域是按照功能来划分的，一般将汽车分为 5~7 个域，例如博世经典的五域架构将全车划分为动力域、底盘域、座舱域、自动驾驶域和车身域。域集中式 E/E 架构如图 1-16 所示，每个功能域单独构建网络，并设置一个域控制器，域控制器为最高决策层，负责协调域内各控制单元，担任域内主要的运算责任，以降低各控制单元的负担，并有利于域内集中控制。域控制器之间采用以太网实现数据高速传输。

（2）跨域集中式 E/E 架构　跨域集中式 E/E 架构将两个或多个功能相似的域进行融合，域控制器仍为最高决策层，以华为基于计算和通信的 CC 架构为例，由于动力域、底盘

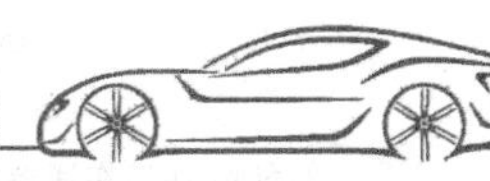

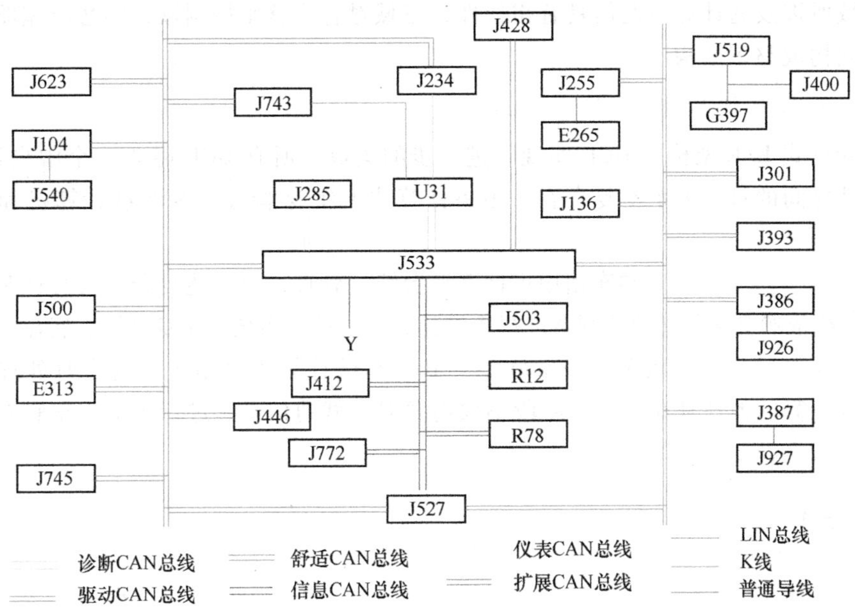


图 1-15 大众迈腾 B7L（2012 年型）车载通信系统的网络拓扑结构（见彩图）

J533—中央车载网关 J285—仪表 U31—诊断接口 Y—时钟 J234—安全气囊控制单元 J743—双离合变速箱机电装置 J623—发动机控制单元 J104—ABS 控制单元 J540—电子机械驻车制动控制单元 J500—助力转向控制单元 E313—变速杆 J446—驻车辅助控制单元 J745—弯道灯和大灯照明距离调节控制单元 J527—转向柱控制单元 J503—收音机及导航系统控制单元（带显示） J412—移动电话操作电子装置控制单元 R12—功率放大器 R78—电视调谐器 J772—倒车摄像系统控制单元 J255—Climatronic 控制单元 E265—后部空调操作和显示控制单元 J519—车载电网控制单元 J400—刮水器马达控制单元 G397—雨水与光线识别传感器 J301—空调器控制单元 J393—舒适系统控制单元 J136—带记忆功能的座椅调节控制单元 J386—驾驶侧车门控制单元 J926—驾驶侧后车门控制单元 J387—副驾驶侧车门控制单元 J927—副驾驶侧后车门控制单元 J428—车距调节控制单元

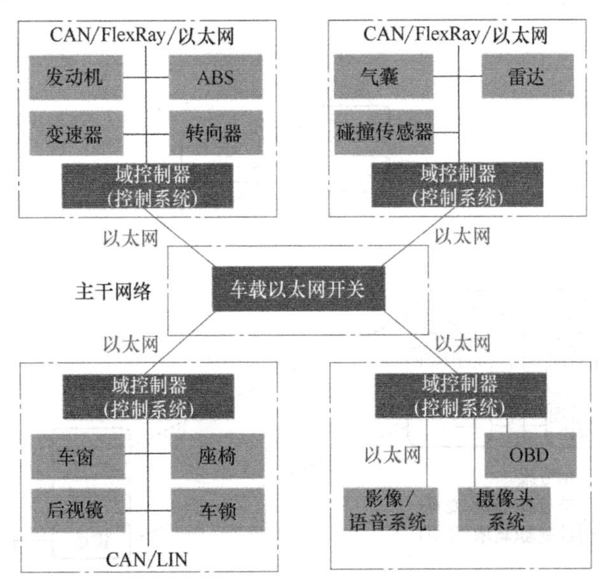


图 1-16 域集中式 E/E 架构

域、车身域所涉及的计算与通信具有相似性，三域融合为整车控制域，同智能座舱域、智能驾驶域共同构成整车架构。

3. 中央计算式 E/E 架构

中央计算式 E/E 架构对 DCU 实现了进一步的集成，所有 DCU 融入一个中央计算平台，功能与部件之间的对应关系不复存在。中央计算式 E/E 架构又分为车载计算机和车云协同两个阶段。

（1）车载计算机阶段　整车由中央计算平台统一管理，但功能复杂、实时性和安全性要求较高的系统依然会保留基础控制器进行边缘计算，如动力系统、车身系统、底盘系统等。

（2）车云协同阶段　汽车与云端联动，其中车端计算主要用于车内实时处理，云端计算作为车端计算的弹性补充。这一阶段不仅需要对车载通信系统进行革新，车联专用网络建设也需进一步完善。

【知识拓展】

什么是边缘计算？

边缘计算是使计算尽可能靠近数据源，以减少延迟和带宽使用的网络理念。边缘计算意味着在云端运行更少的进程，将这些进程转移到本地，提高通信实时性。

## 1.2.2 软件架构和通信架构

1. 软件架构

（1）面向信号的架构　传统分布式 E/E 架构的软件架构主要是面向信号的架构（Signal-Oriented Architecture，SOA），通过 CAN、LIN 进行点对点数据传输，通信方式在汽车出厂时已经确定，如图 1-17 所示。

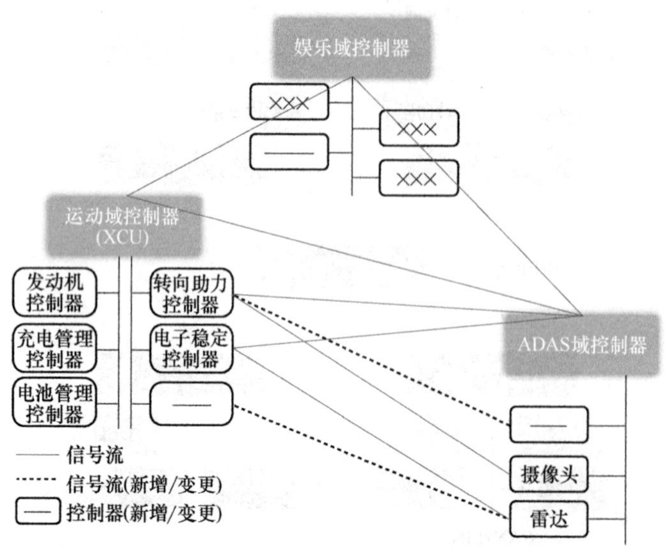


图 1-17　面向信号的架构

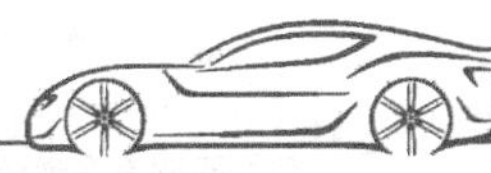

这种软件架构存在的问题包括：

1）ECU 各功能的编码在架构设计阶段被预先定义在 ECU 排序文件中。ECU 间信号收发关系是静态的。

2）仅支持接收和发送模式，不支持请求和响应模式，不能实现交互。

3）软件和硬件高度耦合，软件发生改动或升级时，需要对整车进行集成验证，时间花费较长且难度较大。

当汽车架构发展到中央计算式，算力已经全部集中在中央计算平台，软件与硬件的互动不再是点对点，硬件之间也存在大量协同，而面向信号的架构下，任何调整都会牵扯到整个网络，为更新带来不便，不能胜任未来的 E/E 架构。

（2）面向服务的架构　软件架构升级的目标是将传统汽车嵌入式软件与硬件高度耦合向软件架构分层解耦，提高软件通用性，减小硬件需求，真正实现软件定义汽车，使汽车变成一个“带轮子的大号智能手机”。

面向服务的架构（Service-Oriented Architecture，SOA）有效解决了软硬件之间的耦合问题，是适应 E/E 架构集中化演进的软件架构。按照 W3C（World Wide Web Consortium，万维网联盟）对 SOA 的定义，SOA 是一种应用程序架构，在这种架构中，所有功能都定义为独立的服务，这些服务带有定义明确的可调用接口，能够以定义好的顺序调用这些服务来形成业务流程。

在 SOA 的理念下，软件就像微信公众号，当汽车需要实现某功能时，由相关硬件向软件“订阅”服务。接收到订阅信息后，软件将服务“推送”给硬件，再由相关硬件执行功能，如图 1-18 所示。SOA 将软件和硬件视为完全独立的两个方面，软硬件的升级调整不会影响到整个网络，提升汽车功能延展性。不同功能可以调用不同软件组合，不同的硬件组合也能执行不同功能，软硬件的复用性大大增强。

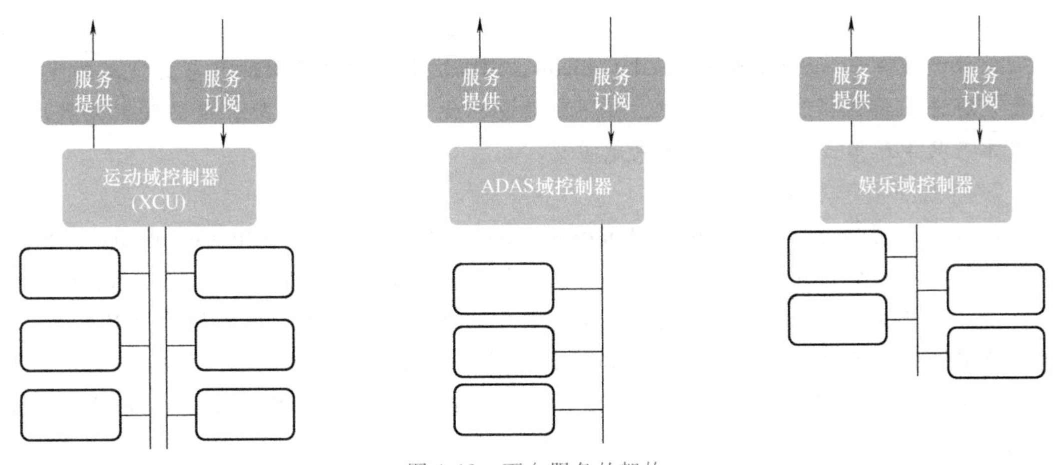


图 1-18　面向服务的架构

为了实现软硬件之间的解耦，中间件的概念被提出，中间件将软件和硬件进行分离，对下层硬件资源进行抽象，为上层软件提供服务接口，为不同算法提供不同类型的插件，实现软件和硬件的解耦，提高软件的管理性、移植性、裁剪性和质量。经典中间件设计标准是 AUTOSAR，AUTOSAR 规定了分层架构和应用接口规范，实现软硬件的分离，如图 1-19 所示。

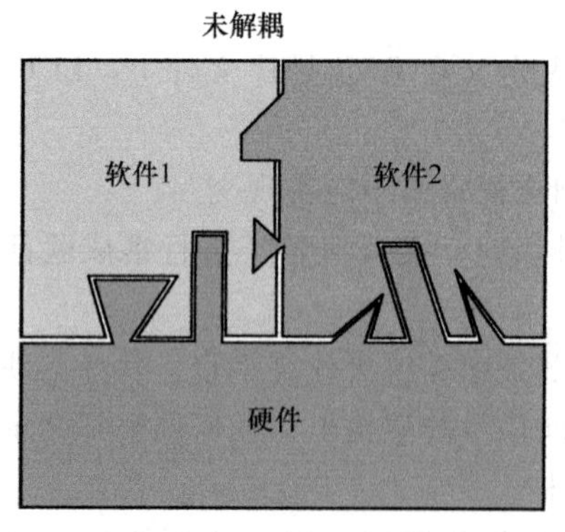


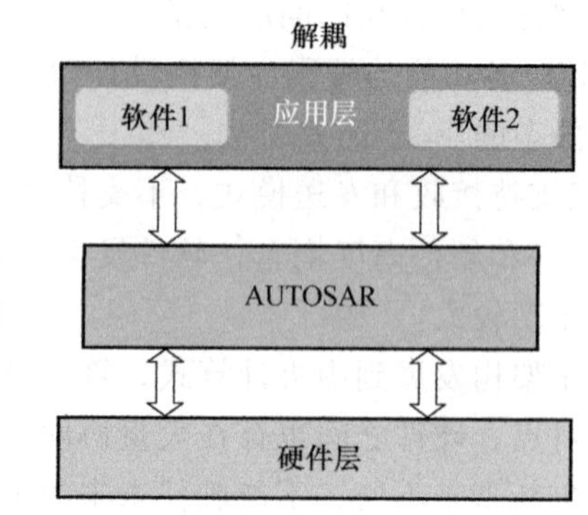


图 1-19 使用 AUTOSAR 中间件进行软硬件解耦

AUTOSAR 分为 Classic Platform（简称 CP）和 Adaptive Platform（简称 AP）两大平台，其中 CP AUTOSAR 主要面向分布式 E/E 架构，AP AUTOSAR 面向更复杂的域集中式和中央计算式 E/E 架构。

CP AUTOSAR 是经典标准版本，采用面向信号的软件架构，只支持静态配置，虽然能够较为方便地更新功能，但是功能和硬件之间采用点对点通信，依旧存在对应关系，难以适应集中式架构要求，因此，CP AUTOSAR 仅实现软硬件“初”解耦。

AP AUTOSAR 采用基于服务的软件架构，使得各个硬件能够向多个软件订阅服务，以执行复杂操作，在功能实现过程中进行动态配置，以实现“多对多”的数据通信，因此，软件与硬件的对应关系完全打破，实现软硬件“深”解耦。

**【知识拓展】**

**1. 什么是软件定义汽车？**

软件定义汽车（Software Defined Vehicles，SDV）是指软件将深度参与到汽车的定义、开发、验证、销售、服务等过程中，并不断改变和优化各个过程。软件定义汽车说明软件在汽车产品中承担或扮演的角色越来越重要。

**2. 什么是接口？**

接口分为硬件接口（Hardware Interface，HI）和软件接口（Software Interface，SI），硬件接口是指两个硬件设备之间的连接方式，软件接口是软件数据接口，例如 A、B 两个软件是不同开发商开发出来的，数据结构有很大的差异，使得 A 不能直接使用 B 的数据，而是需要通过一定数据交换规则，将 B 的数据转接到 A 中。这个依照一定的交换规则完成数据导入/导出的软件模块就称为 A 和 B 的软件接口，典型如 API（Application Programming Interface，应用程序编程接口）。

**3. 什么是中间件？**

中间件（Middle Ware）是基础软件的一大类，在操作系统、网络和数据库之上，应用软件之下，其作用是为处于上层的应用软件提供运行与开发的环境，帮助用户灵活、高效地开发和集成复杂的应用软件，在不同的技术之间共享资源并管理计算资源和网络通信。

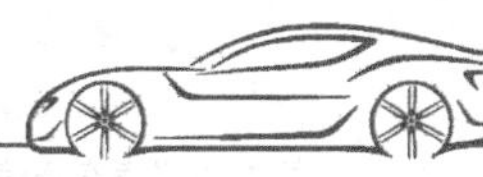

**4. 什么是 AUTOSAR?**

AUTOSAR (Automotive Open System Architecture, 汽车开放系统架构) 是由全球各家汽车制造商、零部件供应商以及各种研究和服务机构共同参与的一种汽车电子系统的合作开发框架, 建立了一个开放的汽车控制器标准软件架构, 统一了架构标准, 以解决当前汽车 E/E 架构复杂多样的问题。

AUTOSAR 联盟于 2003 年成立, 截至 2020 年 3 月, 已经拥有包括全球各大主流整车厂、一级供应商、标准软件供应商、高校和研究机构等成员。许多中国厂商也是 AUTOSAR 联盟成员。2020 年 7 月 22 日, 一汽、上汽、吉利、长城、东风等 20 家企业组成中国汽车基础软件生态委员会 (AUTOSEMO), 旨在形成由本土企业主导、具有自主知识产权的基础软件架构标准和接口规范, 共享知识成果, 建立产业生态。

2. 通信架构

汽车 E/E 架构日益复杂, 传感器、控制器和接口数量越来越多, 自动驾驶需要海量数据用于实时分析决策, 因此要求车用通信系统具有高吞吐速率、低延时等特性。例如, 一个 LiDAR (Light Detection and Ranging, 光探测和测距, 也称为激光雷达) 模块产生约 70Mbit/s 的数据流量, 一个摄像头产生约 40Mbit/s 的数据流量, 一个 RaDAR (Radio Detection and Ranging, 无线电检测和测距)(因波长为毫米级, 通常称为毫米波雷达) 模块产生约 0.1Mbit/s 的数据流量, 若 L2 级自动驾驶使用 8 个 RaDAR 和 3 个摄像头, 最大吞吐速率超过 120Mbit/s, 而全自动驾驶对吞吐速率要求更高, 需要以更快速度采集并处理更多数据。

传统汽车总线不能满足上述高速传输的需求。汽车通信架构从 LIN/CAN 向以太网发展。车载以太网是汽车中连接电子元器件的一种有线网络, 具有宽带宽、低延时、低电磁干扰和低成本等优点, 将成为未来车载网络骨干。

### 1.2.3 汽车 E/E 架构案例分析

1. 华为基于计算和通信的 CC 架构

CC (Computing and Communication, 计算和通信) 架构的设计思路是对原本复杂的整车各种软硬件系统进行分层, 架构设计理念包括软硬件解耦、分布网络、集中式计算等。CC 架构由集中部署的计算架构和分布式的通信架构两个子部分构成。图 1-20 为一个 CC 架构的简单实例, 4 个分布式车载网关形成了车载环形网络通信架构, 承载 3 个集中式部署的域控制器和汽车上各类传感器、ECU 和信息娱乐系统的数据通信。

(1) 车载计算架构 CC 架构将整车按照汽车功能域划分成智能驾驶域、整车控制域和智能座舱域, 每个功能域由一个对应的域控制器集中控制。域控制器包括 MDC (Mobile Data Center, 移动数据中心, 也称为车载计算平台控制器或中央计算控制器)、VDC (Vehicle Domain Controller, 整车域控制器) 和 CDC (Cockpit Domain Controller, 座舱域控制器), 这 3 个部分构成了华为 CC 架构的车载计算架构。

1) MDC。MDC 对应前文所述的智能驾驶域, 基于各类传感器收集的信息实时产生自动驾驶动作控制信号, 并将控制信号通过车载网关发送给汽车的加速装置、减速装置、转向盘

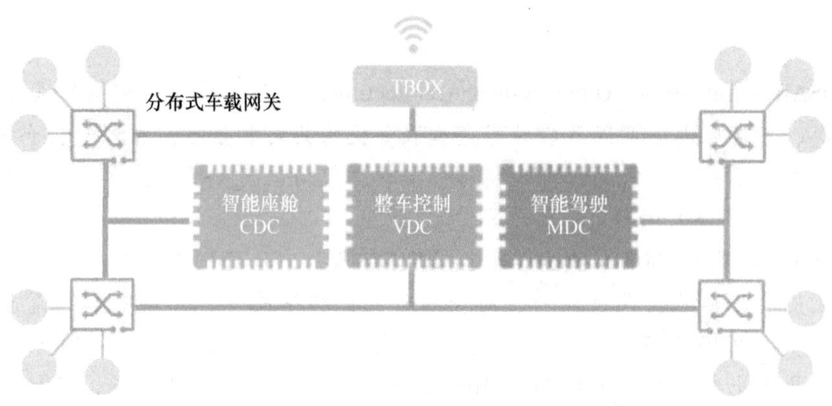


图 1-20　CC 架构的一个简单实例

TBOX—无线网关，为整车提供远程通信接口

和行驶档位等操纵单元，即负责整车的信息收集、处理决策以及控制命令的下发。作为智能汽车的核心，MDC 是 CC 架构计算的核心，其基本硬件架构如图 1-21 所示。

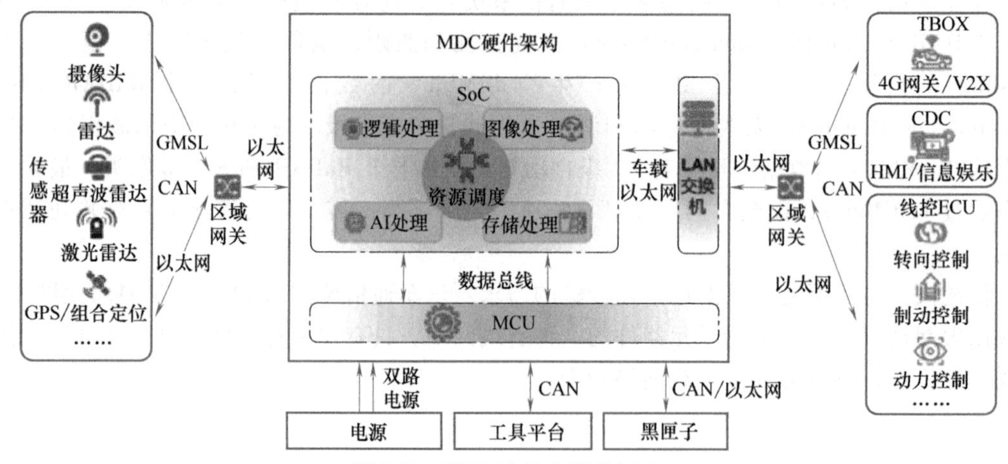


图 1-21　MDC 的基本硬件架构

SoC—System on a Chip，单片系统　MCU—Micro Control Unit，微控制单元

HMI—Human Machine Interface，人机交互　TBOX—无线网关，为整车提供远程通信接口

V2X—Vehicle to everything，车辆与万物互联

2）VDC。VDC 对应前文所述的整车控制域，负责统一控制汽车内的各类车身电子设备（车灯、车门、车窗、座椅等）、动力系统（电驱动、电池管理、车载电源等）以及热管理系统等基础系统。通过将大部分整车基础部件和系统的 ECU 功能融合至 VDC，极大降低了这些部件和系统的 ECU 复杂程度。

3）CDC。对应前文所述的智能座舱域，CDC 统一管控车载娱乐等人机交互系统，囊括大部分与汽车行驶安全无关的座舱功能。

（2）车载通信架构　CC 通信架构的核心是分布式车载网关、车载以太网以及环形网络架构，如图 1-20 所示。以太网支持 10～25Gbit/s 带宽，该架构所有信号复用到高速以太网上传输，有效减少了摄像头等设备使用的高速线缆数量，充分满足汽车智能化带来的大带宽、高可靠性、低时延、低成本等需求，环形网络架构同时支持其他变形的网络架构，如星形网络架构、星形网络和环形网络兼容的混合网络架构。

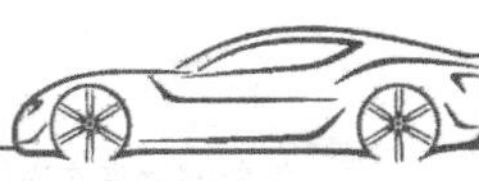

### 2. 特斯拉 E/E 架构

特斯拉基于中央计算式 E/E 架构，提出了中央计算平台+区控制器（以物理区域来定义的控制器）方案，中央计算平台为最高决策层，区控制器受中央计算平台统一管理。

功能域的特点是以相似和同类功能区分，而执行功能的零部件遍布整车四周，需要通过大量的线束往返其间，线束设计的成本、难度、重量大大增加，而且各个域控制器的运算能力无法最大化使用和共享。特斯拉推出了“区域”来取代功能域的概念，将整车分为左域、中域和右域。例如 Model3 的中域整合了驾驶辅助和信息娱乐两大功能，而左域和右域则分别整合了余下的功能。依据分区域理念完成最合理的架构设计和规划，基本上避免了线束往返跨越车身的情况，同时进一步集中了不同功能电器于某个区域内，由单个区域控制器来解决运算，最大化共享算力。

以 Model3 为例，其 E/E 架构包括中央计算模块（Central Compute Module，CCM）、区控制器以及自研的操作系统，可实现整车 OTA。中央计算模块也称为自动驾驶及娱乐控制模块（Autopilot & Infortainment Control Module），区控制器有 3 个，分别是 FBCM（Front Body Control Module，前车身控制器）、LBCM（Left Body Control Module，左车身控制器）和 RBCM（Right Body Control Module，右车身控制器），如图 1-22 所示。CCM 是整车最高决策者，管理所有辅助驾驶相关的传感器，例如摄像头、毫米波雷达等，并管理 3 个车身区控制器。3 个车身区控制器在整车上的安装位置如图 1-23 所示，FBCM 由于位置靠前，主要负责执行自动驾驶和智能座舱功能，并控制压缩机及前照灯等临近执行器，RBCM 负责气囊控制、12 个超声波泊车雷达管理、整车热管理和扭矩控制等，LBCM 负责内部灯光和后电机的控制，并执行充电功能。

Model3 的通信网络同时采用以太网、传统 CAN/LIN 总线和 LVDS，其中 CCM 内通过以太网连接，其他控制器主要采用 CAN/LIN 连接到 CCM，摄像头通过 LVDS 连接到 CCM，各主要控制器之间环状连接，关键功能互为备份，产生冗余。

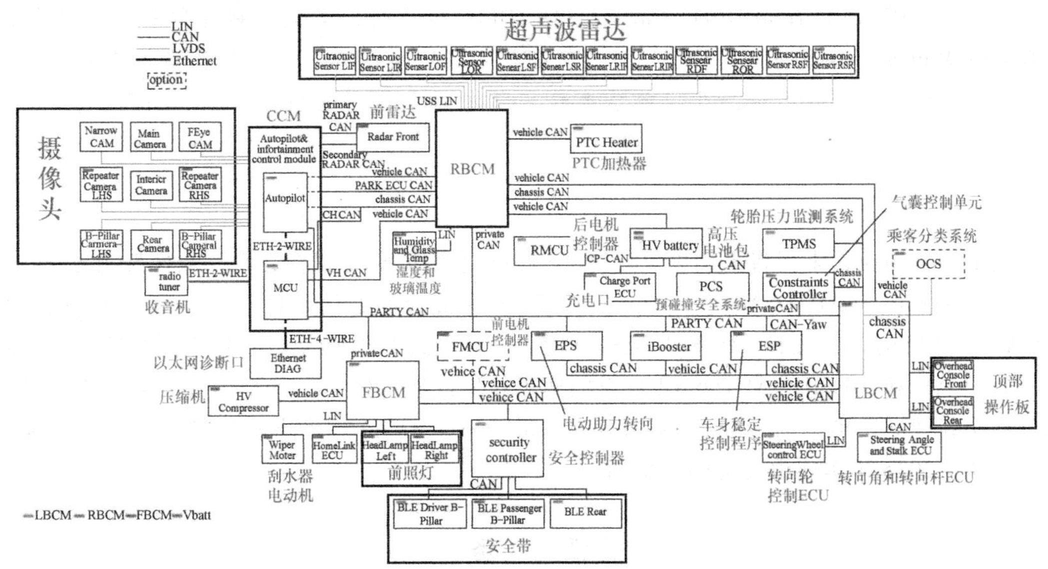


图 1-22 特斯拉 Model3 的网络拓扑图（见彩图）

HomeLink—到家自动打开车库门，离家自动关闭车库门的功能

iBooster—Intelligent Booster，一种不依赖真空源的制动助力机构

图 1-23　特斯拉 Model3 的 3 个车身区控制器的位置

【知识拓展】

什么是汽车 OTA?

OTA（Over-The-Air technology，空中下载技术）为无线下载上传技术的泛指。2012 年，特斯拉发布 Model S，将 OTA 技术引入汽车行业。汽车 OTA 技术按照升级对象的不同可以分为软件远程升级（Software OTA，SOTA）和固件远程升级（Firmware OTA，FOTA）。

SOTA 指汽车内置软件的升级，可类比为手机里的 APP 更新，比如座舱控制器的地图更新、主体壁纸更新、仪表盘风格更新等。SOTA 的升级条件比较宽松，对档位、车速、蓄电池电压、高压均没有要求。

FOTA 指固件升级，属于整车 OTA，可类比为手机里的操作系统更新，整车控制器、直流-直流（Direct Current-Direct Current，DC-DC）转换器、电机控制器和电池管理系统（Battery Management System，BMS）的升级都是 FOTA。FOTA 升级会影响整个控制器的功能，因此升级条件很严苛，升级前需要检查蓄电池电压、档位、车速、高压、点火信号等。

3. 其他车型 E/E 架构

类似于特斯拉，丰田将采用中央计算式+区控制器的 E/E 架构方案，软件架构方面，车端主要使用 Classic AUTOSAR 和 Adaptive AUTOSAR 混合的通用软件框架，云端使用非 AUTOSAR 软件架构。宝马下一代 E/E 架构采用中央计算式 E/E 构架，软件方面开发基于 Classic AUTOSAR 和 Adaptive AUTOSAR 混合的通用软件框架自研操作系统。安波福于 2020 年 1 月发布全新智能车辆架构（Smart Vehicle Architecture，SVA），并计划 2022 年实现半中央集中式架构，2025 年实现中央集中式架构。

任　务

1. 什么是汽车的 E/E 架构?
2. 分析博世“三段六步”硬件架构演进思路。

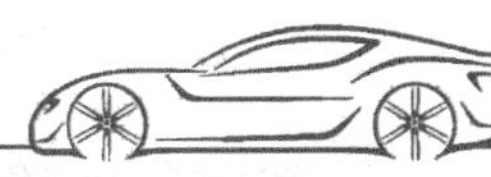

3. 域集中式 E/E 架构和跨域集中式 E/E 架构有哪些相同点和不同点？

4. 区控制器和域控制器有什么区别？

5. 面向信号的软件架构存在什么问题？

6. 面向服务的软件架构的特点是（　　）（多选）。

A. 软件和硬件耦合　B. 软件和硬件解耦　C. 功能用服务定义

D. 硬件可订阅服务　E. 仅支持接收和发送模式，不支持请求和响应模式

7. 华为的 CC 架构属于（　　）E/E 架构。

A. 分布式　B. 域集中式　C. 跨域集中式　D. 中央计算式

8. 特斯拉的 E/E 架构属于（　　）E/E 架构。

A. 跨域集中式　B. 域集中式　C. 中央计算式　D. 以上说法都不对

9. CP AUTOSAR 和 AP AUTOSAR 有什么区别？

10. 查阅资料，选择一种上文中未提到的 E/E 架构案例进行分析。

## 任务 1.3　车载网关

### 1.3.1　车载网关的定义及作用

#### 1. 车载网关的定义

从一个房间走到另一个房间要经过一扇门，同样，从一个网络向另一个网络发送信息也必须经过一道“关口”，这道关口就是车载网关（Gateway）。车载网关又称网间连接器、协议转换器，在采用不同体系结构或协议的网络之间进行互通时，用于提供协议转换、数据交换等网络兼容功能的设备。

#### 2. 车载网关的作用

作为整车通信的桥梁，车载网关的主要作用是使整车网络中同种通信协议或者不同通信协议之间能进行数据和信息的交换。车载网关的作用包括：

1）实现不同总线网络的信息共享。

2）提供不同总线协议的转换。

3）激活和监控网络系统的工作状态。

4）同步汽车网络内的数据。

图 1-24 是 BMW E60 车载通信系统的网络架构。为了便于理解，将车载通信系统和铁路交通系统进行类比，SGM 为车载网关模块，等同于火车站；传输速率为 100Kbit/s 的 K-CAN（车身 CAN）总线相当于普快火车的速度，主要用于实现车身控制的部分功能；传输速率为 500Kbit/s 的 PT-CAN（动力传动系统 CAN）总线相当于特快火车的速度；传输速率为 10Mbit/s 的安全气囊系统总线（Byte Flight）相当于动车的速度；传输速率为 22.5Mbit/s 的影音娱乐系统总线（MOST）相当于高铁的速度，此外，SGM 还连接到诊断总线 D-BUS，传输诊断信息。尽管各个总线系统的数据传输速率和数据流量都不相同，但在 SGM 的统筹安排和智慧调度下，不同总线可以协同工作。

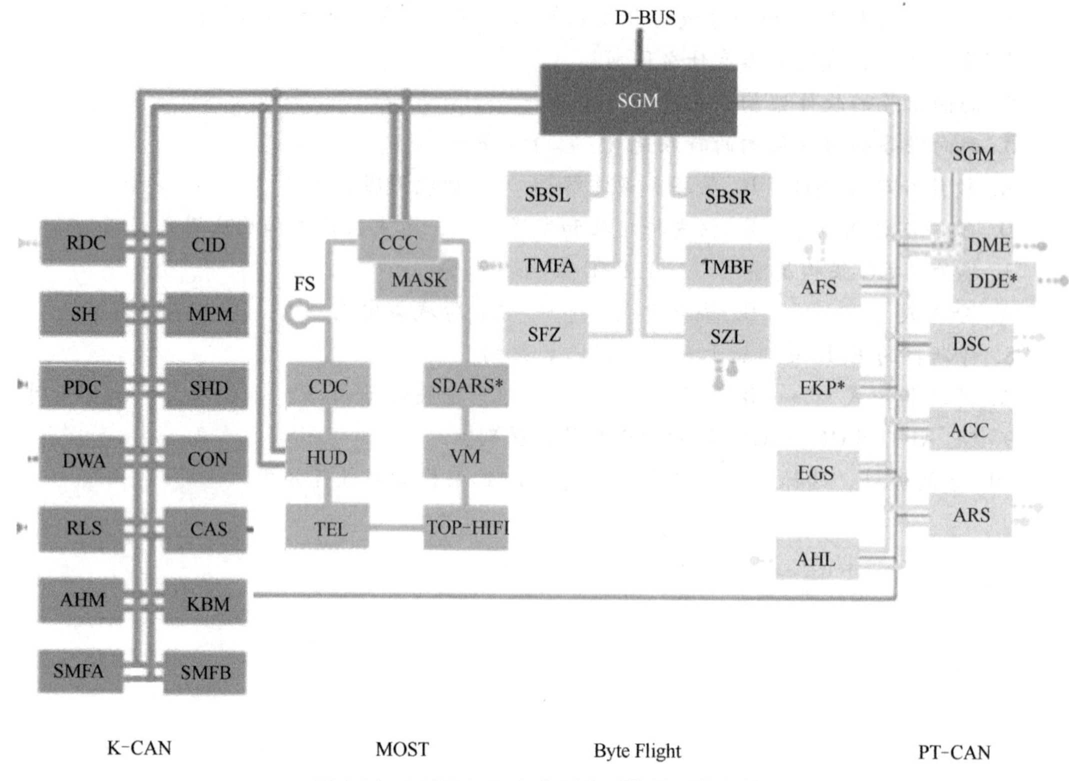


图 1-24　BMW E60 车载通信系统的网络架构

## 1.3.2　传统车型的车载网关及安装位置

### 1. 传统车型的车载网关

传统车型的车载网关可提供 CAN/LIN/MOST 等总线的接入，提供总线间的通信转发，实现整车网络通信的数据交换，如图 1-25 所示。

图 1-25　传统车型的通信网络

CGW—Central Gateway，集中式网关

注：各方形节点代表传统 ECU、智能传感器和执行器

奥迪和大众车系基本采用一个独立车载网关，车载网关以 J533 编号。图 1-26 为奥迪 A8

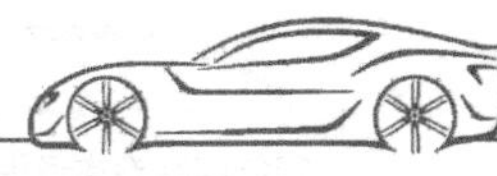

2003 年车型的 J533 连接总线的情况，J533 将驱动 CAN 总线、舒适 CAN 总线、组合仪表 CAN 总线、诊断 CAN 总线、影音娱乐系统 MOST 总线以及车距调节（自适应巡航）系统 CAN 总线（选装）连在一起，构成一个完整的汽车网络系统。图 1-27 为 J533 的插脚实物图。图中可以看出，MOST 总线有一个独立的接插件口（两个引脚），其他 CAN 总线通过右侧的线束插接口与 J533 连接。

一些品牌的汽车有多个车载网关，例如，在宝马车系中，中央车载网关模块、安全和车载网关模块、多音频系统控制器、便捷进入起动系统、控制显示、组合仪表、车身车载网关等控制单元都具有车载网关功能。

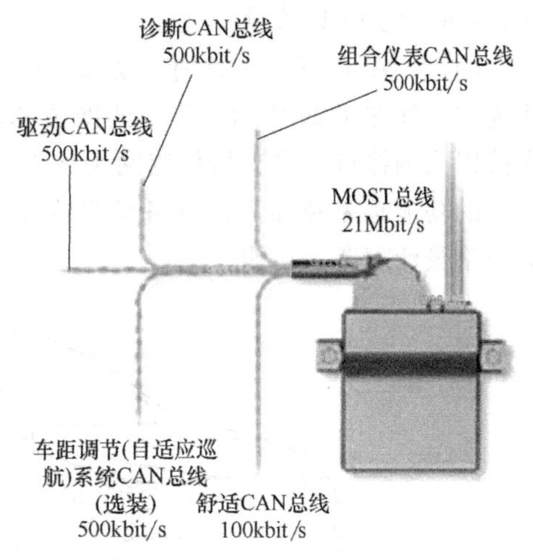


图 1-26　奥迪 A8 2003 年车型的 J533 连接的总线

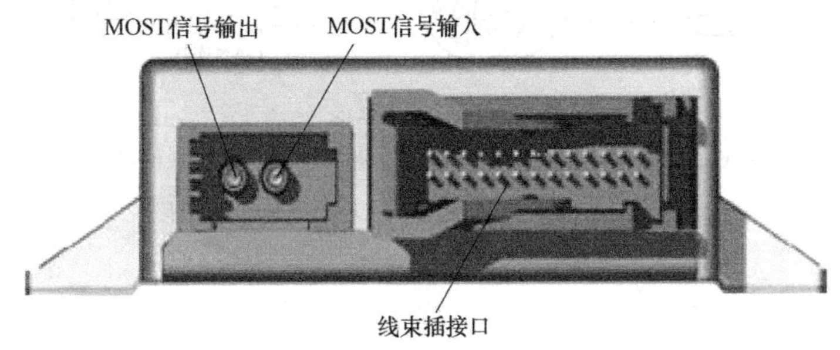


图 1-27　奥迪 A8 J533 的插脚实物图

2. 车载网关的安装位置

各品牌和车型的车载网关安装位置不尽相同，大众速腾和奥迪 A3 的车载网关安装在仪表板下方的踏板旁边，如图 1-28 所示，奥迪 A8 的车载网关安装在前排乘客手套箱后，奥迪 A7 的车载网关安装在后座椅下的中间位置，保时捷的车载网关在主驾驶座椅下，特斯拉 Model3 的车载网关在副驾驶靠近右脚的装饰面板侧上方。

图 1-28　大众速腾和奥迪 A3 的车载网关安装位置

### 1.3.3　车载网关的发展趋势

车载网关的发展趋势与汽车 E/E 架构的发展趋势相关。未来网关主要有两种，分别是集中式车载网关和分布式车载网关。

1. 集中式车载网关

在 IEEE 的大力推动下，车载以太网技术飞速发展，车载网关由传统 CAN 网关向以太网网关发展。随着汽车自动驾驶向更高级别发展，ECU 计算能力的融合成为汽车发展的必然趋势。域控制器的高度集成和计算的集中化预计能减少

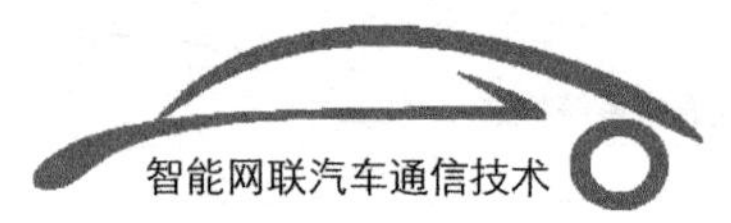


20%～30%的 ECU 数量。

因此，在 L2 和 L3 级别自动驾驶阶段，车载通信架构以集中式网关+域控制器的结构部署为主，如图 1-29 所示，集中式网关和域控制器之间通过车载以太网连接，集中式网关既支持以太网接口，也支持传统网关的 CAN/LIN 等车载通信接口。随着架构的演进，集中式网关的功能越来越强大，具备信息安全、域间安全隔离、防火墙的安全防护、OTA 以及通信网络灵活配置等功能。

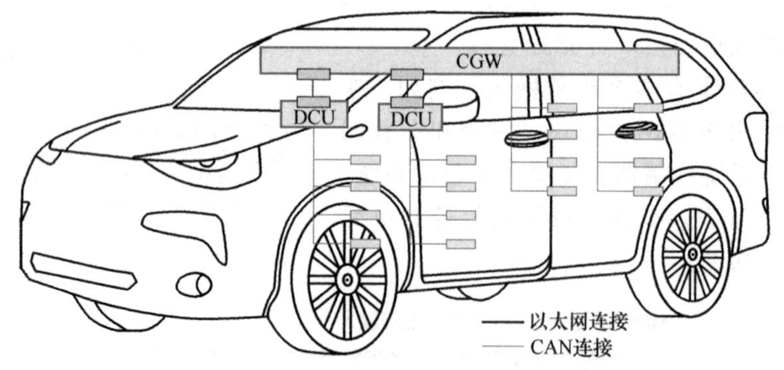


图 1-29　集中式车载网关

CGW—Central Gateway，集中式网关　DCU—Domain Control Unit，域控制单元/域控制器

注：各方形节点代表传统 ECU、智能传感器和执行器

【思考】

**集中式车载网关和传统车载网关的区别是什么?**

传统 CAN 网关直接接收所有总线上传输的信息并进行转发，集中式车载网关增加一个域控制器，域控制器作为各区域的信息总负责和控制总决策，并和集中式网关进行通信，集中式车载网关兼容传统网关的功能。

### 2. 分布式车载网关

汽车“新四化”的演进趋势导致整车数据量爆发式增长，车内的智能传感器大量增加，整车功能快速迭代，这些都对车载通信架构提出新的挑战。集中式网关+域控制器的架构在优化整车成本、处理车内数据交换、软硬件解耦等方面越来越无法支撑汽车“新四化”的发展。

面向 L4 和 L5 级别的自动驾驶解决方案，提出了中央计算式 E/E 架构，为了使不同的车载通信技术接入中央计算平台，并保证传感器和执行器可就近接入，车载网关向分布式网关演进。分布式网关的网络架构主要分为 3 类，分别是星形网络架构、环形网络架构和混合网络架构。

（1）星形网络架构下的分布式网关　图 1-30 是星形网络架构下的分布式网关，通过在车内不同位置部署多个分布式网关，实现不同区域传感器和执行器的就近接入，多个分布式网关与车载高性能计算单元（下简称“计算单元”）互联，实现最简单的分布接入、集中计算的架构。

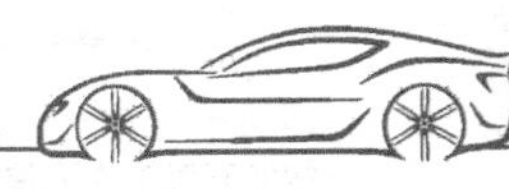

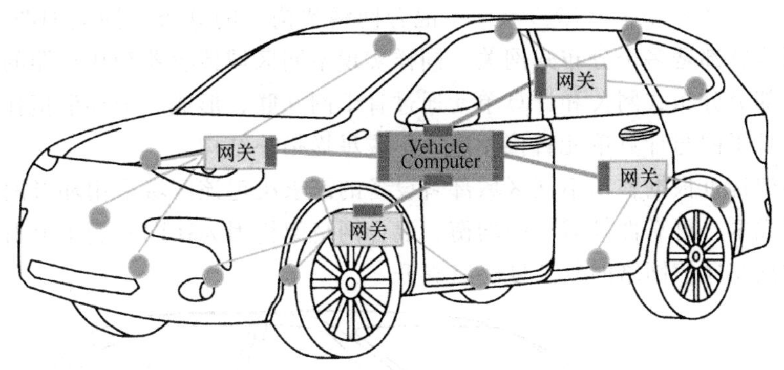


图 1-30 分布式网关（星形网络架构）

注：Vehicle Computer 是车载高性能计算单元，可以为音视频、自动驾驶等应用提供高性能的算力；各个圆形节点代表传统 ECU、智能传感器和执行器

星形网络架构的分布式网关只与计算单元相连，可极大减少整车线缆的用量，但是计算和通信的可靠性由单个网关提供保障，一条星形链路只有一个计算中心节点，这样的架构对分布式网关、传输线缆和计算单元的可靠性提出更高的要求。此外，星形网络架构在可拓展性上受限于计算单元的接口数量、交换容量、路由容量和拓扑的扩展能力，为了进一步提升分布式架构的可靠性和弹性扩展能力，演进出环形网络架构。

（2）环形网络架构下的分布式网关　环形网络架构下的分布式网关同样实现了不同区域传感器和执行器的就近接入，如图 1-31 所示。不同于星形网络架构，在环形网络架构中，多个分布式网关通过骨干网混联形成一个环，因此可以按需在不同车型部署多个网关而不改变其他网关的拓扑逻辑，较好地实现弹性扩展能力；各个区域网关也可根据计算单元的计算容量、通信需求和可用接口等参数提供一个或多个接口与计算单元互联，为计算单元提供以太网、CAN 等多种总线的通信通道。

环形网络架构下的分布式网关具备冗余能力，当单链路发生故障时，将数据切换到另一条链路传输，当分布式网关出现故障时，可通过其他分布式网关提供功能备份，提高了车载通信架构的可靠性；减少传感器和执行器的接入线缆用量，降低整车成本；提供负载均衡机制，实现整车更高的接入能力。

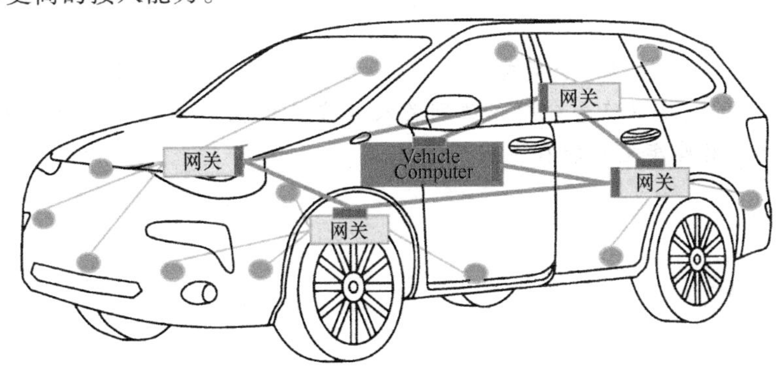


图 1-31 分布式网关（环形网络架构）

注：Vehicle Computer 是车载高性能计算单元，可以为音视频、自动驾驶等应用提供高性能的算力；各个圆形节点代表传统 ECU、智能传感器和执行器

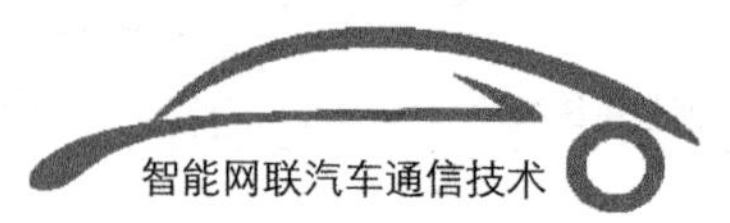



（3）混合网络架构下的分布式网关　混合网络架构下的分布式网关如图 1-32 所示，通过在车内不同位置部署多个分布式网关，同样实现不同区域传感器和执行器的就近接入。在这种架构下，部分分布式网关和计算单元通过骨干网互联，形成一个环形拓扑结构，其余分布式网关通过骨干网与计算单元直接相连，形成星形拓扑结构。

混合网络架构可根据整车不同区域部署设备的需求决定该区域采用环形网络或星形网络组网，以实现成本、可靠性等需求的均衡，混合网络架构因为在同一辆车上引入不同的组网架构，会导致汽车通信网络的复杂度略有提升。

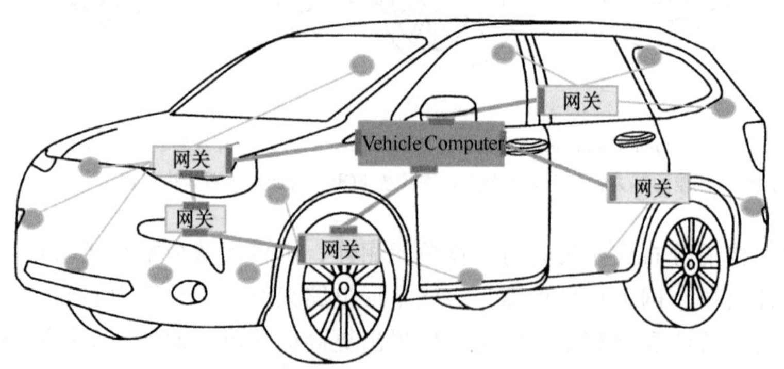


图 1-32　分布式网关（混合网络架构）

注：Vehicle Computer 是车载高性能计算单元，可以为音视频、自动驾驶等应用提供高性能的算力；各个圆形节点代表传统 ECU、智能传感器和执行器

**任　　务**

1. 网关的作用包括（　　）（多选）。

A. 进行数据运算　B. 实现信息共享　C. 同步

D. 激活网络　E. 监控网络　F. 不同总线的协议转换

2. 试比较集中式车载网关和传统车载网关的相同点和不同点。

3. 试比较分布式车载网关的 E/E 架构和分布式 E/E 架构（见图 1-13）的相同点和不同点。

4. 试分析分布式车载网关下，不同网络架构的优缺点。

5. L2 和 L3 级别的自动驾驶采用（　　）网关，L4 和 L5 级别的自动驾驶采用（　　）网关。

A. 传统　B. 分布式　C. 集中式　D. 分布式或集中式

6. 根据提供的整车电路图分析车载网关及其安装位置，并说明采用的是哪种车载网关形式？（注意：有些车型可能存在多个网关。）

## 任务 1.4　总线的分类及传输原理

### 1.4.1　总线的分类

总线根据功能不同划分，可以分为数据总线、地址总线（Address Bus，AB）和控制总线（Control Bus，CB）。

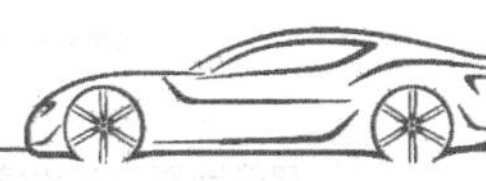

**1. 数据总线**

数据总线是指一种能在一条（或几条）数据线上，同时（或分时）传输大量的按照一定规律进行编码的数据（信号）的技术，其所传输的数据（信号）可以被多个系统共享，从而最大限度地提高系统的信息传输效率，充分利用有限资源。

数据总线是控制单元间运行数据的通道，即所谓的信息高速公路，计算机的键盘和主机之间就是采用数据总线技术进行信息传输的。

**2. 地址总线**

地址总线专门用来传送地址。地址总线的位数决定了存储器存储空间的大小，如地址总线为 16 位，则其最大可存储空间为 $2^{16}$（64KB）。在有的系统中，数据总线和地址总线可以在地址锁存器控制下被共享，即复用。

**3. 控制总线**

控制总线用于传送控制信号和时序信号。微处理器对外部存储器进行操作时要先通过控制总线发出读/写信号、片选信号和读入中断响应信号等。控制总线一般是双向的，其传送方向由具体控制信号决定，其位数由系统的实际控制需求决定。

## 1.4.2 总线传输原理

总线采用多路传输技术进行传输。多路传输是指在同一条通信线路上，同时传输多种数据信号的通信技术，又称多路通信系统、多路复用技术或聪明线路系统。多路复用技术包括时分多路复用（Time Division Multiplexing Access，TDMA）、频分多路复用（Frequency Division Multiple Access，FDMA）、波分多路复用（Wavelength Division Multiple Access，WDMA）、码分多路复用（Code Division Multiple Access，CDMA）和空分多路复用技术（Space Division Multiple Access，SDMA）。

**1. 时分多路复用（TDMA）**

TDMA 是将信道按时间分割成多个时间段（时隙），不同来源的信号要求在不同的时间段内得到响应，彼此信号的传输时间不重叠。TDMA 在汽车总线上应用较多。

TDMA 分为静态时分多路复用（Static TDMA）和统计时分多路复用（Statistical TDMA）。当使用静态 TDMA 传输数据时，每个传输终端和传输时隙的分配关系是固定的，无数据传输时对应时隙空间。

图 1-33 所示为一个静态 TDMA 的例子，主机 A、B、C、D 连在一个信道上，因此信道

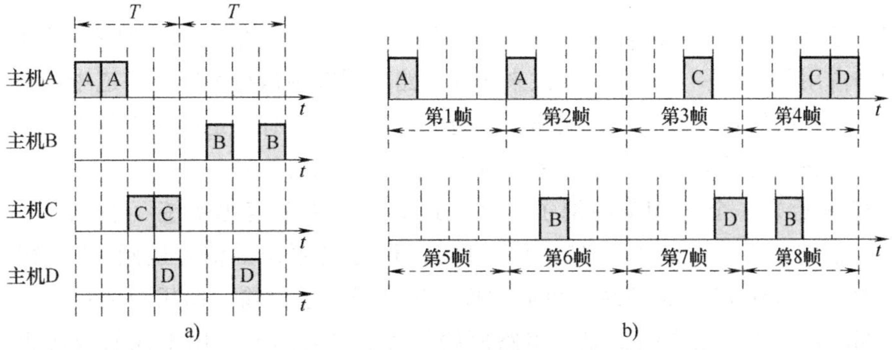


图 1-33 静态时分多路复用的数据传输过程

a）主机 A、B、C、D 需要发送的数据 b）采用静态时分多路复用的信道占用情况

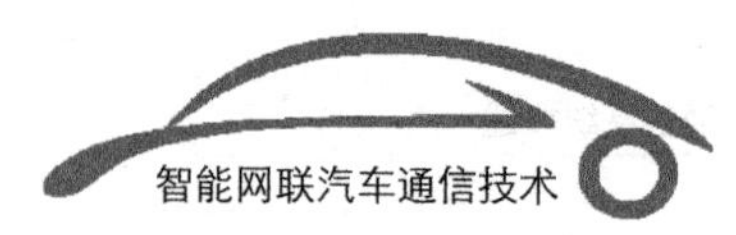


上的每个数据帧需要分成4个时间段，每个时间段传输对应主机的信息，图中第1个时间段传输主机A的信息，第2个时间段传输主机B的信息，第3个时间段传输主机C的信息，第4个时间段传输主机D的信息。如果4个主机需要传输的数据如图1-33a所示，假设数据传输顺序为从左到右，则信道占用情况如图1-33b所示，发送第1帧和第2帧时只有主机A传输信息，仅第1个时间段填充信息，其他时间段空闲；第3帧只有主机C传输信息，仅第3个时间段填充信息；第4帧主机C和D传输信息，第3和第4个时间段填充信息。

**【思考】**

**1. 图1-33中，接下来的4帧（5、6、7、8）分别传输什么信息？**

图1-33中，发送第5帧时4个主机无信息发送，该时间段空闲；第6帧只有主机B传输信息，仅第2个时间段填充信息；第7帧只有主机D传输信息，仅第4个时间段填充信息；第8帧只有主机B传输信息，与第6帧相同。

**2. 静态时分多路复用的优缺点是什么？**

静态时分多路复用给每个终端分配固定的传输时隙，传输时延小。但是当终端无数据发送时，对应时隙空闲，总线资源浪费，数据传输效率低。

为了解决静态时分多路复用存在的问题，出现了统计技术，也称为异步TDMA或动态TDMA。统计TDMA按需分配信道资源，提高了信道利用率，但会导致系统设计复杂。主机A、B、C、D需要发送的数据和图1-33a一样，如果采用统计TDMA，且优先级为A>B>C>D，则只需要两个数据帧即可完成发送，如图1-34所示。

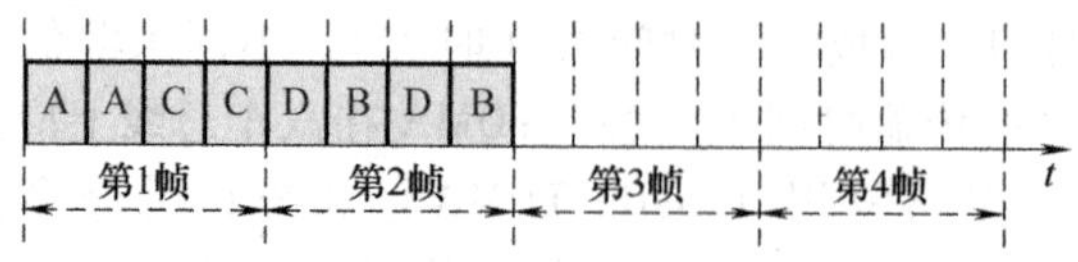


图1-34 统计时分多路复用的数据传输过程

**2. 频分多路复用（FDMA）**

FDMA把信道的可用频带划分成若干互不交叠的频段（子信道），每路信号经过频率调制后的频谱占用其中的一个频段，以此来实现多路不同频率信号在同一信道中传输，为了保证信道传输过程中信息互不干扰，相邻子信道的频谱之间留有一定的频率间隔。接收端接收到信号后采用适当的带通滤波器和频率解调器以恢复原来的信号。

图1-35所示为一个FDMA的例子，该信道上连接4个信源系统（左侧T1、T2、T3、T4）和4个信宿系统（右侧T1、T2、T3、T4），T1信源系统的信号送到T1信宿系统，T2信源系统的信号送到T2信宿系统，以此类推。每个子信道传输一路用户的信号，因此在这个信道中同时传输4路用户的信息。多路原始信号通过复用器采用不同的载波频率进行调制，分用器相当于滤波器，将各路信号区别开来。典型的应用是有线电话和有线电视系统。

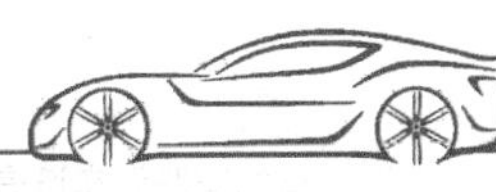

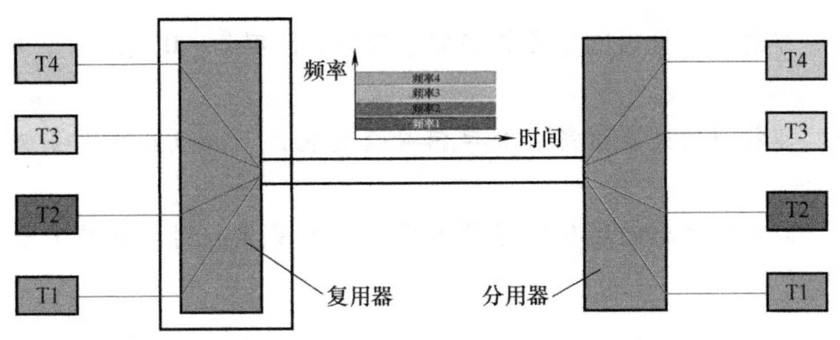


图 1-35 频分多路复用的数据传输过程（见彩图）

## 【知识拓展】

**1. 什么是信源和信宿？**

信源和信宿是通信系统的组成部分，如图 1-36 所示。信源产生要传输的数据（数字比特流），并通过发送器编码/调制后在传输系统中进行传输；接收器接收传输系统传送的信号，经过解码/解调后，将其转换为数字比特流传输给信宿进行处理。此外，信源和发送器构成源系统，信宿和接收器构成目的系统。

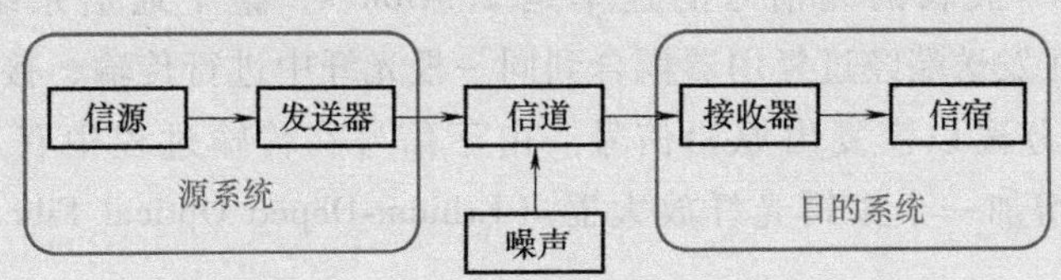


图 1-36 通信系统的组成

**2. 什么是调制和解调？**

调制与解调，是无线通信领域中常见的技术词汇，用于频带传输系统。在发送端把二进制位流加载到某个载波（Carrier，通常为高频的正弦或余弦波）的过程称为调制。

解调是调制的逆操作，在接收端从接收的调制信号中还原出二进制位流的过程。具有调制、解调功能的装置称为调制解调器，即 Modem。

**3. 信号的调制方式有哪些？**

信号的调制方式包括调幅（Amplitude Modulation，AM）、调频（Frequency Modulation，FM）和调相（Phase Modulation，PM）3 种，如图 1-37 所示。

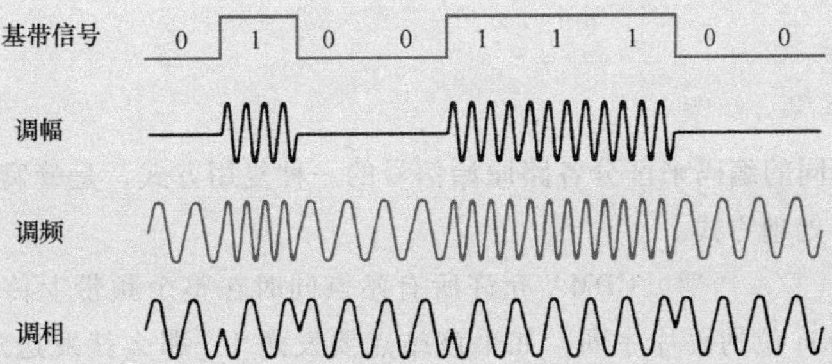


图 1-37 信号调制技术

(1) 调幅　即载波的振幅随基带数字信号而变化，例如，0或1分别对应无载波或有载波输出。

(2) 调频　即载波的频率随基带数字信号而变化，例如0或1分别对应两个频率的信号。

(3) 调相　即载波的初始相位随基带数字信号而变化。例如0或1分别对应相位0°或180°。

**4. 什么是频带传输?**

频带传输是一种采用调制、解调技术的传输形式，在发送端，采用调制手段，对数字信号进行变换，将代表数据的二进制“1”和“0”变换成具有一定频带范围的模拟信号，以适应在模拟信道上传输，在接收端，通过解调手段进行相反变换，把模拟的调制信号复原为“1”或“0”。频带传输较复杂，传送距离较远，一般用于无线通信系统。

### 3. 波分多路复用（WDMA）

WDMA在同一根光纤内传输多路不用波长的光信号，以提高单根光纤的传输能力。WDMA可以认为是FDMA应用于光纤信道的一个变例。图1-38中单根光纤可传送8种波长的光信号，如果每一波长的光信号的速率是2.5Gbit/s，整个通信系统的传输速率可达20Gbit/s。WDMA在发送端经过复用器耦合到同一根光纤中进行传输，接收端经过分用器将各种波长的光载波分离以恢复出原始信号。由于信号在传输过程中有衰减，因此图中每120km的传播距离增加一个掺铒光纤放大器（Erbium-Doped Optical Fiber Amplifer，EDFA）对信号进行放大。

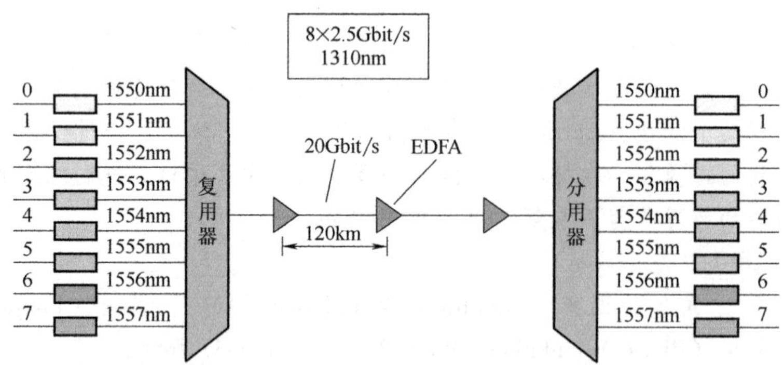


图1-38　波分多路复用的数据传输过程

### 4. 码分多路复用（CDMA）

CDMA是靠不同的编码来区分各路原始信号的一种复用方式，是蜂窝移动通信中迅速发展起来的一种信号处理方式。

(1) CDMA的基本原理　CDMA允许所有站点同时在整个频带上传输信息，每个站点被指派一个唯一的$m$位的码片序列，如果该站点要发送1，那么就发送对应的$m$位码片序列，如果发送0，就发送自己码片序列的二进制反码。假如某站点S被分配到的是8位码片序列（实际上码片序列可能远远不止8位）是00011011，当发送1时就发送对应的码片序

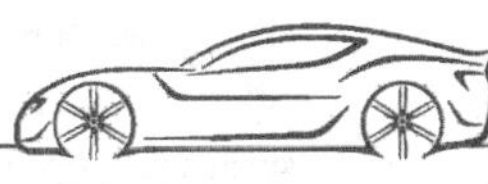

列 00011011，当发送 0 时，发送码片序列的二进制的反码，即 11100100。不同站点所分配到的码片序列呈正交关系。

**【知识拓展】**

**1. 什么是正交？**

正交是指两个站点的码片向量的规格化内积为零。

码片向量是用+1 表示二进制中的 1，−1 表示二进制中的 0。比如站点 A 被分配到的 8 位码片序列是 00011011，对应的码片向量为−1 −1 −1 +1 +1 −1 +1 +1。

规格化内积的公式为

$$S \cdot T \equiv \frac{1}{m}\sum_{i=1}^{m} S_i T_i$$

$S$ 和 $T$ 对应两个码片向量，$S_i$ 和 $T_i$ 对应码片向量的第 $i$ 位。

规格化内积是把两个码片序列的向量表示形式的对应位相乘，第 1 位和第 1 位相乘，第 2 位和第 2 位相乘一直到第 8 位，然后再把乘积求和，最后除以码片序列位数 $m$。

比如站点 A 被分配到的 8 位码片序列是 00011011，站点 B 被分配的码片序列是 00101110，其码片向量见表 1-2。

表 1-2 站点 A 和站点 B 的码片序列和码片向量对应关系

| 站点 A 的码片序列 | 0 | 0 | 0 | 1 | 1 | 0 | 1 | 1 |
|---|---|---|---|---|---|---|---|---|
| 站点 A 的码片向量 | −1 | −1 | −1 | +1 | +1 | −1 | +1 | +1 |
| 站点 B 的码片序列 | 0 | 0 | 1 | 0 | 1 | 1 | 1 | 0 |
| 站点 B 的码片向量 | −1 | −1 | +1 | −1 | +1 | +1 | +1 | −1 |

表中站点 A 和站点 B 的码片向量做规格化内积，结果为 0，所以两个码片序列正交。

**2. 站点 A 码片向量和自身码片向量的规格化内积是多少？站点 A 码片向量和自身码片序列反码的向量做规格化内积又是多少呢？站点 B 呢？**

站点 A 码片向量和自身码片向量的规格化内积是 1，站点 A 码片向量和自身码片序列反码的向量做规格化内积是−1。站点 B 的结果和站点 A 相同。

（2）**CDMA 发送/接收数据举例** 假如有两个相隔较近的手机用户 $S$ 和 $T$ 都要发送二进制数据 10，$S$ 被分配到的 8 位码片序列是 00011011，T 被分配的码片序列是 00101110，发送过程见表 1-3。由于所有用户都使用相同的频率发送，因此作为第三方用户会同时收到两个用户发送信号的叠加。

第三方打算接收 $S$ 发送的信号时，可以用 $S$ 的码片向量与收到的叠加信号求规格化的内积，最终得到的结果是 1 −1（向量形式），转换成二进制位流为 10。

第三方打算接收 $T$ 发送的信号时，可以用 $T$ 的码片向量与收到的叠加信号求规格化的内积，最终得到的结果也是 10。

表 1-3　CDMA 数据发送/接收过程的举例

| 一、 | 原始二进制位流 | | | | | | | | | | | | | | | |
|---|---|---|---|---|---|---|---|---|---|---|---|---|---|---|---|---|
| | 1 | | | | | | | | 0 | | | | | | | |
| *S* 发送的码片序列 | 0 | 0 | 0 | 1 | 1 | 0 | 1 | 1 | 1 | 1 | 1 | 0 | 0 | 1 | 0 | 0 |
| *T* 发送的码片序列 | 0 | 0 | 1 | 0 | 1 | 1 | 1 | 0 | 1 | 1 | 0 | 1 | 0 | 0 | 0 | 1 |
| 二、 | 转换成向量形式的二进制位流（0 用−1 替代，1 用+1 替代） | | | | | | | | | | | | | | | |
| | 1 | | | | | | | | 0 | | | | | | | |
| $S_x$ | -1 | -1 | -1 | 1 | 1 | -1 | 1 | 1 | 1 | 1 | 1 | -1 | -1 | 1 | -1 | -1 |
| $T_x$ | -1 | -1 | 1 | -1 | 1 | 1 | 1 | -1 | 1 | 1 | -1 | 1 | -1 | -1 | -1 | 1 |
| 三、 | 信号叠加 | | | | | | | | | | | | | | | |
| $S_x+T_x$ | -2 | -2 | 0 | 0 | 2 | 0 | 2 | 0 | 2 | 2 | 0 | 0 | -2 | 0 | -2 | 0 |
| 四、 | 叠加数据和原始码片向量求规格化内积 | | | | | | | | | | | | | | | |
| | *S* 和 *T* 的原始码片序列（0 用−1 替代，1 用+1 替代） | | | | | | | | | | | | | | | |
| *S* | -1 | -1 | -1 | 1 | 1 | -1 | 1 | 1 | -1 | -1 | -1 | 1 | 1 | -1 | 1 | 1 |
| *T* | -1 | -1 | 1 | -1 | 1 | 1 | 1 | -1 | -1 | -1 | 1 | -1 | 1 | 1 | 1 | -1 |
| $(S_x+T_x)\cdot S$ | 1 | | | | | | | | -1 | | | | | | | |
| $(S_x+T_x)\cdot T$ | 1 | | | | | | | | -1 | | | | | | | |

注：表格中，对+2 和+1 的“+”号都做了省略。

5. 空分多路复用（SDMA）

SDMA 是将空间分割成不同的信道，实现频率的重复使用，达到信道增容的目的，如在一个卫星上使用多个天线，各个天线的波束射向地球表面的不同区域的地球站，在同一时间，即使采用相同的频率传输信息也不会相互干扰。SDMA 使系统容量成倍增加，在有限频谱内支持更多用户，提高频谱使用效率。

### 1.4.3　总线的传输介质

总线的传输介质分为有线和无线两大类。负责车内各控制单元之间通信的车载通信系统基本上都使用有线传输介质。车联网系统通过无线传输介质进行通信。

1. 有线传输介质

有线传输介质主要有双绞线、同轴电缆和光纤。

（1）双绞线（Twisted Pair，TP）　双绞线是两根像麻花一样绞在一起的导线，如图 1-39 所示，在有线通信系统中应用广泛。按照是否有屏蔽层，双绞线可以分为屏蔽双绞线（Shielded Twisted Pair，STP）与非屏蔽双绞线（Unshielded Twisted Pair，UTP）。STP 在双绞线与外层绝缘封套之间有一个金属屏蔽层，结构如图 1-40 所示，金属屏蔽层可减少辐射，防止信息被窃听，也可阻止外部电磁干扰的进入。UTP 的结构如图 1-41 所示，因为没有金属屏蔽层，所以具有直径小、成本低、重量轻、易弯曲、易安装等优点。从性价比和可维护性出发，大多数局域网使用非屏蔽双绞线作为传输介质组网。

（2）同轴电缆（Coaxial Cable）　同轴电缆的结构如图 1-42 所示，一般由 4 层组成：最里层为内导体（一般是铜线）；内导体外面有一层绝缘层；绝缘层外面有一层薄的网状导电

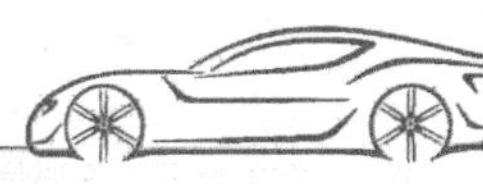

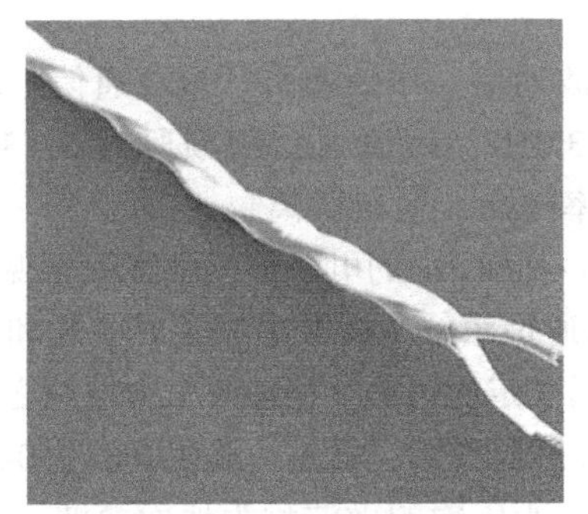

图 1-39 双绞线实物

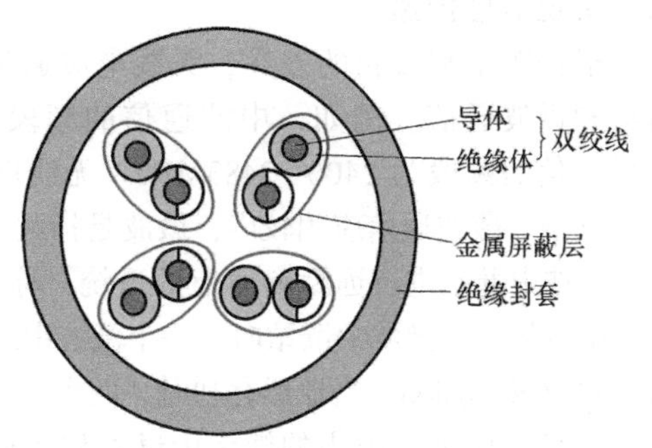


图 1-40 屏蔽双绞线的结构

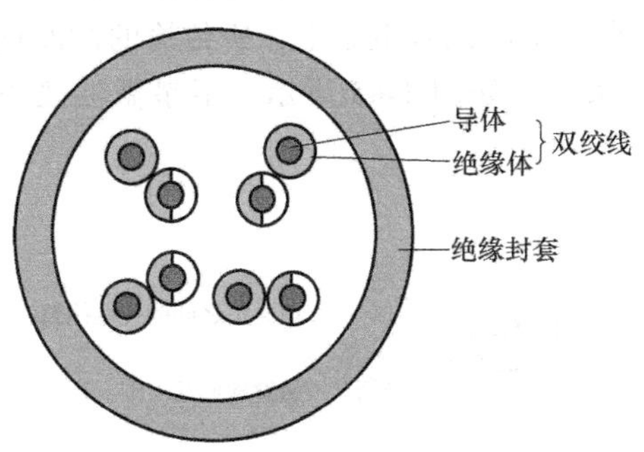


图 1-41 非屏蔽双绞线的结构

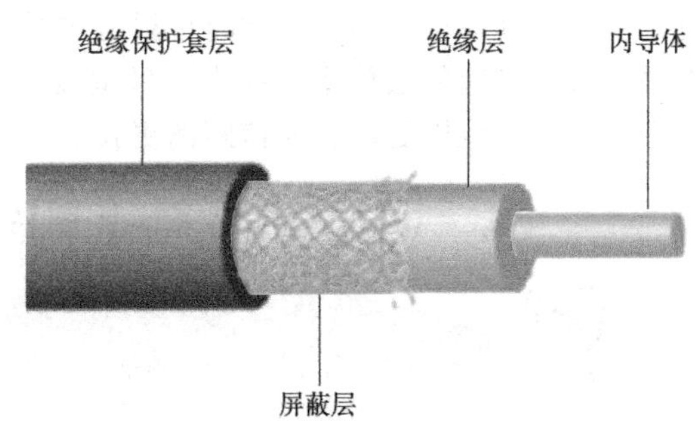


图 1-42 同轴电缆的结构

体（一般为铜或合金），称为屏蔽层；最外层是绝缘保护套层。同轴电缆因内导体和屏蔽层同轴而得名，可用于模拟信号和数字信号的传输，适用于电视、电话、计算机系统之间的短距离连接以及局域网布线。

（3）光纤（Optical Fiber） 光纤是光导纤维的简称，可作为光传导介质，结构如图 1-43 所示，由纤芯、反射涂层、黑色包层和彩色包层组成。纤芯是光导纤维的核心部分，是光波的传输介质。纤芯一般用有机玻璃或塑料制成，纤芯内的光波根据全反射原理几乎无损失传输。

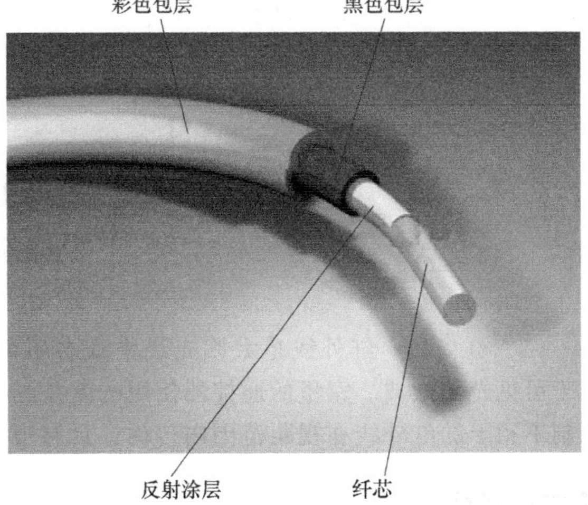


图 1-43 光纤的结构

2. 无线传输介质

无线传输介质主要包括无线电波和红外线 2 种。

（1）无线电波 无线电流是指在自由空间（包括空气和真空）传播的射频频段的电磁波，无线电波具有全向传播特性。通过 WiFi 上网或通过蓝牙耳机接听电话都是采用无线电波传输信号。

利用无线电波传输信号的过程为：利用导体中电流的改变会产生无线电波的原理，在发送端将信息转换成电流信号，并通过调制加载于无线电波上发送；当电波通过空间传播到达接收端，电波引起的电磁场变化会在导体中产生电流，通过解调将信息从电流变化中提取出

来，实现信息传递。

根据频率和波长的差异，无线电波通信可分为长波通信、中波通信、短波通信、超短波通信和微波通信。例如，中波通信的频段为30kHz～3MHz，短波通信的频段为3～30MHz，蓝牙通信的频段为2400～2483MHz。无线电波使用频率越高，通信距离越短。

其中，微波通信应用较广，微波是指频率为300MHz～300GHz的电磁波。微波依靠视距范围内的微波中继站进行远距离通信的系统，称为微波接力通信系统，微波中继站有变频和放大功能。微波从一个微波中继站向另一个微波中继站传播，属于定向传播。相邻两个中继站之间的距离通常为40～60km。当地形有利时，两个中继站之间的距离可加大，但是一般在100～150km。

架设在房顶、山头的微波中继站称为微波地面站，所传输的微波称为地面微波，对应的通信系统称为地面微波接力通信系统，如图1-44所示。当地面中继站距离较远时，需要通过同步卫星进行接力通信，此时可以将中继站架设在空中的同步卫星上，所传输的微波称为卫星微波，对应的通信系统称为卫星微波接力通信系统，如图1-45所示。卫星微波接力通信系统的通信范围更广，通信距离更长。

图1-44　地面微波接力通信系统

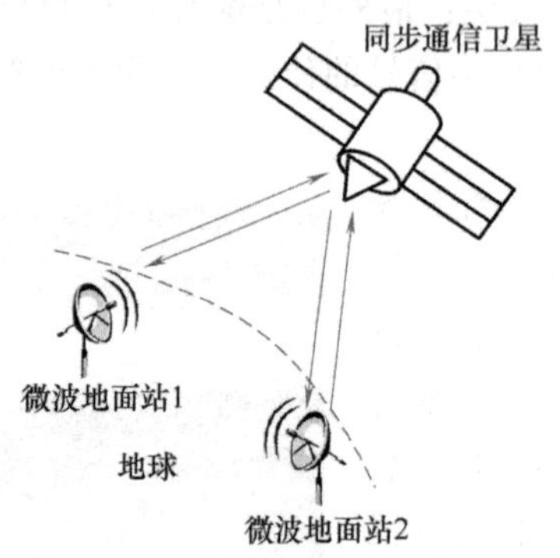


图1-45　卫星微波接力通信系统

（2）红外线　红外线是太阳光线中众多不可见光线中的一种，波长为0.75～1000μm，介于可见光和微波。家里的遥控器使用的就是红外线传输。红外线链路只需一对收发器，可调制不相干的红外线在视距范围内传输，具有很强的方向性。

**【知识拓展】**

什么是视距？

无线通信系统的传播条件分成视距（Line of Sight，LoS）和非视距（Non-Line of Sight，NLoS）两种环境。视距条件下，无线信号无遮挡地在发送端与接收端之间直线传播，而在有障碍物的情况下，无线信号只能通过反射、散射和衍射等方式到达接收端，称为非视距通信。

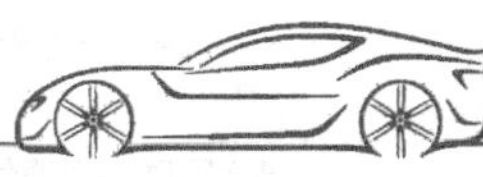

## 任 务

1. 总线分为哪3种？每一种总线有什么作用？

2. 地址总线和数据总线可以复用吗？如果可以，如何复用？

3. 什么是调制/解调？调制有哪些方式？画图分别进行说明。

4. 说明时分多路复用、频分多路复用、波分多路复用的传输原理以及应用场景。

5. 假设有A、B、C 3个站点采用CDMA发送/接收数据，A站点分配的码片序列为01011100，B站点分配的码片序列为01000010：

(1) A、B两个站点的码片序列是否正交？为什么？如果不正交，请对其中一个码片序列进行更改，使其正交。

(2) 如果两个站点同时发送数据，A站点发送二进制的10，B站点发送二进制的11，那么C站点需要接收A站点的数据应该如何接收？如果需要接收B站点的数据呢？

6. 车内网采用（ ）通信系统，车联网采用（ ）通信系统。

A. 有线 B. 无线 C. 有线或无线 D. 以上说法都不对

7. 总线的有线传输介质包括（ ）（多选）。

A. 双绞线 B. 单根导线 C. 同轴电缆 D. 光纤 E. 以上说法都正确

8. 屏蔽双绞线和非屏蔽双绞线有什么相同点和不同点？

9. 简述无线电波的传输原理。

# 任务1.5 总线的数据传输方式和评价指标

## 1.5.1 总线的数据传输方式

数据传输方式是指数据在传输介质上传送所采取的方式，根据不同的标准可以有不同分类方法。

### 1. 按数据传输顺序分

总线的数据传输方式根据数据的传输顺序可分为并行数据传输和串行数据传输。

(1) 并行数据传输 发送装置向接收装置传输7~8位数据，如果采用并行数据传输，则两设备之间的导线需要7~8根平行排列，如图1-46所示。并行数据传输一般用于ECU内

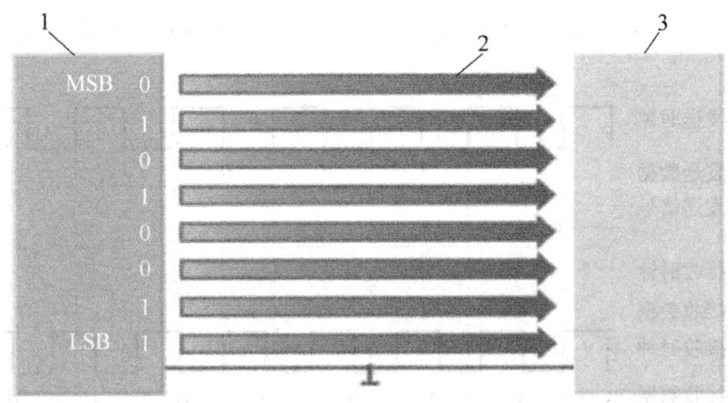


图1-46 并行数据传输

1—发送装置 2—数据 3—接收装置 MSB—Most Significant Bit，最高有效位 LSB—Least Significant Bit，最低有效位

部的数据传输。

（2）串行数据传输　串行数据传输是在一根导线上以位为单位依次传输数据，如图 1-47 所示。串行数据传输由于占用较少的引脚，被广泛应用于 ECU 之间的信息传输，车载通信系统的信息传输都是基于串行数据传输方式进行的。

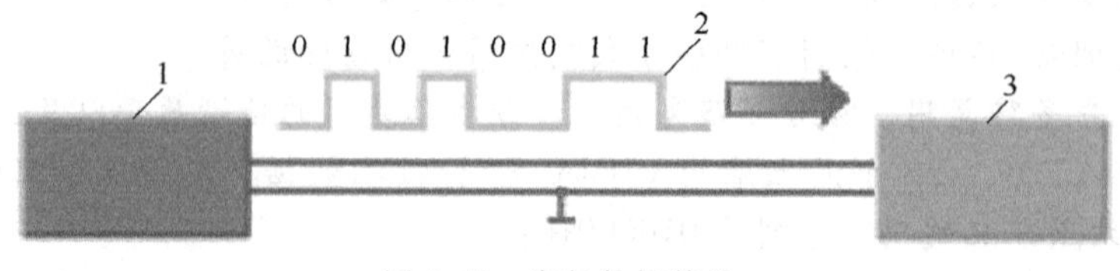

图 1-47　串行数据传输

1—发送装置　2—数据　3—接收装置

串行数据传输又分为同步数据传输和异步数据传输。

1）同步数据传输。采用同步数据传输时，发送装置的时钟信号通过一根单独的导线传送给接收装置，发送装置和接收装置使用一个共同的时钟信号，可保证数据发送过程的同步，如图 1-48 所示。时钟是时间间隔相同的一串方波，单位时间内的方波数称为时钟频率，每个方波的宽度称为时钟周期。

**【知识拓展】**

什么是同步？

同步是使通信系统的收、发双方在时间上步调一致，是通信的必要和前提条件。

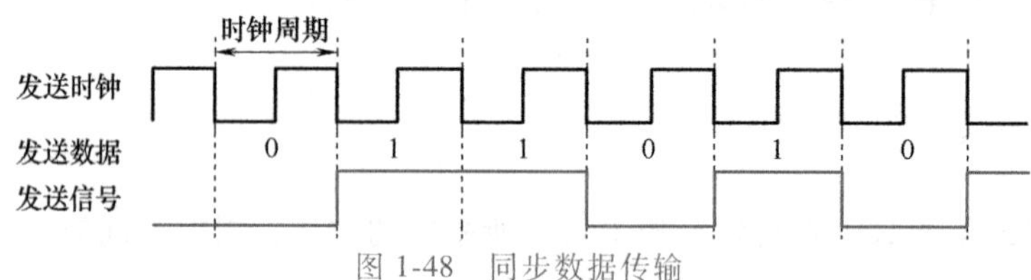

图 1-48　同步数据传输

**【思考】**

**1. 总线为什么需要同步？**

总线同步确保了发送的数据能够被正确还原。图 1-49 是基带信号的传输和还原的例

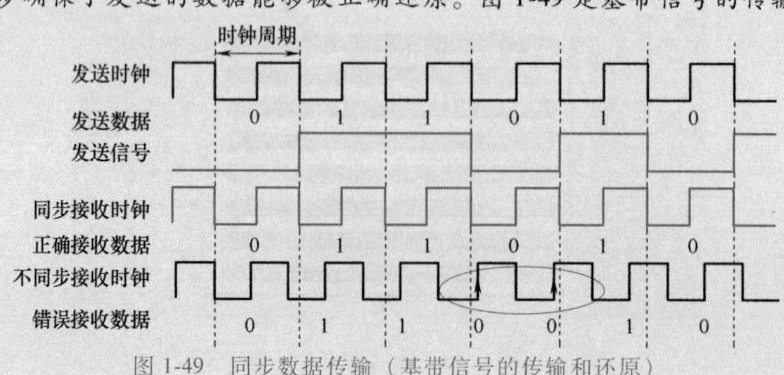

图 1-49　同步数据传输（基带信号的传输和还原）

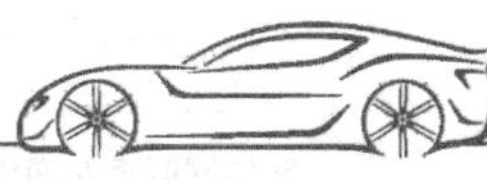

子。发送端从左到右发送 011010 的数据时，同步发送时钟信号，接收端接收到时钟信号进行同步，并在时钟的上升沿读取数据，如果接收端接收的时钟信号和发送端的完全一致，则可以正确还原数据。

在一些特殊情况下，接收端未正确接收时钟信号，接收到的时钟信号比发送端的时钟信号周期短，由于发送端和接收端的不同步导致传输出现错误，例如，原本传输的 011010 的 6 位二进制位流，接收时却被还原为 0110010 的 7 位二进制位流。

**2. 如果接收到的时钟信号和发送的时钟信号不同步如何处理？**

接收端可以隔一段时间利用接收到的信号对时钟信号进行校正（类似手表对时间），如图 1-50 所示，此时信号编码可以采用曼彻斯特编码。利用曼彻斯特编码的跳变沿进行矫正（再同步）。

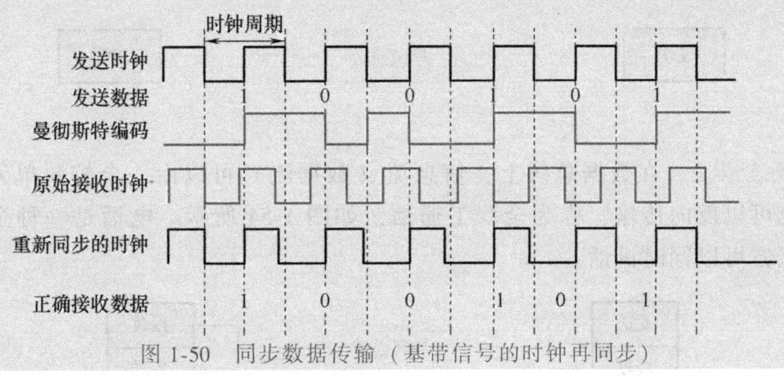

图 1-50　同步数据传输（基带信号的时钟再同步）

2）异步数据传输。进行异步数据传输时，发送装置和接收装置之间没有共同的时钟脉冲，接收装置通过内部时钟信号定时采样完成数据接收，如图 1-51 所示，此时需要接收装置和发送装置的时钟频率一致，由于时钟信号发生器都存在误差，误差累计会导致接收装置和发送装置的时钟频率不一致，使得接收数据错误，因此需要定期进行再同步（时钟校正）。采用异步数据传输时，一些协议在数据组上增加起始位和结束位，用于识别数据组的开始和结束。异步数据传输的数据组结构如图 1-52 所示。

常见的串行数据传输方式有三种，分别是 SPI（Serial Peripheral Interface，串行外设接

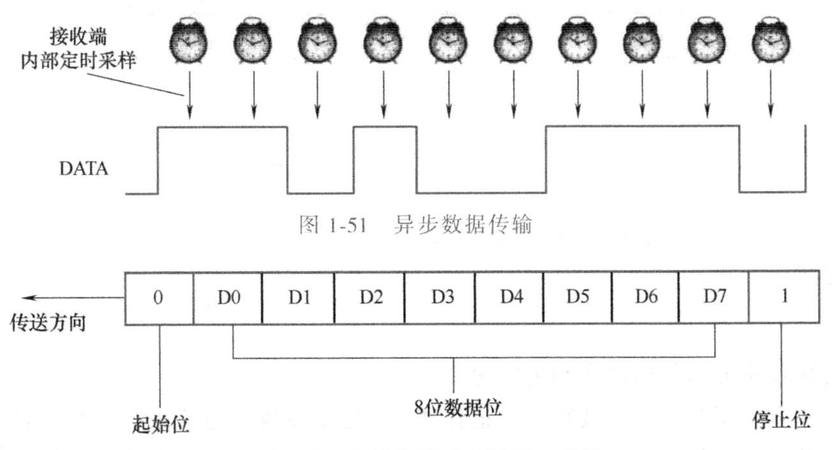

图 1-51　异步数据传输


图 1-52　异步数据传输的数据组结构

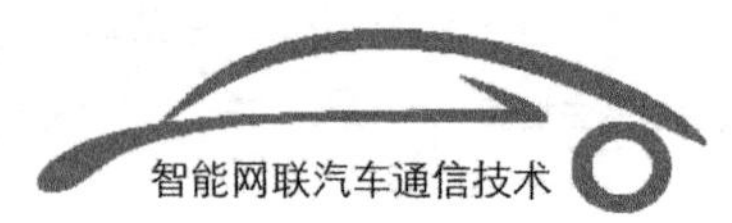


口）、$I^2C$ 和 UART（Universal Asynchronous Receiver/Transmitter，通用异步收/发）。SPI 是一种有时钟信号的同步串行总线，连接的控制单元有主从之分。$I^2C$ 也是一种有时钟信号的同步串行总线，所有挂在 $I^2C$ 上的器件都是平等的，没有主次之分。在 UART 通信中，两个控制单元可以直接相互通信，发送端将来自 CPU 的并行数据转换为串行格式，并发送到接收端，接收端将串行数据转换成并行数据，并发送给接收设备。

**2. 按照信息流的方向分**

总线按照信息流的方向可分为单工通信（Simplex Communication）、全双工通信（Full Duplex Communication）和半双工通信（Half Duplex Communication）。

（1）单工通信　在数据总线上，信息流（数据流）只能由一个控制单元传向另一个控制单元，而不能反向传输，称为单工通信，如图 1-53 所示。遥控、遥测（一部分）属于单工通信方式，汽车上使用的 MOST 总线也属于单工通信。

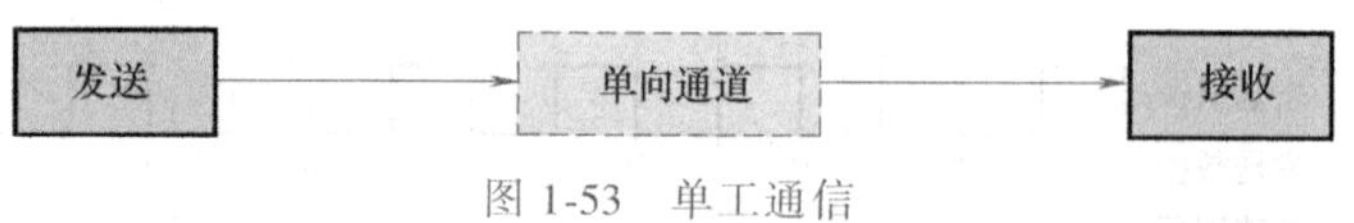


图 1-53　单工通信

（2）全双工通信　在数据总线上，信息流（数据流）可以由一个控制单元传向另一个控制单元，也可以反向传输，称为全双工通信，如图 1-54 所示。电话是一种全双工通信设备，其通话双方可以同时讲话。

图 1-54　全双工通信

（3）半双工通信　采用半双工通信时，数据可以沿着两个方向传送，但同一时刻一个信道只允许单方向传送，因此又被称为双向交替通信，如图 1-55 所示。这种通信方式要频繁变换信道方向，效率低，但可以节约传输线路。无线对讲机就是一种半双工设备，在同一时间内只允许一方讲话，汽车上使用的 CAN 总线和 LIN 总线也属于半双工通信。

图 1-55　半双工通信

### 1.5.2　总线的评价指标

总线的主要技术指标包括总线的数据传输速率、带宽、吞吐量、时延、往返时间、利用率和误码率等。

**1. 数据传输速率**

数据传输速率分为传码速率和传信速率。

传码速率称为调制速率、波特率，记作 $N_{bd}$，是指在数据通信系统中每秒钟传输信号码元的个数，单位是波特（Bd）。传信速率又称为比特率，是指在数据通信系统中每秒钟传输

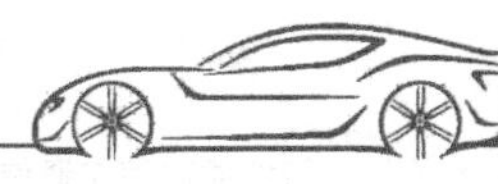

的比特数，即每秒传输二进制代码位数，记作 $R_b$，单位是 bit/s，也可记作 Kbit/s 、Mbit/s 、Gbit/s 、Tbit/s，相邻之间的换算单位是 1024。

**【知识拓展】**

**1. 什么是外设？**

外设是外部设备的简称，指连在计算机主机以外的硬件设备，对数据和信息起着传输、转发和存储的作用，是计算机系统中的重要组成部分。

**2. 什么是码元？**

数字通信中常用时间间隔相同的符号来表示数字，这样的时间间隔内的信号称为码元。如果用-3V 表示数字 0，3V 表示数字 1，那么每个码元有两种状态，分别是 0 和 1，每个码元代表一位二进制数字，该信号称为二进制码元或者两电平信号，如图 1-56a 所示。如果用 3V、6V、-3V 和-6V 分别表示 00、01、10 和 11，那么每个码元有四种状态，分别是 00、01、10 和 11，每个码元代表两位二进制数字，该信号称为四进制码元或四电平信号，如图 1-56b 所示。

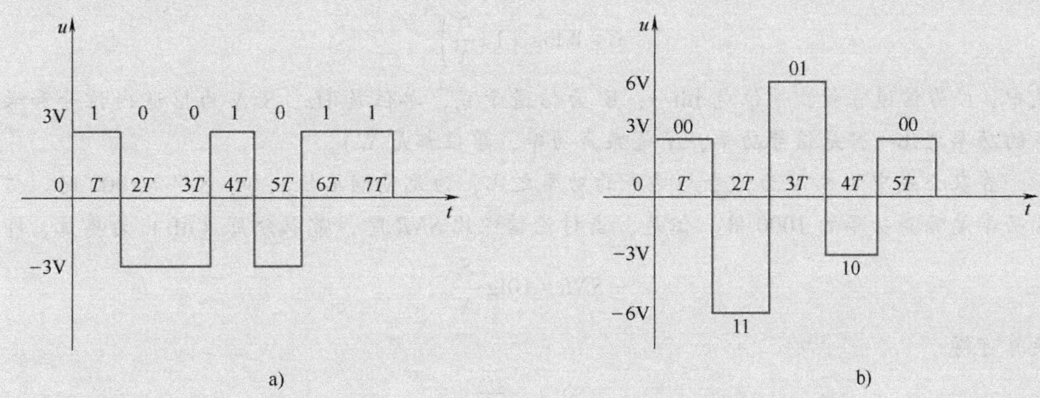


图 1-56　码元

a）二进制码元（两电平信号）　b）四进制码元（四电平信号）

**3. 传码速率和传信速率之间有什么关系？**

如果采用二进制码元，每秒码元数和每秒二进制代码数是一样的，这叫两相调制，此时波特率等于比特率；如果采用四进制码元，每秒码元数是每秒二进制代码数的一半，叫四相调制，此时波特率等于比特率的一半。因此传信速率和传码速率之间有如下关系：

$$R_b = N_{bd} * \log_2 M$$

式中，$M$ 为信号的电平数。使用多电平信号会导致同样传码速率下，传信速率升高。

**2. 带宽**（Bandwidth）

带宽有以下两种不同的意义。

（1）频域　带宽本来指某个信号具有的频带宽度。信号的带宽是指该信号所包含的各种不同频率成分所占据的频率范围，这种意义的带宽单位是赫兹（Hz）。以前的通信主干线路传送的是模拟信号（即连续变化的信号），通常使用通信线路允许通过的信号频带范围作为线路的带宽。例如，在传统的通信线路上传送电话信号的标准带宽是 3.1kHz（从 300Hz

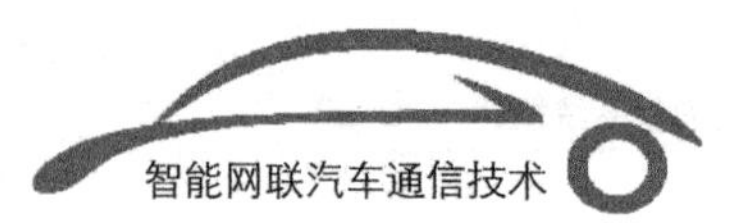


到 3.1kHz，即声音主要成分的频率范围）。

（2）时域　在计算机网络中，带宽用来表示网络的通信线路传送数据的能力，因此网络带宽表示在一定条件下，通信路径（信道）上所能达到的最大数据传输速率，这种意义的带宽的单位是 bit/s。上述的一定条件包括频域下的带宽、误码率以及是否有噪声存在等。

此处为了方便说明频域和时域下的带宽的关系，频域下称为带宽，时域下称为信道容量（后续章节统一称作带宽，不做区分）。

**【思考】**

**1. 信道容量和频域下的带宽有什么关系？**

无噪声情况下，信道容量可采用奈奎斯特定理进行计算，即在理想条件下，一个无噪声、带宽为 $W$(Hz) 的信道，其传码速率最高为 $2W$(Bd)，该值为上限，传码速率超过此上限，会出现严重的码间串扰问题。在有噪声的情况下，信道容量采用香农公式计算，即

$$C = W\log_2\left(1+\frac{S}{N}\right)$$

式中，$C$ 为信道容量，单位是 bit/s；$W$ 为信道带宽，单位是 Hz，$S/N$ 为信道内信号和噪声的功率之比（$S$ 是信号功率，$N$ 是噪声功率，单位都是 W）。

香农公式中的 $S/N$ 为信号与噪声的功率之比，为无量纲单位。如：$S/N=1000$ 时，信号功率是噪声功率的 1000 倍。但是，当讨论信噪比 $SNR$ 时，常以分贝（dB）为单位，即

$$SNR = 10\lg\frac{S}{N}$$

换算可得

$$\frac{S}{N} = 10^{\frac{SNR}{10}}$$

**2. 提高信道带宽有什么好处？**

根据香农公式，在信道容量 $C$ 不变的前提下，带宽 $W$ 提高到了原来的 $m$ 倍，信噪比 $S/N$ 可以降低，噪声功率基本保持不变，因此可以降低信号的发送功率，提高信号的隐藏性。

**3. 吞吐量（Throughput）**

吞吐量表示在单位时间内通过某个网络（或信道、接口）的数据量，经常用于对现实世界中网络的一种测量。吞吐量受到网络的带宽或额定速率的限制，并低于额定速率，例如，对于一个 100Mbit/s 的以太网，其额定速率为 100Mbit/s，其实际的吞吐量可能只有 40Mbit/s。

**4. 时延（Delay 或 Latency）**

时延是指数据（一个报文或者分组）从网络（或链路）的一端传送到另一端所需的时间。时延是一个非常重要的性能指标，也称为延迟或者迟延。

网络中的时延由以下 4 个部分组成，分别是发送时延、传播时延、处理时延和排队时延，如图 1-57 所示。

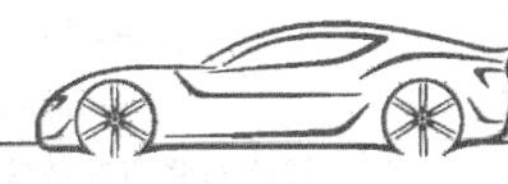

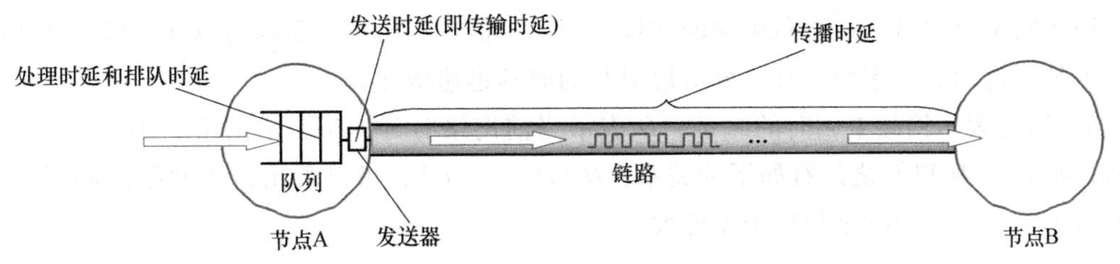


图 1-57 网络中的时延

(1) 发送时延 发送时延是主机或路由器发送数据帧所需要的时间，也就是从发送数据帧的第一个比特算起，到该帧的最后一个比特发送完毕所需的时间。发送时延也称为传输时延。

发送时延=数据帧长度(bit)/发送速率(bit/s)

对于一定的网络，发送时延并非固定不变，而是与发送的帧长成正比，与发送速率成反比。

(2) 传播时延 传播时延是电磁波在信道中传播一定的距离需要花费的时间，即

传播时延=信道长度(m)/电磁波在信道上的传播速率(m/s)

电磁波在自由空间的传播速率是光速，即 $3.0\times10^8$m/s。电磁波在网络传输媒体中的传播速率比在自由空间低一些，在铜线电缆中的传播速率约为 $2.3\times10^8$m/s，在光纤中的传播速率约为 $2.0\times10^8$m/s，因此在 1000km 长的光纤线路产生的时延大概为 5ms。

**【思考】**

**车载通信系统中的发送时延和传播时延，哪个占主导？**

车载通信系统因为信道距离较短，传播时延基本可以忽略不计，发送时延占主导。

(3) 处理时延 主机或路由器在收到分组时需要花费一定的时间处理，从而产生处理时延。

(4) 排队时延 分组在经过网络传输时，要经过许多的路由器。但分组在进入路由器后要先在输入队列中排队等待处理。在路由器确定转发接口后，还要在输出队列中排队等待转发，这就产生了排队时延。排队时延通常取决于网络当时的通信量。

数据在网络中经历的总时延为 4 种时延之和，即总时延=发送时延+传播时延+处理时延+排队时延。需要注意的是，承载信息的电磁波在通信线路上的传播速率与数据的发送速率无关，因此在数据帧长度和通信距离一定的情况下，高速网络链路能够缩短发送时延，但是不能减小传播时延。

### 5. 往返时间 (Round-Trip Time, RTT)

在计算机网络中，往返时间 RTT 也是一个重要的性能指标，表示从发送方发送数据开始，到发送方收到来自接收方的确认总共经历的时间。在互联网中，往返时间还包括各中间节点的处理时延、排队时延以及转发数据时的发送时延。当使用卫星通信时，往返时间相对较长。

### 6. 利用率

利用率有信道利用率和网络利用率。信道利用率指某信道有百分之几的时间被利用；网

络利用率则是全网络的信道利用率的加权平均值。信道利用率并非越高越好。根据排队的理论，当某信道的利用率增大时，该信道引起的时延迅速增加。

如果 $D_0$ 表示网络空闲时的时延，$D$ 表示当前网络时延，$U$ 表示网络利用率，在 0 和 1 之间，则 $D_0$、$D$ 和 $U$ 之间有如下的关系：$D=D_0/(1-U)$，可以看出，当网络的利用率接近最大值 1 时，网络的时延趋近于无穷大。

7. 误码率（Symbol Error Rate，SER）

传输系统由于噪声、失真、相位抖动、频率偏移等各种因素使接收方对接收信号的判决失误。误码率是衡量在规定时间内数据传输精确性的指标，误码率=传输中的误码数/所传输的总码数。误码率是判决失误的一个统计数据，是衡量数字通信系统传输可靠性的一个指标。

可靠性是总线最关键的指标，没有可靠性，传输的数据都是错误信息，便失去了总线的实际意义。为了提高总线的可靠性，通常采用的措施有：

1）发送信息前发送器对总线进行监听，只有总线空闲时才可以向总线发送信息，避免不同节点的数据冲突。

2）采用双绞线差分信号传输数据，以降低单线的电压升降幅度。

3）适当让数据边沿具有一定的斜坡。

4）增加匹配电阻和电容等，以减少总线上信号的反射和平衡总线上的分布电容。

5）采用合适的电子电气架构和屏蔽技术等，以减少其他信号的干扰。

## 任　务

1. 并行数据传输主要用在（　　）。

A. 控制单元内部的数据传输　　B. 控制单元之间的数据传输

C. 控制单元内部或者控制单元之间的数据传输　　D. 以上说法都不对

2. 串行数据传输主要用在（　　）。

A. 控制单元内部的数据传输　　B. 控制单元之间的数据传输

C. 控制单元内部或者控制单元之间的数据传输　　D. 以上说法都不对

3. 分析同步数据传输和异步数据传输的相同点和不同点。

4. 异步数据传输如何进行同步？

5. 举例说明单工通信、全双工通信和半双工通信的应用。

6. 一个信号码元的持续时间为 $10^{-6}$s，如果传输的是 2 电平信号，传码速率和传信速率分别是多少？如果传送 8 电平信号，则传码速率和传信速率分别是多少？

7. 如果传码速率为 100MBd，采用不归零编码的传信速率是多少？

8. 一个无噪声的带宽为 3000Hz 信道，如果采用 128 相调制技术，该信道容量是多少？若通过一个信噪比为 10dB，带宽为 2000Hz 的信道去传送数据，其信道容量是多少？

9. 若 A、B 两台计算机之间的距离为 100km，假设电缆内的信号传输速度为 $2.0\times10^8$m/s，试对下列链路分别计算发送时延和传播时延。

（1）数据长度是 $10^8$ 位，数据发送速率为 1Mbit/s；

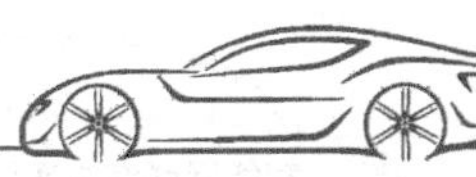

(2) 数据长度为 $10^3$ 位，数据发送速率为 1Gbit/s。

10. 提高信号传输可靠性的措施有哪些？

## 任务 1.6 计算机网络体系结构

计算机网络体系结构是指计算机网络的分层、每一层应具有的功能以及每一层里所用到的协议的集合。

### 1.6.1 通信协议

通信协议即通信语言，是通信实体双方信息交换规则的集合，包含语法、语义和定时规则 3 个要素。

(1) 语法 语法是数据和控制信息的结构或格式，包括数据的格式、编码和信号（电平的高低）等，即如何通信。

(2) 语义 语义是对通信内容的解释，包括数据内容、含义以及控制信息等，即通信内容是什么。

(3) 定时规则（时序） 定时规则明确通信的顺序、速率匹配和排序，即何时通信。

### 1.6.2 网络分层

对于非常复杂的计算机网络体系，其结构应该是层次式的。分层之后，各层之间相互独立，这样带来的好处包括：

1）将服务、接口和协议明确区分。

2）某一层只需知道该层通过接口所提供的服务，而不需要知道相邻层是如何实现的，因此各层可以采用最合适的技术来实现。

3）当任何一层发生变化时（例如由于技术的变化），只要层间接口关系保持不变，在这层以上或以下各层均不受影响。

4）易于实现和维护，促进各层标准化。

目前主流的计算机网络体系结构包括 OSI（Open System Interconnect，开放式系统互联）参考模型和 TCP/IP（Transmission Control Protocol/Internet Protocol，传输控制协议/网络协议）模型，OSI 参考模型和 TCP/IP 模型的对比见图 1-58。

OSI 参考模型是 ISO 组织提出的网络互联模型，是计算机网络体系结构的国际标准，其定义了网络的七层结构，由高到低依次为应用层（Application Layer）、表示层（Presentation Layer）、会话层（Session Layer）、传输层（Transport Layer）、网络层（Network Layer）、数据链路层（Datalink Layer）和物理层（Physical Layer），如图 1-58 所示。其中应用层、表示层和会话层可以视为应用层，而剩余层则可视为数据流动层。

OSI 参考模型是互联网发展过程中一个很重要的模型，也是一个理想的网络参考模型，该模型所采用的 TCP/IP 协议栈获得了广泛的应用和认可，并出现了 TCP/IP 模型，从应用的广泛性来说，TCP/IP 模型是事实上的“国际标准”。TCP/IP 模型有四层模型和五层模型两种，相同点是将 OSI 参考模型中的会话层和表示层的功能合并到应用层实现。不同的是，四层模型将 OSI 参考模型中的数据链路层和物理层合并为网络接口层。下面以 TCP/IP 五层模型为例进行分析。

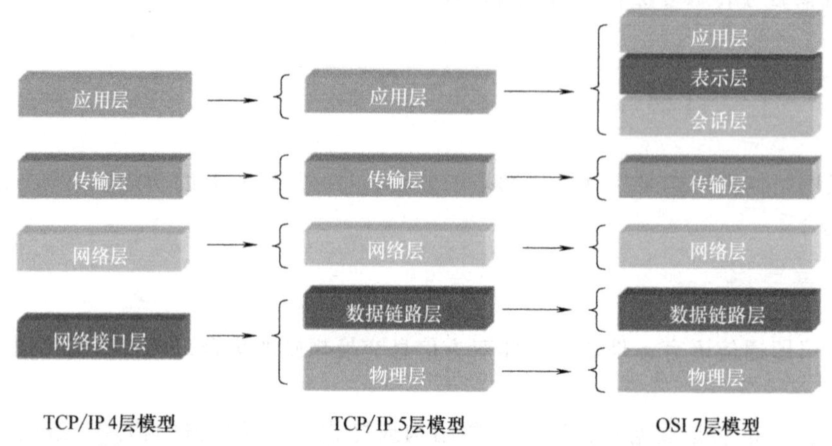


图 1-58 TCP/IP 4 层模型/5 层模型以及和 OSI 7 层模型的比较

**1. TCP/IP 5 层模型的分层结构**

（1）应用层 应用层是 TCP/IP 5 层模型的第一层，这一层整合了 OSI 参考模型的上三层（应用层、表示层、会话层），直接为应用进程提供服务，应用进程指正在运行的程序，比如 QQ、浏览器等。应用层只需要专注于为用户提供应用功能，不关心数据是如何传输的，类似于寄快递时，只需要把包裹交给快递员由其负责运输快递，不需要关心快递是如何被运输的。应用层的作用包括：

1）不同种类的应用程序采用应用层的不同协议进行信息和数据之间的转换，例如邮件传输使用 SMTP（Simple Mail Transfer Protocol，简单邮件传输协议），万维网使用 HTTP（Hypertext Transfer Protocol，超文本传输协议），远程登录服务使用 Telnet 协议。

2）加密、解密和格式化数据。

3）建立或解除与其他节点的联系，充分节省网络资源。

（2）传输层 传输层作为 TCP/IP 5 层模型的第二层，是整个网络体系结构中的关键层之一，主要为两个主机之间相同应用进程的通信提供服务，传输的数据单元是分段。比如一台计算机同时运行 QQ、微信、邮件系统等多个应用进程，当用户同时通过不同应用进程发送信息，使用传输层可以在发送端将数据复用到网络层进行传输，接收端的传输层将数据分开送给对应的应用进程。传输层根据报文中携带的端口号确定哪个应用程序接收，比如 80 端口通常是 Web 服务器，22 端口通常是远程登录服务器，因此传输层是面向应用进程的传输。该层主要有两个传输协议，分别是 TCP 和 UDP（User Data Protocol，用户数据报协议）。

TCP 提供面向连接的可靠服务，数据传输准确性高，使用较多；UDP 提供无连接不可靠的服务，只负责发送数据报，不保证数据报是否能抵达对方，但实时性相对更好，传输效率也高。

（3）网络层 网络层在 TCP/IP 5 层模型的第三层，负责将数据从一个设备传输到另一个设备，主要用于网络连接的建立、终止以及寻址等，为传输层提供服务，传送的数据单元称为数据报或分组。网络层是通过路径选择算法，将数据报送达目的地，是面向终端的传输，常用的协议有 IP、ARP（Address Resolution Protocol，地址解析协议）等。IP 的一个重

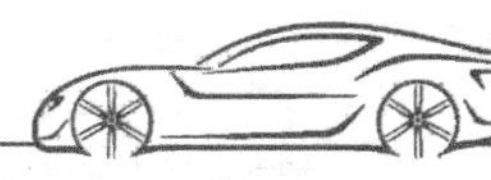

要功能是路由，实际场景中，两台设备并不是用一条网线连接的，中间还连接了车载网关、路由器、交换机等网络设备，形成很多条网络路径，当数据报到达一个网络节点，需要通过路由算法决定下一步走哪条路径。ARP 根据 IP 地址获得 MAC（Media Access Control，媒体访问控制）地址。

（4）数据链路层　在 TCP/IP 5 层模型中，数据链路层位于第四层，控制网络层与物理层之间的通信。数据链路层从网络层接收数据并分割成可被物理层传输的帧（Frame），帧包括原始数据、发送方和接收方的 MAC 地址、纠错和控制信息，其中地址确定了帧将发送到何处，纠错和控制信息确保帧无差错到达。

数据链路层可细分为 LLC（Logic Link Control，逻辑链路控制）以及 MAC 两个子层。LLC 子层负责向上层提供服务、管理数据链路通信等，与所用物理介质没有关系；MAC 子层负责数据帧的封装、总线访问、寻址以及差错控制等。

（5）物理层　物理层是整个网络通信的基础，为终端之间的数据通信提供传输媒介及网络互连设备，为数据传输提供可靠的环境。物理层的传输介质包括双绞线、电缆、光纤和电磁波等。

**【知识拓展】**

**1. 什么是协议栈？**

协议栈是指网络中各层协议的总和。

**2. TCP/IP 协议栈包括哪些协议？**

TCP/IP 协议栈包含网络层的 IP、传输层的 TCP 和 UDP 以及应用层的 FTP（File Transfer Protocol，文件传输协议）、SMTP 等协议族，由于 TCP 协议和 IP 协议最具代表性，所以被称为 TCP/IP 协议栈。TCP/IP 协议栈可以为不同的应用层提供服务（Everything over IP），也可以在各种不同网络构成的互联网上运行（IP over Everything）。

**3. 什么是 IP 地址？**

IP 地址是互联网协议地址，是给网络上的设备、主机分配的一个逻辑标识符，用以区分不同地域的设备。IP 地址工作在网络层，是逻辑地址，并不唯一，可以根据实际情况进行更改。

IP 地址分为两段，第一段为网络号，负责标识该 IP 地址属于哪个子网；第二段是主机号，负责标识同一子网下的不同主机。类似于包裹投递选择地址先选择市，然后再输入详细地址。在寻址的过程中，先匹配到相同的网络号（即要找到同一个子网），才能找对应的主机。

**4. 什么是 MAC 地址？**

MAC 地址也称为局域网地址（LAN Address）、以太网地址（Ethernet Address）或物理地址（Physical Address），是一个用来确认网络设备的地址。MAC 地址工作在数据链路层，是硬件地址，具有全球唯一性，不可以进行更改。

**5. IP 地址和 MAC 地址之间如何转换？**

主机的 IP 地址通过 ARP 协议可映射该主机的 MAC 地址，主机的 MAC 地址利用 RARP 协议可映射该主机的 IP 地址。

**6. 什么是网络互连设备？**

在网络互连中使用的硬件设备称为网络互连设备。网络互连的目的是实现网络间的通信和更大范围的资源共享，此外，不同的网络使用的通信协议不相同，因此也需要一个中间设备来完成协议转换。

**7. 网络互连设备有哪些？**

网络互连设备包括集线器、交换机（Switch，网桥）、路由器和网关等。

**8. 什么是集线器？**

集线器是对接收信号进行再生和发送，从而增加信号传输的距离，是最简单的网络互连设备，工作在物理层。如以太网常用集线器扩展总线的电缆长度，标准电缆以太网的每段长度最大185m，最多可有5段，增加集线器后，最大网络电缆长度可提高到925m。通过集线器连接的局域网属于共享型局域网。

**9. 什么是交换机？**

交换机工作在数据链路层，作用是连接数个相同网段的不同主机，减少网内冲突，隔离冲突域。利用存储转发和过滤技术从物理上分割网段。通过交换机连接的局域网属于交换型局域网。

**10. 什么是路由器？**

路由器（Router）又称路径器，工作在网络层，可以连接不同的网络，是能够选择数据传送路径并对数据进行转发的网络设备。

**11. 什么是冲突域？**

在该域内某一时刻只能有一个站点发送数据，如果两个站点同时发送数据会引起冲突，则这两个站点处于同一个冲突域内。

**12. 如何选择网络互连设备？**

网络互连设备需要根据所连接的网络进行选择。如果以太网与以太网互连，因为属于一种网络，数据信息仅需转换到OSI的第二层（数据链路层），互连设备可采用交换机；若连接的两个网络的数据信息需转换至OSI的第三层（网络层），则互连设备可采用路由器；如果连接的两个网络的体系结构完全不同，则数据信息需做七层转换，互连设备可采用网关。

### 2. TCP/IP 5层模型的通信过程

分层模型中，不同主机对等层之间按照协议进行通信，同一主机的不同层之间通过接口进行通信，每一层将上一层传递过来的通信数据加上若干控制位后再传递给下一层，最终由物理层传递到对方物理层，再逐级上传，从而实现了对等层之间的逻辑通信。

TCP/IP的通信过程如图1-59所示，以发送“Hello”为例，应用层生成本层的协议数据单元（Protocol Data Unit，PDU），并传输到传输层，作为其服务数据单元（Service Data Unit，SDU）；传输层根据使用TCP或UDP，在应用层生成的PDU前加上TCP或UDP头部，封装后生成传输层的PDU送到网络层；同样，网络层加上IP报头封装生成IP报文（IP层的PDU）送到数据链路层，分割成帧后，加上MAC地址信息以及校验信息封装生成数据链路层的PDU，送到物理层完成发送。发送数据的过程是给数据不断封装的过程（类似于套娃），而接收数据的过程刚好相反，是一个解封装的过程。

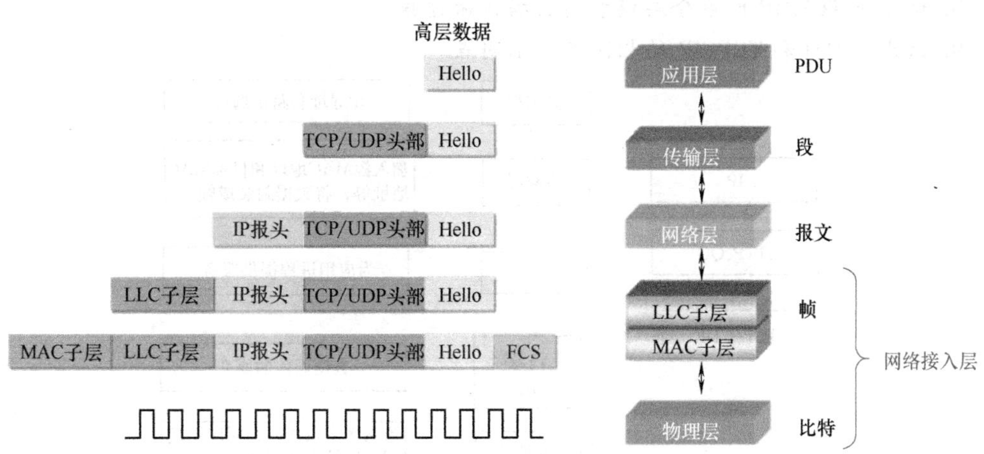


图 1-59　TCP/IP 分层结构的数据传输过程

FCS—Frame Check Sequence，帧校验序列

## 【知识拓展】

**1. 什么是对等层？**

不同主机之间的相同层次称为对等层（Peer）。主机 A 的传输层和主机 B 的传输层互为对等层。

**2. 什么是协议数据单元？**

对等层传输的数据单元称为协议数据单元。

**3. 什么是服务数据单元？**

上层协议数据单元提交给下层时，作为下层的服务数据单元。

## 任　务

1. 什么是通信协议？通信协议的要素有哪些？

2. 为什么需要对网络进行分层？

3. 计算机网络体系结构中，传输层传输的数据单位是（　　），网络层传输的数据单位是（　　），数据链路层传输的数据单位是（　　）。

A. 帧　　B. 分段　　C. 分组　　D. 以上说法都不对

4. 分层模型中，不同主机对等层之间根据（　　）进行通信，同一主机的不同层之间通过（　　）进行通信。

A. 协议　　B. 应用　　C. 接口　　D. 地址

5. 网络互连设备都有哪些？分别应用在什么场景？

6. 分析网络分层体系结构中各层的作用以及所使用的协议，并在图 1-60 上连线。

7. 什么是 MAC 地址？什么是 IP 地址？如何从 IP 地址获得设备的 MAC 地址？

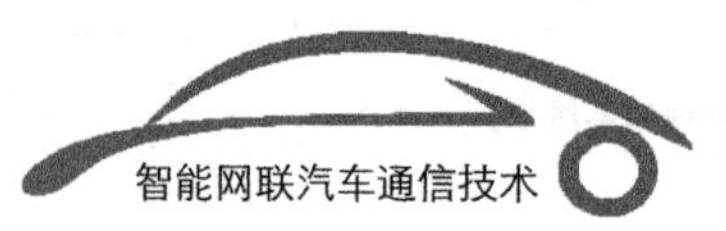


8. 试分析 TCP/IP 网络分层模型的数据传输过程。

9. 试比较 OSI 和 TCP/IP 的相同点和不同点。

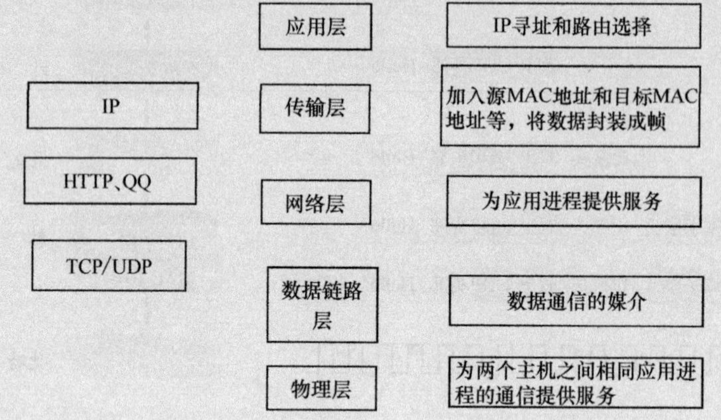


图 1-60　TCP/IP 5 层模型中各层的作用及所使用的协议

# 项目2　CAN总线

注：该项目的部分实践任务依托 PASSAT B5 车门控制实训台展开，但是方法具有普适性，任何具备 CAN 总线的系统都适用。

## 任务 2.1　初识 CAN 总线

为了解决车身电子设备的通信问题，德国博世公司开发了 CAN 总线并最终成为国际标准，CAN 总线是应用最广泛的现场总线之一。

**【知识拓展】**

什么是现场总线?

现场总线是连接智能现场设备和自动化系统的数字式通信网络，具有双向传输、多分支结构的特点。

### 2.1.1　CAN 总线的传输介质及信号

CAN 总线的传输介质为双绞线，通过 CAN High 和 CAN Low 两条信号线进行信息传输。

CAN 总线上传输的是高低电压信号，分为显性（Dominant）电平和隐性（Recessive）电平。CAN 协议规定，CAN 总线空闲时的电平为隐性电平，对应二进制“1”，与隐性电平相对的电平为显性电平，对应二进制“0”。当总线处于工作状态时，总线上的信号在 0 和 1 之间切换，传输一定的信息。

显性电平和隐性电平的具体电压值由协议规定。CAN 总线主流使用的协议包括两个，分别是 ISO 11898（高速 CAN）和 ISO 11519（低速 CAN），对应的显性电平和隐性电平数值如图 2-1 所示。以 ISO 11898 为例，隐性电平（对应逻辑 1）：CAN High 和 CAN Low 均为 2. 5V；显性电平（对应逻辑 0）：CAN High 为 3. 5V，CAN Low 为 1. 5V。

一些公司有自己的显性电平和隐性电平的规定，例如大众车门控制系统的 CAN 总线（舒适 CAN 总线）对显性电平和隐性电平做了如下规定，隐性电平：CAN High 为 0V，CAN Low 为 5V；显性电平：CAN High≥3. 6V，CAN Low≤1. 4V，如图 2-2 所示。

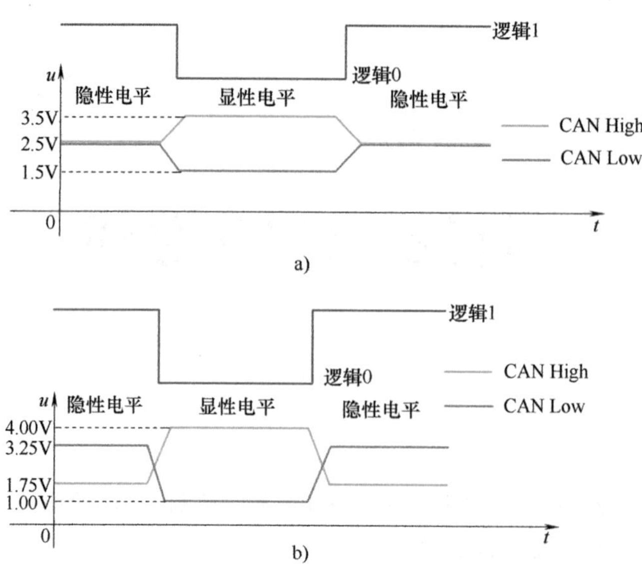


图 2-1 ISO 11898（高速 CAN）和 ISO 11519（低速 CAN）的 CAN 信号的定义（见彩图）
a）ISO 11898 b）ISO 11519

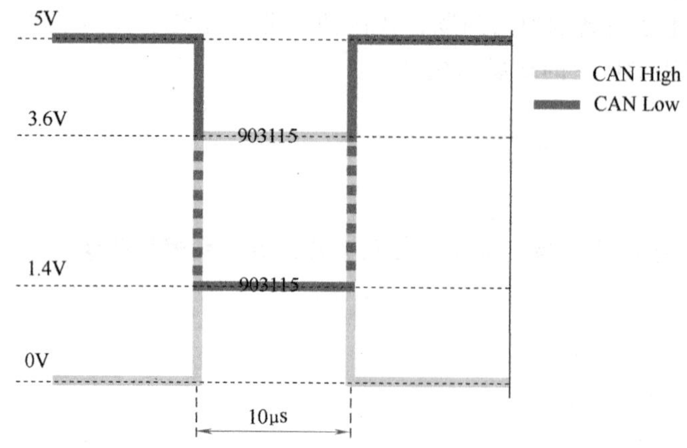


图 2-2 大众舒适 CAN 总线 CAN High 和 CAN Low 上传输的电平信号

**【思考】**

**CAN 总线采用什么编码方式？**

从图 2-1 和图 2-2 中可以看出，CAN 总线采用不归零编码。

## 任 务

根据图 2-3 PASSAT B5 车门车窗控制电路图，在 PASSAT B5 车门控制实训台上找到连接驾驶人侧车门控制单元 J386 的 CAN 总线对应的针脚，并观察线束颜色。

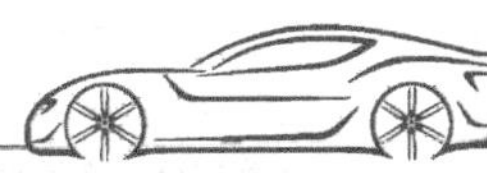

CAN High：针脚数________；线束颜色：________。

CAN Low:：针脚数________；线束颜色：________。

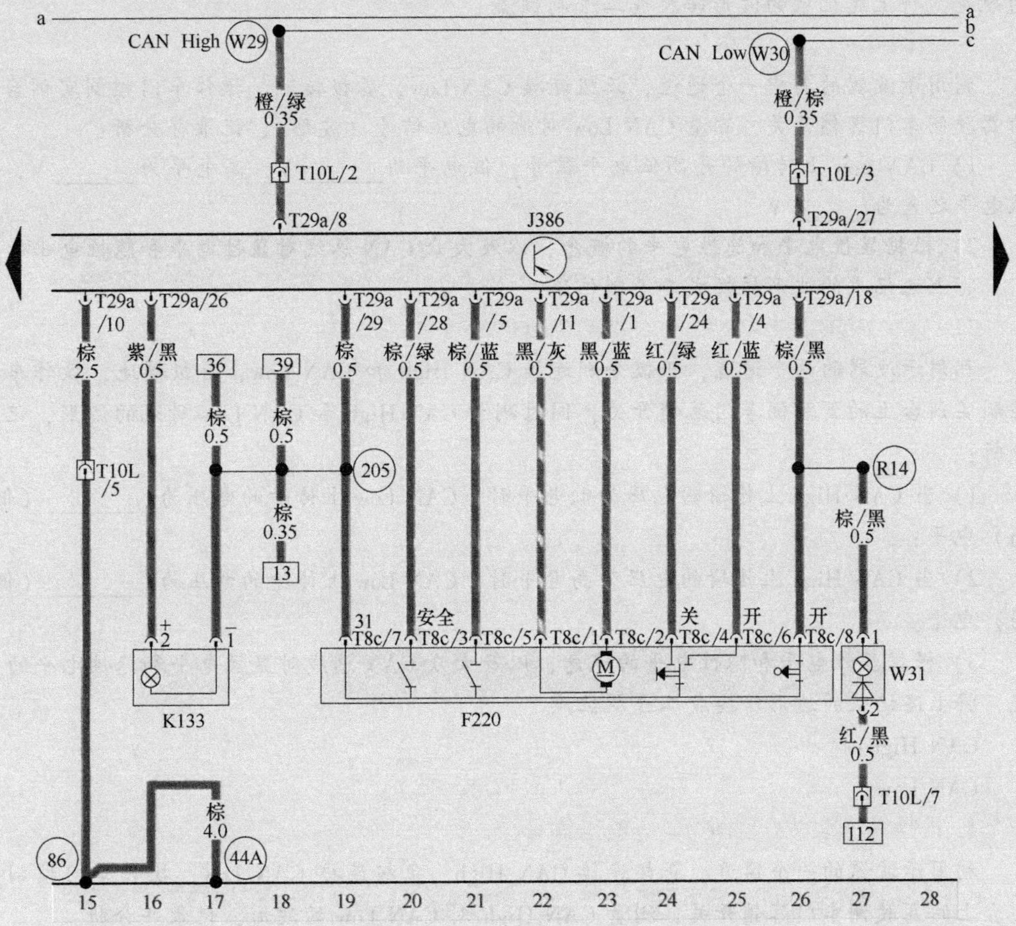

图 2-3 PASSAT B5 车门车窗控制电路图（驾驶人侧）

F220—驾驶侧的闭锁控制单元 J386—驾驶侧车门控制单元 K133—中央闭锁系统（带安全功能）的警告指示灯 T8c—8 针插头，黑色，在驾驶侧的闭锁单元上 T10L—10 针插头，黑色，在左 A 柱处（2 号位） T29a—29 针插头 W31—左前门灯 (R14)—连接线，在驾驶侧车门线束内 (W29)（CAN High）—CAN 总线的 A 线（高位），在底盘线束内 (W30)（CAN Low）—CAN 总线的 B 线（低位），在底盘线束内

**1. CAN High 对地的电压信号**

利用示波器的其中一个通道，正极连接 CAN High，负极接地，操作 PASSAT B5 车门控制实训台上的驾驶侧车门落锁开关，测量 CAN High 对地的电压信号（波形），记录并分析。

注意：记录波形时需要注意坐标的原点位置以及横纵坐标的刻度值。

1）CAN High 上传输的是高低电平信号，低电平为______V，高电平为______V，高低电平之差为______V，电平持续时间最短为______μs。

2）估计CAN总线的传输速率（假设电平持续时间最短为1位数据）。

3）根据显性电平和隐性电平的概念，以及大众舒适CAN总线对显性电平和隐性电平的规定，将上述记录的波形转换成二进制位流。

**2. CAN Low 对地的电压信号**

利用示波器的其中一个通道，正极连接CAN Low，负极接地，操作车门控制实训台上的驾驶侧车门落锁开关，测量CAN Low对地的电压信号（波形），记录并分析：

1）CAN Low上传输的是高低电平信号，低电平为______V，高电平为______V，高低电平之差为______V。

2）根据显性电平和隐性电平的概念，以及大众CAN总线对显性电平和隐性电平的规定，将上述记录的波形转换成二进制位流。

**3. CAN High 和 CAN Low 对地的电压信号**（同时测量）

利用示波器的两个通道，正极分别连接CAN High和CAN Low，负极接地，操作车门控制实训台上的驾驶侧车门落锁开关，同时测量CAN High和CAN Low对地的波形，记录分析：

1）当CAN High上传输的电压为低电平时，CAN Low上传输的电压为________（低/高）电平；

2）当CAN High上传输的电压为高电平时，CAN Low上传输的电压为________（低/高）电平。

3）根据显性电平和隐性电平的概念，以及大众CAN总线对显性电平和隐性电平的规定，将上述记录的波形转换成二进制位流。

CAN High：

CAN Low：

**4. CAN High 对 CAN Low 的电压信号**

利用示波器的一个通道，正极连接CAN High，负极连接CAN Low，操作车门控制实训台上的驾驶侧车门落锁开关，测量CAN High对CAN Low的波形，记录并分析：

高电平为________V，低电平为________V，高电平和低电平之差为________V。

根据二进制转换的结果，虽然CAN High和CAN Low传输的电压信号不一样（按相反相位传输），但是信号的实质是一样的。

CAN总线采用双绞线传输，当发送落锁信号时，驾驶侧车门控制单元将该信号通过CAN High和CAN Low传输到其他3个车门控制单元。其他3个车门控制单元接收到CAN High和CAN Low信号之后，将2个信号进行相减，并转换成二进制位流。

CAN High或CAN Low的高电平和低电平之差≥3.6V，经过CAN High和CAN Low两个信号相减之后，高电平和低电平之差≥7.2V，放大了1倍，这个过程叫差分信号放大。

**【思考】**

**差分信号放大有什么好处？**

差分信号需要两根信号线，这两根信号线上传输的信号振幅相等、相位相反。相对于单信号线传输方式，使用差分信号传输具有如下优点：

（1）抗干扰能力强 当外界存在电磁干扰时会同时耦合到两条信号线上，产生一个干扰脉冲 X，如图 2-4a 所示。接收端接收的是两个信号的差值，所以外界的干扰可以完全抵消，如图 2-4b 所示。

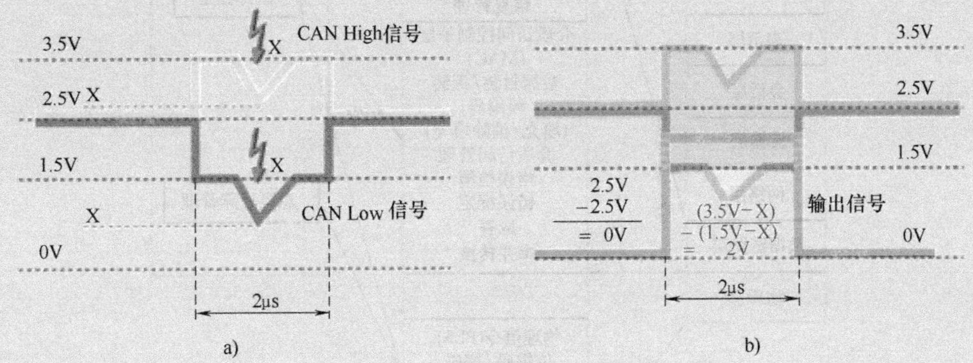


图 2-4 差分信号的抗干扰能力

a）有电磁干扰时 CAN High 和 CAN Low 上的信号 b）差分信号放大后的信号

（2）能有效抑制对外界的电磁干扰 由于两根信号线上传输的信号的极性相反，它们对外辐射的电磁场可以相互抵消，如图 2-5 所示。耦合得越紧密，泄露到外界的电磁能量越少。

（3）时序定位精确 不同于普通单端信号依靠高低两个阈值电压进行时序定位，差分信号通过两个信号的交点确定时序，能降低时序定位的误差。

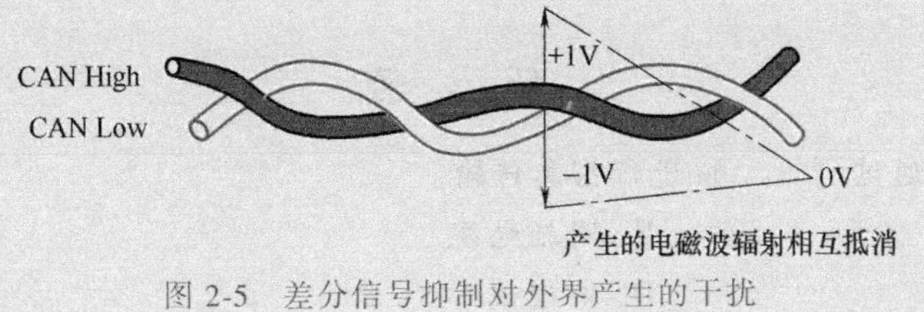


图 2-5 差分信号抑制对外界产生的干扰

## 2.1.2 CAN 网络的分层模型

基于 CAN 总线构建的通信网络参照 OSI 分层结构设计。考虑到作为工业测控底层网络，其信息传输量相对较少，信息传输的实时性要求较高，网络连接方式相对较简单，因此，CAN 总线网络底层只采用了 OSI 参考模型的最低两层，即物理层和数据链路层，而在高层只有应用层。数据链路层又分为介质访问控制（MAC）子层和逻辑链路控制（LLC）子层，MAC 子层是实现 CAN 协议的核心，其功能主要是定义传输规则，包括控制帧结构、执行仲裁、错误检测、错误标定和故障界定等；LLC 子层的功能主要是验收滤波、超载通知和恢复管理，物理层的主要作用包括产生物理信令（Physical Layer Signaling，PLS）、完成位编码/解码、进行位同步等，如图 2-6 所示。

CAN 总线底层的物理层和数据链路层采用的协议包括 ISO 11898 和 ISO 11519，以及博

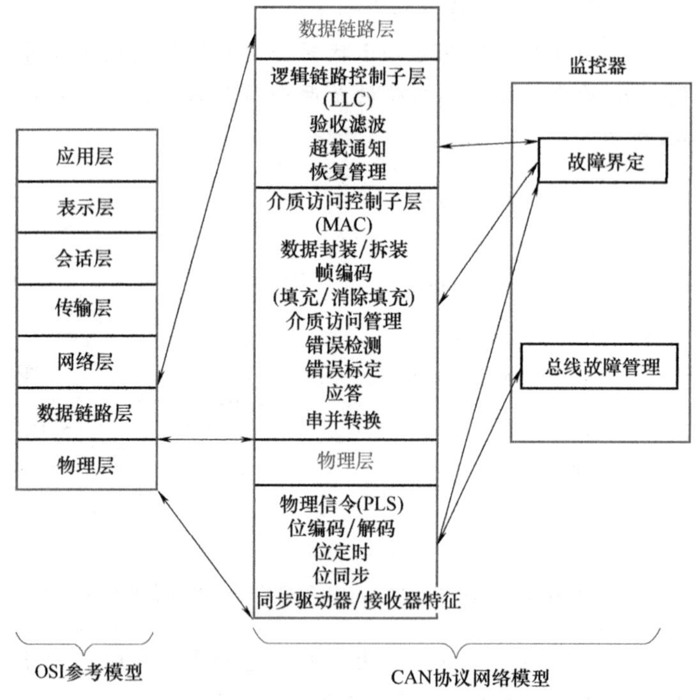

图 2-6　CAN 网络的 OSI 分层模型

世的 CAN 2.0。ISO 11898 和 ISO 11519 仅在物理层不同，数据链路层是相同的。CAN 应用层协议是在 CAN 规范基础上发展起来的，一些常用协议包括 DeviceNet 协议、CANopen 协议、CAL 协议、CAN Kingdom 协议、SAEJ 1939 协议等。

## 任　务

1. CAN 总线通过（　　）进行信息传输。

A. 双绞线　　B. 同轴电缆

C. 光纤　　D. 电磁波

2. CAN 总线 CAN High 和 CAN Low 上传输的信息（　　）。（多选）

A. 没有任何关系　　B. 实质是一样的

C. 相位相反　　D. 以上说法都不对

3. CAN 总线采用（　　）形式。

A. 曼彻斯特编码　　B. 差分曼彻斯特编码

C. 归零编码　　D. 不归零编码

4. CAN 网络的通用分层模型包括（　　）。（多选）

A. 数据链路层　　B. 物理层

C. 网络层　　D. 传输层

E. 应用层

5. 名词解释：隐性电平。

6. CAN 总线为什么采用差分信号放大技术？

# 任务 2.2 CAN 总线的物理结构

## 2.2.1 CAN 总线的组成及终端电阻

### 1. CAN 总线的组成

CAN 总线包括节点、数据传输线（双绞线）和终端电阻，如图 2-7 所示，节点的详细介绍见本项目的任务 3。

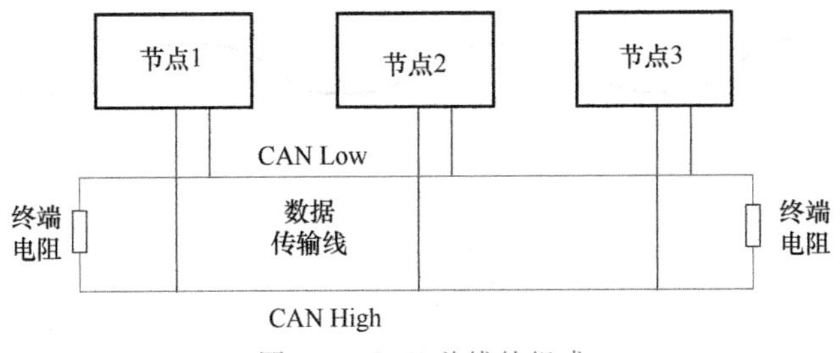


图 2-7 CAN 总线的组成

### 2. CAN 总线的终端电阻

（1）终端电阻的作用 终端电阻的作用是防止数据传输终了时被反射回来，产生的反射波叠加破坏数据，影响 CAN 总线的数据传输。

电信号对电缆的阻抗比较敏感，当阻抗不连续或者发生突变时就会发生信号反射。反射过程比较复杂，甚至可能发生多次反射，反射的信号混叠在正常信号上，引起电平变化，导致数据传输出现错误。消减这种信号反射的方法是使传输电缆的阻抗保持连续，因此 CAN 总线规定要在电缆两端或一端接入匹配电阻，该电阻称为终端电阻。终端电阻并不是 CAN 总线独有的，不同总线类型的通信网络都需要。

（2）终端电阻的连接方式 根据协议不同，CAN 总线终端电阻的连接方式有两种，分别是 ISO 11519 规定的低速 CAN 总线的“开环网络”终端电阻接法（见图 2-8a）和 ISO 11898 规定的高速 CAN 总线的“闭环网络”终端电阻接法（见图 2-8b）。ISO 11519 规定的总线最大长度为 10km，通信速率最高 125Kbit/s，最多连接 20 个节点，终端电阻为 2. 2kΩ。ISO 11898 规定的总线最大长度为 40m，通信速率最高为 1Mbit/s，总线的两端各连接一个 120Ω 的电阻。现在大部分 CAN 总线将终端电阻放到节点的控制单元内部，如图 2-8c 所示，终端电阻的阻抗取决于连接的控制单元数量及电阻阻值。

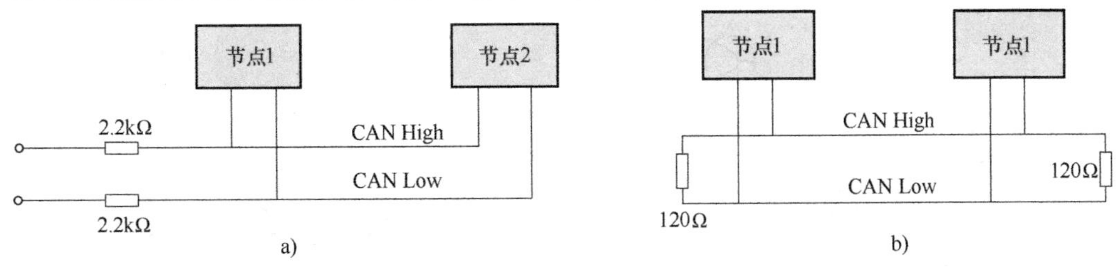


图 2-8 CAN 总线终端电阻的连接方式
a) ISO 11519 b) ISO 11898

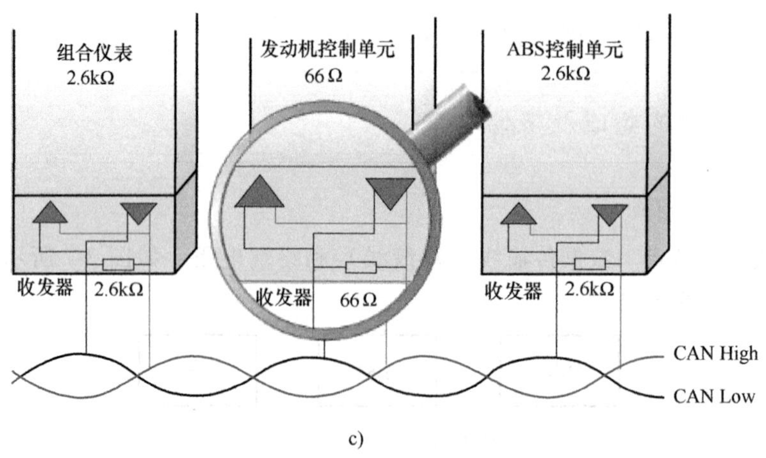


c)

图 2-8　CAN 总线终端电阻的连接方式（续）

c）终端电阻置于控制单元内部

## 2.2.2　CAN 总线的网络拓扑结构

网络拓扑结构（Topological Structure）是指节点与数据传输线的物理构成模式或各个节点相互连接的方式。

1. 总线的网络拓扑结构图

总线的网络拓扑结构分成环形拓扑结构、星形拓扑结构和线形拓扑结构三种。

（1）环形拓扑结构　环形拓扑结构由各节点首尾相连形成一个闭合环形线路。环形网络中的信息传送是单向的，即沿一个方向从一个节点传到另一个节点，节点通过数据传输线沿环形方向将数据发送到下一节点，直到首先发出数据的节点又接收到这些数据为止，如图 2-9 所示。MOST 总线就是采用环形拓扑结构。

（2）星形拓扑结构　如图 2-10 所示，星形拓扑结构是一种以中央节点为中心，把若干外围节点连接起来的辐射式互连结构，Byte Flight 总线采用的就是星形拓扑结构。

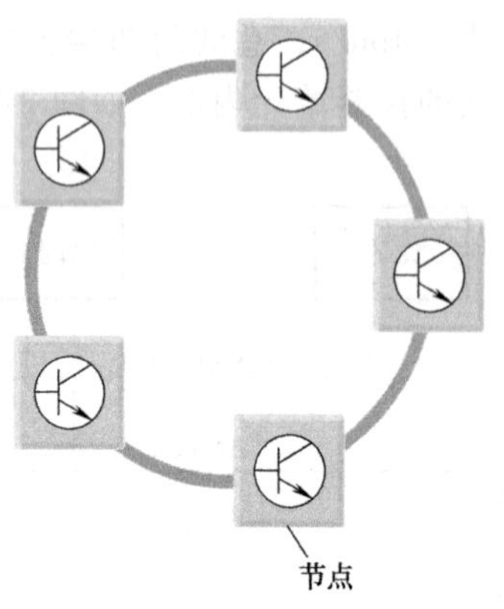


图 2-9　环形拓扑结构

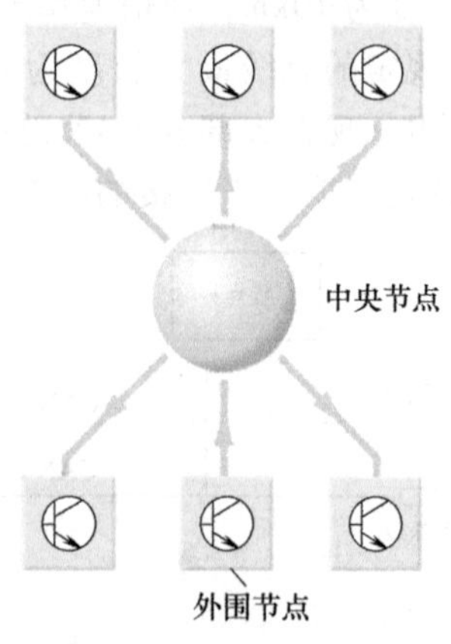


图 2-10　星形拓扑结构

(3) 线形拓扑结构　线形拓扑结构是一种信息传输通道共享的物理结构，可进行信息的双向传输，普遍用于控制器局域网连接，信息传输线一般采用同轴电缆或双绞线，图 2-11 是采用双绞线的线形拓扑结构。

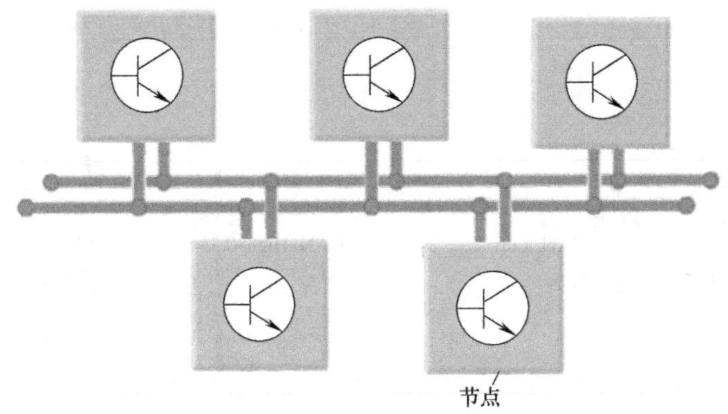


图 2-11　线形拓扑结构

2. CAN 总线的网络拓扑结构

CAN 总线的节点通过收发器（接收/发送放大器）并联在数据线上，形成一种线形网络拓扑结构。CAN 总线各节点之间的地位平等，节点的信息（包括所有传感器信息和控制信息）共享，这种结构称为多主机结构。

任　务

1. CAN 总线为什么需要终端电阻？终端电阻有几种接法？

2. 试测量连接 PASSAT B5 车门控制单元的 CAN 总线的终端电阻，其分析采用的网络结构形式属于开环网络还是闭环网络？

3. 名词解释：网络拓扑结构、多主机结构。

4. 总线的网络拓扑结构有哪几种？CAN 总线采用哪种结构？

5. 分析图 2-12 中有哪些总线？分别采用哪种拓扑结构？

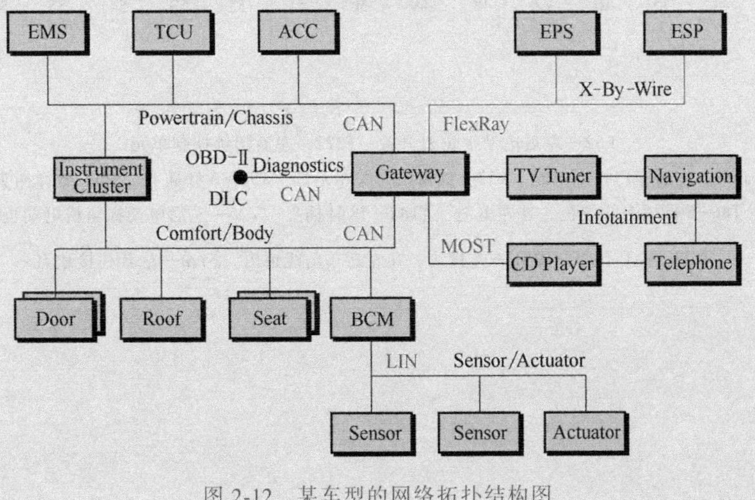


图 2-12　某车型的网络拓扑结构图

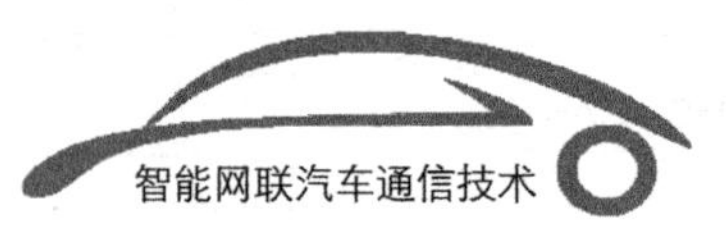


6. 根据图 2-3 及图 2-13～图 2-15 画出 Passat B5 四个车门控制单元（J386、J387、J388、J389）的网络拓扑结构图，并分析属于哪种网络拓扑结构？

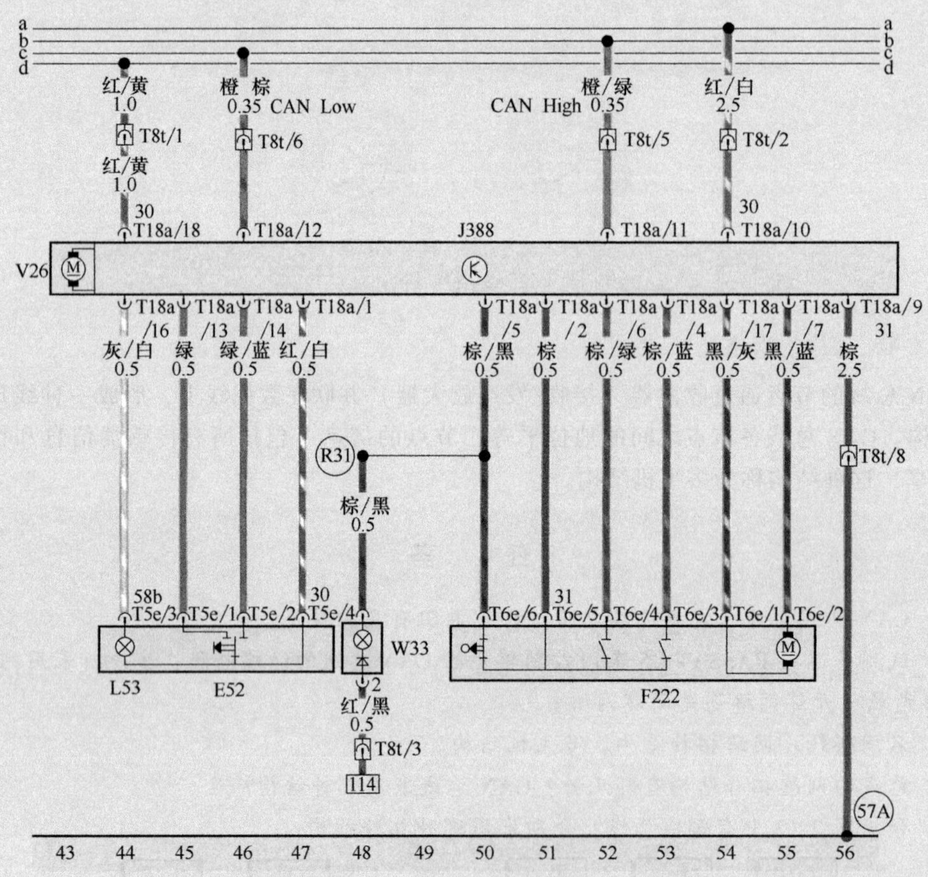


图 2-13 PASSAT B5 车门车窗控制电路图（左后）

E52—左后电动摇窗机开关 F222—左后闭锁控制单元

J388—左后车门控制单元 L53—摇窗机开关指示灯 T5e—5 针插头 T6e—6 针插头

T8t—8 针插头，黑色，在左 B 处 T18a—18 针插头 V26—左后电动摇窗机电动机

W33—左后门灯 (R31)—连接线，在左后车门线束内 (57A)—左 B 柱接地点

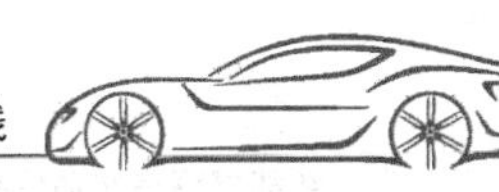

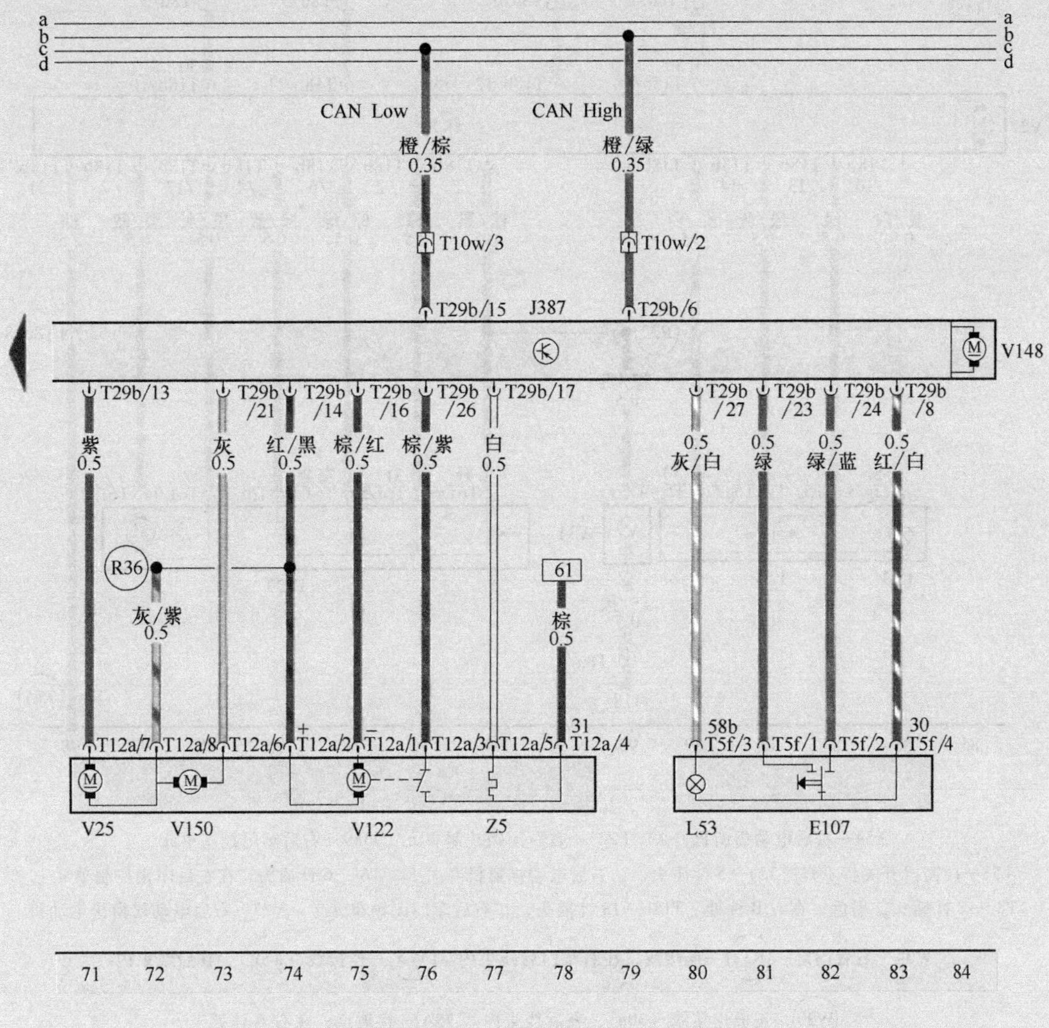

图 2-14 PASSAT B5 车门车窗控制电路图（右前）

E107—右前电动摇窗机开关 J387—右前车门控制单元

L53—摇窗机开关指示灯 T5f—5 针插头，在电动摇窗机开关上

T10w—10 针插头，黑色，在右 A 柱处（3 号位） T12a—12 针插头，黑色

T29b—29 针插头 V25—右前后视镜调节电动机 V122—右前后视镜复位电动机

V148—右前电动摇窗机电动机 V150—右前后视镜调节电动机

Z5—右前后视镜加热器 (R36)—连接线，在右前车门线束内

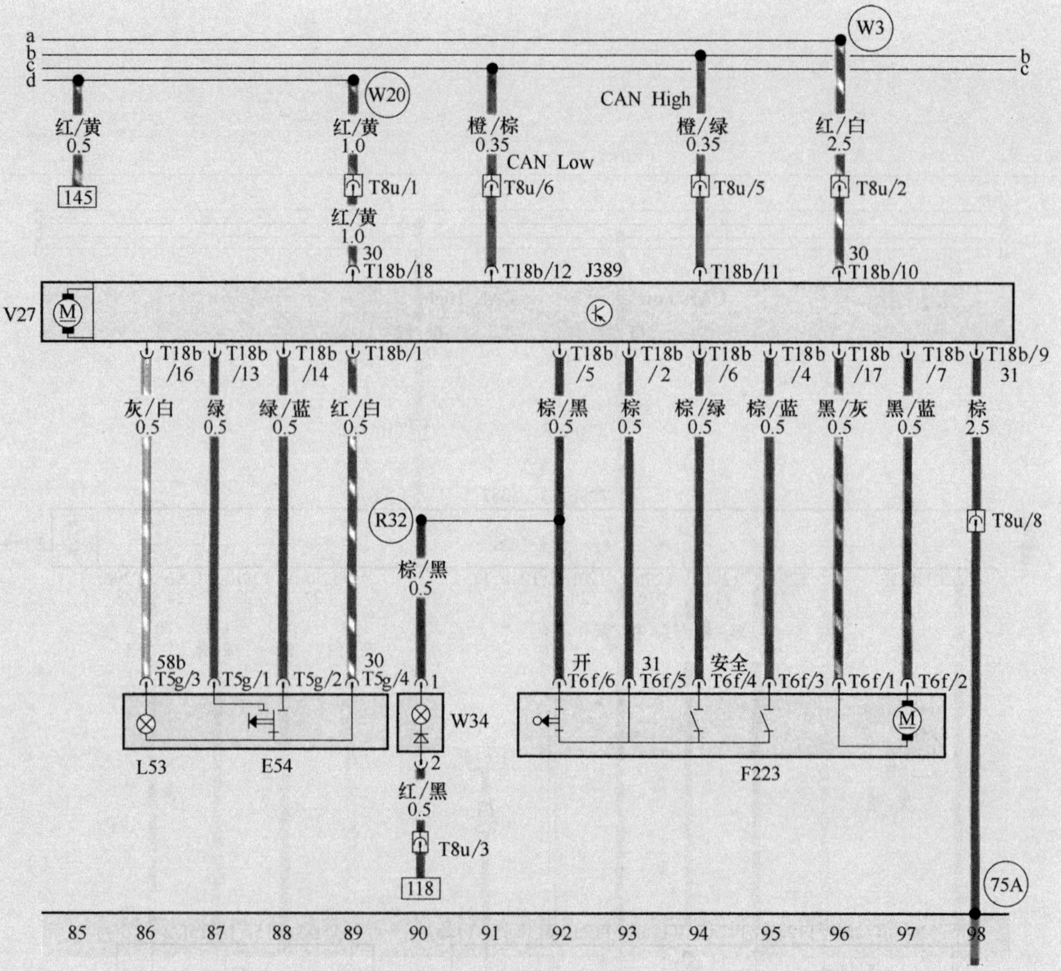

图 2-15　PASSAT B5 车门车窗控制电路图（右后）

E54—右后电动摇窗机开关　F223—右后闭锁控制单元　J389—右后车门控制单元
L53—摇窗机开关指示灯　T5g—5 针插头，在右后电动摇窗机开关上　T6f—6 针插头，在右后闭锁控制单元上
T8u—8 针插头，黑色，在右 B 柱处　T18b—18 针插头，在右后车门闭锁单元上　V27—右后电动摇窗机电动机
W34—右后门灯　(R32)—连接线，在右车门后线束内　(W3)—连接线（a 线），在后线束内
(W20)—正极连接线（30a），在后线束内　(75A)—接地点，在右 B 柱处

# 任务 2.3　CAN 总线的节点

## 2.3.1　CAN 总线节点的组成

CAN 总线的节点（Node）包括控制单元和多个总线辅助装置，如图 2-16 所示。控制单元由 K 线、主控制器（MCU）、CAN 控制器和 CAN 收发器组成，控制单元在硬件上多了专门的 CAN 总线接口装置，并有相应的软件（通信协议）支持，CAN 收发器和 CAN 控制器

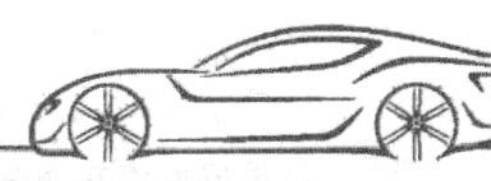

可以集成在芯片（On-Chip），也可以独立于芯片（Off-Chip）。从 CAN 网络的分层结构来看，主控制器实现了应用层的功能，CAN 控制器实现了数据链路层的功能，CAN 收发器实现了物理层的功能。传统意义上的传感器和执行器称为总线辅助装置。

注：在后边的表述中直接用控制单元代表节点。

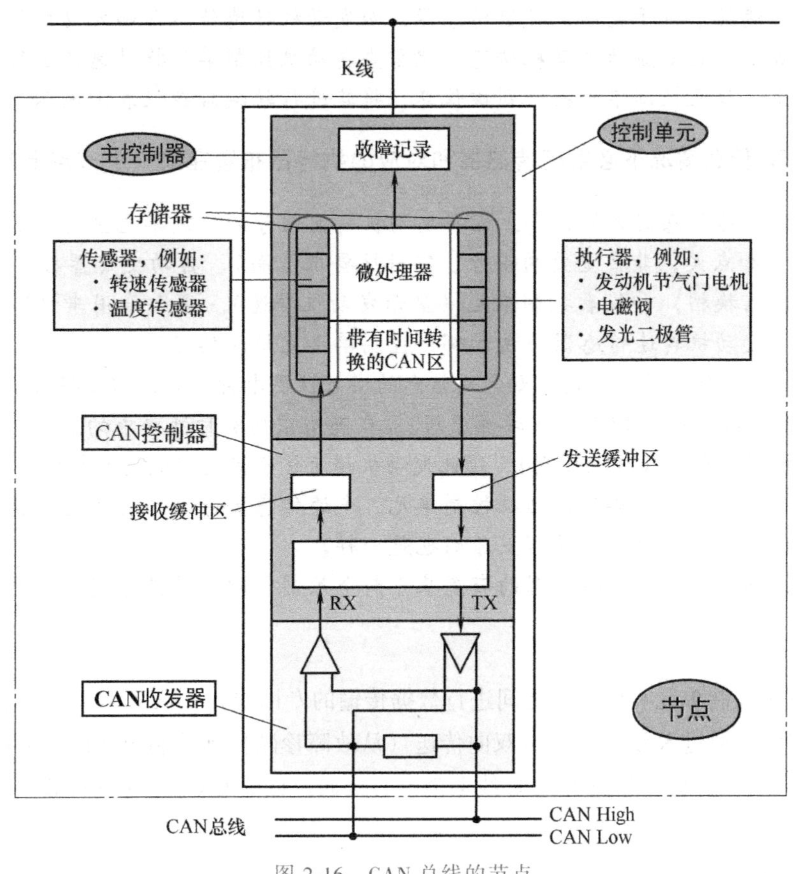


图 2-16　CAN 总线的节点

【思考】

**1. 节点和传统的单片机控制系统有哪些相同点和不同点?**

结构比较类似，都是由控制单元、传感器和执行器构成。

不同点包括：

1）和某个节点直接连接的传感器信号对于本节点的执行器不一定有用，节点只负责把传感器信号发送到总线上。

例：利用驾驶侧的左后车窗开关去控制左后车门的车窗升降。

一般来说，驾驶侧有前、后、左、右 4 个车窗开关直接和驾驶侧车门控制单元连接，其中左后车窗开关产生的信号由驾驶侧车门控制单元接收，由于左后车窗升降电动机和左后车门控制单元相连，该信号对于驾驶侧车门控制单元是无用的，因此驾驶侧车门控制单元需要将该信号通过总线传输到左后车门控制单元，控制左后车窗升降电动机，完成车窗

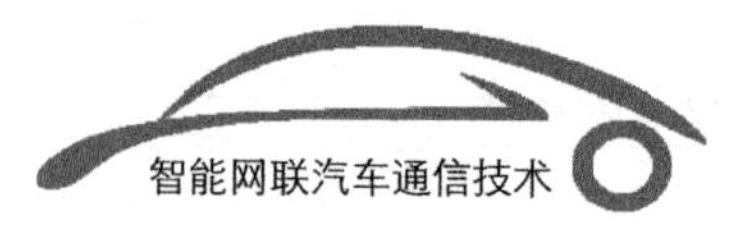


升降过程。

2）和某个节点直接连接的执行器所需的传感器信号也不一定与该执行器在同一个节点上，控制单元可以从总线上获得该控制系统所需的传感器信息。

例：仪表显示发动机转速值。

发动机转速值来自于发动机转速传感器，而发动机转速传感器和发动机控制单元直接连接，因此如果仪表要显示发动机转速，就需要发动机控制单元将转速值进行格式转换后发送到总线上，仪表控制单元接收到该信息，将其进行转换后在仪表上显示。

**2. 什么情况下必须把传感器和对应的执行器布置在同一个节点上?**

以发动机转速传感器为例，车上需要发动机转速信号的控制单元主要有发动机控制单元（控制喷油和点火，非常重要的信号，实时性要求很高）、自动变速器控制单元（辅助控制自动变速器换档）和仪表控制单元（显示发动机转速）。那么采用车载通信系统进行信息传输时，发动机转速传感器应该和哪个控制单元直接连接呢?

信息通过网络传输存在延迟，如果对信息的实时性要求特别高，需要将采集该信息的传感器通过导线直接连接到 ECU（实时性原则）；在满足信息实时性要求的前提下，传感器连接到最近的控制单元上（就近原则），因此发动机转速传感器连接到发动机控制单元。

节气门位置传感器连接到发动机控制单元，车速传感器连接到自动变速器控制单元都是依据上述两个原则。执行器的布置原则也是一样。

因此，总线上传感器和执行器的布置基于两个原则，即实时性原则和就近原则。

### 1. K 线

K 线是汽车控制单元和诊断仪之间进行数据传输的专用线，大众车型一般都有，对应诊断座上的 7 号引脚。通过 K 线，数据被双向传送（从故障诊断仪到控制单元以及从控制单元到故障诊断仪）。现在一部分车型已经把 K 线取消，直接通过诊断 CAN 总线进行数据通信。

### 2. 主控制器

CAN 节点的主控制器在传统控制单元微处理器的基础上，增加了带有时间转换的 CAN 区，因此增加两个功能：

（1）数据接收功能　将存储在 CAN 控制器接收缓冲区的数据读取出来，处理之后，进行存储或控制执行器工作。

（2）数据发送功能　将采集到的传感器信号进行处理后，发送到 CAN 控制器的发送缓冲区存储，当条件满足时通过 TX 引脚及 CAN 收发器发送到总线上。

### 3. CAN 控制器

CAN 控制器是 CAN 总线设备的核心元件，能够自动完成 CAN 协议的解析，通过一对收/发引脚 TX（发送引脚）和 RX（接收引脚）与 CAN 收发器连接，进行数据交互，并通过 RX 引脚持续监听总线状态，判断总线是否空闲。CAN 控制器还可完成数据正确性和有用性的判断，进行数据缓存。

### 4. CAN 收发器

CAN 收发器是一个发送/接收放大器，收发器通过一对收发引脚与 CAN 控制器连接，

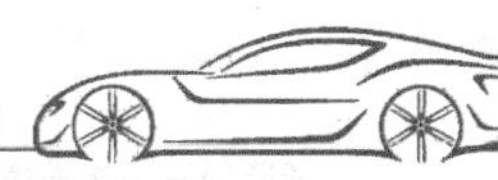

还有一个 CAN 接口分别连接 CAN High 和 CAN Low。CAN 收发器的功能是完成二进制位流和数据传输线上的物理信号的转换。发送数据时，CAN 收发器通过 TX 引脚接收 CAN 控制器发送的二进制位流，并转换成 CAN 总线传输介质需要的差分物理信号，分别发送到 CAN High 和 CAN Low 上。接收数据时，CAN 收发器将 CAN High 和 CAN Low 的物理信号进行差分信号放大后，转换成二进制位流通过 RX 引脚传输到 CAN 控制器。

### 2.3.2 CAN 控制器

#### 1. CAN 控制器的结构

CAN 控制器主要包括接口管理逻辑、发送缓冲区、接收缓冲区、验收滤波器、CAN 内核（包括位时序逻辑、错误管理逻辑和位流处理器），如图 2-17 所示。

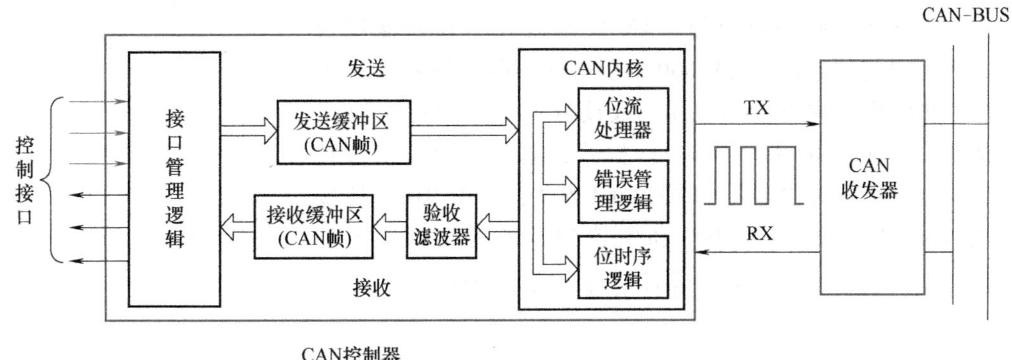


图 2-17 CAN 控制器的结构

（1）接口管理逻辑　接口管理逻辑负责连接主控制器，接收来自主控制器的指令，提供复用地址/数据总线接口及读/写控制信号，用于主控制器和 CAN 控制器之间的数据交换。

（2）发送缓冲区　发送缓冲区是主控制器和位流处理器的接口，用于存储发送到 CAN 总线上的完整信息，发送内容由主控制器写入，由位流处理器读出。

（3）接收缓冲区　接收缓冲区是验收滤波器和主控制器之间的接口，用来存储从 CAN 总线上收到的经过验收滤波器验收的信息。

（4）验收滤波器　验收滤波器确定需要接收哪些报文，过滤掉无须接收的报文。

（5）CAN 内核　CAN 内核在接收报文时将串行位流转换成并行数据发送到验收滤波器，发送数据时将发送缓冲区提供的并行数据转换成串行位流发送到 CAN 收发器。此外，位流处理器是控制发送缓冲区和 CAN 总线之间数据流的程序装置，错误管理逻辑执行错误检测、仲裁、填充和错误处理，位时序逻辑监视 CAN 总线，处理与总线相关的位时序，进行位同步。

#### 2. CAN 控制器的数据接收/发送过程

（1）发送数据　CAN 控制器通过接口管理逻辑接收来自主控制器的并行数据及控制信号，并将数据信号存储在发送缓冲区等待发送。当总线空闲时，CAN 内核的位流处理器从发送缓冲区取出数据，进行并串转换后通过 TX 引脚送到 CAN 收发器。

（2）接收数据　CAN 控制器通过 RX 引脚接收来自 CAN 收发器的串行数据后，首先在 CAN 内核进行串并转换及正确性校验，如果数据错误，则拒绝接收，并发送错误报告；如果数据正确，则送到验收滤波器。

验收滤波器验证数据是否有用，数据无用则丢弃，如果数据有用，则验收滤波器将数据送到接收缓冲区，等待主控制器发送接收数据的指令并将数据送到主控制器。

**【知识拓展】**

什么是并串转换？什么是串并转换？

并串转换是将并行数据转换为串行数据，串并转换则刚好相反。

**3. 常用的 CAN 控制器芯片**

常用的 CAN 控制器芯片包括 NXP 公司开发的独立 CAN 控制器芯片 SJA1000，以及主控制器和 CAN 控制器集成芯片 LPC11C14 等。

下面以 SJA1000 为例介绍 CAN 控制器和主控制器以及 CAN 收发器之间的连接。SJA1000 的引脚图如图 2-18 所示，提供了 8 位并行地址/数据分时复用总线接口（AD0～AD7）和主控制器连接，支持 Intel 和 Motorola 模式，通过 MODE 引脚选择，当 MODE 引脚为供电电压时为 Intel 模式，当 MODE 引脚接地时为 Motorola 模式。SJA1000 和主控制器的连接示意图如图 2-19 所示，其中 ALE、$\overline{\text{WR}}$、$\overline{\text{RD}}$ 引脚为控制信号。

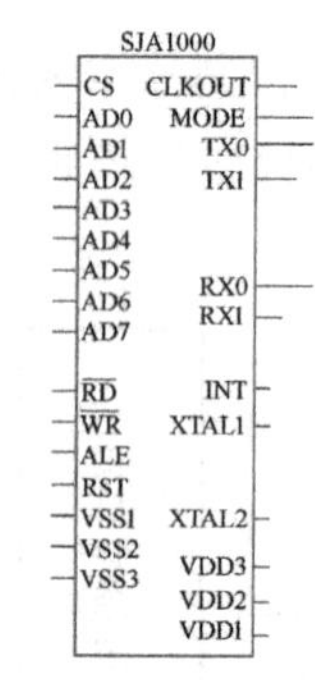


图 2-18 SJA1000 引脚图

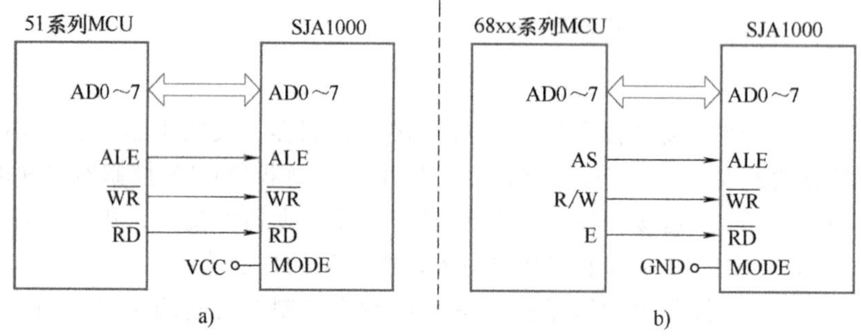


图 2-19 SJA1000 和主控制器的连接示意图

a）Intel 模式 b）Motorola 模式

在不使用外接收发器时，只需把 SJA1000 的 TX0 和 RX0 短接并连接到 CAN High，把 TX1 和 RX1 短接并连接到 CAN Low 即可。但是一般情况下 SJA1000 都需要外接收发器，如 PCA82C250，由于 TX1 和 RX1 内部电路设计赋予了其他功能，所以一般使用 TX0 和 RX0 与 PCA82C250 的 TXD 和 RXD 引脚相连，如图 2-20 所示。

## 2.3.3 CAN 收发器

**1. CAN 收发器的结构**

CAN 收发器根据通信速率不同，可分为高速 CAN 收发器和容错 CAN 收发器，其结构略有差异。

（1）高速 CAN 收发器 高速 CAN 收发器的结构如图 2-21 所示，接收数据时，将来自

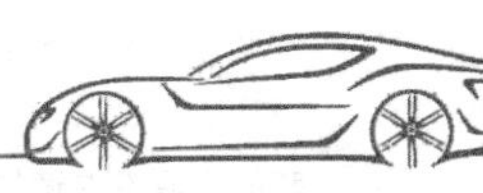

CAN High 和 CAN Low 的信号经差分信号放大器放大后，转换成二进制位流后，通过 RX 引脚送到 CAN 控制器。发送数据时，要发送的数据从 TX 引脚输入，经收发器转换为两路差分物理电平信号，分别从 CAN High 和 CAN Low 输出到 CAN 总线上。

当节点进入发送模式，TX 引脚发送的数据也会在 RX 引脚上出现，如果数据正确，则 TX 和 RX 上的数据是一致的。因此，CAN 节点可以实时检查发出的数据是否出现异常。

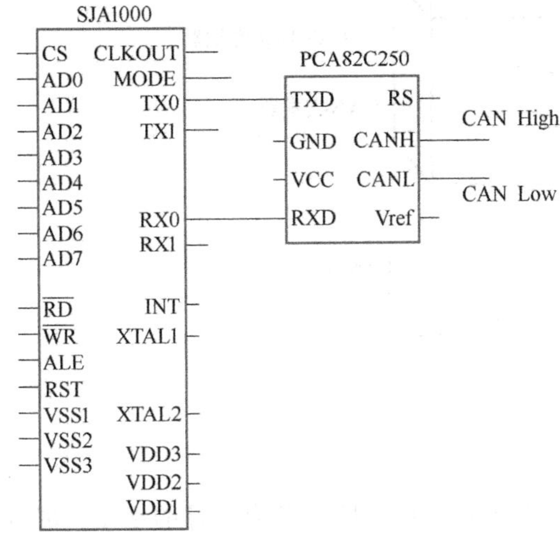


图 2-20 SJA1000 和收发器 PCA82C250 的连接示意图

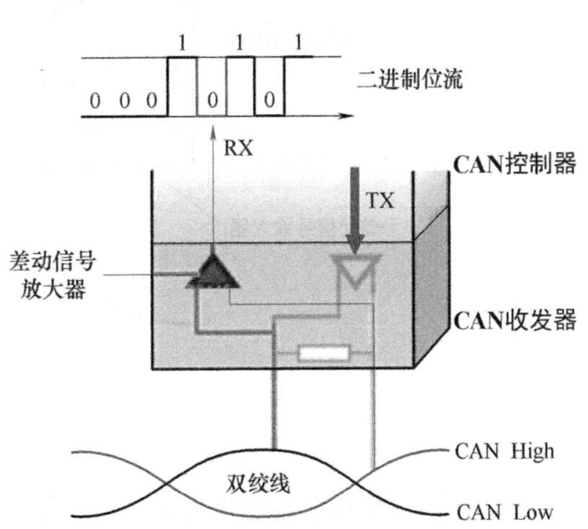


图 2-21 高速 CAN 收发器的结构

【思考】

**对于图 2-21 的 CAN 收发器结构，如果 CAN High 或者 CAN Low 出现故障（短路/断路），那么 CAN 总线是否能正常工作？**

不能，以接收数据过程为例，当 CAN High 或者 CAN Low 出现故障，经差分信号放大器放大之后的信号是一个错误信号，CAN 收发器无法将其正确还原成原始二进制位流，出现传输错误。因此，高速 CAN 收发器不具有单线工作模式。

（2）容错 CAN 收发器 容错 CAN 收发器的结构如图 2-22 所示。该收发器在图 2-21 的基础上增加了 CAN High 放大器、CAN Low 放大器和故障逻辑电路。正常情况下，容错 CAN 收发器发送和接收数据的过程和高速 CAN 收发器一样，但是如果因断路或短路导致两根 CAN 信号线中的一根不工作，故障逻辑电路就会识别故障，并将 CAN 总线切换到单线工作模式。在单线工作模式下，CAN 收发器只使用完好的那根 CAN 导线中的信号，通过对应的放大器放大后还原成二进制位流，并通过 RX 引脚送到 CAN 控制器。

【思考】

**容错 CAN 收发器工作在单线模式下对总线性能有什么影响？**

容错 CAN 收发器工作在单线工作模式下，抗电磁干扰能力减弱。

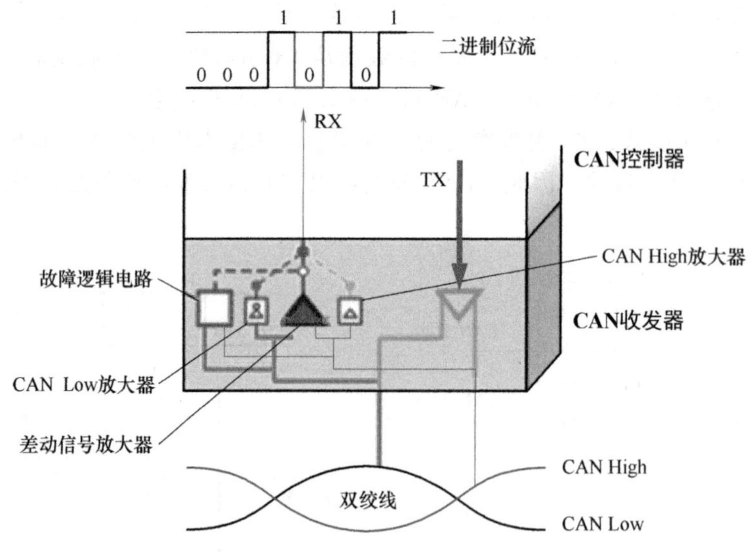


图 2-22 容错 CAN 收发器的结构

**2. 常用的 CAN 收发器芯片**

常用的 CAN 收发器芯片见表 2-1。为了解决电路干扰问题，降低节点设计的难度，部分厂家将 CAN 收发器和外围保护隔离电路封装成一个模块，称为 CAN 隔离收发器。常用的 CAN 隔离收发器芯片见表 2-2。

表 2-1 常用的 CAN 收发器芯片

<table>
<tr><th>芯片型号</th><th>工作电压/V</th><th>使用场景</th><th>通信速率/Kbit/s</th><th>最大节点数</th><th>备注</th></tr>
<tr><td>PCA82C250</td><td rowspan="13">5</td><td rowspan="9">高速 CAN</td><td rowspan="2">5~1000</td><td rowspan="6">110</td><td>—</td></tr>
<tr><td>PCA82C251</td><td>较 PCA82C250 有更高的耐压</td></tr>
<tr><td>TJA1040</td><td rowspan="2">60~1000</td><td>PCA82C250 的升级版</td></tr>
<tr><td>TJA1041</td><td>具有故障诊断功能</td></tr>
<tr><td>TJA1050</td><td rowspan="2">40~1000</td><td>—</td></tr>
<tr><td>TJA1051</td><td>—</td></tr>
<tr><td>AMIS-30660</td><td rowspan="3">5~1000</td><td>—</td><td>—</td></tr>
<tr><td>AMIS-30663</td><td>—</td><td>—</td></tr>
<tr><td>AMIS-42700</td><td>—</td><td>双收发器</td></tr>
<tr><td>PCA82C252</td><td rowspan="4">容错 CAN</td><td rowspan="4">20~125</td><td>15</td><td>—</td></tr>
<tr><td>TJA1054</td><td rowspan="3">32</td><td>—</td></tr>
<tr><td>TJA1055</td><td>TJA1054 的升级版</td></tr>
<tr><td>TJA1055/3</td><td>TJA1055 的 3V 接口版本</td></tr>
</table>

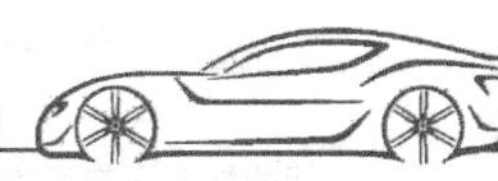

表 2-2　常用的 CAN 隔离收发器芯片

| 芯片型号 | 工作电压/V | 使用场景 | 备注 |
| --- | --- | --- | --- |
| CTM1050 | 5 | 高速 CAN | 通信速率:60Kbit/s~1Mbit/s |
| CTM1051 | | | 通信速率:5Kbit/s~1Mbit/s |
| CTM8250 | | | |
| CTM8251 | | | 耐压较 CTM8250 高 |
| CTM8251D | | | 双收发器 |
| CTM1054 | | 容错 CAN | — |

## 任　务

1. CAN 总线的节点包括控制单元和总线辅助设备，控制单元包括________、________、________和________________。

2. 车速信号需要传递到自动变速器控制单元和仪表控制单元，如果采用车载通信系统传输，车速传感器应该直接与哪个控制单元连接？为什么？

3. 分析 CAN 总线的传感器和执行器布置在同一节点上的原则。

4. 分析 CAN 控制器各组成的作用并在图 2-23 上连线。

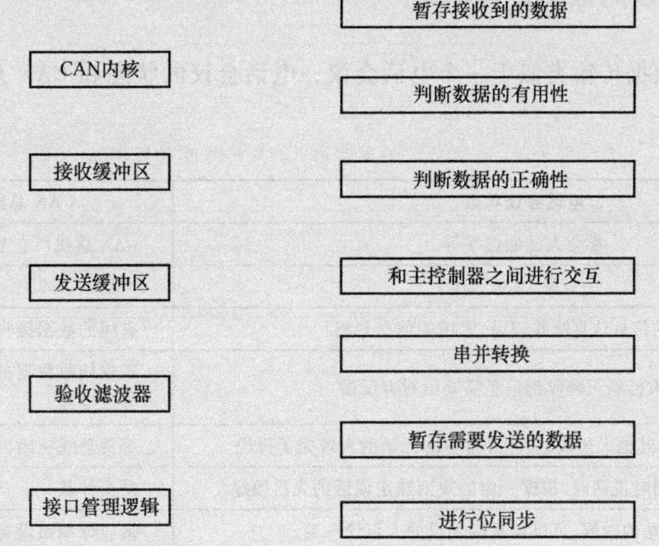


图 2-23　CAN 控制器的结构和作用

5. 分析 CAN 收发器的作用。

6. 根据图 2-24 分析，如果数据传输无误，处于发送模式的节点是（　　）。

A. 发动机控制单元　　B. 变速器控制单元

C. 组合仪表控制单元　　D. 变速器控制单元和组合仪表控制单元

7. 高速 CAN 收发器是否可以单线工作？为什么？

8. 低速容错 CAN 收发器是否可以单线工作？为什么？

9. 分析 PASSAT B5 四个车门控制单元（J386、J387、J388、J389）连接的 CAN 总线是否具有容错功能？为什么？

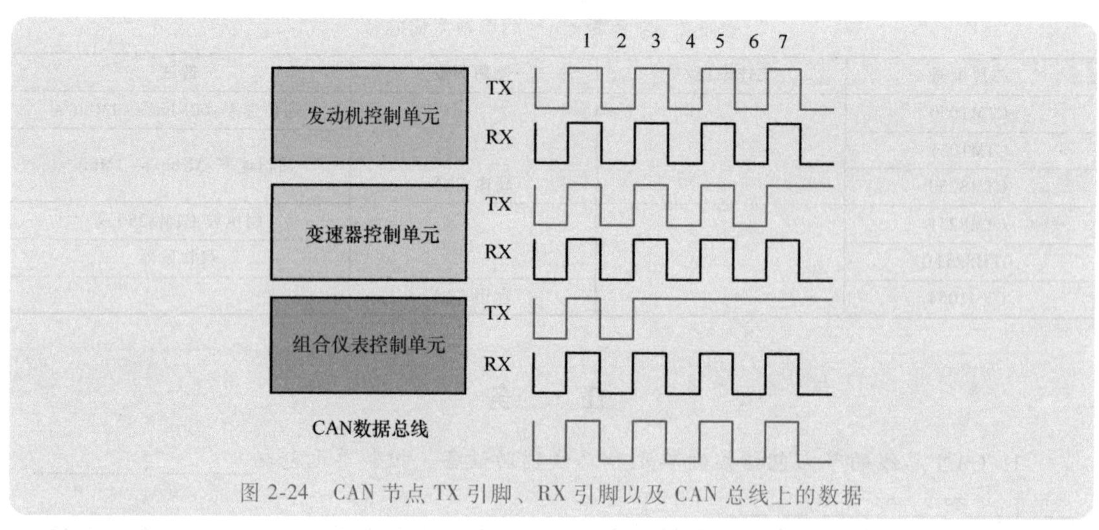

图 2-24 CAN 节点 TX 引脚、RX 引脚以及 CAN 总线上的数据

# 任务 2.4 CAN 总线的数据传输过程

## 2.4.1 CAN 总线的数据传输概述

CAN 总线的数据传输类似于一个电话会议，电话会议的状态和 CAN 总线的状态类比见表 2-3。

表 2-3 电话会议的状态和 CAN 总线的状态类比

| 电话会议状态 | CAN 总线的工作状态 |
|---|---|
| 参会人员地位平等 | CAN 总线所有节点地位平等 |
| 一人说，其他人听 | 广播 |
| 有用的信息认真听并记录，无用的信息忽略 | 有用的数据接收，无用的数据丢弃 |
| 听的人已经正确收到信息需要给对方反馈 | 正确接收数据的节点向发送数据的节点发送应答 |
| 有人说话时，如果其他人想说话，应等待当前说话的人说完了再说 | 等待总线空闲再发送数据 |
| 两人甚至多人想同时说话时，根据一定的规则确定说话的先后顺序 | 冲突仲裁 |
| 没有听清楚的时候，可以要求刚才说的人再说一遍 | 接收数据错误要求重发 |
| 一人要求另一人说 | 请求发送数据 |
| 情况：有人睡着了、掉线了、电话卡顿了 | 故障情况 |

CAN 总线采用载波监听多路访问/冲突检测（Carrier Sense Multiple Access with Collision Detection，CSMA/CD）技术，当一个节点要发送数据时，首先监听总线，如果总线空闲，就发送数据，并继续监听；当多个节点同时发送数据时，需要进行冲突仲裁。

CAN 总线采用广播形式发送数据，接收节点需要判断数据的正确性和有用性，并根据判断结果进行处理；如果数据正确且有用，则接收节点发送应答信息告知发送节点，该数据已经被正确无误地接收。如果接收的数据有误，则需要反馈给接收节点并要求重发，必要时可以向某个节点请求发送数据。

【知识拓展】

什么是总线的冲突仲裁?

总线的冲突仲裁是指系统中多个设备或模块同时申请对总线的使用权时，为避免产生总线冲突，需要以一定的算法仲裁哪个设备或模块首先获得总线使用权。

### 2.4.2 CAN总线的数据传输过程

CAN总线的数据传输过程分为发送和接收两个过程。

1. 发送过程

发送过程从主控制器到CAN控制器，最后通过CAN收发器把数据转换成物理信号传输到总线上。发送过程需要判断总线是否空闲并进行冲突仲裁。

(1) **主控制器—CAN控制器** 主控制器将传感器采集的信号转换成并行二进制位流发送到CAN控制器。

(2) **CAN控制器—CAN收发器** CAN控制器将主控制器传来的二进制位流存储在发送缓冲区，待总线空闲后，完成并串转换并送到CAN收发器，CAN控制器传输给CAN收发器的是串行二进制位流。

(3) **CAN收发器—CAN总线** CAN收发器将串行二进制位流转换为差分电平信号送到CAN总线上。

如果CAN总线空闲，则数据沿着图2-25的虚线箭头传输到CAN总线上。

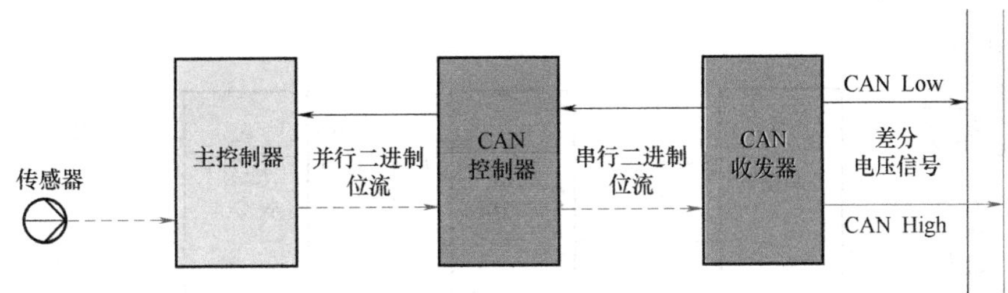


图2-25 CAN总线的数据发送过程

【思考】

**1. 如何判断总线是否空闲?**

CAN控制器通过RX引脚监听总线状态，如果监听到连续的11位隐性电平（即11位的二进制1），则判断总线空闲。

**2. 如果总线不空闲，则需要发送数据的节点如何处理数据?**

如果总线不空闲，则发送节点将数据存储在CAN控制器的发送缓冲区，待总线空闲了再发送。

**3. CAN 总线上有两个节点要同时发送数据应如何处理?**

CAN 总线的节点没有优先级高低，当两个节点同时发送数据时，需要进行冲突仲裁，判断数据优先级的高低，优先级高的数据（汽车安全、稳定性控制的信息）先发送，优先级低的数据（车窗升降、车门锁止等）自动退回，等到总线空闲再发送。这样优先级高的数据没有损失发送时间，优先级低的数据没有被破坏，称为非破坏仲裁。

2. 接收过程

接收过程和发送过程刚好相反，CAN 收发器从 CAN 总线上读取信号，解码后送到 CAN 控制器缓存，最后送到主控制器进行处理、存储和执行。接收过程需要判断数据的正确性和有用性。

（1）**CAN 总线—CAN 收发器**　CAN 总线上所有处于接收模式的节点的 CAN 收发器读取 CAN High 和 CAN Low 上传输的电平信号，进行差分信号放大并转换成串行二进制位流。

（2）**CAN 收发器—CAN 控制器**　CAN 收发器将串行二进制位流发送给 CAN 控制器，CAN 内核首先进行串并转换，并判断接收数据的正确性，如果数据正确，则送到验收滤波器。

CAN 控制器的验收滤波器判断数据是否有用，如果数据有用，则将二进制位流存储到接收缓冲区，等待主控制器的接收指令。如果数据无用，则丢弃。

（3）**CAN 控制器—主控制器**　主控制器发送接收指令，CAN 控制器将接收缓冲区中存储的数据送到主控制器中存储或控制执行器工作。

如果总线数据正确且有用，则沿着图 2-26 的虚线箭头接收。如果数据不正确或者无用，则止步于 CAN 控制器。

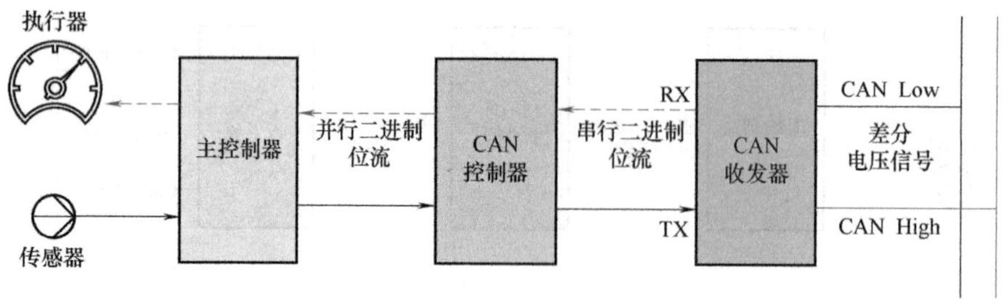


图 2-26　CAN 总线的数据接收过程

**【思考】**

**1. 如果接收节点判断数据正确且有用，那么除了继续接收数据还需要做什么?**

接收节点还需要发送应答信号，告知发送节点，上述数据已被完整无误接收。

**2. 如果接收节点判断接收到的数据不正确，应该如何处理?**

如果判断数据不正确，则接收节点丢弃该数据，并发送错误报告，要求发送节点重发数据。

### 2.4.3 CAN 总线数据传输过程的案例分析

下面以发动机控制单元采集发动机转速，并将转速值送到仪表控制单元进行显示为例，介绍 CAN 总线的数据传输过程。该通信网络有 3 个节点，分别是发动机控制单元、ABS 控制单元和仪表控制单元，如图 2-27 所示，数据传输过程同样分为发送过程和接收过程。

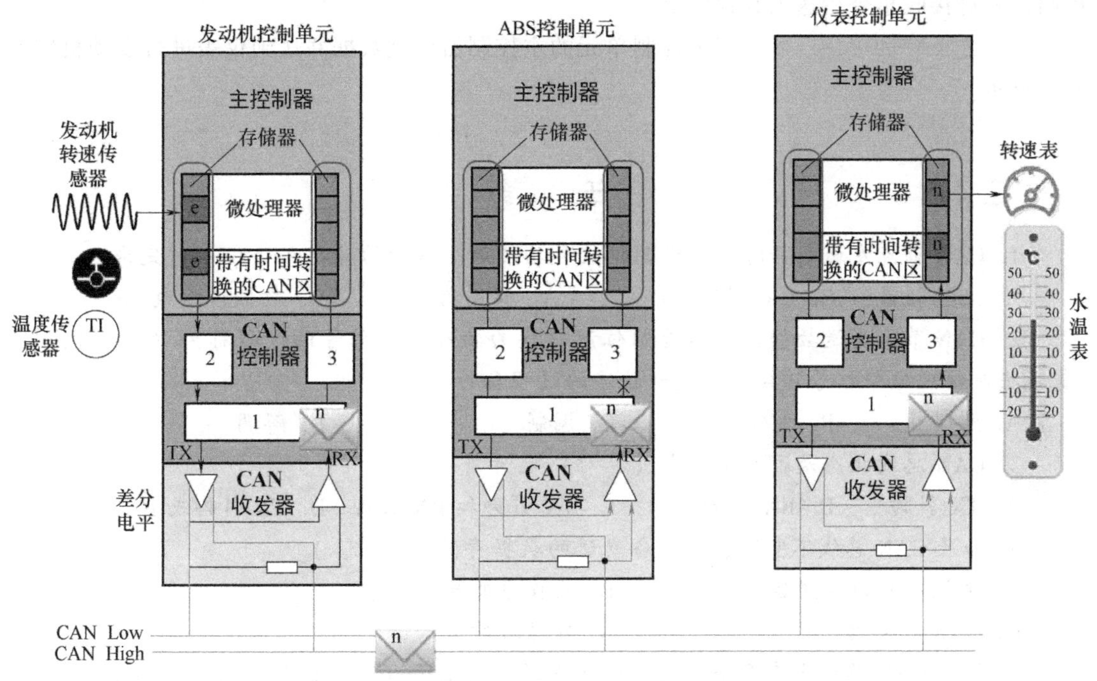


图 2-27 发动机转速在仪表显示的数据传输过程（通过 CAN 总线传输数据）

1—CAN 内核和验收滤波器 2—发送缓冲区 3—接收缓冲区

#### 1. 发送过程

发动机转速在仪表显示的数据发送过程为：

（1）主控制器—CAN 控制器　发动机控制单元采集转速传感器信号，转换成并行二进制位流存储到主控制器的存储器中，并送到 CAN 控制器。

（2）CAN 控制器—CAN 收发器—CAN 总线　CAN 控制器将数据存储在发送缓冲区等待发送，并通过 RX 引脚监听总线状态，如果总线不空闲，则继续等待；如果总线空闲，且没有更高优先级的数据发送，则 CAN 控制器将二进制位流从发送缓冲区取出，完成并串转换后发送给 CAN 收发器，CAN 收发器将二进制位流转换成差分物理电平信号发送到总线上。

#### 2. 接收过程

发动机控制单元发出的发动机转速数据将到达总线上的每个节点（发动机控制单元、ABS 控制单元和仪表控制单元），数据的接收过程为：

（1）总线—CAN 收发器　总线上的所有节点都会接收到该信号，CAN 收发器进行差分信号放大后转换成串行二进制位流发送给 CAN 控制器。

（2）CAN 收发器—CAN 控制器—主控制器　所有节点的 CAN 控制器进行串并转换后，先判断接收的数据是否正确，如果数据不正确，则直接丢弃，并把错误信息告知总线上的节点，要求发动机控制单元重发数据。如果数据正确，下一步则是判断数据是否有用，对于 ABS 控制单元和发动机控制单元来说，该数据是无用的，它们的 CAN 控制器直接拒绝接收；而对于仪表控制单元来说，该数据有用，它的 CAN 控制器允许数据进入接收缓冲区，待主控制器发送接收指令后送入其存储器。

（3）主控制器—执行器　仪表控制单元的主控制器处理数据并送到仪表进行发动机转速值的显示。

## 任　务

1. CAN 节点发送数据时，二进制位流和物理电平信号的转换在（　　）完成。

A. 主控制器　B. CAN 控制器　C. CAN 收发器　D. 数据传输线

2. CAN 节点发送数据时，二进制位流转换为物理电平信号的过程称为（　　），接收数据时物理电平信号转换为二进制位流的过程称为（　　）。

A. 解码　B. 编码　C. 调制　D. 解调

3. CAN 总线状态是否空闲是由（　　）监听。

A. TX 引脚　B. RX 引脚　C. TX 引脚和 RX 引脚　D. TX 引脚或 RX 引脚

4. 如果 CAN 总线不空闲，则准备发送的数据存储在（　　）。

A. 主控制器的存储器　B. 验收滤波器

C. CAN 收发器　D. 发送缓冲区

5. 如果 CAN 总线上有多条信息要同时发送，则基于（　　）对信息进行排序。

A. 信息的长度　B. 控制单元的重要性

C. 信息的重要性　D. 以上说法都不对

6. CAN 节点接收数据的过程是（　　）。

A. 先判断数据是否有用，再判断数据是否正确

B. 先判断数据是否正确，再判断数据是否有用

C. 同时判断数据的有用性和正确性

D. 以上说法都不对

7. CAN 节点接收数据时，数据正确性的判断是在（　　）完成。

A. 主控制器　B. 验收滤波器　C. CAN 收发器　D. CAN 内核

8. CAN 节点接收数据时，数据有用性的判断是在（　　）完成。

A. 主控制器　B. 验收滤波器　C. CAN 收发器　D. CAN 内核

9. 如果 CAN 节点判断数据正确，应如何处理？（　　）。

A. 直接送到主控制器进行存储

B. 直接送到 CAN 控制器的接收缓冲区进行存储

C. 送到 CAN 控制器的验收滤波器判断数据是否有用

D. 送到主控制器判断数据是否有用

10. CAN节点接收数据的过程中，如果判断数据不正确，应如何处理？（　　）。（多选）

A. 丢弃该信息

B. 向发送节点发送错误报告，告知发送节点数据错误

C. 继续接收并主动进行数据改正

D. 要求发送节点重新发送数据

E. 以上说法都不对

11. 如何判断CAN总线是否空闲？

12. 根据PASSAT B5车门车窗控制电路（图2-3及图2-13～图2-15），分析通过驾驶侧车窗开关完成左后车窗升降的CAN总线数据传输过程。

## 任务2.5 CAN总线传输的信息帧（一）——数据帧和远程帧

CAN总线传输的信息称为报文（Message），以帧（Frame）的形式发送。CAN总线上传输的信息帧有五种，分别是数据帧、远程帧、错误帧、超载帧、帧间隔，各种帧的作用见表2-4。

表2-4　CAN总线传输的帧类型及作用

| 帧类型 | 帧的作用 |
|---|---|
| 数据帧(Data Frame) | 发送节点向接收节点传输数据的帧 |
| 远程帧(Remote Frame) | 接收节点向发送节点请求数据的帧 |
| 错误帧(Error Frame) | 当检测出错误时,向其他节点通知错误的帧 |
| 超载帧(Overload Frame) | 接收节点通知发送节点其尚未做好接收准备时发送的帧 |
| 帧间隔(Inter Frame Space) | 用于将数据帧、远程帧与前面的帧分开的帧 |

### 2.5.1 标准数据帧的结构

1991年CAN 2.0规范发布，该技术规范包括A、B两个部分，其中2.0A给出了CAN报文的标准格式（Standard Format），而2.0B给出了标准格式和扩展格式（Extended Format）两种。下面以标准数据帧为例分析数据帧的结构。

标准数据帧的结构如图2-28所示，由七个段构成，分别是帧起始、仲裁段（Arbitration

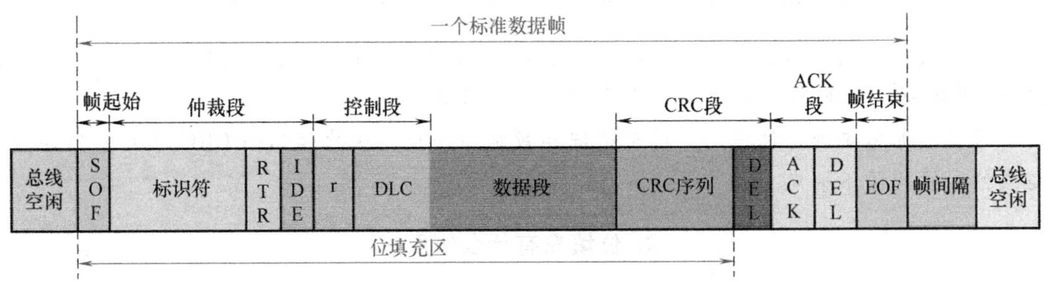


图2-28　CAN总线的数据帧结构（标准格式）

SOF—Start of Frame，帧起始　RTR—Remote Transfer Request，远程发送请求　IDE—Identifier Extension，扩展标识符　r—Reserved，保留　DLC—Date Length Code，数据长度编码　CRC—Cyclic Redundancy Check，循环冗余检验　DEL—Delimiter，界定符　ACK—Acknowledge，应答　EOF—End of Frame，帧结束

Field)、控制段（Control Field)、数据段（Date Field)、CRC 段（CRC Field)、ACK 段（ACK Field）及帧结束，各段的作用见表 2-5，其中 SOF~CRC 序列为位填充区。下面主要介绍仲裁段、控制段、数据段、CRC 段和 ACK 段。

表 2-5 CAN 总线数据帧的结构及各段的作用（标准格式）

| 段名 | 段长度/位 | 说明 | |
|---|---|---|---|
| 帧起始 | 1 | 显性电平，表示数据帧开始 | |
| 仲裁段 | 13 | 11 位标识符 | 判断信息的优先级高低及有用性 |
| | | 1 位远程发送请求位(RTR) | 判断是否为远程帧 |
| | | 1 位扩展标识符位(IDE) | 判断是否为扩展帧 |
| 控制段 | 5 | 1 位保留位(r) | 供以后使用 |
| | | 4 位数据长度编码位(DLC) | 数据段的数据字节数 |
| 数据段 | 0~64 | 数据内容，最多可传输 64 位(8 字节)的数据，以字节(B)为单位增加 | |
| CRC 段 | 16 | 15 位 CRC 序列 | 检查传输错误 |
| | | 1 位 CRC 界定符 | 隐性电平，代表 CRC 段结束 |
| ACK 段 | 2 | 1 位应答位 | 接收节点正确接收数据时给发送节点发送应答 |
| | | 1 位 ACK 界定符 | 隐性电平，表示 ACK 段结束 |
| 帧结束 | 7 | 隐性电平，表示数据帧结束 | |

【知识拓展】

什么是位填充？

根据 CAN 协议，节点发送数据时，只要检测到位流中有 5 位连续相同逻辑的位，便会自动在位流中插入一个补码位，这是 CAN 总线的位填充功能。

举例来说，如果连续 5 位显性电平位，则在 5 位显性电平位之后自动插入 1 位隐性电平位。如果连续 5 位隐性电平位，则在 5 位隐性电平位之后自动插入 1 位显性电平位。接收时会自动删除这个插入的填充位。

【思考】

**1. 数据帧的所有段都需要位填充吗？所有帧类型都需要填充吗？**

数据帧仅有帧起始、仲裁段、控制段、数据段以及 CRC 序列需要位填充，剩余位域（CRC 界定符、ACK 段和帧结束）形式固定，不填充。

远程帧也需要进行位填充，填充范围和数据帧一样，从帧起始到 CRC 序列。错误帧、超载帧和帧间隔不填充。

**2. 位填充有什么作用？**

1）位填充增加数据传输的跳变沿，方便接收节点接收数据和进行位同步。

2）位填充确保数据帧不会被当作错误帧（由 6 位连续的显性电平位或隐性电平位+8 位隐性电平位组成，本项目的任务 2.6 有详细介绍）。

3）确保数据帧不会被当作总线空闲状态。

4）确保正确识别帧结束标志（7位连续隐性电平位）。

**3. 为什么是位填充选择连续5位同性逻辑位后插入反相逻辑位？**

如果位填充的连续位超过5位，则会被认为是错误帧或者超载帧。位填充规则的连续相同逻辑的位数可以少于5位，但是会导致填充位数过多，接收节点在去除填充位时容易出现错误。

**4. 为什么CAN总线数据帧采用1位的显性电平作为帧起始？**

总线空闲时为11位隐性电平位，为了能够识别数据帧的起始位置，需要有一个跳变，故将帧起始设置为显性电平位。

1. 仲裁段

标准格式数据帧的仲裁段（13位）包括11位标识符（Identifier，ID）、1位远程发送请求位、1位扩展标识符位。

（1）标识符　标识符是一个功能性的地址，其作用有两个。

1）CAN控制器通过标识符进行数据帧过滤，确定数据帧的有用性。

在CAN总线中没有地址，CAN总线是通过标识符接收数据，其原理是，每个CAN节点都有一个验收滤波ID表存储在CAN控制器中，如果总线上的报文的标识符在某个节点的验收滤波ID表中，那么这一帧报文就能通过该节点的验收滤波器的验收并接收。例，节点A发送了一帧标识符为ID_1的报文，节点B的验收滤波ID表中恰好有ID_1，该报文就会被节点B接收。

由于CAN总线上收发报文是基于标识符的，所以总线上添加节点不会对已有节点造成影响。

2）标识符可确定报文的优先级。标识符数值越小，数据帧的优先级越高。

注：CAN总线字节内的数据传输从高位开始。

**【思考】**

**1. 11位标识符最多可以表示多少条信息？**

如果对全0和全1的标识符没有限制，那么可以表示$2^{11}$条信息。

**2. 如果标识符出现连续的11位隐性电平，节点会将其识别为总线空闲状态吗？**

根据CAN总线的位填充功能，11位隐性电平位的标识符需要填充2位显性电平位，填充之后一共是13位，二进制形式表示为1111101111101，所以不会被识别为总线空闲状态。

（2）远程发送请求位　远程发送请求位用于区分该帧是数据帧还是远程帧，显性电平（0）代表数据帧；隐性电平（1）代表远程帧。在11位标识符相同的前提下，数据帧的优先级高于远程帧。

（3）扩展标识符位　扩展标识符位用来表示该帧是标准格式还是扩展格式，IDE = 0 为标准帧，IDE = 1 为扩展帧。前 11 位标识符相同时，标准格式帧的优先级高于扩展格式帧。

**2. 控制段**

控制段共有 5 位，包括 1 位保留位和 4 位的数据长度编码位。其中，保留位是保留了供以后使用。数据长度编码位表示数据段的数据长度［以字节（B）为单位］，编码规则见表 2-6，DLC3 ~ DLC0 转换成十进制即是该帧发送的数据字节数。

表 2-6　数据长度编码位和数据长度的关系

| 数据长度/B | 数据长度编码 | | | |
|---|---|---|---|---|
| | DLC3 | DLC2 | DLC1 | DLC0 |
| 0 | 0 | 0 | 0 | 0 |
| 1 | 0 | 0 | 0 | 1 |
| 2 | 0 | 0 | 1 | 0 |
| 3 | 0 | 0 | 1 | 1 |
| 4 | 0 | 1 | 0 | 0 |
| 5 | 0 | 1 | 0 | 1 |
| 6 | 0 | 1 | 1 | 0 |
| 7 | 0 | 1 | 1 | 1 |
| 8 | 1 | 0 | 0 | 0 |

**3. 数据段**

数据段是发送节点需要发送的信息，最多 8B（64 位）。当数据帧传输的数据段字节为 0B 时，该数据帧用于各节点的定期连接确认/应答，或仲裁段有实质性信息。如果一次传输的数据字节数超过 8B，则需要根据 ISO 15765-2 采用分段传输。

**4. CRC 段**

CRC 段包括 15 位 CRC 序列和 1 位 CRC 界定符（隐性电平），CRC 界定符标识 CRC 段的结束。

CRC 序列用于校验传输是否正确，校验过程如图 2-29 所示。发送节点根据 CRC 段之前的发送序列（SOF ~ 数据段）计算一个 CRC 码存储在 CRC 序列里；接收节点接收到数据帧之后，按照相同的方法计算一个 CRC 码，与 CRC 序列里存储的 CRC 码进行比较，判断数据帧是否正确，如果一致，则数据正确，如果不一致，则数据错误。

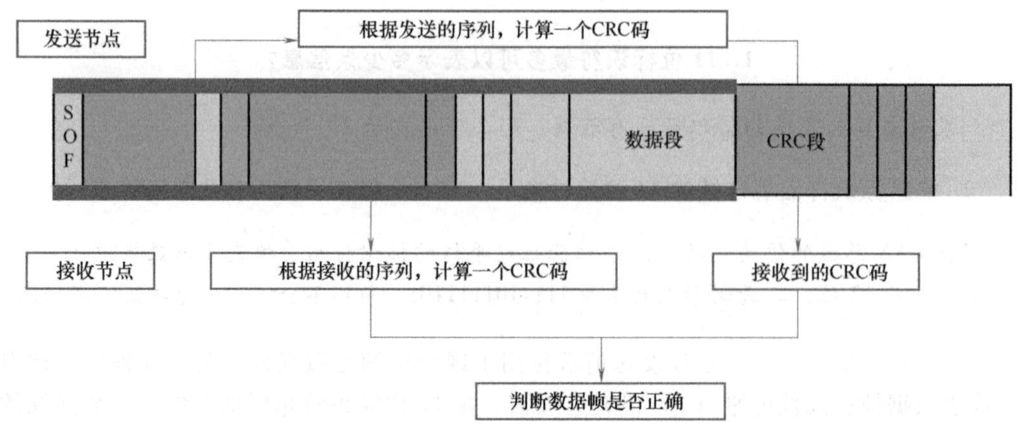


图 2-29　CAN 总线数据帧正确性的校验过程

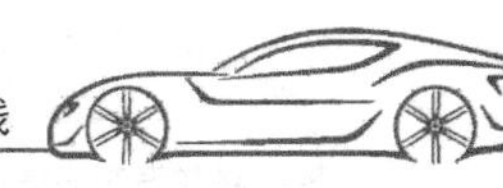

CRC 是数据通信领域中最常用的一种差错校验方式，基本原理是通过模 2 除确定余数。模 2 除是一种二进制除法，需要先选择一个二进制的除数，并要求除数最高位为 1，除数还可以表示成多项式的形式，也称为生成多项式，例如二进制 101011 可表示成多项式 $x^5+x^3+x+1$。模 2 除的规则是：当被除数当前最高位为 1 时，除数为给定多项式，商为 1；当被除数当前最高位为 0 时，除数为 0，商也为 0，每一次除的余数是按位异或的结果（相同为 0、不同为 1）。

下面以一个例子分析 CRC 码的生成过程。设采用 CRC 校验的数据为 101001（左边是高位），其校验步骤如图 2-30 所示，具体为：

（1）确定除数　假设除数为 1101，也可写作 $x^3+x^2+1$。

（2）对校验数据进行更改　在数据位的后边加 0，0 的个数是生成多项式最高幂次，这里的多项式最高次项为 $x^3$，因此需要在数据位后加三个 0，校验数据变成 101001000，该数据作为被除数。

（3）模 2 除运算　将新的校验数据 101001000 作为被除数，生成多项式 1101 作为除数进行模 2 除，最终计算的余数为 001，该余数即为校验码。

```
          110101
1101 / 101001000
       1101
       ----
        1110
        1101
        ----
         0111
         0000
         ----
          1110
          1101
          ----
           0110
           0000
           ----
            1100
            1101
            ----
             001
```

图 2-30　CRC 码生成的例子

【思考】

**如何确定 CAN 数据帧使用的生成多项式？**

CRC 校验根据生成的校验码的位数不同，可以分为 CRC-1、CRC-15、CRC-17、CRC-21 四种校验算法，其对应的生成多项式见表 2-7，传统 CAN 总线的 CRC 码是 15 位，一般使用 CRC-15 算法。

表 2-7　CRC 的生成多项式

| 算法名称 | 应用 | 多项式表达 |
|---|---|---|
| CRC-1 | 奇偶校验 | $x+1$ |
| CRC-15 | 传统 CAN | $x^{15}+x^{14}+x^{10}+x^8+x^7+x^4+x^3+1$ |
| CRC-17 | CAN FD | $x^{17}+x^{16}+x^{14}+x^{13}+x^{11}+x^6+x^4+x^3+x+1$ |
| CRC-21 | CAN FD | $x^{21}+x^{20}+x^{13}+x^{11}+x^7+x^4+x^3+1$ |

注：奇偶校验在项目 3 的任务 3.3 有介绍，CAN FD 在本项目的任务 2.9 有介绍。

**5. ACK 段**

ACK 段（2 位）包括 1 位应答位和 1 位界定符（隐性电平），界定符标识 ACK 段结束。

应答位确定报文被至少一个节点正确接收。应答过程如图 2-31 所示。发送节点发送报文时，将应答位置为隐性电平（1）。接收节点接收到报文后，如果确认数据是正确的，则将应答位用显性电平（0）覆盖，并回发给发送节点，发送节点回读报文，读取应答位为显性，证明报文被正确接收。

## 2.5.2 数据帧分段

CAN 总线如果传输的数据超过 8B，需要进行分段传输。根据是否分段传输，数据帧分为单帧（Single Frame，SF）、首帧（First Frame，FF）、连续帧（Consecutive Frame，CF）和

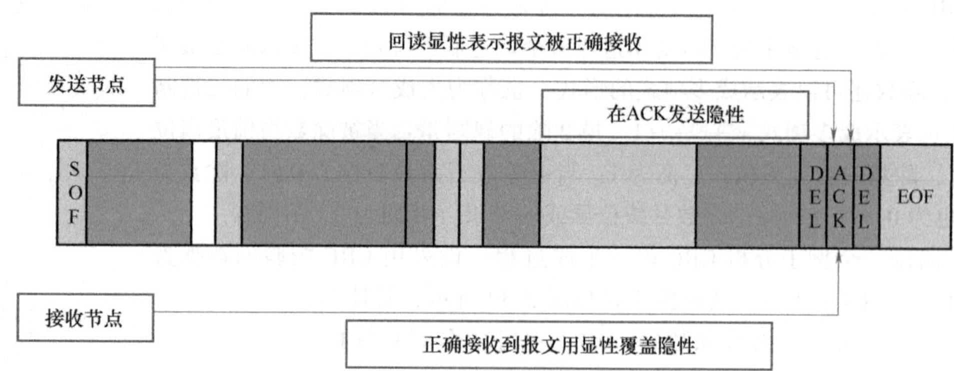


图 2-31　CAN 节点的应答过程

流控帧（Flow Control，FC），当传输的数据小于 8B 时，采用单帧格式，当传输的数据字节大于等于 8B，需要对数据进行拆分，采用多帧传输方式，包括一个首帧和多个连续帧，并通过流控帧进行流量控制。单帧、首帧、连续帧都是发送节点向接收节点发送，流控帧则不同，由接收节点向发送节点发送，目的是调整连续帧发送的速率。

1. 分段传输的数据段格式

如果采用分段传输，数据帧的数据段格式将有所调整，见表 2-8。

表 2-8　CAN 总线数据帧分段后的数据段格式

| 分段传输的帧格式 | 数据段 | | | | |
|---|---|---|---|---|---|
| | 第 1 字节 | | 第 2 字节 | 第 3 字节 | 第 4~8 字节 |
| | 高 4 位（帧格式信息） | 低 4 位 | | | |
| 单帧 | 0(0 0 0 0) | 有效数据字节数 | DATA1 | DATA2 | …… |
| 多帧的首帧 | 1(0 0 0 1) | 多帧中包含的有效数据字节数 | | DATA1 | …… |
| 多帧的连续帧 | 2(0 0 1 0) | SN① | DATA1 | DATA2 | …… |
| 流控帧 | 3(0 0 1 1) | FS② | BS③ | STmin④ | |

① SN：Sequence Number，序列号，也叫帧编号。
② FS：Flow Status，流状态。
③ BS：Block Size，块容量。
④ STmin：Separation Time minimum，最小间隔时间。

（1）单帧的数据段格式　单帧的数据段第 1 字节的高 4 位为 0，表示为单帧，低 4 位为有效数据字节数（0~7）。当传输 7B 数据（DATA1~DATA7）时，可以采用单帧传输，此时数据段第 1 字节的高 4 位为 0（0000），低 4 位为 7（0111，对应有效数据字节数），第 2~8 个字节存储有效数据，见表 2-9。

表 2-9　CAN 总线数据帧分段后的数据段（传输 7B 的数据）

| 数据帧格式 | 数据段 | | | | | | | |
|---|---|---|---|---|---|---|---|---|
| | 第 1 字节 | | 第 2 字节 | 第 3 字节 | 第 4 字节 | 第 5 字节 | 第 6 字节 | 第 7 字节 | 第 8 字节 |
| | 高 4 位 | 低 4 位 | | | | | | | |
| 单帧 | 0000 | 0111 | DATA1 | DATA2 | DATA3 | DATA4 | DATA5 | DATA6 | DATA7 |

【思考】

**如果发送 5B 的数据，试分析数据段的存储情况，此时 DLC 是什么值？**

如果发送 5B 的数据，数据段的存储情况见表 2-10，DLC 值为 0110（数据段存储 6B 的数据）。

表 2-10 CAN 总线数据帧分段后的数据段（传输 5B 的数据）

| 数据帧格式 | 数据段 | | | | | | | | |
|---|---|---|---|---|---|---|---|---|---|
| | 第 1 字节 | | 第 2 字节 | 第 3 字节 | 第 4 字节 | 第 5 字节 | 第 6 字节 | 第 7 字节 | 第 8 字节 |
| | 高 4 位 | 低 4 位 | | | | | | | |
| 单帧(SF) | 0000 | 0101 | DATA1 | DATA2 | DATA3 | DATA4 | DATA5 | | |

（2）首帧和连续帧的数据段格式　首帧数据段第 1 字节的高 4 位为 1，代表是多帧的首帧，第 1 字节的低 4 位和第 2 字节为多帧中包含的有效数据字节数。第 3 字节至第 8 字节为有效数据（可传输 6B 的数据）。

连续帧的第 1 字节高 4 位为 2，代表是多帧的连续帧，低 4 位 SN 为帧编号，对连续帧进行编号，第 2 字节至第 8 字节为有效数据（最多可以传输 7B 的数据）。

例，当传输 25B 的数据（DATA1～DATA25），需要采用多帧传输，此时首帧存储 6B 数据，一个连续帧最多可存储 7B 数据，因此至少需要 3 个连续帧，其中第 1 和第 2 个连续帧存储 7B 数据，第 3 个连续帧存储 5B 数据，见表 2-11。

首帧的第 1 字节高 4 位为 1（0001，代表是首帧）、低 4 位和第 2 字节为 25（0000 0001 1001，代表总共传输 25B 的数据），第 3 字节至第 8 字节存储数据。

第 1 个连续帧的第 1 字节高 4 位为 2（0010，代表是连续帧），低 4 位为 1（0001，代表第 1 个连续帧），第 2 字节至第 8 字节存储数据。

第 2 个连续帧的第 1 字节高 4 位为 2（0010，代表是连续帧），低 4 位为 2（0010，代表第 2 个连续帧），第 2 字节至第 8 字节存储数据。

第 3 个连续帧的第 1 字节高 4 位为 2（0010，代表是连续帧），低 4 位为 3（0011，代表第 3 个连续帧），第 2 字节至第 6 字节存储数据（只剩下 5B 的数据）。

表 2-11 CAN 总线数据帧分段后的数据段（传输 25 个字节的数据）

| 数据帧数据段格式 | 数据段 | | | | | | | | |
|---|---|---|---|---|---|---|---|---|---|
| | 第 1 字节 | | 第 2 字节 | 第 3 字节 | 第 4 字节 | 第 5 字节 | 第 6 字节 | 第 7 字节 | 第 8 字节 |
| | 高 4 位 | 低 4 位 | | | | | | | |
| 首帧 | 0001 | 0000 | 0001 1001 | DATA1 | DATA2 | DATA3 | DATA4 | DATA5 | DATA6 |
| 连续帧 1 | 0010 | 0001 | DATA7 | DATA8 | DATA9 | DATA10 | DATA11 | DATA12 | DATA13 |
| 连续帧 2 | 0010 | 0010 | DATA14 | DATA15 | DATA16 | DATA17 | DATA18 | DATA19 | DATA20 |
| 连续帧 3 | 0010 | 0011 | DATA21 | DATA22 | DATA23 | DATA24 | DATA25 | | |

【思考】

**表 2-11 中的首帧、连续帧 1、连续帧 2 和连续帧 3 的 DLC 的值各为多少？**

首帧、连续帧 1、连续帧 2 的数据段 8B 完全填满，DLC 值为 1000，连续帧 3 存储 6B 的数据，所以 DLC 值为 0110。

(3) 流控帧的数据段格式　流控帧的第1字节的高4位为3，代表是流控帧，低4位FS为数据流的状态信息，当FS=0时，代表接收节点已经准备好接收数据，发送节点可以发送连续帧；当FS=1时，接收节点未准备好接收数据，发送节点继续等待；FS=3时，表示接收节点的内存不够，无法接收数据，结束数据传输。

第2字节为BS，表示发送节点在该流控帧之后可发送的连续帧的最大数目。需要注意的是，当BS=0时，接收节点不再发送流控帧，发送节点可以一直发送连续帧直到数据传输结束。

第3字节为STmin，表示发送节点发送连续帧的最小时间间隔。

2. 数据帧拆分的发送过程

数据帧拆分的发送过程如图2-32所示。其中发送节点发送的数据帧由1个首帧和5个连续帧发送。

1) 发送节点发送一个首帧。

2) 接收节点接收到首帧后发送流控帧给发送节点。

3) 发送节点发送连续帧。发送节点根据流控帧的FS判断接收节点是否做好接收准备，FS=0，代表接收节点已经准备好接收数据，发送节点开始发送连续帧，发送的连续帧数量由BS决定，连续帧发送的时间间隔由$ST_{min}$决定。图中共发送两次流控帧，第一次流控帧的FS=0，BS=3，发送节点收到流控帧后，可发送SN为1、2、3的三个连续帧，第二次流控帧的FS=0，BS≥2，发送节点收到流控帧后，可发送SN为4、5的两个连续帧。

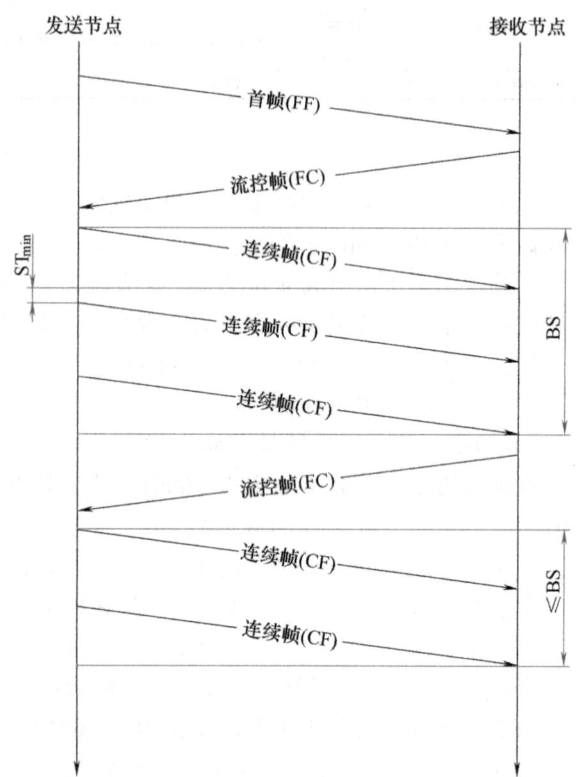


图2-32　CAN总线数据帧拆分发送的流程图

4) 接收节点接收连续帧。接收节点根据连续帧的SN确定连续帧是否丢失，SN出现跳变意味着连续帧丢失，接收节点将丢弃之前接收的首帧和连续帧，并要求发送节点重新发送。

5) 接收节点判断数据接收是否完整。接收节点接收所有连续帧后，根据有效数据字节数计算连续帧的个数，和实际接收的连续帧数量进行比较，判断是否完整接收。

## 2.5.3　扩展数据帧和远程帧

1. 扩展数据帧

扩展数据帧和标准数据帧结构一致，都分为七段，各段的作用也相同，两种数据帧仅在仲裁段和控制段有所区别，见表2-12。

表 2-12 CAN 总线标准数据帧和扩展数据帧对比

| 段名 | 段长度/位 | | 说　明 |
|---|---|---|---|
| 仲裁段 | 标准数据帧 | 13 | 11 位标识符、1 位远程发送请求位(RTR)和 1 位扩展标识符位(IDE) |
| | 扩展数据帧 | 32 | 29 位标识符、1 位远程发送请求位(RTR)、1 位扩展标识符位(IDE)和 1 位 SRR(无实际意义,永远置 1) |
| 控制段 | 标准数据帧 | 5 | 1 位保留位(r)、4 位数据长度编码位 |
| | 扩展数据帧 | 6 | 2 位保留位(r0、r1)、4 位数据长度编码位 |

扩展数据帧的仲裁段结构如图 2-33 所示，共 32 位，其中标识符为 29 位，IDE 位和 RTR 位的作用同标准格式帧，扩展数据帧仲裁段增加一个 SRR 位，该位无实际意义，永远置 1。扩展数据帧控制段的保留位为 2 位，较标准数据帧格式增加 1 位，数据编码长度位和标准数据帧格式一致，因此控制段变为 6 位。

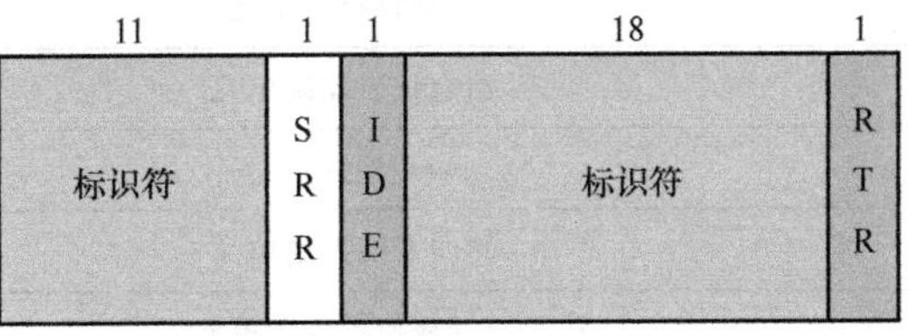


图 2-33　扩展数据帧的仲裁段结构

**【思考】**

**扩展数据帧的仲裁段 29 位的标识符为什么要分为两段?**

将 29 位标识符分成两段的目的是使得标准数据帧和扩展数据帧的 IDE 的位置保持不变，以便能够正确识别该帧属于标准帧还是扩展帧。

2. 远程帧

CAN 总线上节点的数据发布有两种基本形式，分别是主动发布或接收请求后发布。

(1) 主动发布　当传感器采集的信息有变化，控制单元会主动将变化的信息发布到总线，主动发布发送的是数据帧。例：当踩下制动踏板时，ABS 控制单元就会以数据帧的形式在总线上发布制动信息，发动机控制单元接收到该信息后会立即降低发动机转速。

(2) 接收请求后发布　节点 A 需要节点 B 的数据，节点 A 发布请求信号，这个请求信号的数据形式就是远程帧。例，仪表控制单元查询发动机冷却液温度时，仪表控制单元发送远程帧到总线上进行远程请求。

1) 远程帧的格式。由于远程帧与数据帧最大的区别在于远程帧没有数据段，因此远程帧只有六段。远程帧也有标准格式和扩展格式之分，这两种格式区别和数据帧一样，仅控制段和仲裁段不同。

2) 远程帧的发送。远程帧用于向其他节点请求发送具有同一标识符的数据帧。CAN 总线上所有节点都可以接收这个远程帧，并对远程帧中的标识符进行识别，需要则接收，不需要则不处理。如果标识符和某节点中存储的某一个标识符一致，则该节点接收这个远程帧，并随即以数据帧的形式发送请求节点所需的数据，该数据帧的标识符和接收到的远程帧一致。

## 任　务

1. 分析数据帧中标识符的作用。

2. 根据表 2-13 中的数据帧的标识符，按照信息发送的先后顺序，将源控制单元进行排序。(　　)

A. 发动机控制单元　　B. 组合仪表控制单元　　C. ABS 控制单元

D. 转向系统控制单元　　E. 自动变速器控制单元

表 2-13　CAN 总线不同信息的数据帧中的标识符

| 数据帧对应的源控制单元 | 标识符(二进制数,ID10~ID0) |
|---|---|
| 发动机控制单元 | 010 1000 0000 |
| 组合仪表控制单元 | 011 0010 0000 |
| ABS 控制单元 | 001 1010 0000 |
| 转向系统控制单元 | 000 1100 0000 |
| 自动变速器控制单元 | 100 0100 0000 |

注：标识符从高位（ID10）到低位（ID0），首先出现 1 的控制单元退出总线使用权的竞争。

3. 循环冗余码计算的范围是数据帧的哪几个段？

4. 如何检验接收数据是否正确？

5. 为什么要进行位填充？位填充的范围包括数据帧的哪几个段？如何进行位填充(画图说明)？

6. CAN 接收节点接收到数据后________(需要/不需要) 去除填充位。

7. 数据帧的（　　）既可以由发送节点发送，也可以由接收节点发送。

A. 仲裁段　　B. ACK 段　　C. CRC 段　　D. 控制段

8. 在图 2-34 中连线确认数据帧各部分的作用。

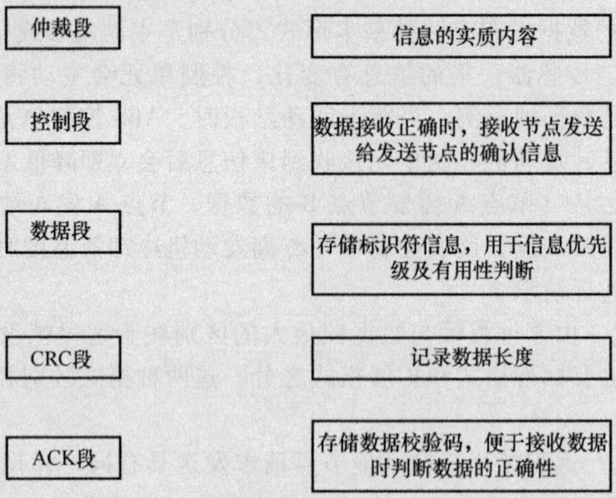

|  |  |
|---|---|
| 仲裁段 | 信息的实质内容 |
| 控制段 | 数据接收正确时，接收节点发送给发送节点的确认信息 |
| 数据段 | 存储标识符信息，用于信息优先级及有用性判断 |
| CRC段 | 记录数据长度 |
| ACK段 | 存储数据校验码，便于接收数据时判断数据的正确性 |

图 2-34　CAN 总线数据帧的结构和各部分的作用

9. 假设选择的 CRC 生成多项式为 $x^4+x^3+1$，试求出二进制序列 10110011 的 CRC 码。

10. 当传输的数据量超过 7B 时，需要分段传输，分段传输分为哪几种帧？其中由发送节点向接收节点发送的是哪些帧？

11. 当发送的数据字节数为 4B 时，采用哪种帧传输，分析其数据段和 DLC 的值。

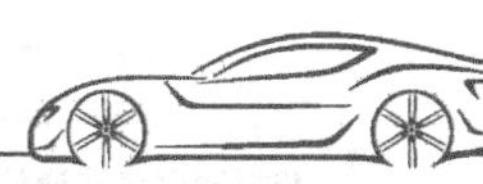

12. 当发送的数据字节数为 18B 时，采用哪种帧传输，分析其数据段和 DLC 的值。

13. 如果传输 18B 的数据，发送的流控帧 FS = 0，BS = 2，试画出如图 2-33 所示的发送流程图并分析数据传输过程。

14. 在前 11 位标识符相同的前提下，试将下列三种帧按优先级高低进行排序。(　　)

A. 标准数据帧　　B. 扩展远程帧　　C. 扩展数据帧

15. 关于标准数据帧和扩展数据帧的相同点和不同点，下列说法正确的是（　　）（多选）。

A. 结构相同，都包括七段　　B. 结构不同，标准数据帧只有六段

C. 扩展数据帧每次发送的数据量更大　　D. 通过仲裁段的 IDE 位进行识别

E. 通过仲裁段的 RTR 位进行识别　　F. 扩展数据帧的标识符位数更多

16. 如果数据帧的数据段为 0B，如何和远程帧进行区分？

17. 根据图 2-35，分析节点 A 如何通过远程帧完成油温查询的过程。

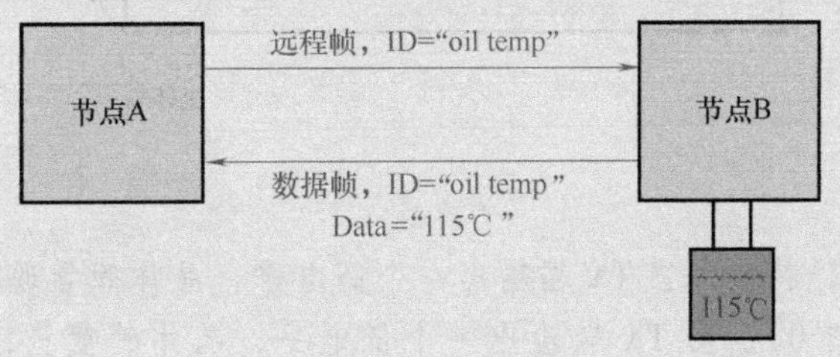


图 2-35　节点 A 通过远程帧查询油温

# 任务 2.6　CAN 总线传输的信息帧（二）——错误帧

## 2.6.1　CAN 总线的错误类型

CAN 总线提供 5 种数据准确性的保障机制，包括回读检查、循环冗余检查、位填充检查和报文格式检查，因此检测出 CAN 总线上的传输错误包括 5 种类型：位错误（Bit Error）、位填充错误（Stuffing Error）、格式错误（Format Error）、CRC 错误（CRC Error）和 ACK 错误（Acknowledge Error）。

1. 位错误

节点将发送到总线上的电平和从总线上回读到的电平进行比较，如果发现二者不一致，就会检测到一个位错误。但是有 3 种情况不属于位错误，分别是：

1）在仲裁段，节点向总线发送隐性电平位却回读到显性电平位不属于位错误，表示该节点竞争失败。

2）在应答位，节点向总线发送隐性电平位却回读到显性电平位不属于位错误，表示该节点当前发送的这一帧报文至少被一个其他节点正确接收。

3）该节点发送被动错误标志（连续 6 个隐性电平位），却回读到显性电平位不属于位错误。被动错误标志是 6 个连续的隐性电平位，根据总线的线与机制，这 6 个连续隐性电平位被其他节点发送的显性电平覆盖。

【知识拓展】

什么是CAN总线的线与机制？

讨论CAN总线的线与机制之前，需要先分析CAN收发器的TX引脚和总线之间的连接，如图2-36所示，CAN收发器的TX引脚通过一个晶体管和总线连接，其中基极连接TX引脚，集电极连接总线，发射极接地，集电极还连接一个上拉电阻及5V的电源，为了方便讨论，CAN收发器和总线之间简化为一根线。

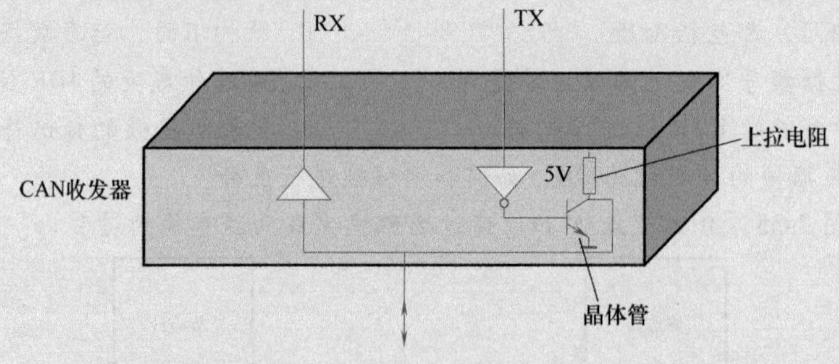


图2-36　CAN收发器的内部结构

根据晶体管的工作特性，当TX端输出一个高电平，晶体管导通，此时总线电压为0V（显性电平，对应逻辑0）；当TX端输出一个低电平，晶体管截止，此时总线电压为5V（隐性电平，对应逻辑1），因此，上述连接电路可转换成一个开关电路，晶体管导通对应开关闭合，晶体管截止对应开关断开，如图2-37所示。

当有多个节点连到总线上时，相当于收发器的所有开关并联在总线上，如图2-38所示，因此，只有所有开关都断开，总线才处于隐性状态，只要一个开关闭合，总线便切换到显性状态，也就是说显性电平会覆盖（“吃掉”）隐性电平，其逻辑见表2-14。这就是收发器的线与机制，也称为CAN总线的线与机制，即总线状态按照与（AND）逻辑计算（输入全是1，结果是1，其他情况全是0）。

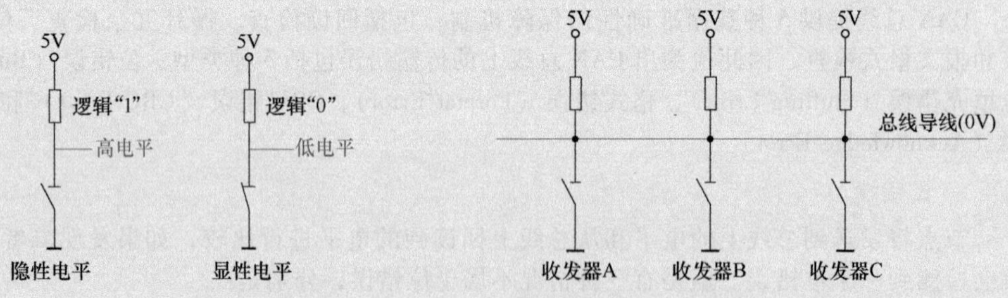


图2-37　CAN总线单节点的连接简化图　　图2-38　CAN总线多节点的连接简化图

表2-14　CAN总线的电平逻辑

| 收发器A | 收发器B | 收发器C | 总线状态（电平） |
|---|---|---|---|
| 1 | 1 | 1 | 1（5V） |
| 1 | 1 | 0 | 0（0V） |

（续）

| 收发器 A | 收发器 B | 收发器 C | 总线状态(电平) |
|---|---|---|---|
| 1 | 0 | 1 | 0(0V) |
| 1 | 0 | 0 | 0(0V) |
| 0 | 1 | 1 | 0(0V) |
| 0 | 1 | 0 | 0(0V) |
| 0 | 0 | 1 | 0(0V) |
| 0 | 0 | 0 | 0(0V) |

**2. 位填充错误**

在需要执行位填充原则的帧段（数据帧、远程帧的 SOF ~ CRC 序列），检测到连续 6 个同性位，则检测到一个位填充错误。

**3. 格式错误**

在一帧报文发送时，如果在必须发送预定值的区域内检测到了非法值，就检测到一个格式错误。CAN 报文中，有预定值的区域包括：

1）数据帧和远程帧的帧起始（1 位显性电平位）、CRC 界定符（1 位隐性电平位）、ACK 界定符（1 位隐性电平位）和 EOF（7 位隐性电平位）。

2）错误帧和超载帧的界定符（8 位隐性电平位）。

3）主动错误帧的错误标志和超载帧的超载标示（6 位连续显性电平位）。

4）分段传输的数据段预定值区域，见表 2-15。

表 2-15　CAN 数据帧分段传输的数据段预定值区域

| 分段传输的数据帧格式 | 第 1 字节 | |
|---|---|---|
| | 高 4 位 | 低 4 位 |
| 单帧 | 0000 | — |
| 首帧 | 0001 | — |
| 连续帧 | 0010 | 包编号连续 |
| 流控帧 | 0011 | 0000,0001,0011 |

**4. CRC 错误**

发送节点在发送数据帧或者远程帧时，会计算该帧的 CRC 码。接收节点在接收报文时也会执行相同的 CRC 算法，如果接收节点计算出的 CRC 码与帧中存储的不一致，则检测到一个 CRC 错误。

**5. ACK 错误**

CAN 协议规定，在一帧报文（数据帧或者远程帧）发出之后，如果接收节点成功接收了该帧报文，那么接收节点在该帧报文的应答时间段内，将应答位置以显性电平位发送到总线上来应答发送节点。

当发送节点在应答时间段内没有回读到显性电平位，就会检测到一个应答错误。这表示没有一个节点成功接收该帧报文。

### 2.6.2 错误帧的类型及节点的错误状态

1. 错误帧的结构

在数据的接收和发送过程中，如果某节点检测出错误，便会向其他节点发出一个错误帧。错误帧包括主动错误帧和被动错误帧，都是由错误标志和错误界定符构成，且错误界定符均为8位连续的隐性电平位。两种错误帧的区别在于错误标志，主动错误帧为6位连续的显性电平位，而被动错误帧为6位连续的隐性电平位，如图2-39所示。

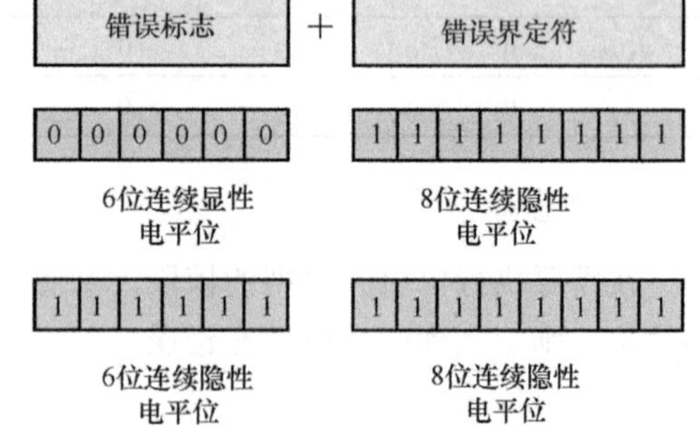

图2-39 CAN总线主动错误帧和被动错误帧的结构

2. 节点的错误状态

CAN总线共有3个错误状态，分别是主动错误状态、被动错误状态和总线关闭状态。当节点处于主动错误状态时，发送主动错误帧，当节点处于被动错误状态时，发送被动错误帧，处于总线关闭状态的节点不能发送报文。

为区分节点处于哪个错误状态，CAN协议规定了每个CAN控制器都有一个发送错误计数器（Transmit Error Counter，TEC）和接收错误计数器（Receive Error Counter，REC），TEC和REC位于CAN错误寄存器（CAN-ESR）中，CAN 2.0协议规定了12条错误计数规则以及一些例外，表2-16是其中部分计数规则。需要注意的是，在给定的报文发送期间，可能要用到的规则不止一条。根据TEG和REC的计数值不同，CAN总线的节点处于3种不同的错误状态，如图2-40所示。

表2-16 TEC和REC的部分计数规则

| 错误计数值变动的条件 | 发送错误计数器的值 | 接收错误计数器的值 |
|---|---|---|
| 接收节点检测出错误 | — | +1 |
| 发送节点发送错误标志时 | +8 | — |
| 节点在发送主动错误标志或超载标志时，检测出位错误 | +8 | — |
| 发送节点正常发送数据结束时(收到返回的应答报文且未检测出错误) | -1<br>如果TEC=0，则值不变 | — |
| 接收节点正常接收数据结束时(未检测出错误且正常反馈应答报文) | — | REC在1~127之间，REC减1<br>REC=0，值不变<br>REC>127，REC设置成119~127之间的一个数值 |
| 节点处于关闭状态，检测到128次连续11位的隐性电平位 | TEC=0 | REC=0 |

（1）主动错误状态（Error Active State） 当TEC≤127并且REC≤127，节点处于主动错误状态，此时如果节点检测出错误，发送主动错误帧。主动错误状态属于节点的正常状态。

（2）被动错误状态（Error Passive State） 当TEC>127或者REC>127后，节点处于被

动错误状态，此时节点可以正常通信。处于被动错误状态的节点（可能是接收节点，也可能是发送节点）在检测出错误时，发送被动错误帧。如果 REC 和 TEC 值都降到 127 以下，则处于被动错误状态的节点可重新进入主动错误状态。

（3）总线关闭状态（BUS Off） 当 TEC>255 时，节点进入总线关闭状态，该节点不能收发报文。当检测到总线上 128 次连续的 11 位隐性电平位时，处于总线关闭状态的节点再次进入主动错误状态，但是总线关闭状态无法回到被动错误状态。

节点错误状态的转换是一个从“量变”到“质变”的过程。

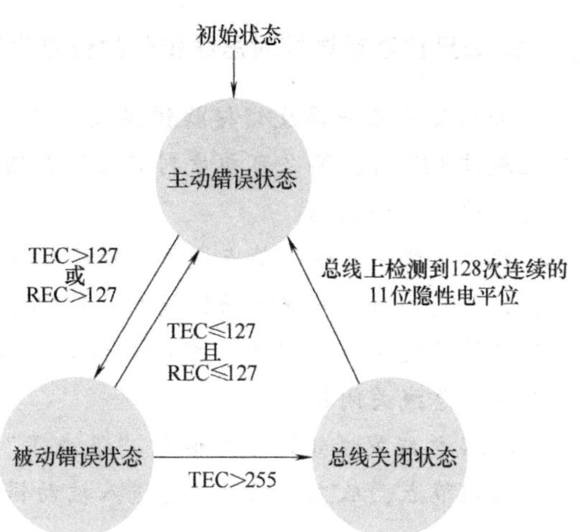


图 2-40 CAN 总线节点的状态转换图

**【思考】**

**1. 主动错误帧对总线上传输的信息是否有影响？**

主动错误帧的错误标志为 6 位显性电平位，违反了“位填充”规则，依据总线的线与机制，将把数据帧原有的隐性电平位变为显性电平位，破坏了总线上传输的数据帧。

**2. 其他接收节点接收到主动错误帧后应如何处理？**

CAN 总线通信的一个特点是保证一个帧能被所有节点正确接收，如果由于某些原因，一个节点出现接收错误，则发送一个主动错误帧到总线上，并破坏总线上的数据，以通知其他节点“这个帧我接收错了，不算数，重来”，其他接收节点接收也许没有出错，但是本着“不抛弃、不放弃”原则，在收到 6 位显性电平位之后，也会发出一个主动错误帧。

**3. 发送节点检测到发送的数据被破坏后应如何处理？**

发送节点在发送的同时也会监听总线数据，当发现数据被其他节点“破坏”后，会主动进行数据重发。

**4. 主动错误帧的错误标志位能否设计成 6 位隐性电平位？**

当某节点处于主动错误状态时，总线认为该节点是相对稳定可靠的，因此当节点第一次检测到错误时，允许其发送主动错误帧破坏总线上的异常报文并告知其他节点。如果主动错误帧的错误标志位设计成 6 位隐性电平位，则不能破坏总线信息。

**5. 被动错误帧对总线上传输的信息是否有影响？**

被动错误帧的错误标志为 6 位隐性电平位，违反了“位填充”规则，但是由于一个节点的隐性状态不能改变整个总线状态，因此对总线传输信息没有影响。

**6. 如果被动错误帧对总线传输的信息没有影响，发送被动错误帧的目的是什么呢？**

如果某节点一再反馈接收错误或者传输错误，TEC 或 REC 的值一直增加，当其中一个值超过 127 时，那么可初步判定该节点相对不可靠，错误可能是由于自身问题导致，节点进入被动错误状态。

此时总线不信任该节点提供的错误信息，不允许破坏总线数据，不影响其他节点的接收，但是允许节点发送被动错误帧至 CAN 总线，使得该节点的 TEC 和 REC 持续计数。当该节点持续发送错误报文，发送错误计数 TEC 超过 255 时，总线即判断该节点有问题，使其处于总线关闭状态。

CAN 总线发送错误帧类似于“狼来了”的故事，发送的错误报告太多，其他节点不再信任该节点，从主动错误状态进入被动错误状态，并最终处于总线关闭状态。

### 2.6.3 错误帧的发送

CAN 协议对错误帧的发送时机进行了如下规定，如果是位错误、位填充错误、格式错误、ACK 错误，则在错误产生的下一位开始发送错误帧。如果是 CRC 错误，则紧随 ACK 界定符后发送错误帧。

图 2-41 是 CAN 总线检测到位错误的主动错误帧发送过程。

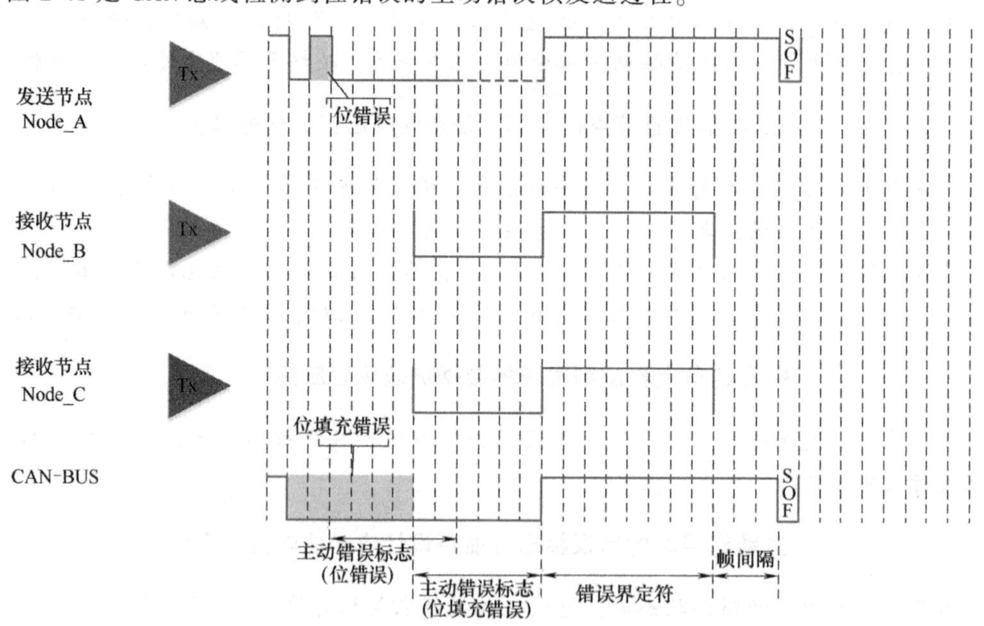


图 2-41 CAN 总线检测到位错误的主动错误帧发送过程（1）

1）发送节点 Node_A 发送一个隐性电平位，却从总线上回读到一个显性电平位，于是检测到一个位错误。Node_A 检测到位错误之后，立即在下一位开始发送主动错误帧，即 6 位连续显性电平位的主动错误标志+8 位连续隐性电平位的错误界定符。

2）对应 Node_A 发出的主动错误标志，总线上电平为 6 位连续显性电平位。

3）接收节点 Node_B 和 Node_C 从总线上监听到连续 6 位显性电平位（包括原来 CAN

线上传输的2位显性电平位和Node_A产生的4位错误标志），就会检测到一个位填充错误，于是这两个节点都会发送主动错误帧。

4）对应Node_B和Node_C发出主动错误标志，总线上又有6位连续的显性电平位，接着Node_B和Node_C发出错误界定符，总线上有8位连续的隐性电平位。

5）在帧间隔（在本项目的拓展任务2.7介绍）之后，Node_A节点继续保持总线控制权，重新发送刚刚出错的报文。

由于填充错误是连续检测到6位同性位，所以Node_B和Node_C发送的错误标志和Node A发送的错误标志有2位重叠。总线上传输的主动错误帧为Node_A发送的主动错误标志以及Node_B和Node_C发送的主动错误标志（共10位显性电平位）以及8位的错误界定符。

所以总线上的主动错误帧包含6~12位的显性电平位（错误标志重叠部）以及8位错误界定符，如图2-42所示。被动错误帧也是一样。

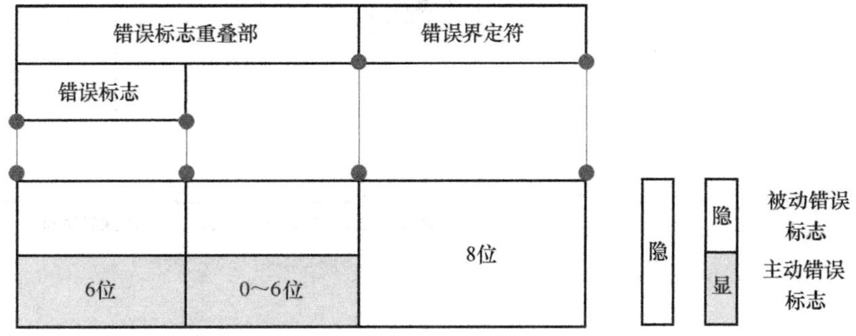


图2-42　带有错误标志重叠部的错误帧

## 任　务

1. 判断题（正确的打“√”，错误的打“×”）。

（1）主动错误状态属于节点的正常状态。（　　）

（2）被动错误状态属于节点的正常状态。（　　）

（3）节点发送主动错误帧的目的是破坏总线信息。（　　）

（4）节点发送被动错误帧的目的是破坏总线信息。（　　）

（5）节点发送被动错误帧的目的使错误计数器TEC值持续增加。（　　）

（6）总线上的节点共有4个状态，即节点正常状态、主动错误状态、被动错误状态和总线关闭状态。（　　）

（7）当某个节点持续发送主动错误帧，节点会从主动错误状态进入被动错误状态。（　　）

（8）进入被动错误状态的节点在条件满足时，可再次进入主动错误状态。（　　）

（9）进入总线关闭状态的节点在条件满足时，可再次进入被动错误状态。（　　）

2. 名词解释：总线的线与机制。

3. CAN总线的错误类型包括哪几种？检测到错误时分别在什么时候发送错误帧？

4. 分析错误标志重叠部是如何产生的。

5. 根据图2-43分析：

（1）CAN总线主动错误帧的发送过程。

（2）该主动错误帧是否存在错误标志重叠？为什么？

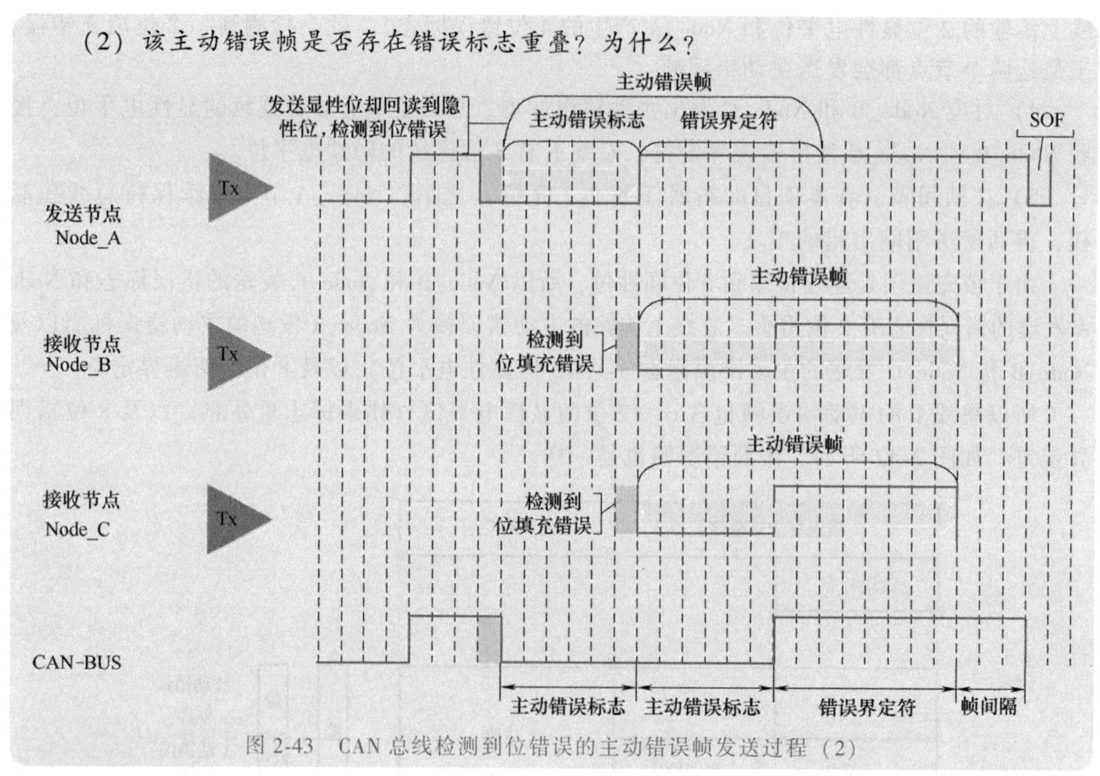


图 2-43　CAN 总线检测到位错误的主动错误帧发送过程（2）

# 拓展任务 2.7　CAN 总线传输的信息帧（三）——超载帧和帧间隔

## 2.7.1　超载帧

超载帧是接收节点向总线上其他节点报告自身接收能力达到极限的帧，结构如图 2-44 所示，由超载标志（6 位连续显性电平位）和超载帧界定符（8 位连续隐性电平位）组成。超载标志的 6 位连续显性电平位会破坏其他节点发送的数据，因此在接收节点发送超载帧期间，其他节点就不能成功发送报文，相当于把其他节点的发送推迟，接收节点在其发送超载帧的这段时间得以“休息”。

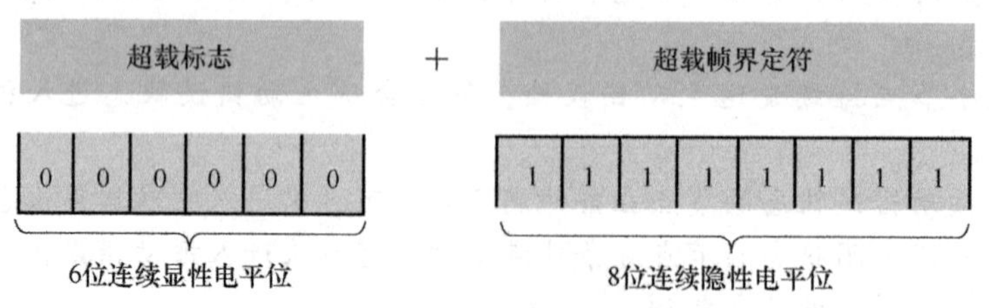


图 2-44　CAN 总线超载帧的结构

由于存在多个节点同时超载且超载帧发送有时间差的问题，可能出现超载标志叠加后超过 6 位的情况，如图 2-45 所示。所有节点会在总线电平恢复为隐性后等待 8 位（超载帧界定符）才认为超载帧结束。

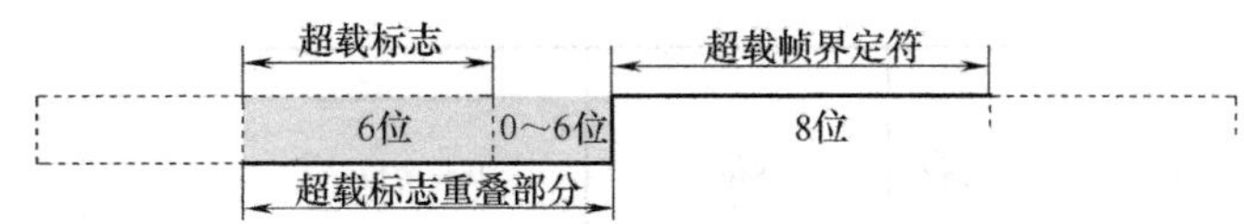


图 2-45 存在超载标志重叠的超载帧

**【思考】**

**超载帧和主动错误帧有相同的格式，如何区分？**

超载帧在帧间隔产生，错误帧是在帧传输时检测到错误发出，可通过这种方式进行区分。

## 2.7.2 帧间隔

数据帧和远程帧通过插入帧间隔将本帧与前面的任何帧（数据帧、远程帧、错误帧、超载帧）分开。超载帧和错误帧前不需要插入帧间隔，如图 2-46 所示。一般的帧间隔包括 3 位隐性电平位，帧间隔的存在可以让总线上所有节点在下一个远程帧或数据帧的第一位（帧起始）上实现位同步。

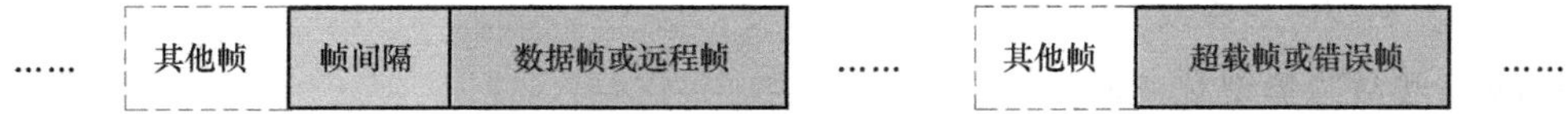


图 2-46 CAN 总线帧间隔的发送

由于帧间隔只有 3 位，不足以判断总线空闲，因此之前发送任何帧的节点继续保持发送权。如果没有节点要发送数据，则总线处于空闲状态，总线空闲（隐性电平位）的时间是任意长度，如图 2-47 所示。如果空闲状态的连续隐性电平位个数超过 8 位（即总线上的连续隐性电平位超过 11 位），即可判断总线空闲，此时总线上所有节点可以重新竞争总线。

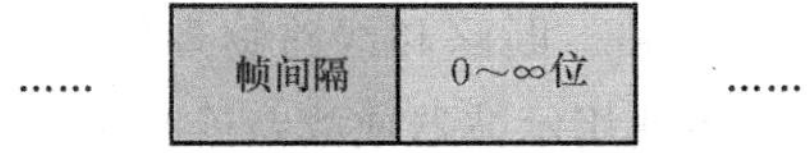


图 2-47 帧间隔之后无数据发送的情况

如果发送节点处于被动错误状态，说明它已经不可靠，由于 3 位隐性电平位不足以判断总线是否空闲，发送节点仍具有总线控制权，能够在 3 位的帧间隔之后立即重新发送报文，这不符合 CAN 协议对被动错误状态的处理要求。

此时需要在帧间隔后加入 8 位连续隐性电平位的延迟传送段，这样，3+8=11 位连续隐性电平位（总线空闲）能让发送节点在这个帧间隔期间失去对总线的控制权，从而优先保证其他正常节点能够使用总线，如图 2-48 所示。同样地，如果之后没有节点发送数据，总线处于空闲状态，空闲时间也是任意长度。

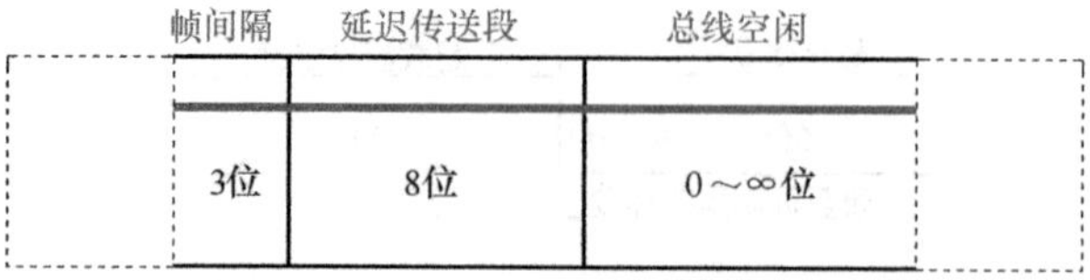

| 帧间隔 | 延迟传送段 | 总线空闲 |
|---|---|---|
| 3位 | 8位 | 0～∞位 |

图 2-48　CAN 节点处于被动错误状态的帧间隔发送方式

**任　　务**

1. 分析超载帧的作用。
2. 分析帧间隔的作用。
3. 判断题（正确的打“√”，错误的打“×”）：帧间隔在任何帧之前都需要发送。(　　)
4. 处于被动错误状态的节点如何发送帧间隔?

# 任务 2.8　CAN 总线的检修

## 2.8.1　CAN 总线故障类型及诊断步骤

### 1. CAN 总线的故障类型

CAN 总线故障类型有三种：

(1) 电源故障　CAN 总线系统的核心部分是控制单元，控制单元的正常工作电压为 10.5~15V。当电源系统的供电电压低于正常值，控制单元停止工作，整车 CAN 通信无法进行。在进行 CAN 系统的故障诊断与检测时，应首先排除电源系统的供电故障。

(2) 节点故障　节点是 CAN 总线系统中的重要组成。检查节点故障时，应首先排除节点的传感器和执行器故障，其次应排除节点系统元件故障，包括硬件故障和软件故障。硬件故障是指芯片或集成电路故障；软件故障包括传输协议或软件程序有缺陷或冲突使 CAN 通信混乱或无法工作。

(3) 链路故障　通信线路的短路、断路和线路物理性质引起的通信信号衰减或失真都会引起电控单元无法正常工作，可使用示波器或故障诊断仪观察通信数据信号，并和通信标准进行比较。

在正常使用工况下，电源故障和节点故障出现的概率比较小。

### 2. CAN 总线的故障诊断步骤

CAN 总线的一般故障诊断步骤为：

1) 读取故障码，并排除功能故障。利用诊断仪读取故障码，锁定故障范围，并排除功能故障，所谓功能故障是指不会直接影响数据总线系统，但会影响某一系统的功能故障，例如传感器损坏。

2) 排除数据总线系统（链路）故障。根据网络拓扑结构图，通过断电测电阻方式检测总线是否断路或短路。

3）最后检查控制单元引起的故障。断开所有连接在总线上的控制单元，关闭点火开关，故障诊断仪连接其中一个控制单元，接通点火开关，清除故障码。关闭点火开关，再接通点火开关，读取控制单元存储器内的内容，如显示硬件损坏，则更换，未显示硬件损坏，连接下一个控制单元，重复。

### 2.8.2 CAN 总线诊断案例分析——驱动 CAN 总线断路

下面以总线线路断路为例，分析故障诊断过程。

**1. 故障案例一：踩下制动踏板，发动机转速不下降**

该故障的故障现象是离合器分离的情况下，踩下制动踏板，车速下降，发动机转速保持不变。分析原因：发动机功能正常，主要是制动踏板的信号未给到发动机控制单元，而制动踏板信号以及和 ABS ECU 之间的连接均无问题，初步分析是 ABS 和总线系统之间的线路连接问题（假设线路中只有一个故障点）。

（1）总线的网络拓扑结构分析　确定故障点的第一步是分析总线的网络拓扑结构。CAN 网络上连接发动机、ABS、仪表共 3 个 ECU，另外具有 OBD-Ⅱ诊断接口可与诊断仪连接，发动机 ECU 和仪表 ECU 内各有一个 120Ω 的终端电阻，ABS ECU 内无终端电阻，如图 2-49 所示。图中 C1～C8 是各 ECU 及诊断接口上的测量点。对网络连接图进行简化，简化后电路连接如图 2-50 所示。

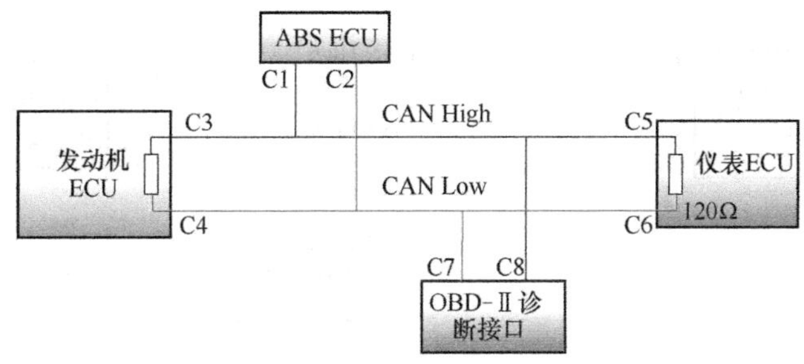


图 2-49　ABS ECU、发动机 ECU 和仪表 ECU 的网络拓扑结构

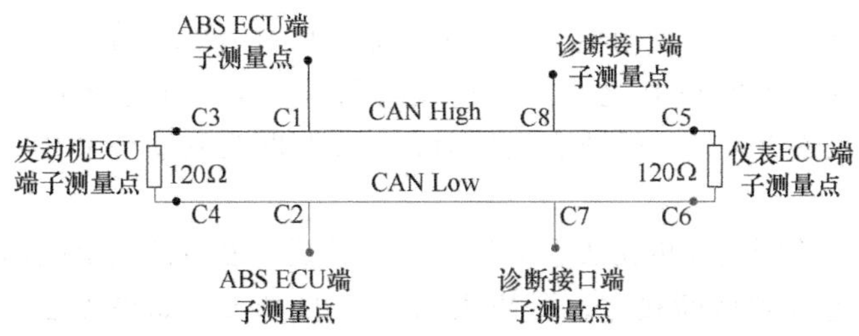


图 2-50　ABS ECU、发动机 ECU 和仪表 ECU 的网络架构简化图

根据简化连接图测量终端电阻，线路正常情况下的测量结果见表 2-17，该 CAN 网络内所有 ECU 的 CAN 通信引脚之间的电阻都是 60Ω。CAN 网络中所有 CAN High 引脚都连接在一起，CAN Low 引脚也连接在一起，因此测量电阻为 0Ω。

表 2-17　ABS ECU、发动机 ECU 和仪表 ECU 网络的终端电阻测量结果

| 测量点 1 | C1 | C3 | C5 | C7 | C1 | C1 | C1 | C2 | C2 | C2 |
|---|---|---|---|---|---|---|---|---|---|---|
| 测量点 2 | C2 | C4 | C6 | C8 | C3 | C5 | C8 | C4 | C6 | C7 |
| 电阻值/Ω | 60 | 60 | 60 | 60 | 0 | 0 | 0 | 0 | 0 | 0 |

（2）断路位置的确定　接下来通过断电测量电阻的方式确定断路位置。

1）确定支线断路还是总线断路。首先测量 C1 与 C2 之间的电阻，电阻如果为 120Ω，则为总线断路，如果为无穷大，则为支线断路。

2）确定 CAN High 断路还是 CAN Low 断路。由于是 ABS 和发动机控制单元之间的通信问题，因此可以通过测量 C1 和 C3 以及 C2 和 C4 之间的电阻确定断路点。

如果 C1 和 C2 之间的电阻为无穷大，C1 和 C3 之间的电阻也为无穷大，C2 和 C4 的电阻为 0Ω，则可判断是 CAN High 支线断路，可能的断路位置如图 2-51 所示；如果 C1 和 C2 之间的电阻为 120Ω，C1 和 C3 之间的电阻为无穷大，C2 和 C4 的电阻为 0Ω，则可判断是发动机 ECU 和 ABS ECU 之间的 CAN High 总线断路。同样的方法可以判断 CAN Low 的支线断路和总线断路。

另外也可通过故障诊断仪接入诊断接口，首先分析无法通信的 ECU，如果无法通信的 ECU 为 ABS ECU，则可判断是支线断路，如果 ABS ECU 和发动机 ECU 均无法通信，则为总线故障，之后再通过测电阻的方式分析是 CAN High 断路还是 CAN Low 断路。

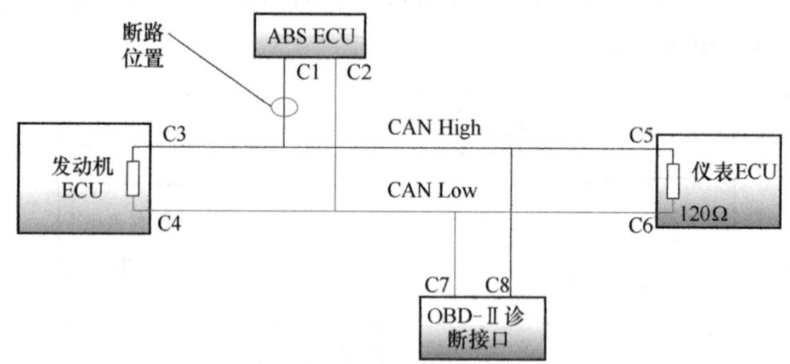


图 2-51　支线故障情况

2. 故障案例二：仪表无法显示发动机转速信号

该故障的故障现象是起动发动机，发动机转速表显示为 0r/min。通过分析发现发动机转速传感器没问题，和发动机 ECU 之间的连接无问题，且发动机功能正常，仪表上车速表等其他显示正常，且仪表上发动机转速表无故障，初步判断为发动机 ECU 和仪表 ECU 之间的线路问题。

接下来先用故障诊断仪分析无法通信的 ECU，然后再断电测量电阻确定故障点。

将故障诊断仪连接到诊断接口，分析无法通信的 ECU。如果无法通信的 ECU 为仪表 ECU，则可判断断路点在诊断接口的右侧，接下来测量 C5 和 C8 以及 C6 和 C7 的电阻，判断是 CAN High 断路还是 CAN Low 断路，以及具体的断路位置。如果是发动机 ECU 无法通信，则测量 C1 和 C3 以及 C2 和 C4 的电阻做进一步判断。如果 ABS ECU 和发动机 ECU 均无法通信，可判断是总线断路，可通过测量 C1 和 C8 以及 C2 和 C7 之间电阻判断是 CAN High 断路或 CAN Low 断路。

**任　务**

1. CAN 总线的故障包括哪三种？其中比较常见的故障是哪种？

2. 总结 CAN 总线的线路故障的诊断过程。

3. 分析故障案例二的所有可能断路点，在图 2-49 上标注，并分析各个断路点如何进行故障排除。

# 任务 2.9 CAN 总线的特点及发展

## 2.9.1 CAN 总线的特点

1）CAN 总线采用双绞线进行差分信号传输，可有效抑制电磁干扰。

2）CAN 总线上所有的节点地位平等，最先访问总线的节点可获得发送权；多个节点同时发送时，发送高优先级信息的节点可获得发送权。

3）CAN 总线的信息不包含源地址或者目标地址，仅通过标识符表明信息功能和优先级。

4）CAN 总线采用基于事件触发的协议。

5）CAN 总线采用不归零编码格式。

6）CAN 总线采用 CSMA/CD 的媒体访问机制。

7）当 CAN 节点发生持续性错误时，可进入总线关闭状态。

8）CAN 总线采用信号的跳变沿进行时钟再同步。CAN 总线采用异步数据传输方式，由于各接收节点的时钟不可能完全一致，即存在偏差，偏差累计会导致通信出错。为了避免出现时钟偏差，CAN 总线规定信号的跳变沿为时钟再同步信号，只要信号发生变化，节点时钟就会被同步。

9）CAN 总线的通信速率和通信距离成反比。CAN 总线的通信速率和通信距离的关系如图 2-52 所示，在 40m 线缆条件下，最高数据传输速率为 1Mbit/s，这也是 CAN 总线的最高传输速率，随着通信距离增加，通信速率下降。

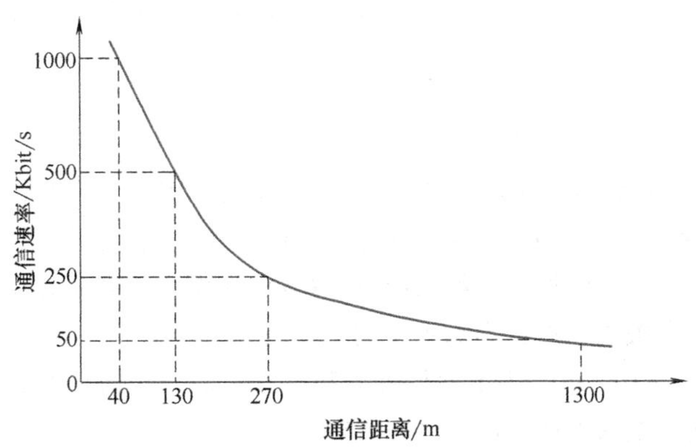


图 2-52　CAN 总线的通信速率和通信距离的关系

10）CAN 总线的休眠与唤醒。当满足休眠条件时，CAN 总线的所有控制单元进入休眠模式，如关闭点火开关，车辆落锁 35s 后或不锁车但没有任何操作 10min。休眠模式下，其静电流为 6~8mA。当有唤醒条件（如驾驶人打开车门）时，CAN 总线上的所有控制单元被唤醒，总线处于激活状态，其静电流为 700mA 左右，因此休眠模式具有节能效果。

### 2.9.2 CAN 总线的发展

**1. TT CAN**

**【思考】**

**CAN 总线的冲突仲裁机制存在什么问题?**

CAN 总线的冲突仲裁机制提高网络的利用率和高优先级信息的实时性，但是当 CAN 总线负载比较大时，低优先级信息由于总线冲突被迫退出发送，导致信息传输时延长，且传输时延不可预测，因此 CAN 总线不适合实时性和可靠性要求特别高或有安全性要求的场合，如线控系统。

基于时间触发机制的 CAN 总线——TT CAN 在 2000 年被提出，2004 年，国际标准化组织将 TT CAN 制定为 ISO 11898-4 国际标准。TT CAN 采用 TDMA 的数据传输方式。图 2-53 是一个基于 TT CAN 的信息传输过程，图中节点 A、B、C、D 共用信道进行数据发送，系统为每个节点分配了固定的时间段，同一时刻，总线上只会传输其中一个节点发送的信息。由于发送时刻不冲突，报文能在第一时间被发送出去，避免总线竞争，也大大降低了报文延迟的可能，但是这种数据发送方式造成总线的利用率下降。

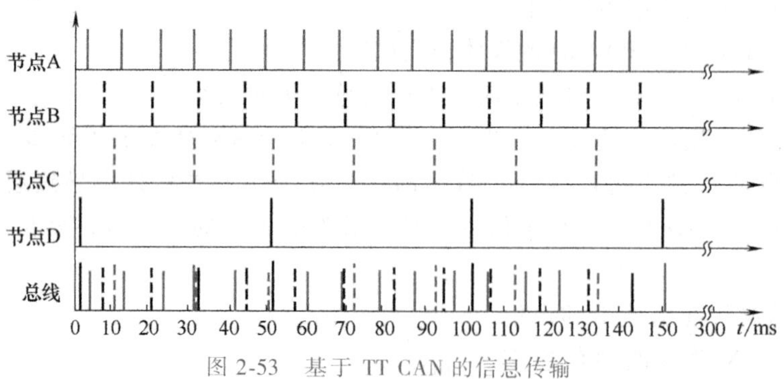


图 2-53　基于 TT CAN 的信息传输

**2. CAN FD**

CAN 总线的最高数据传输速率为 1Mbit/s（通常汽车 CAN 系统的实际使用速率最高为 500Kbit/s）。ECU 的大量增加使得总线负载率急剧增大，导致网络拥堵，影响信息传输的可靠性和实时性。一般情况下，CAN 总线的负载率在 30%左右时网络性能相对较好，否则会增大报文延迟，影响系统的实时性。

2011 年，为了满足带宽和可靠性需求，博世发布 CAN FD 方案，其协议于 2012 年发布，现已纳入 ISO 11898-1（2015）。

CAN FD 相较于 CAN 有如下变化：

1）加长数据长度，减少报文数量，降低总线负载率。相较于传统 CAN 报文有效数据场长度为 8B，CAN FD 对有效数据长度做了扩充，数据长度最大可达到 64B。

2）采用可变传输速率。CAN FD 数据帧内部采用两种不同的数据传输速率，在数据段采用高速率通信，传输速率可大于 1Mbit/s，甚至达到 5Mbit/s 或更高，在其他段采用标准 CAN 速率通信。

3）优化 CRC 校验场。传统的 CAN 总线使用位填充的方式保持通信同步，位填充会对 CRC 产生干扰，导致错误帧漏检。CAN FD 在 CRC 算法上进行优化和修改，将填充位加入到 CRC 码的计算。

**3. CAN XL**

继传统 CAN 和 CAN FD 之后，CAN XL 在 2020 年正式推出，其最大数据场为 2048B，最高传输速率可达 10Mbit/s。与 CAN FD 一样具有两个传输速率。CAN XL 帧通过两个 CRC 码进行保护，其海明距离为 6，这意味着可以检测到 5 个随机分布的比特错误。

CAN XL 是一种高度可扩展的通信技术，物理层仍在开发中，开发成本低于同级别的 10Base-T1S 以太网，有效弥补了 CAN FD 和 100Base-T1 之间的通信速率缺口。

**【知识拓展】**

1. 什么是海明距离？

在信息领域，两个长度相等的字符串的海明距离是在相同位置上不同的字符的个数，也就是将一个字符串替换成另一个字符串需要的替换次数。例如：Toned 和 Roses 的海明距离是 3，1011101 和 1001001 的海明距离是 2，2173896 和 2233796 的海明距离也是 3。对于二进制数 a 和 b 来说，海明距离的结果相当于 a XOR（异或）b 结果中 1 的个数。

2. 什么是 **10Base-T1S** 和 **100Base-T1**？

10Base-T1S 和 100Base-T1 是 IEEE 开发的车载以太网标准，10Base-T1S 在单对双绞线上提供 10Mbit/s 的数据传输速率，S 代表短距离；100Base-T1 在单对双绞线上提供 100Mbit/s 的数据传输速率。

## 任　务

1. 分析 CAN 总线的优势和不足。
2. CAN 总线为什么需要再同步？如何再同步？
3. CAN 总线进入休眠模式的静电流为__________，激活状态的静电流为__________。
4. 分析 TT CAN、CAN FD 和传统 CAN 总线的相同点和不同点。

# 项目3 LIN总线

## 任务3.1 初识LIN总线

LIN是一种低成本的串行通信网络，属于CAN总线的下层网络，适用于对总线性能要求不高的车身系统，如车门、车窗、灯光等。

LIN总线采用单线传输，与CAN总线的双绞线相比，结构更简单，成本更低廉，但传输信号的抗干扰性较差，对外也会产生电磁干扰，适用于传输速度比较低的场合。

LIN总线的显性/隐性电平的含义与CAN总线相同，总线上也是基于“线与”逻辑，即显性电平起主导作用，但是对电平数值的定义和CAN总线不同。LIN总线的通信协议对LIN总线上传输的电平信号做如下规定：隐性电平为蓄电池电压（对应逻辑1），一般为12V，显性电平为0V（对应逻辑0）。

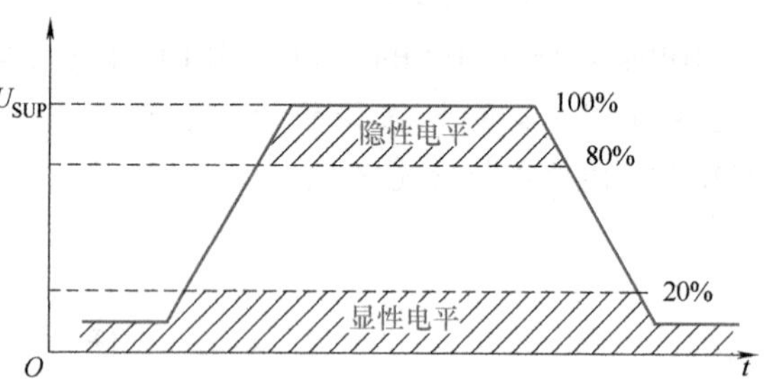

图3-1 LIN总线发送节点的显性电平和隐性电平的规定

实际上LIN总线的电平来自于LIN收发器的供电电压$U_{SUP}$，考虑到电池引入ECU时在电源滤波电路（二极管等）上有电压降，$U_{SUP}$低于蓄电池电压，此外，信号在传输过程中会产生不同程度的衰减，为了保证节点在判断高低电平时有足够裕量，LIN协议规定，对于发送节点，低于$U_{SUP}$的20%视为显性电平（Dominant），即为“0”，高于$U_{SUP}$的80%视为隐性电平（Recessive），即为“1”，如图3-1所示；对于接收节点，低于$U_{SUP}$的40%视为显性电平，高于$U_{SUP}$的60%视为隐性电平，如图3-2所示。

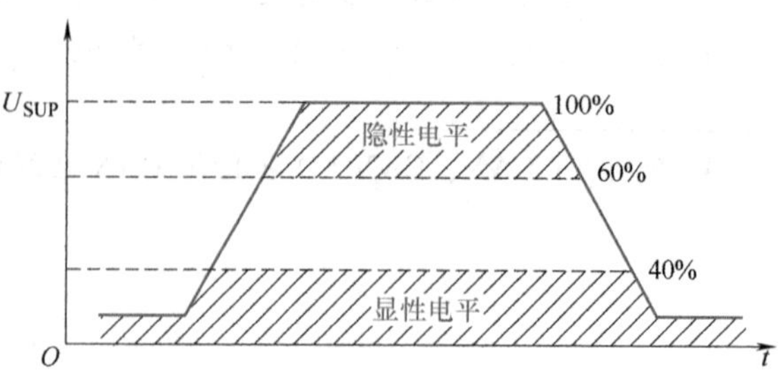

图3-2 LIN总线接收节点的显性电平和隐性电平的规定

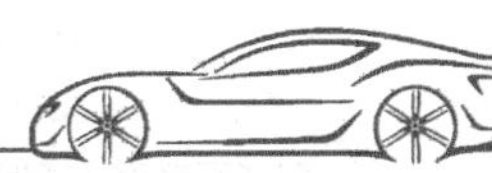

## 任　务

1. LIN 总线的传输媒介是（　　）。

A. 光纤　　B. 双绞线　　C. 单根导线　　D. 同轴电缆

2. 理论上 LIN 总线的隐性电平为__________，显性电平为__________。为了保证节点在判断高低电平时有足够裕量，LIN 协议规定，发送节点的隐性电平高于__________，显性电平低于__________；接收节点的隐性电平高于__________，显性电平低于__________。

3. LIN 总线采用__________编码方式。

A. 归零　　B. 不归零　　C. 曼彻斯特　　D. 差分曼彻斯特

4. 分析 LIN 总线单线传输的优缺点。

5. 根据福特翼虎电动车窗控制电路（见图 3-3），完成以下问题：

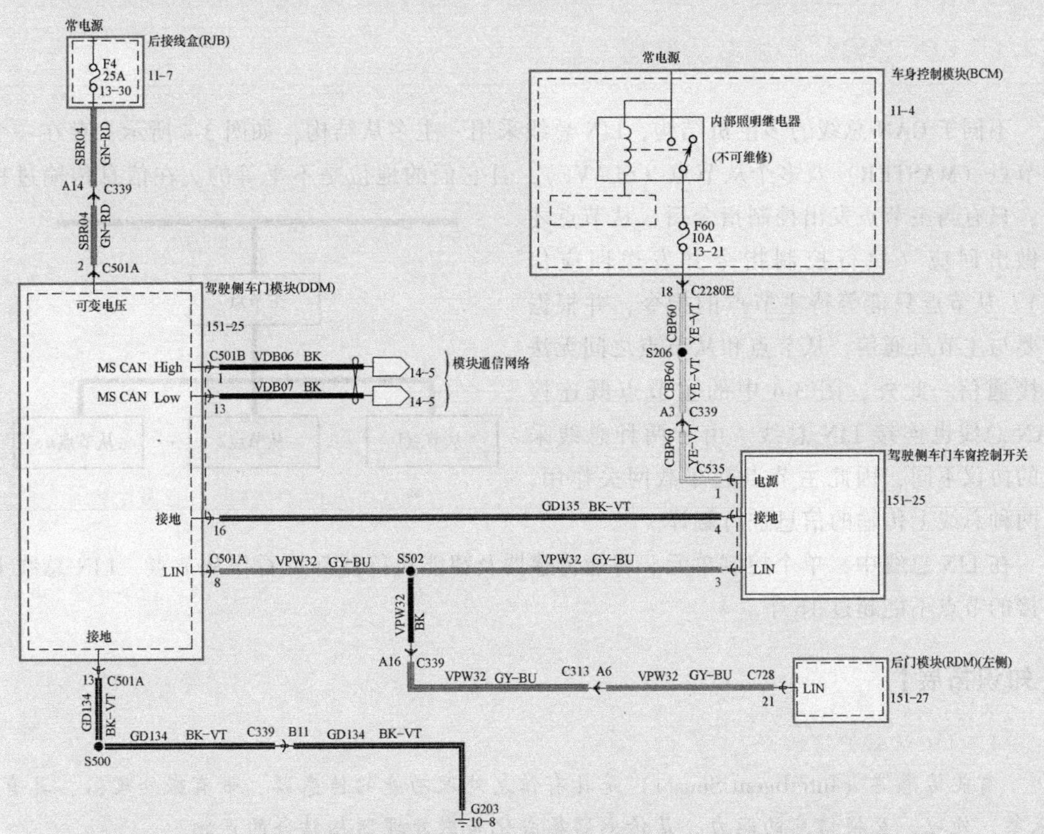


图 3-3　福特翼虎的电动车窗控制电路（左侧）

注：MS CAN，即 Medium Speed CAN，中速 CAN 总线。

（1）找到驾驶侧车门模块的 LIN 总线对应的针脚及颜色，针脚数：________，颜色：________。

（2）画出通过 LIN 总线连接驾驶侧车门模块、驾驶侧车窗控制开关以及后门模块（左侧）的网络拓扑结构图。

（3）在福特翼虎整车上找到驾驶侧车门模块以及所连接的 LIN 总线。

(4) 利用示波器的一个通道，正极接 LIN 总线，负极接地，操作驾驶侧的电动车窗开关，记录测量到的电压信号波形。

注意：记录波形时需要确定坐标的原点位置以及横纵坐标的刻度值。

从记录的波形可以看出，LIN 总线上传输的是高低电平信号，低电平为______V，高电平为______V，电平持续时间最短为______ms。

(5) 假设记录的波形上电平持续最短的时间为 1 位数据，则 LIN 总线的传输速率为______。

(6) 根据 LIN 总线规定的显性电平和隐性电平的定义，将记录的 LIN 总线波形转换成二进制位流。

## 任务 3.2 LIN 总线的结构

### 3.2.1 LIN 总线的一主多从结构

不同于 CAN 总线的多主机结构，LIN 总线采用一主多从结构，如图 3-4 所示，存在一个主节点（MASTER）及多个从节点（SLAVE），且它们的地位是不平等的。在信息传输过程中，只有当主节点发出控制指令后，从节点才会做出回应（执行控制指令并发送回应信息）。从节点只能等待主节点的指令，并根据需要与主节点通信，从节点和从节点之间无法直接通信。此外，图 3-4 中的主节点既连接 CAN 总线也连接 LIN 总线。由于两种总线采用的协议不同，因此主节点起车载网关作用，将两种总线上传输的信息进行翻译。

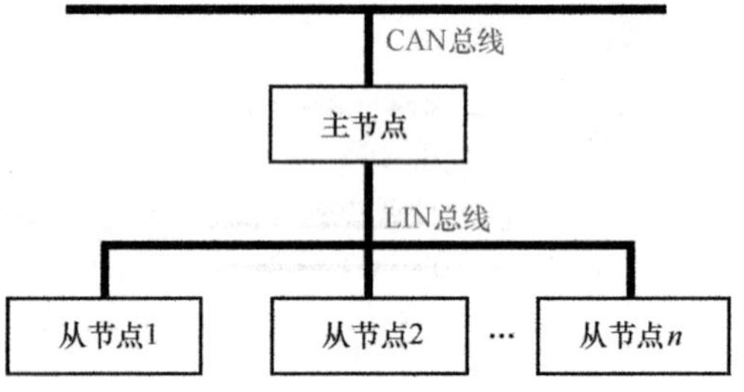

图 3-4 LIN 总线的一主多从结构

在 LIN 总线中，单个控制单元、智能传感器及智能执行器都可看作从节点，LIN 总线上连接的节点不能超过 16 个。

**【知识拓展】**

1. 什么是智能传感器？

智能传感器（Intelligent Sensor）是具有信息处理功能的传感器，带有微处理器，具有采集、处理、交换信息的能力，是传感器集成化与微处理器相结合的产物。

2. 什么是智能执行器？

智能执行器（Intelligent Actuator）是指带有功率控制部分（将输入电信号转换放大以控制执行器工作的电气装置）、微处理器及数字通信接口，具有闭环控制功能，并能够进行故障诊断的电动执行机构。

#### 1. LIN 总线主节点的作用

主节点在 LIN 总线的通信中占据主导地位，其作用包括：

（1）发送控制指令　主节点接收来自 CAN 总线或者节点上连接的传感器输入信息（控制指令），将其通过单根导线传至从节点。控制指令包括查询指令和动作指令。

（2）确定信息的发送周期　由于 LIN 总线的通信只能由主节点发起，因此主节点决定什么时候发送信息。

（3）作为车载网关　主节点连接在 LIN 总线和 CAN 总线之间，起到“翻译”的作用。

（4）故障诊断　主节点对连接在 LIN 总线上的从节点进行诊断，并将故障情况通过 CAN 总线反馈给诊断接口。

（5）发送睡眠模式命令　LIN 总线有两种工作模式：睡眠模式和唤醒模式。睡眠指令只能由主节点发送。

（6）唤醒 LIN 总线　当总线进入睡眠模式之后，主节点可以发送唤醒指令唤醒总线。

**2. LIN 总线从节点的作用**

从节点的作用包括：

（1）接收、传递或忽略主节点发送的控制指令　当从节点接收到控制指令后，根据指令包含的信息判断是否有用，有用则接收，无用则传递或忽略。

（2）执行接收到的控制指令，并发送回应信息　如果指令有用，则从节点执行指令，并根据指令要求进行回应。

（3）唤醒总线　当总线进入睡眠模式后，从节点可以发送唤醒指令，唤醒总线。

## 3.2.2 LIN 总线的物理结构

**1. 主节点的物理结构**

LIN 总线中所有的通信都由主节点发起，同时还承担与 CAN 总线通信的任务，因此主节点硬件电路包括主控制器、LIN 收发器、CAN 控制器和 CAN 收发器，如图 3-5 所示。由于 LIN 总线采用大部分的微控制器都具有的 SCI（Serial Communication Interface，串行通信接口）实现物理通信，因此节点无须专门的 LIN 控制器。

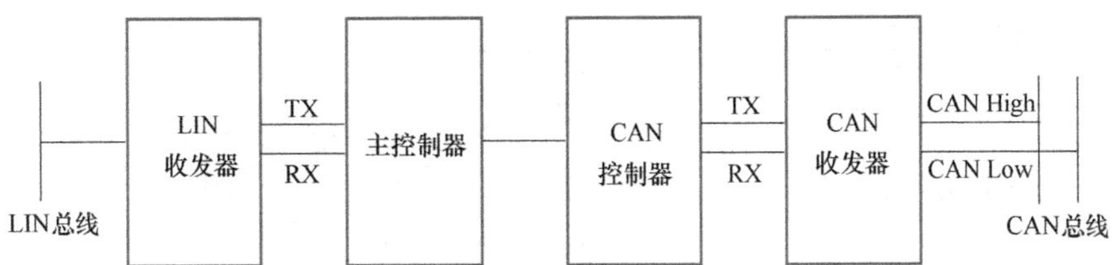


图 3-5　LIN 总线主节点的结构

LIN 收发器和 CAN 收发器类似，发送数据时，通过 TX 引脚将主控制器输入的串行二进制位流转换成物理电平信号发送到总线上；接收数据时，将总线传输的物理电平信号转换成串行二进制位流，通过 RX 引脚传输给主控制器。LIN 总线采用单线传输，LIN 收发器和总线之间单线连接。图 3-6 是主节点结构实例，其中主控制器（包含 CAN 控制器）采用 PIC18F248 单片机，CAN 收发器采用 MCP2551，LIN 收发器采用 MCP201。

**2. 从节点的物理结构**

从节点只和 LIN 总线连接，节点只包括主控制器和 LIN 收发器。图 3-7 是采用 PIC18F248 作为主控制器、MCP201 作为收发器的从节点结构。

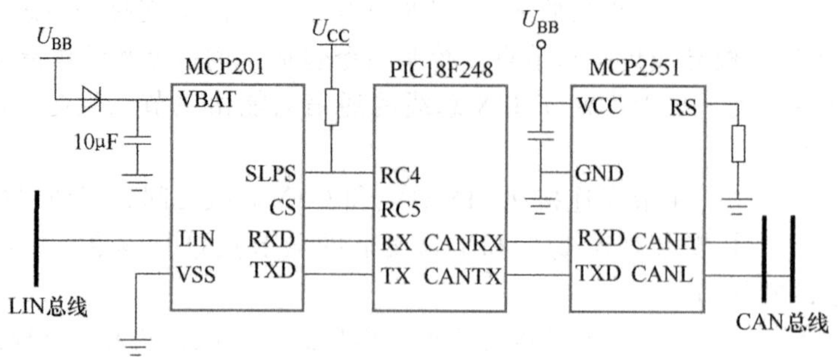


图 3-6　LIN 总线主节点结构实例

**3. 端接电阻和端接电容**

为了实现 LIN 总线的线与机制，LIN 协议规定主节点和从节点需要连接端接电阻，端接电阻一端连接 LIN 总线，另一端串接二极管，当 ECU 电源断路时，二极管可以防止 LIN 总线上的电压反向传输到供电电路，造成电路损坏。主节点的端接电阻为 1kΩ（范围为 0.9~1.1kΩ），从节点的端接电阻为 30kΩ（范围为 20~60kΩ），如图 3-8 所示。

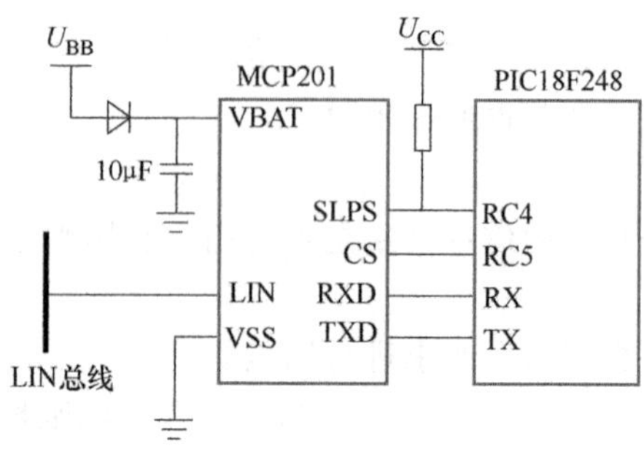


图 3-7　LIN 总线从节点的结构实例

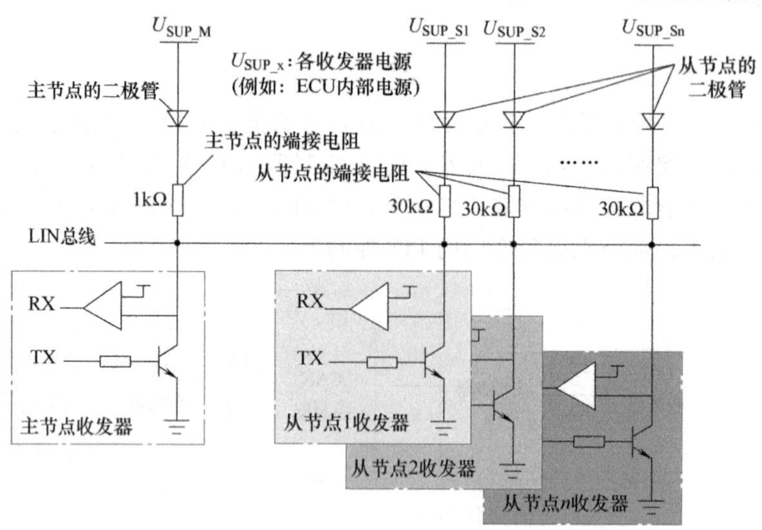


图 3-8　LIN 总线的端接电阻

LIN 总线各节点除了需要设计端接电阻，还需要串接端接电容。图 3-9a 所示为多个 LIN 节点的端接电阻和端接电容连接方式，其中，每个节点的端接电容一端接地，另一端接 LIN 总线，多个节点的端接电阻和端接电容并联，因此，图 3-9a 可等效为图 3-9b 的电路，其中，等效负载电阻等于各节点端接电阻的并联等效电阻，决定了总线收发器的驱动功率和通信期间的功耗；等效负载电容等于各节点端接电容的并联等效电容，可以吸收周围环境的噪声干扰，等效负载电阻和等效负载电容构成 RC 滤波电路，达到过滤高频噪声信号的目的。

协议规定主节点和从节点端接电容的典型值为 220pF，为确保最恶劣情况下正常通信的

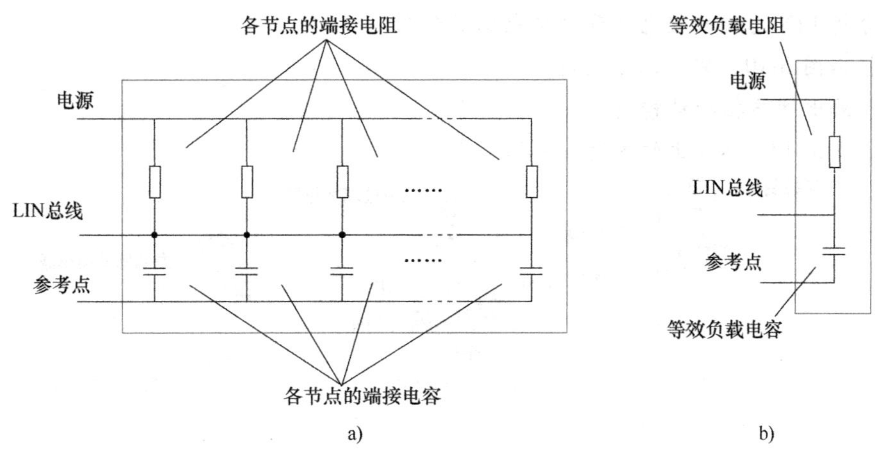


图 3-9 LIN 总线连接的端接电阻和端接电容及其等效电路

a）LIN 总线连接的端接电阻和端接电容 b）端接电阻和端接电容的等效电路

需要，还需要根据具体应用调整主节点和从节点端接电容，以满足电磁兼容性（ElectroMagnetic Compatibility，EMC）要求，从节点端接电容可调范围不大，主要通过调整主节点电容实现。有的收发器规定主节点端接电容为 1nF，从节点为 220pF，具体参考收发器应用手册。

**【知识拓展】**

什么是 EMC?

EMC 是指设备或系统在其电磁环境中能够正常运行，并且不会对其环境中的任何设备产生无法忍受的电磁干扰的能力。EMC 包括 EMI（Electro Magnetic Interference，电磁干扰）和 EMS（Electro Magnetic Susceptibility，电磁耐受性）两部分。EMI 指电子设备在工作过程中产生的电磁波对设备其他部分或外部其他设备造成的干扰不能超过一定的限制；EMS 指设备对环境中存在的电磁干扰具有一定的抗扰能力。

## 任　　务

1. LIN 总线采用（　　）结构。

A. 多主机　　B. 一主多从　　C. 都可以　　D. 以上说法都不对

2. 以下（　　）可以作为 LIN 总线从节点。（多选）

A. 普通传感器　　B. 智能传感器　　C. 普通执行器　　D. 智能执行器

E. 单个控制单元

3. LIN 总线的从节点是否可以主动发送信息?

4. 分析 LIN 总线主节点的作用。

5. 分析 LIN 总线从节点的作用。

6. LIN 总线的主节点由________、________、________和________组成。LIN 总线的从节点由________和________组成。

7. 分析 LIN 总线端接电阻和端接电容的作用。

8. 根据图 3-10，完成以下问题：

(1) 画出网络拓扑结构图。

(2) 指出 LIN 总线上的主节点和从节点。

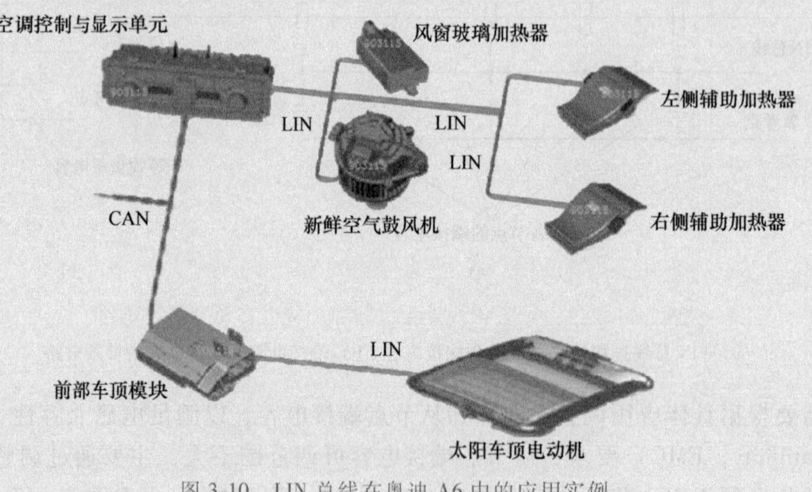


图 3-10 LIN 总线在奥迪 A6 中的应用实例

## 任务 3.3 LIN 总线的数据帧

### 3.3.1 LIN 总线的数据帧结构

与 CAN 总线一样，LIN 总线上的数据以帧的形式发送，LIN 总线的数据帧包括信息标题（Header）和信息内容（Response）两个部分，如图 3-11 所示。图中信息标题和信息内容之间存在响应间隔，数据场的字节之间存在字节间隔，目的是留给控制单元足够的处理时间，响应间隔和字节间隔的最小长度可以是 0。增加响应间隔和字节间隔后，帧长度可能增长。

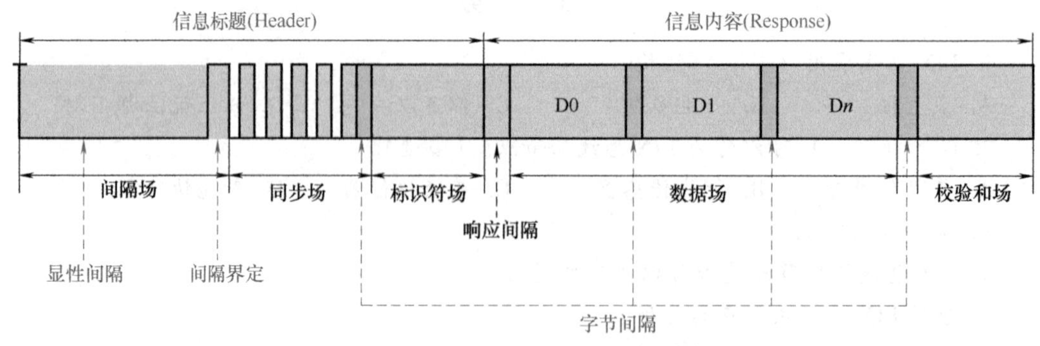


图 3-11 LIN 总线数据帧的结构

LIN 总线是基于 UART 数据格式，一个字节由 10 位组成，如图 3-12 所示，包括一个显性起始位、一个隐性结束位和 8 位数据位，这 10 位称为一个字节域。起始位和结束位用于再同步，避免出现传输错误。

注意：SCI通信格式规定，数据位传输低位在前，高位在后，与CAN总线相反。

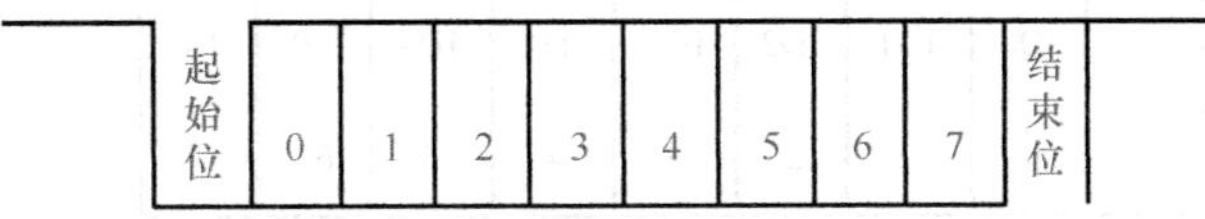


图 3-12 UART 数据格式（字节域）

**1. 信息标题（帧头）**

信息标题只能由LIN主节点按周期发送，包括间隔场、同步场和标识符场三部分。

（1）间隔场（Break Field） 间隔场用于标识一帧的开始，包括显性间隔和间隔界定，显性间隔至少13位，以显性电平（0V）发送。间隔界定是1位，以隐性电平（12V）发送。

在LIN总线的数据帧里，间隔场是唯一不符合UART数据格式的场（没有起始位和结束位）。此外，除间隔场外，帧中不会超过9位连续显性电平位。

**【思考】**

**1. 将信息标题的间隔场转换成二进制（显性间隔以13位计）应该是什么？**

信息标题的间隔场转换成二进制为00000000000001。

**2. 为什么LIN总线的数据帧，除了间隔场，帧中不会超过9位连续显性电平位？**

LIN总线的数据帧遵循UART数据格式，每8位数据加入1位显性开始位和1位隐性结束位，因此即使8位数据都是显性电平位，但是第10位的结束位会变成隐性电平位，同样，LIN总线数据帧也不存在超过连续9位的隐性电平位。

（2）同步场（Sync Byte Field） 同步场用于同步LIN主节点和LIN从节点，长度为1B（10位），所有的LIN从节点都通过同步场与LIN主节点同步。

同步场的结构如图3-13所示，包括1位显性起始位、1位隐性结束位和8位同步位（10101010，对应十六进制0x55）。同步之后LIN总线的所有节点按照相同的速率传输数据。

同步机理为从节点根据同步场的8个同步位的传输时间 $T_{8\mathrm{bit}}$，计算传输一位需要的时间 $T_{\mathrm{bit}}=T_{8\mathrm{bit}}/8$，可得到传输速率为 $1/T_{\mathrm{bit}}$。

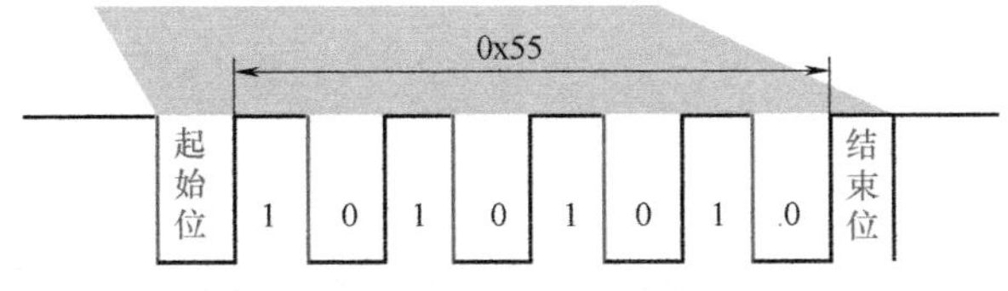


图 3-13 LIN 总线数据帧的同步场

（3）标识符场（Protected Identifier Field，PID Field） 标识符场是信息标题的核心部分，长度为1B（10位），包括1位显性起始位、1位隐性结束位和8位信息位，如图3-14所示，8位信息位分为两部分，头6位（ID0~ID5）为标识符位，定义了信息标题的内容和数据场的长度，也叫作帧ID（Frame ID）；后2位（P0和P1）为奇偶校验位，对ID0~ID5进行校验。

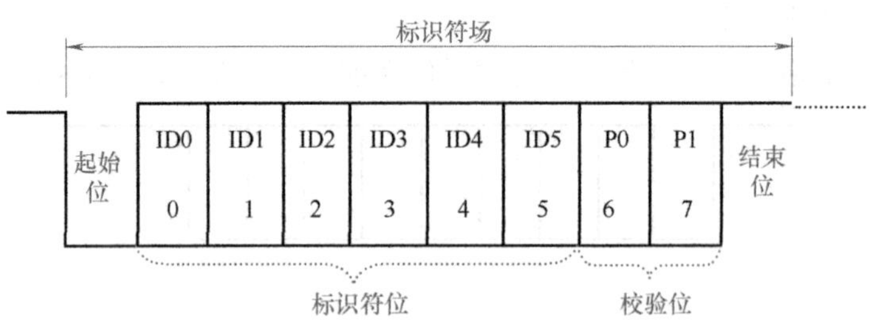


图 3-14　LIN 总线数据帧的标识符场

1）ID0~ID5（标识符位）。ID0~ID5 又分为两个部分，ID0~ID3 称为回应信息识别码，ID4 和 ID5 定义了数据场的数据长度。

① ID0~ID3（回应信息识别码）。ID0~ID3 包含了 LIN 从节点的地址和控制指令信息。LIN 从节点的地址确定数据帧的目标节点。控制指令包括两类，分别是查询指令和动作指令，对于 LIN 主节点发送带有查询指令的信息标题，LIN 从节点会提取识别码的指令，完成查询，提供回应信息（信息内容）；对于主节点发送带有动作指令的信息标题，LIN 从节点会提取识别码的指令，并使用信息内容中数据场的信息，贯彻、执行主节点的指令。

② ID4 和 ID5（数据场长度）。ID4 和 ID5 定义了信息内容中的数据场的字节数，由于 ID4 和 ID5 只有 4 种组合，数据场字节只有 4 种情况，分别是 0B、2B、4B 和 8B，对应关系见表 3-1。

表 3-1　LIN 总线数据帧的数据场长度

| ID4 | ID5 | 数据场长度/B | ID4 | ID5 | 数据场长度/B |
| --- | --- | --- | --- | --- | --- |
| 0 | 0 | 0 | 1 | 0 | 4 |
| 0 | 1 | 2 | 1 | 1 | 8 |

2）P0 和 P1。P0 和 P1 位为奇偶校验位，用于检查 ID0~ID5 的数据传输是否错误。其中 P0 位是对 ID0、ID1、ID2、ID4 进行异或（相同为 0，不同为 1）的结果，P1 位是对 ID1、ID3、ID4、ID5 进行异或并取反的结果，具体计算公式为

$$P0 = ID0 \oplus ID1 \oplus ID2 \oplus ID4$$

$$P1 = \overline{ID1 \oplus ID3 \oplus ID4 \oplus ID5}$$

当接收节点接收数据时，按照相同的方法进行校验，在一定程度上检测错误。奇偶校验只能检测出错误而无法对其进行修正，也无法检测出双位错误，虽然双位同时发生错误的概率相当低。

**【知识拓展】**

什么是奇偶校验？

奇偶校验（Parity Check）是一种校验代码传输正确性的方法，可细分为奇检验和偶校验。根据被传输的一组二进制代码的数位中“1”的个数是奇数或偶数来进行校验。采用何种校验方式是事先规定好的。

例，如果传输一个 8 位二进制 11100101，那么把每个位相加（1+1+1+0+0+1+0+1=5），结果是奇数。对于偶校验，校验位就定义为 1；对于奇校验，校验位就定义为 0。

【思考】

**1. 奇偶校验和异或运算有关系吗？**

传输 11100101 数据，将 8 位数据每位进行异或运算，得到的结果是：$1\oplus1\oplus1\oplus0\oplus0\oplus1\oplus0\oplus1=1$，和偶校验的结果一致，8 位数据异或再取反是 0，和奇校验的结果一致。该结论推广到一般情况也适用，$n$ 个二进制数进行异或运算，有奇数个 1 时，输出为 1；有偶数个 1 时，输出为 0。所以异或对应偶校验，异或取反对应奇校验。

因此，LIN 总线的 P0 位采用偶校验，P1 位采用奇校验。

**2. 标识符场会出现 0xFF（全 1）的情况吗？为什么？**

如果标识符场为 0xFF，则 ID0～ID5 是全 1，根据 P0 和 P1 的计算法则，P0 位为 0，P1 为 1，所以标识符场从高位到低位依次是 10111111（0xBF），因此标识符场不可能出现全 1 的情况。

2. 信息内容（回应）

信息内容位于信息标题之后，由数据场和校验和场组成，可由 LIN 主节点向 LIN 从节点发送，也可以由 LIN 从节点向 LIN 主节点发送。

（1）数据场（Data Field） 数据场用于填充有效数据信息，数据场的长度为 0～8B（存在 4 种情况，分别是 0B、2B、4B 和 8B）。每个字节都符合 UART 数据格式，由 10 位二进制位组成，包括 1 位显性起始位、1 位隐性结束位和 8 位信息位。

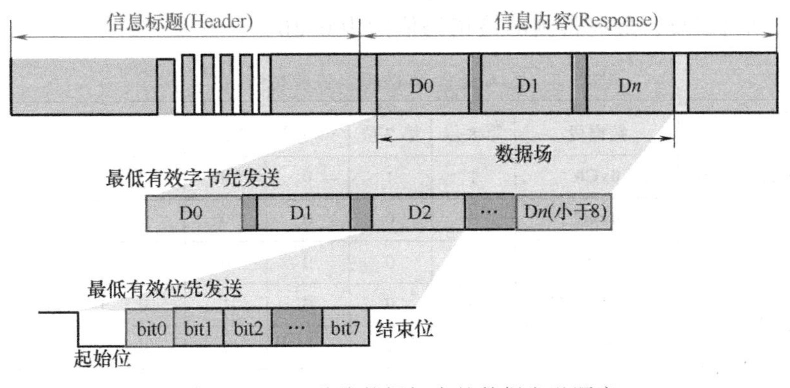


图 3-15 LIN 总线数据场中的数据发送顺序

数据场的数据遵循“低字节先发，高字节后发”以及“低位先发，高位后发”的原则，如图 3-15 所示。

（2）校验和场（CheckSum Field） 校验和场用于校验接收数据是否正确，共有 10 位二进制位，包括 1 位显性起始位、1 位隐性结束位和 8 位校验和位（检错码），如图 3-16 所示。

1）校验和的计算方法。校验和的计算过程包括以下步骤：首先将数据分为长度固定（一般是字节的整数倍）的数据段，将所有分段数据反码求和，最后将反码求和结果取反作为检错码。

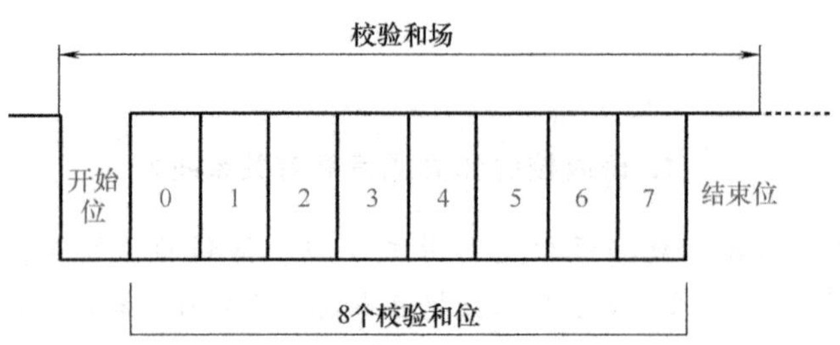


图 3-16　LIN 总线数据帧的校验和场

**【知识拓展】**

什么是二进制反码求和？

二进制反码求和的运算规则为 0+0=0，1+0=0+1=1，1+1=10，其中 10 中的 1 加到了高位，如果是最高位的 1+1，那么得到的 10 留下 0，1 移到最低位，与第一次计算得到的反码求和结果再做一次反码求和。

假设一个校验数据为 0xC00C08，首先将数据分段，如果每段为 1B 的数据，则有 3 个分段数据，分别是 0xC0、0x0C、0x08，分析校验和的计算过程，见表 3-2。其次把所有的十六进制数据转换成二进制数据进行反码求和，将计算结果取反得到检错码，最终计算的结果为 00101011（0x2B），在这个例子中第一次反码求和没有超过 0xFF，即最高位没有进位。如果第一次反码求和结果超过了 0xFF，比如增加一个分段数据 0xFF，计算步骤见表 3-3，第一次反码求和时最高位出现进位，需要把最高位的进位移至最低位，与第一次反码求和的结果进行二次反码求和再取反，最终得到的检错码依然为 0x2B。

表 3-2　LIN 总线检错码的计算步骤（一）

| | 数据段 | 第 8 位 | 第 7 位 | 第 6 位 | 第 5 位 | 第 4 位 | 第 3 位 | 第 2 位 | 第 1 位 |
|---|---|---|---|---|---|---|---|---|---|
| 1. 待校验的数据转二进制数据 | 0xC0 | 1 | 1 | 0 | 0 | 0 | 0 | 0 | 0 |
| | 0x0C | 0 | 0 | 0 | 0 | 1 | 1 | 0 | 0 |
| | 0x08 | 0 | 0 | 0 | 0 | 1 | 0 | 0 | 0 |
| 2. 反码求和运算 | 向前进位情况 | 0 | 0 | 0 | 1 | 0 | 0 | 0 | |
| | 反码求和结果 | 1 | 1 | 0 | 1 | 0 | 1 | 0 | 0 |
| 3. 取反 | | 0 | 0 | 1 | 0 | 1 | 0 | 1 | 1 |

表 3-3　LIN 总线检错码的计算步骤（二）

| | 数据段 | 最高位进位 | 第 8 位 | 第 7 位 | 第 6 位 | 第 5 位 | 第 4 位 | 第 3 位 | 第 2 位 | 第 1 位 |
|---|---|---|---|---|---|---|---|---|---|---|
| 1. 待校验的数据转二进制数据 | 0xC0 | | 1 | 1 | 0 | 0 | 0 | 0 | 0 | 0 |
| | 0x0C | | 0 | 0 | 0 | 0 | 1 | 1 | 0 | 0 |
| | 0x08 | | 0 | 0 | 0 | 0 | 1 | 0 | 0 | 0 |
| | 0xFF | | 1 | 1 | 1 | 1 | 1 | 1 | 1 | 1 |

（续）

| | 数据段 | 最高位进位 | 第 8 位 | 第 7 位 | 第 6 位 | 第 5 位 | 第 4 位 | 第 3 位 | 第 2 位 | 第 1 位 |
|---|---|---|---|---|---|---|---|---|---|---|
| 2. 反码求和运算 | 向前进位情况 | 1 | 1 | 1 | 1 | 1 1 | 1 | 0 | 0 | |
| | 反码求和结果 | | 1 | 1 | 0 | 1 | 0 | 0 | 1 | 1 |
| 3. 最高位的进位循环到最低进位，和步骤 2 得到的反码求和结构进行二次反码求和 | 最高进位循环到最低进位 | | 0 | 0 | 0 | 0 | 0 | 0 | 0 | 1 |
| | 二次反码求和的进位情况 | | 0 | 0 | 0 | 0 | 0 | 1 | 1 | |
| | 二次反码求和的结果 | | 1 | 1 | 0 | 1 | 0 | 1 | 0 | 0 |
| 4. 取反 | | | 0 | 0 | 1 | 0 | 1 | 0 | 1 | 1 |

2）校验和的分类。LIN 总线的校验和分为两种，即经典型校验和增强型校验。

① 经典型校验。经典型校验涵盖范围只有 LIN 总线数据帧的数据场，即一帧 LIN 数据帧的数据场包含几字节的数据就计算几字节。

② 增强型校验。增强型校验的计算范围除了数据场，还增加了标识符场，除此之外，在计算上和经典型校验完全一样。

两种校验和类型的校验对象及适用场合见表 3-4。

表 3-4　两种校验和类型的校验对象及适用场合

| 校验和类型 | 校验对象 | 适用场合 |
|---|---|---|
| 经典型校验和 | 数据段各字节 | 诊断帧，与 LIN1. x 从节点通信 |
| 增强型校验和 | 数据段各字节及标识符场 | 与 LIN2. x 从节点通信（诊断帧除外） |

【思考】

诊断帧为什么使用经典型校验和呢？

LIN 总线诊断帧的标识符场是固定的，请求的标识符场为 0x3C，响应的标识符场为 0x3D，因此无须对标识符场进行重复校验。

## 3.3.2　LIN 总线的帧长度

LIN 总线的数据场的长度 $n$ 为 0～8B，在不包括字节间隔和响应间隔的情况下：信息标题为（14+10+10）位＝34 位，信息内容最短为 0B（只有信息标题，无信息内容），最长为 10×9 位＝90 位，总长度为 34～124 位，包括字节间隔和响应间隔时，最大帧长度不能超过没有间隔报文长度的 1.4 倍，因此最大报文长度为 124×1.4 位＝173 位。

【思考】

**如果 LIN 总线的传输速率为 20Kbit/s，LIN 总线传输一帧的最短时间和最长时间分别是多少？**

传输时间=帧长/传输速率，因此最短时间为 1.7ms，最长时间为 8.65ms。

## 任　　务

1. LIN 总线的信息标题由（　　）(单选）发送，信息内容由（　　）(多选）发送。

A. 主节点　　B. 从节点　　C. 主节点或从节点　　D. LIN 总线上的所有节点

2. LIN 总线通信格式符合 UART 数据格式，一个字节包括（　　）位。

A. 8　　B. 10　　C. 16　　D. 32

3. LIN 总线的数据场字节的传输顺序为（　　），位的传输顺序为（　　）。

A. 从高到低　　B. 从低到高　　C. 都可以　　D. 以上说法都不对

4. 分析 LIN 总线数据帧标识符场的作用及采用的校验方式。

5. 如果标识符场的 ID0~ID5 分别为 110010，P0 位为（　　），P1 位为（　　）。

A. 1　　B. 0　　C. 1 或 0　　D. 不确定

6. LIN 总线采用校验和有哪两种？分析其相同点和不同点。

7. LIN 总线数据场存储了 4B 的数据，分别为 0x3C、0xA2、0x46、0x2B，试利用校验和计算检错码，并列出计算步骤。

8. 根据图 3-10，完成以下问题：

（1）当空调控制与显示单元需要查询新鲜空气鼓风机转速时，此时空调控制与显示单元发送的是________（查询/动作）指令，指令内容为____________，该指令存储在信息标题的____________。

（2）当空调控制与显示单元需要设定新鲜空气鼓风机转速，将其转速设定为 200r/min 时，此时空调控制与显示单元发送的是________（查询/动作）指令，指令内容为____________，该指令存储在信息标题的____________。

# 任务 3.4　LIN 总线数据传输过程——动作指令

下面以图 3-17 设定新鲜空气鼓风机的转速为例，分析动作指令的数据帧传输过程，空调控制和显示单元发送指令，将鼓风机转速设定为 200r/min。

在分析数据传输过程之前，先对 LIN 总线上传输的数据帧生成过程进行分析。

## 3.4.1　带有动作指令的数据帧生成过程

设定鼓风机转速属于动作指令，该指令存储在标识符场，而转速值 200r/min 存储在数据场。整个数据帧全部由 LIN 主节点（空调控制与显示单元）生成并发送。对应的 LIN 从节点（新鲜空气鼓风机）接收到的数据帧和 LIN 主节点发送的数据帧是一致的，如图 3-18 所示。

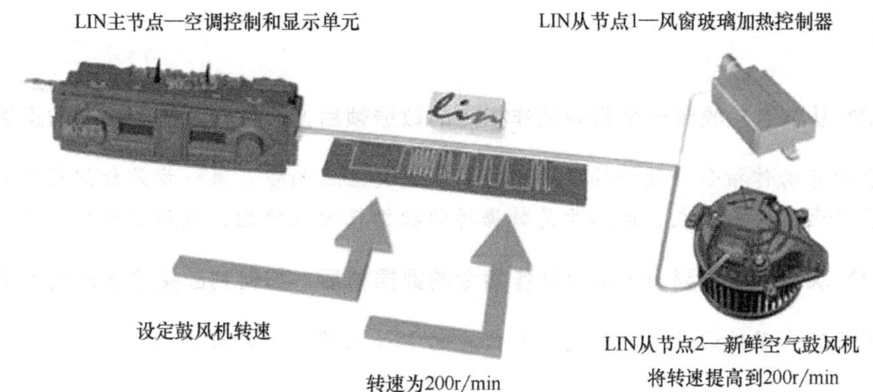


图 3-17 空调控制和显示单元通过 LIN 总线设定新鲜空气鼓风机的转速

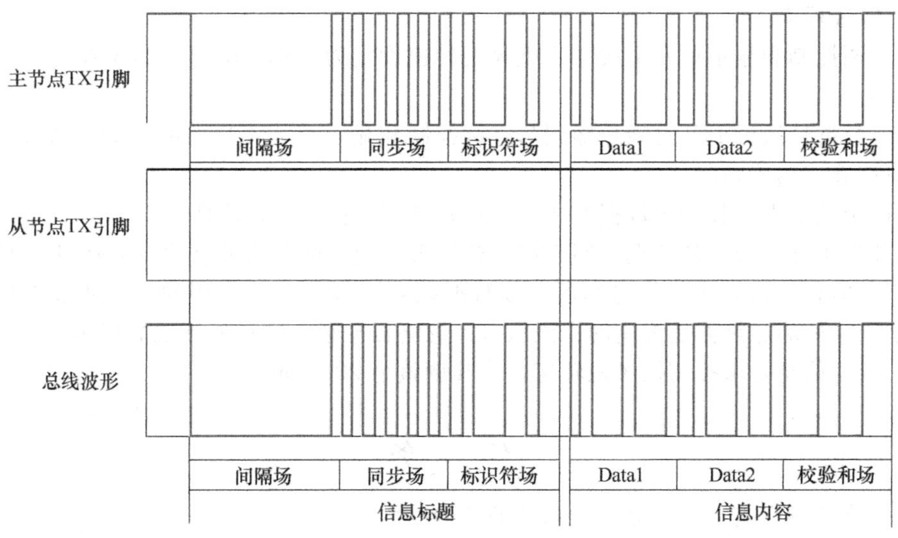


图 3-18 LIN 总线带有动作指令的数据帧

## 3.4.2 带有动作指令的数据帧传输过程分析

### 1. 带有动作指令的数据帧的传输过程

带有动作指令的数据帧的传输过程为：

1）LIN 主节点生成带有动作指令的数据帧。

2）LIN 主节点将数据帧发送到总线。

3）所有 LIN 从节点接收该数据帧。

4）所有 LIN 从节点判断接收的数据帧是否正确。

如果数据正确，则进入数据传输的下一步；如果数据不正确，LIN 从节点将要求 LIN 主节点重发数据帧。

5）所有 LIN 从节点判断接收的数据帧是否有用。判断该数据帧为有用的从节点接收数据帧，读取指令信息并存储；判断该数据帧为无用的从节点将忽略该数据帧。

【思考】

**1. LIN 从节点接收到一个带有动作指令的数据帧后，如何判断接收数据的正确性?**

对于带有动作指令的数据帧，正确性判断需要经过两步，第一步是标识符场的正确性校验，采用奇偶校验方式，第二步是数据场的数据正确性校验，采用校验和方式。

**2. LIN 从节点接收到一个带有动作指令的数据帧后，如何判断接收数据的有用性?**

数据帧的有用性通过回应信息识别码中的 LIN 从节点的地址判断。

2. “空调控制和显示单元设定新鲜空气鼓风机转速”的数据传输过程

“空调控制和显示单元将新鲜空气鼓风机（下简称“鼓风机”）转速设定为 200r/min”的数据传输过程为：

1）空调控制和显示单元生成“将鼓风机转速设定为 200r/min”的数据帧之后，将其发送到总线上。

2）该数据帧通过 LIN 总线传输到与空调控制和显示单元连接的两个 LIN 从节点：鼓风机和风窗玻璃加热控制器。

3）两个从节点接收到该数据帧之后，首先判断数据帧的正确性。

4）如果正确，两个从节点将判断数据帧是否有用。两个从节点读取 ID0~ID3 的从节点地址可判断信息是否有用。经过判断，该数据帧对于鼓风机是有用的，该从节点接收数据帧，对于风窗玻璃加热器是无用的，该从节点忽略数据帧。鼓风机读取数据帧信息并进行格式转换，依据信息要求控制鼓风机转速，将其调整为 200r/min。

**任　务**

1. 如何判断带有动作指令的数据帧的正确性?
2. 如何判断带有动作指令的数据帧的有用性?
3. 根据图 3-17 中，分析如果空调控制和显示单元启动风窗玻璃加热控制器的快速加热模式的数据传输过程。

## 任务 3.5　LIN 总线数据传输过程——查询指令

下面以图 3-19 查询鼓风机转速为例，介绍查询指令的数据帧传输过程，要求空调控制与显示单元查询当前鼓风机转速。

在分析数据传输过程之前，先对 LIN 总线上传输的数据帧的生成过程进行分析。

### 3.5.1　带有查询指令的数据帧生成过程

查询鼓风机转速属于查询指令，该指令存储在标识符场。数据帧由 LIN 主节点（空调控制与显示单元）生成并发送，此时发送的数据帧只有信息标题，没有信息内容。对应的 LIN 从节点（新鲜空气鼓风机）接收到数据帧后，根据查询指令完成查询过程，并将查询结

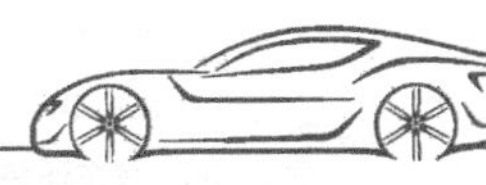

果存储在信息内容的数据场，生成带有信息标题和信息内容的数据帧，回发给空调控制和显示单元，如图 3-20 所示。

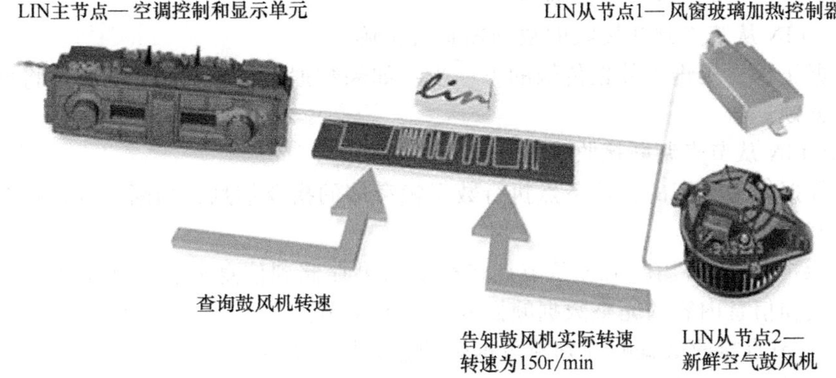


图 3-19 空调控制和显示单元通过 LIN 总线查询鼓风机转速

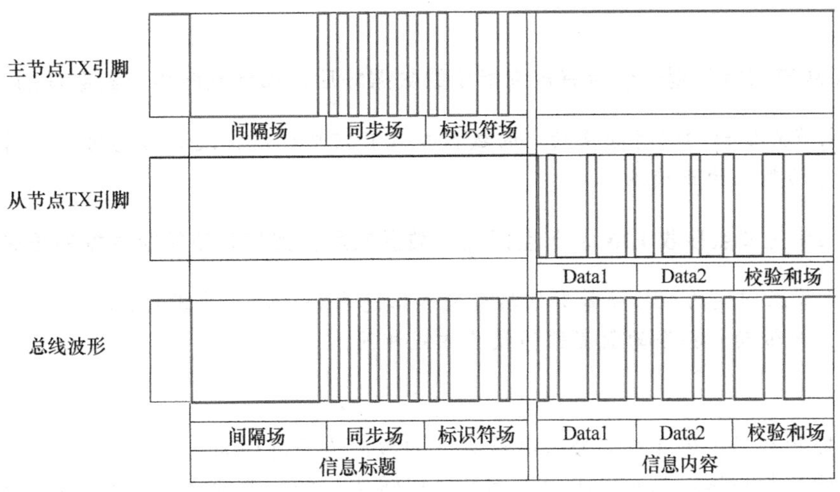


图 3-20 LIN 总线带有查询指令的数据帧生成过程

**【思考】**

**带有查询指令的数据帧生成过程和带有动作指令的数据帧生成过程有什么相同点和不同点?**

相同点是信息标题都由主节点发送，不同的是，带有动作指令的数据帧的信息内容和信息标题由主节点同步发出；带有查询指令的数据帧由主节点发出时只有信息标题，没有信息内容，信息内容由从节点生成，连同信息标题回发到主节点。

## 3.5.2 带有查询指令的数据帧传输过程分析

### 1. 带有查询指令的数据帧的传输过程

带有查询指令的数据帧的传输过程为：

1）LIN 主节点生成带有查询指令信息的数据帧。

2）LIN 主节点将生成的数据帧发送到总线，此时的数据帧只有信息标题，信息内容为空。

3）所有 LIN 从节点接收该数据帧。

4）所有 LIN 从节点判断接收的数据帧是否正确。

如果数据正确，则进入数据传输的下一步；如果数据不正确，LIN 从节点将要求 LIN 主节点重发数据帧。

5）所有 LIN 从节点判断接收的数据帧是否有用。

判断该数据帧为有用的，从节点执行数据帧存储的指令信息；判断该数据帧为无用的从节点将忽略该数据帧。

6）判断数据帧为有用的 LIN 从节点将查询结果存储到信息内容，并生成校验和场，将带有信息标题和信息内容的完整数据帧回发给 LIN 主节点。

7）LIN 主节点接收数据帧并判断数据帧的正确性和有用性。

8）LIN 主节点读取数据帧信息，并将信息进行存储或显示。

**【思考】**

**1. LIN 从节点接收到一个带有查询指令的数据帧后，如何判断接收到数据的正确性？**

LIN 主节点发出的带有查询指令的数据帧只有信息标题，没有信息内容，因此只需要校验标识符场数据的正确性。

**2. LIN 主节点接收 LIN 从节点回发的数据帧后，如何判断接收数据的正确性？**

LIN 从节点回发的数据帧带有信息标题和信息内容，因此要进行两步校验以判断数据的正确性，与带动作指令的数据帧的校验方式相同。

2. “空调控制和显示单元查询鼓风机转速”的数据传输过程

“空调控制和显示单元查询鼓风机转速”的数据传输过程为：

1）空调控制和显示单元生成“查询鼓风机转速”的数据帧之后，将其发送到总线上。

2）该数据帧通过 LIN 总线传输到与空调控制和显示单元连接的两个 LIN 从节点，即鼓风机和风窗玻璃加热控制器。

3）两个从节点接收到该数据帧之后，首先判断数据帧的正确性。

此时，由于数据帧只有信息标题，没有信息内容，判断数据帧正确性时，只需要一步判断，即标识符场数据正确性的校验。

4）如果信息正确，两个从节点将判断数据帧是否有用。

两个从节点通过读取 ID0~ID3 的 LIN 从节点地址进行判断。该数据帧对于鼓风机是有用的，对于风窗玻璃加热器是无用的。

5）鼓风机读取数据帧信息并进行格式转换，依据指令完成鼓风机转速查询。

6）鼓风机将查询到的转速转换成二进制存储到信息内容的数据场，并生成校验和场。

7）鼓风机将带有信息标题和信息内容的数据帧发送到 LIN 总线上。

8）空调控制和显示单元接收该数据帧并判断其正确性。

此时的数据帧包括信息标题和信息内容，数据帧正确性需要进行两步判断，即标识符场数据正确性判断和数据场数据正确性判断。

9）空调控制和显示单元判断该数据帧的有用性。

如果该数据帧是查询鼓风机转速的帧，空调控制和显示单元将数据帧进行格式转换后，进行信息存储或显示。

**任　　务**

图3-19中，如果空调控制和显示单元通过风窗玻璃加热控制器查询风窗玻璃温度，试分析其数据传输过程。

## 任务3.6 LIN总线的帧类型——信息携带帧

LIN总线根据标识符场的不同，将报文分为信息携带帧、诊断帧和保留帧。信息携带帧又分为无条件帧（Unconditional Frame）、事件触发帧（Event Triggered Frame）和偶发帧（Sporadic Frame，零星帧）三种，见表3-5。保留帧的标识符场为0x3E和0x3F，为将来扩张需求用。引入事件触发帧和偶发帧是为了让LIN总线的通信机制更加灵活，只在信号变化时传输信息，可有效提高总线的通信效率。

表3-5　LIN总线的帧类型

| 帧类型 | | 标识符场 |
|---|---|---|
| 信息携带帧 | 无条件帧 | 0x00～0x3B |
| | 事件触发帧 | |
| | 偶发帧 | |
| 诊断帧 | 主节点请求帧 | 0x3C |
| | 从节点应答帧 | 0x3D |
| 保留帧 | | 0x3E，0x3F |

### 3.6.1　无条件帧

无条件帧为LIN总线的标准帧类型，标识符范围为0x00～0x3B，在主节点分配的固定帧时隙中传输。总线上一旦有信息标题发送出去，必须有从节点做应答（即无条件发送应答帧）。

**1. 无条件帧的发送过程**

图3-21为不同情况下无条件帧的发送过程。

（1）帧 **ID=0x30**（主节点发送查询指令，接收节点为从节点1）　主节点发送信息标题，信息内容为空；此时的接收节点为从节点1，从节点1将应答存储在信息内容中并回发给主节点。典型应用如主节点查询从节点1的状态，从节点1向主节点报告自身某信号的状态，上文中提到的空调控制及显示单元查询鼓风机转速即为该种情况。

（2）帧 **ID=0x31**（主节点发送动作指令，接收节点为从节点1和从节点2）　主节点发送信息标题和信息内容，收听节点为从节点1和从节点2。典型应用如主节点向从节点1和从节点2发布动作指令信息，从节点1和从节点2接收并执行，上文中提到的空调控制和显示单元设定鼓风机转速即为该种情况。

（3）帧 **ID=0x32**（从节点2和从节点1之间通信）　主节点发送信息标题，信息内容为空，此时的接收节点为从节点 2；从节点 2 收到信息标题，并将应答存储在信息内容中发送，此时的接收节点为从节点 1，典型应用如从节点之间的通信。

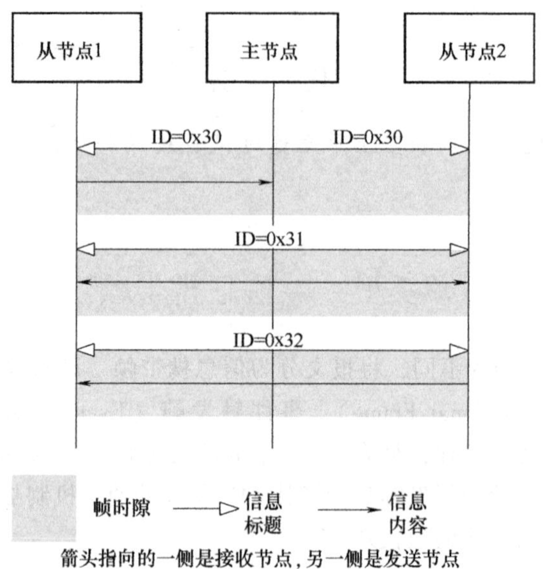


图 3-21　LIN 总线无条件帧的发送和接收过程

**【知识拓展】**

什么是帧时隙?

帧时隙（Frame Slot，发送时隙）指报文可以被发送的时间。帧时隙持续的时间必须大于信息标题（Frame Header）和信息内容（Response）的发送时间以保证信息传送完成。LIN 总线为每个帧规定了确定的发送时间，单个帧总是在一个帧时隙内传输完成，如图 3-22 所示。考虑到收发器性能的影响，LIN 协议规定单个信息传输时间有 40%的裕量，既帧时隙为单帧发送时间的 1.4 倍，不同报文的发送时隙可能不同。

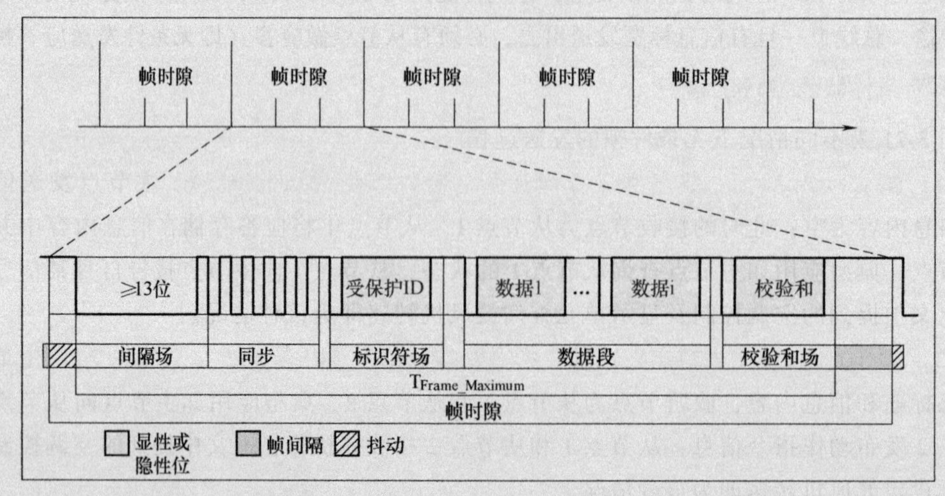


图 3-22　帧时隙

**【思考】**

**LIN 总线的无条件件帧的数据传输是基于时间的触发还是基于事件的触发?**

LIN 总线给每个无条件帧分配了固定的时隙，所以数据传输是基于时间的触发。

2. 无条件帧的进度表

当 LIN 总线上有多个无条件帧同时发送时，需要通过无条件帧的进度表（Schedule Table）解决冲突。

进度表存储在主节点中，规定了总线上帧的传输顺序及传输时间，使得 LIN 通信具有可预测性。进度表可以有多个，一般情况下，轮到某个进度表执行时，从该进度表的入口处开始执行，到进度表的最后一个帧时，如果没有新的进度表启动，则返回到当前进度表的第 1 帧开始执行，如图 3-23 所示。如果几个进度表需要执行，则按照进度表的优先级顺序执行，如图 3-24 所示。如果在执行到某个进度表（主进度表）时发生中断，则主进度表暂停执行，根据中断嵌套条件进入另一个进度表（中断进度表）执行，待中断进度表的最后一帧执行结束后，返回主进度表中断之前的位置继续执行，事件触发帧就是一个典型的例子，如图 3-25 所示。进度表在网络系统设计阶段由主机厂确定。

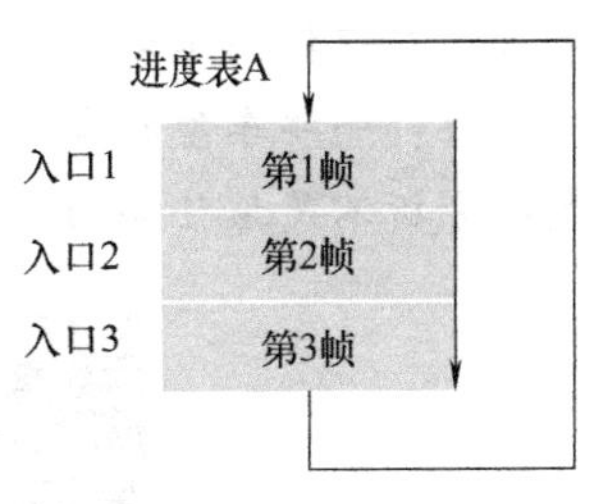


图 3-23 LIN 总线单个进度表的执行情况

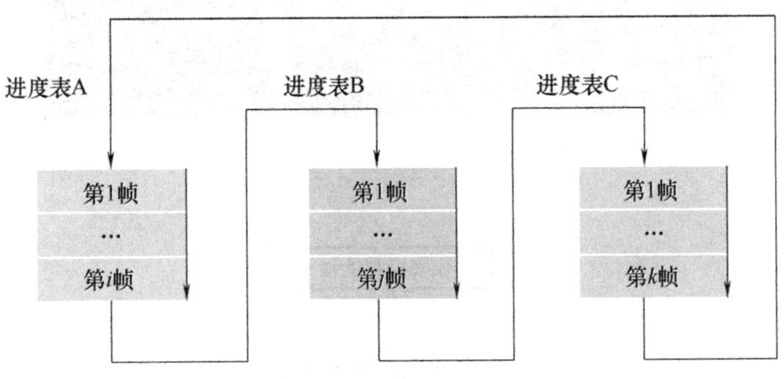


图 3-24 LIN 总线多个进度表的执行情况（三个进度表为例）

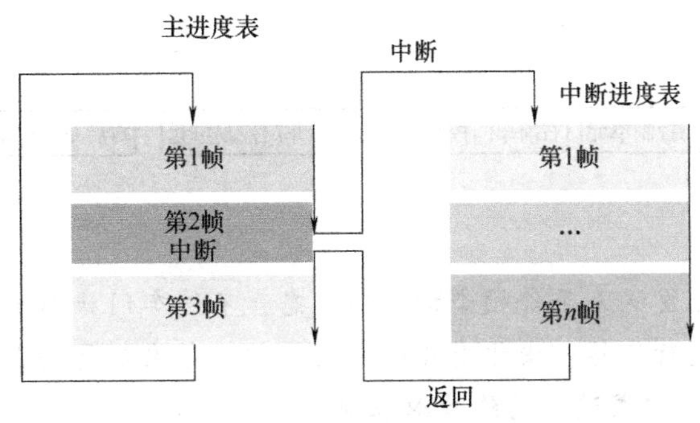


图 3-25 LIN 总线进度表发生中断的执行情况

### 3.6.2 事件触发帧

【思考】

**以查询车门状态为例，如果发送无条件帧存在的问题是什么？**

车门在大部分汽车运行工况下都处于关闭状态，当有车门打开或者未完全关好，仪表上将有显示，如图 3-26 所示。假设某车型的 4 个车门控制单元与仪表控制单元之间的网络拓扑结构如图 3-27 所示。其中车身控制单元为主节点，通过 CAN 总线与仪表控制单元连接。车门控制单元为从节点，通过 LIN 总线和车身控制单元相连。

注：一些车型的车身控制单元和仪表控制单元不在同一个 CAN 网络中，由于 CAN 总线的分析不是该任务的重点，故将二者之间的连接进行简化。

图 3-26　车门未关好的仪表显示

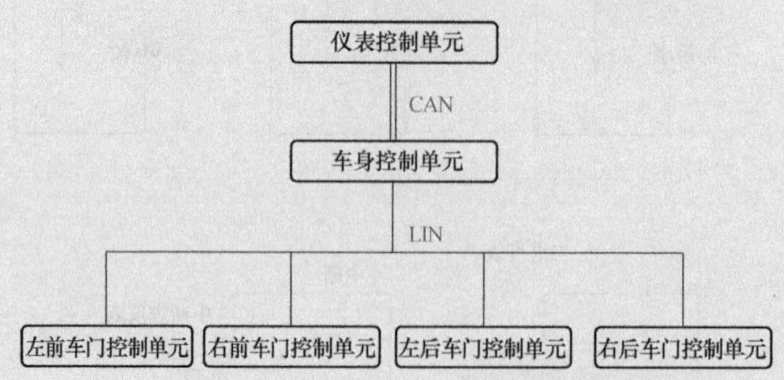


图 3-27　车门控制单元和仪表控制单元之间的网络拓扑结构

如果车身控制单元发送无条件帧查询车门状态，不管车门状态是否发生变化，各车门控制单元都要无条件进行应答。由于有 4 个车门，所以每次都需要占用 4 个发送时隙，如图 3-28 所示，这种发送方式造成总线资源浪费。

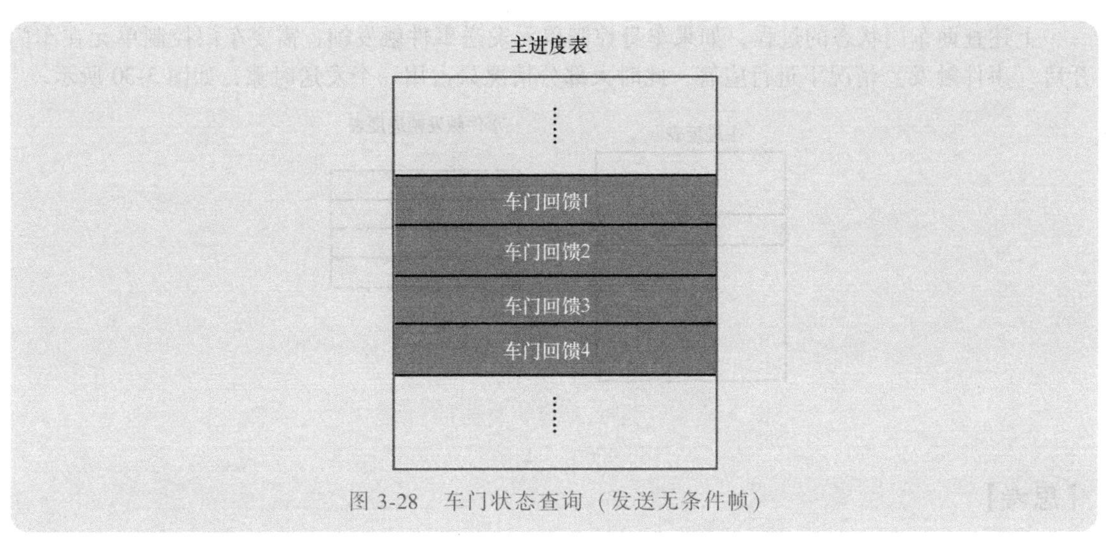

图 3-28 车门状态查询（发送无条件帧）

**1. 事件触发帧的发送过程**

当从节点信息变化的频率较低时，主节点查询各从节点信息会占用一定的带宽，为了减小带宽占用，引入事件触发帧的概念。事件触发帧的标识符范围为0x00~0x3B，在数据传输过程中使用较少。事件触发帧存储在进度表中，和一个或几个无条件帧相关联，占用一个发送时隙，系统设计时定义与事件触发帧关联的无条件帧，以及无条件帧的调度顺序。

主节点执行带有事件触发帧的进度表时，发送事件触发帧信息标题查询从节点，如果从节点信息状态没有发生变化，则从节点可以不应答主节点发出的信息标题，此时沿着当前进度表顺序执行。当有一个或多个节点信息发生变化时，从节点通过对应的无条件帧应答主节点，几个从节点同时应答事件触发帧的信息标题会造成总线冲突，此时利用事件触发帧进度表进行冲突仲裁，各从节点按照进度表顺序进行回应，如图 3-29 所示。

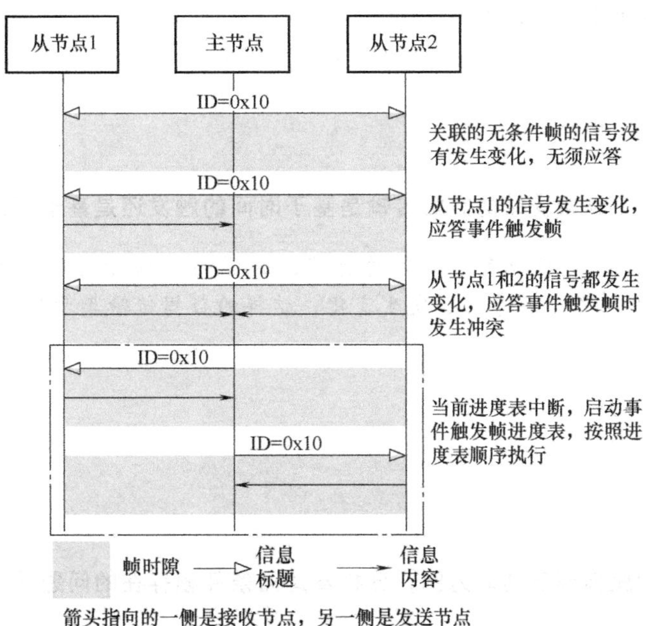

图 3-29 LIN 总线事件触发帧的发送过程

上述查询车门状态的过程，如果车身控制单元发送事件触发帧，需要车门控制单元在车门开启（事件触发）情况下进行应答，此时大部分情况只占用一个发送时隙，如图 3-30 所示。

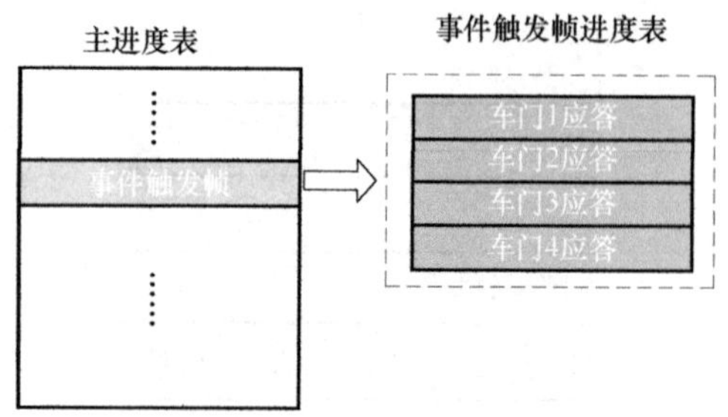


图 3-30　车门状态查询（发送事件触发帧）

【思考】

**多个关联无条件帧应答主节点时，无条件帧的信息标题都一样，如何区分无条件帧是由哪个从节点发出？**

与事件触发帧关联的无条件帧，其数据场的第 1 字节为该无条件帧的受保护 ID，对应应答的从节点地址。

2. 和事件触发帧关联的无条件帧的要求

与事件触发帧关联的多个无条件帧需要满足以下 5 个条件：

1）数据场所包含的数据字节数等长。

2）使用相同的校验类型。

3）数据场的第 1 字节为该无条件帧的受保护 ID，对应应答的从节点地址。

4）不同的无条件帧由不同的从节点发布。

5）不能与事件触发帧处于同一个进度表中。

【思考】

**LIN 总线的事件触发帧的数据传输是基于时间的触发还是基于事件的触发？**

LIN 总线给事件触发帧规定了固定的时隙，这样的数据传输属于基于时间的触发。LIN 总线从节点的应答基于信号是否发生变化，这样的数据传输属于基于事件的触发。

### 3.6.3　偶发帧

【思考】

**以电动座椅调节功能为例，分析发送无条件帧存在的问题是什么？**

电动座椅调节的过程为：座椅控制器根据输入的座椅调节指令（传感器采集信号通

过导线输入）控制座椅调节电动机执行，在LIN总线数据传输中属于动作指令。假设座椅控制器和座椅调节电动机之间的网络拓扑结构如图3-31所示。座椅控制器为主节点，座椅调节电动机为从节点。

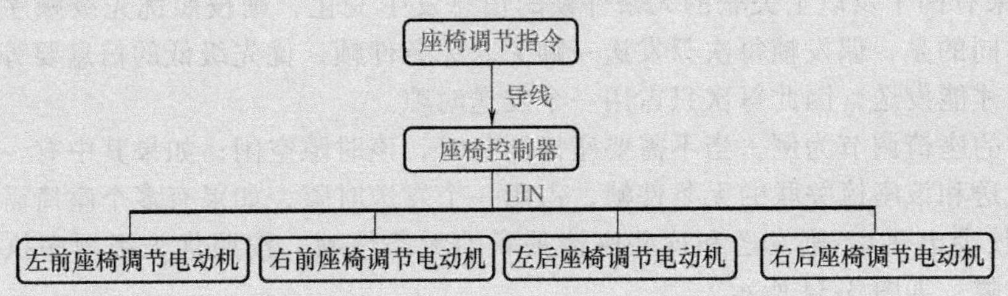


图3-31 座椅控制器和座椅调节电动机之间的网络拓扑结构

如果发送无条件帧，不管座椅是否需要调节，每次将占用4个发送时隙，如图3-32所示，同样造成总线资源的浪费。

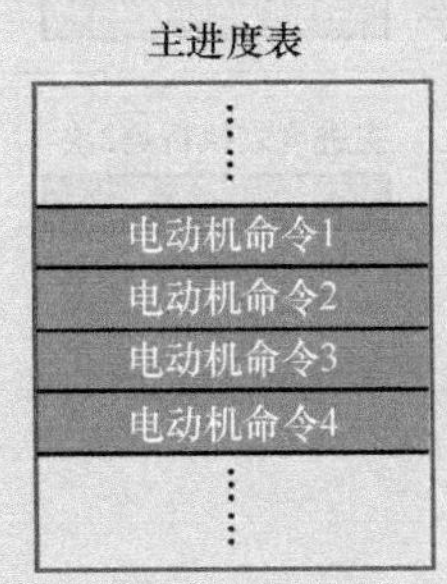


图3-32 座椅控制器向座椅调节电动机发送指令的过程（发送无条件帧）

偶发帧的标识符范围为0x00~0x3B，是主节点关联的无条件帧的信息发生变化时，在发送时隙向总线启动发送的一组无条件帧，共用一个时隙。当存在多个关联的无条件帧的信息变化时，通过预先设定的优先级进行仲裁。偶发帧主要用于主节点发送不经常变化的信息，可以理解为主节点用的事件触发帧，只能由主节点发送。偶发帧的发送过程如图3-33所示。与事件触发帧类似，偶发帧也定义了一组无条件帧。

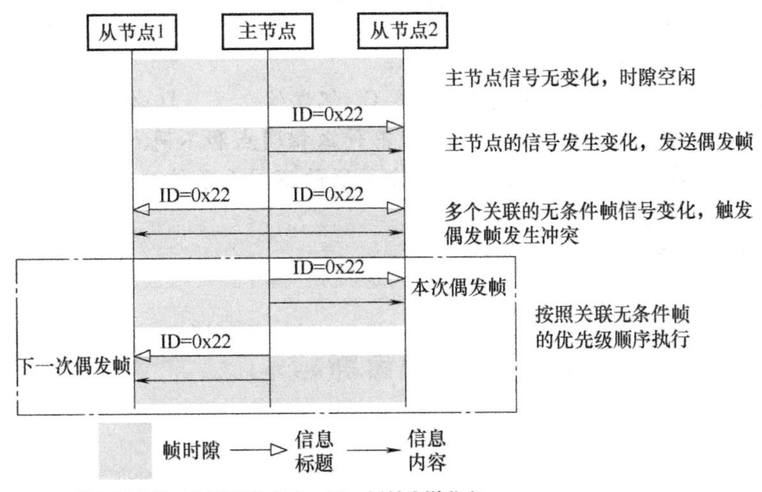


图3-33 LIN总线偶发帧的发送过程

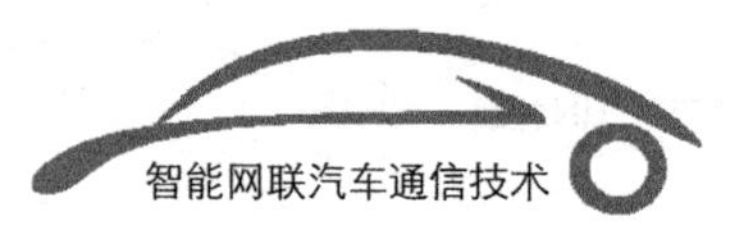


偶发帧的传输可能出现以下三种情况：

1）当关联的无条件帧的信息无变化时，该时隙保持沉默，主节点连信息标题都不需要发送。

2）当其中一个关联的无条件帧的信息发生变化，则发送该关联的无条件帧。

3）如果有两个及以上关联的无条件帧的信息发生变化，则按照优先级顺序执行。与事件触发帧不同的是，偶发帧每次只发送一帧关联无条件帧，优先级低的信息要等到下一次偶发帧的帧头才能发送，因此每次只占用一个发送时隙。

以上述的座椅调节为例。当不需要座椅调节时，该时隙空闲；如果其中有一个座椅需要调节，则发送和该座椅关联的无条件帧，占用一个发送时隙，如果有多个座椅需要同时调节（此种情况较少出现），则发送和这些座椅关联的无条件帧，按照优先级顺序执行，只占用一个发送时隙，如图 3-34 所示。

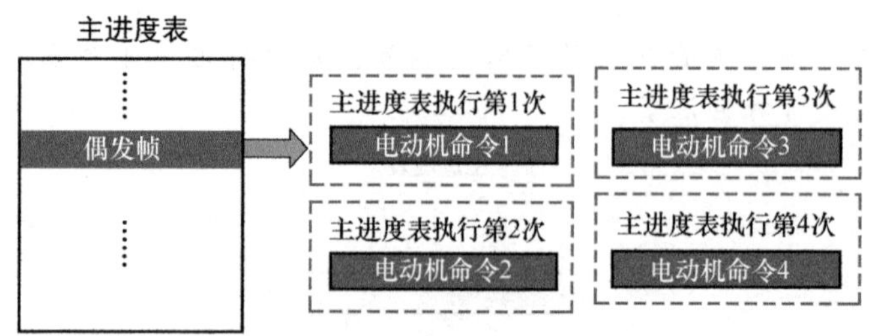


图 3-34　座椅控制器向座椅调节电动机发送指令的过程（发送偶发帧）

【思考】

**LIN 总线偶发帧的数据传输是基于时间的触发还是基于事件的触发？**

LIN 总线的偶发帧和事件触发帧一样，既使用了基于事件的触发，也使用了基于时间的触发。

任　务

1. LIN 总线最常用（　　）。

A. 无条件帧　　B. 事件触发帧　　C. 偶发帧　　D. 诊断帧

2. 事件触发帧和偶发帧的作用是什么？有什么相同点和不同点？

3. 事件触发帧的帧 ID 都相同，如何区分关联的不同无条件帧？

4. 进度表的作用是什么？

5. 名词解释：帧时隙。

## 任务 3.7　LIN 总线的帧类型——诊断帧

### 3.7.1　诊断帧的分类

诊断帧包括主节点请求帧和从节点应答帧，诊断基于 ISO 15765—2 传输标准和 ISO

14229 UDS 标准。

(1) 主节点请求帧　主节点请求帧的帧 ID 为 0x3C，发布节点为主节点，一般用于诊断请求、从节点配置和发送睡眠指令。

(2) 从节点应答帧　从节点应答帧的帧 ID 为 0x3D，信息标题的发布节点为主节点，信息内容的发布节点为从节点，一般为诊断应答。

主节点请求帧和从节点应答帧的数据段固定为 8B，未使用字节填充 0xFF，一律采用经典校验和。

**【知识拓展】**

**1. 什么是 UDS?**

UDS（Unified Diagnostic Services，统一诊断服务）协议即 ISO 14229，是诊断服务的规范化标准，比如读取故障码、读取数据流应该向 ECU 发什么指令。

**2. 节点配置**

网络引入新节点后，避免节点地址或帧 ID 冲突，需要对其进行配置，节点配置只能用单帧传输。

### 3.7.2 诊断帧的数据场

由于 0x3C 和 0x3D 两个帧 ID 只标识该帧用于诊断，却无法确定目标地址，所以诊断帧的数据场结构做了一些调整，见表 3-6。根据发送的数据字节数，将诊断帧分为单帧（SF）、首帧（FF）和连续帧（CF）。当传输的字节数低于 5B 时，发送单帧；当传输的字节数超过 5B 时，发送首帧和连续帧。主节点请求帧和从节点应答帧的单帧和首帧结构不同，连续帧的结构是相同的。

表 3-6　LIN 总线诊断帧的数据场结构

| 帧类型 | Byte1 | Byte2 | | Byte3 | Byte4 | Byte5～Byte8 |
|---|---|---|---|---|---|---|
| | | 高 4 位 (PCI) | 低 4 位 | | | |
| 单帧(请求) | NAD | 0000 | 有效数据长度 | SID | D1 | D2～D5 |
| 首帧(请求) | NAD | 0001 | 有效数据长度高 4 位 | 有效数据长度低 8 位 | SID | D1～D4 |
| 连续帧(请求/应答) | NAD | 0010 | 包编号 | D1 | D2 | D3～D6 |
| 单帧(应答) | NAD | 0000 | 有效数据长度 | RSID | D1 | D2～D5 |
| 首帧(应答) | NAD | 0001 | 有效数据长度高 4 位 | 有效数据长度低 8 位 | RSID | D1～D4 |

(1) **NAD**（Node Address，节点地址）　对于所有帧格式来说，NAD 存储在数据场的第 1 字节，用来标识诊断帧的目标从节点地址。NAD 的具体含义见表 3-7。需要注意的是，当 NAD 的值为 0 时，代表该帧为睡眠指令。

表 3-7　LIN 总线诊断帧数据场中的 NAD 含义

| NAD 的值 | 描述 |
|---|---|
| 0 | 睡眠指令 |

（续）

| NAD 的值 | 描述 |
|---|---|
| 1~125(0x01~0x7D) | 物理地址(从节点的地址) |
| 126(0x7E) | 功能地址,只在诊断报文中使用,不允许用在节点配置中 |
| 127(0x7F) | 广播地址 |
| 128~255(0x80~0xFF) | 用户自定义 |

（2）**PCI**（Protocol Control Information，协议控制信息） 对于所有帧格式来说，PCI 存储在数据场的第 2 字节的高 4 位，代表帧的类型，0（0000）代表单帧，1（0001）代表首帧，2（0010）代表连续帧。

**【知识拓展】**

什么是 **PCI**？

PCI 即控制协议操作的信息。同一层的协议数据单元（PDU）、服务数据单元（SDU）以及协议控制信息（PCI）之间的关系为：PDU = PCI + SDU。注意，上层的 PDU 是下层的 SDU。

（3）有效数据长度 单帧的有效数据长度通过数据场第 2 字节的低 4 位进行存储。单帧能够传输的实际数据长度最多为 5B（有效数据长度为 6B，除去占用 1B 的 SID 和 RSID）。例，当有效数据长度部分存储的数据为 0100，则该帧传输的有效数据为 4B（除去 SID 或 RSID，实际数据长度为 3B），剩下的 2B 需要使用 0xFF 进行填充，Byte3~Byte8 存储的数据见表 3-8，其中 DATA1、DATA2、DATA3 为 LIN 总线传输的 3B 数据。

表 3-8 利用单帧传输 3B 数据时，数据场 Byte3~Byte8 的存储情况

| Byte3 | Byte4 | Byte5 | Byte6 | Byte7 | Byte8 |
|---|---|---|---|---|---|
| SID/RSID | DATA1 | DATA2 | DATA3 | 0xFF | 0xFF |

首帧的有效数据长度（共 12 位）存储在数据场第 2 字节的低 4 位和第 3 字节。

**【思考】**

**1. LIN 总线采用多帧传输方式传输报文，报文可以传输的数据字节最多为多少？**

传输的数据量最多为 $2^{12}-1=4095$B。

**2. LIN 总线发送的数据为 20B，需要几个连续帧？**

首帧发送的数据为 4B，连续帧发送的数据为 6B，发送 20B，需要 1 个首帧和 3 个连续帧（第 1 个连续帧和第 2 个连续帧传输 6B，第 3 个连续帧传输 4B），因此第 3 个连续帧需要用 0xFF 填充 2B。

（4）包编号 包编号只针对连续帧，存储在数据场的第 2 字节的低 4 位。每个连续帧中必须加入包编号，第一个连续帧的包编号为 1，第二个连续帧的包编号为 2，以此类推，如果包编号超过 15，则重新从 1 开始。

节点在接收数据时会根据包编号是否连续来判断接收是否正确，如果包编号不连续，则认为数据接收不正确，接收节点会把之前接收的所有同一个 NAD 的数据全部丢弃。

（5）**SID**（Service Identifier，服务标识符）/**RSID**（Response Service Identifier，回应服务标识符） SID 或 RSID 的作用是标识当前帧的作用（诊断或节点配置）。SID 在主节点请求帧（PID 为 0x3C）中发送，0x00～0xAF 和 0xB8～0xFE 表示诊断，0xB0～0xB7 表示节点配置，RSID 对于 SID 的相应标识符，在从节点应答帧（PID 为 0x3D）中发送，RSID 在 SID 的基础上加上 0x40。

由于要发送 SID 或 RSID，所以实际数据长度=有效数据长度-1。

### 3.7.3 诊断帧的发送

LIN 总线的诊断帧的发送过程如图 3-35 所示。

（1）主节点发送主节点请求帧 主节点请求帧包括信息标题和信息内容。信息内容包括从节点地址及需要从节点反馈的诊断信息。

（2）主节点发送从节点应答帧的信息标题 由于从节点无法主动发送信息，因此需要主节点发送从节点应答帧的信息标题，信息内容为空。

（3）从节点发送从节点应答帧 从节点接收到从节点应答帧的信息标题后，将主节点请求帧中要求从节点反馈的诊断信息填入信息内容，回发给主节点。

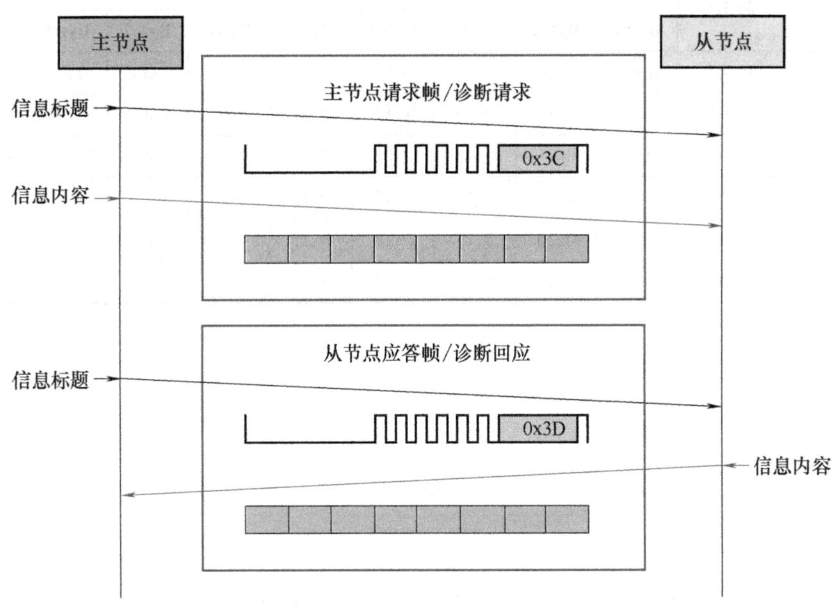


图 3-35 LIN 总线的诊断帧的发送过程

## 任 务

1. 诊断帧的帧 ID 是（ ）。

A. 全为 0x3C B. 全为 0x3D

C. 主节点请求帧的帧 ID 为 0x3C，从节点应答帧的帧 ID 为 0x3D

D. 0xFF

2. 诊断帧如何确定目标从节点？

3. 诊断帧采用（　　）校验方法。

A. 经典型　　B. 增强型　　C. 经典型或增强型　　D. 以上说法都不对

4. 根据表 3-9 分析：

（1）表中的诊断帧，哪些是主节点请求帧？哪些是从节点应答帧？为什么？

（2）表中哪些是单帧？哪些是首帧？哪些是连续帧？为什么？

（3）表中诊断帧的目标节点地址分别是什么？

（4）表中单帧、多帧的有效数据长度和实际数据长度分别为多少？

（5）Frame1 的帧尾 Byte7 和 Byte8 的 0xFF 是否为填充字节？为什么？

（6）Frame6 的帧尾 Byte5 至 Byte8 的 0xFF 是否为填充字节？为什么？

（7）数据传输过程中连续帧接收是否有丢失？为什么？

（8）连续帧的数据是否接收完成？为什么？

（9）校验和场的数据是否正确？为什么？

（10）表中的诊断帧，哪些只能用于诊断？哪些可用于节点配置？

表 3-9　采集的 LIN 总线上传输的诊断帧

| 帧编号 | 帧 ID | 数据场 | | | | | | | | 校验和 |
|---|---|---|---|---|---|---|---|---|---|---|
| | | Byte1 | Byte2 | Byte3 | Byte4 | Byte5 | Byte6 | Byte7 | Byte8 | |
| Frame1 | 0x3D | 0x6A | 0x06 | 0xB2 | 0x01 | 0xFF | 0x7F | 0xFF | 0xFF | 0x47 |
| Frame2 | 0x3C | 0x7F | 0x10 | 0x19 | 0xAA | 0x01 | 0x02 | 0x03 | 0x04 | 0xA2 |
| Frame3 | 0x3C | 0x7F | 0x21 | 0x05 | 0x06 | 0x07 | 0x08 | 0x09 | 0x10 | 0x2C |
| Frame4 | 0x3C | 0x7F | 0x22 | 0x11 | 0x12 | 0x13 | 0x14 | 0x15 | 0x16 | 0xE8 |
| Frame5 | 0x3C | 0x7F | 0x23 | 0x17 | 0x18 | 0x19 | 0x20 | 0x21 | 0x22 | 0xB1 |
| Frame6 | 0x3C | 0x7F | 0x24 | 0x23 | 0x24 | 0xFF | 0xFF | 0xFF | 0xFF | 0x15 |

## 任务 3.8　LIN 总线的诊断及检修

### 3.8.1　LIN 总线的常见故障

LIN 总线的故障类型和 CAN 总线比较类似，主要包括节点故障、线路故障及供电故障，其中线路故障是最常见的。LIN 总线的线路故障主要包括三类。

**1. LIN 总线的短路故障**

LIN 总线为单线传输，当与电源正极短路时，如图 3-36 所示，此时 LIN 总线的电压被拉高至电源电压；当与车身搭铁时，LIN 总线的电压会降低至 0V。这两种情况下 LIN 总线无法正常通信。

**2. LIN 总线的断路故障**

当 LIN 总线发生断路故障时，其功能丧失情况视发生断路故障的具体位置而定。如果

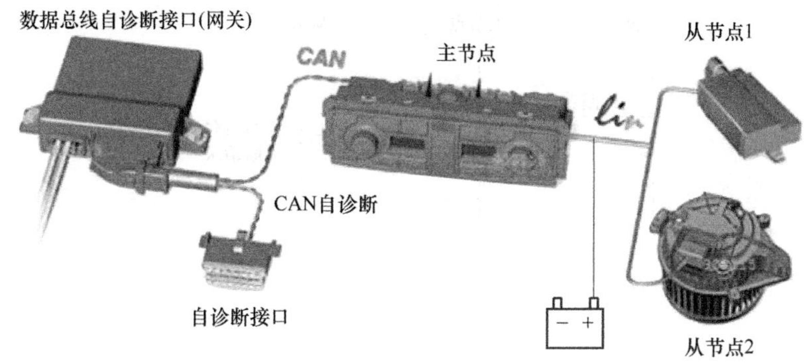


图 3-36 LIN 总线对电源正极的短路故障

LIN 总线的断路位置在总线路上，那么其下游所有从节点均不能正常工作，例如图 3-37 所示的位置 A 断路，此时，从节点 1 和从节点 2 都不能正常工作；如果 LIN 总线的断路位置在分支线路上，那么该分支线路的从节点不能正常工作，例如图 3-37 的位置 C 断路，则从节点 2 不能工作，位置 B 断路，则 LIN 从节点 1 不能工作。实际检测维修中，可根据故障现象，结合 LIN 总线网络拓扑结构分析可能的断路位置。

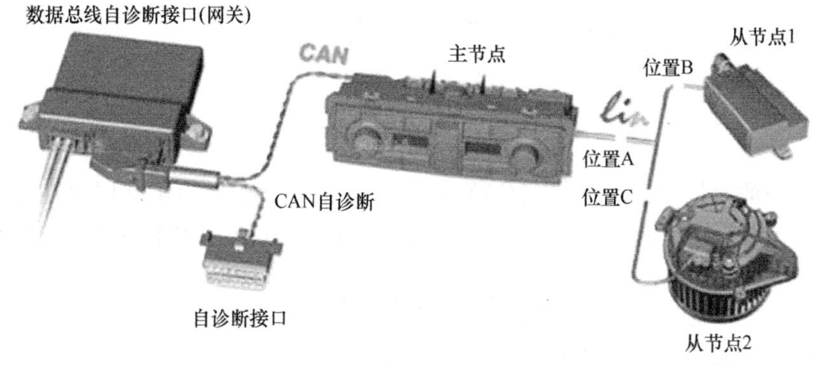


图 3-37 LIN 总线的断路故障

3. LIN 总线的虚接故障

电路的虚接现象主要表现为电路中导线的接触不牢固、接触不良、线路松动等。虚接故障较复杂，在实际诊断过程中需要根据检测波形进行分析。

## 3.8.2 LIN 总线的故障诊断方法

当 LIN 总线出现故障时，可利用故障诊断仪对其进行故障诊断和检测。将故障诊断仪接入诊断座，对 LIN 总线进行自诊断，查看故障码，对照厂家维修手册的故障码对照表可确定大致故障位置。

诊断过程分为诊断请求和诊断应答。

1. 诊断请求

诊断请求由诊断仪发送到从节点，发送过程如图 3-38 所示，诊断仪把诊断请求先发送给主节点，主节点向从节点发送一个帧 ID 为 0x3C、信息内容为诊断请求的诊断请求帧。

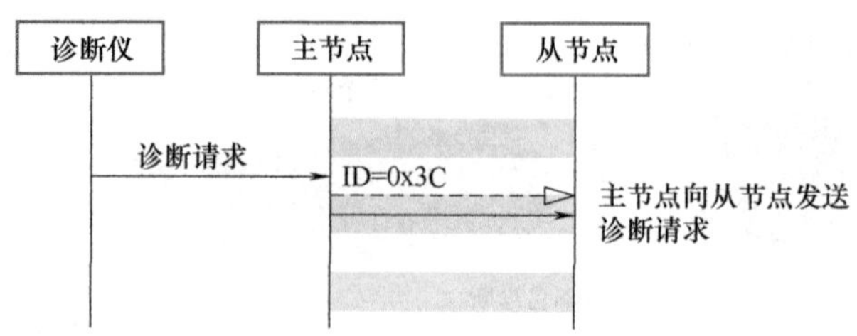


图 3-38　诊断请求的发送过程

2. 诊断应答

主节点发送完诊断请求命令后，随后向从节点再发送一个帧 ID 为 0x3D，只有信息标题没有信息内容的诊断帧，等待响应诊断请求的从节点接收诊断帧，并将诊断结果放到诊断帧的信息内容部分，回发给主节点，主节点将诊断信息通过诊断 CAN 传输到诊断仪，如图 3-39 所示。

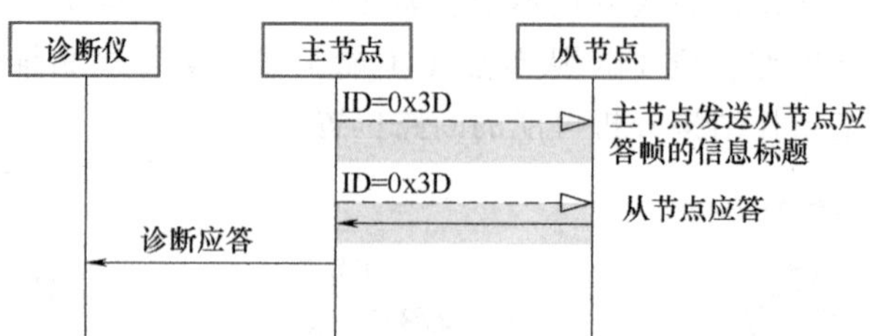


图 3-39　诊断应答的发送过程

诊断设备一般连接在主干网络（CAN 总线）上，主节点作为车载网关连接主干网络和 LIN 总线上，当诊断设备请求故障码，根据故障码的存储位置，主节点发送故障码有以下两种方式：

（1）故障码存储在从节点中　如图 3-40 所示，诊断设备发送诊断请求时，主节点转发请求，等待从节点响应，并将从节点响应的故障码回发给诊断设备。

（2）故障码存储在主节点中　从节点将故障信号发送到主节点，主节点将故障信息处理后存储为故障码，当诊断设备请求故障码时，由主节点将故障码通过主干网络发给诊断设备，如图 3-41 所示。

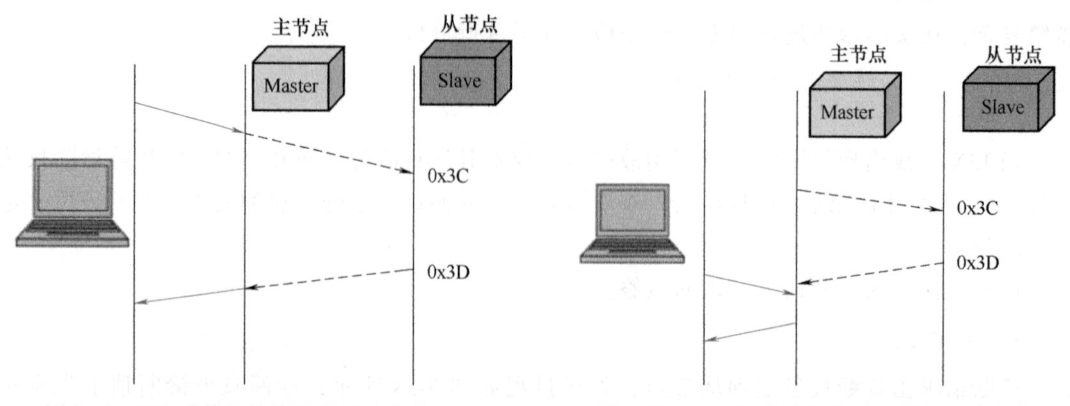


图 3-40　LIN 总线的故障码存储在从节点中　　图 3-41　LIN 总线的故障码存储在主节点中

## 任 务

根据图 3-3 和图 3-42，分析以下问题：

(1) 画出网络拓扑结构图。

(2) 分析驾驶侧车窗控制开关控制四个车门车窗升降的原理，指出 LIN 总线连接的主节点和从节点。

(3) 分析以下故障：拨动左后车门上的电动窗开关可控制车窗升降，拨动驾驶侧车门上的左后车窗开关，左后车窗无动作。

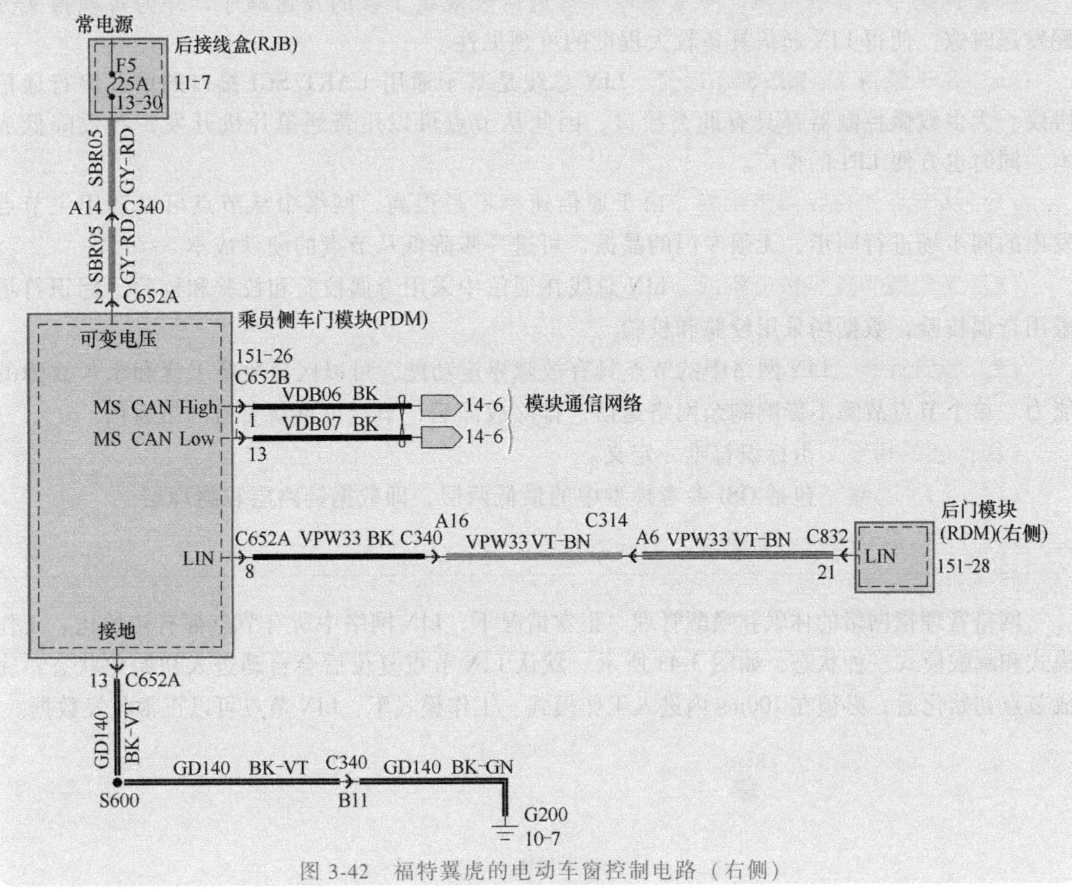


图 3-42 福特翼虎的电动车窗控制电路（右侧）

# 任务 3.9 LIN 总线的特点及网络管理

## 3.9.1 LIN 总线的主要技术特点

LIN 总线的特点包括：

(1) 单线传输方式 LIN 总线基于增强的 ISO 9141（ISO 15765-1）协议，采用单线传输，较之双绞线传输方式可减少一半成本，且简化布线。

(2) 最高传输速率为 **20Kbit/s** 受到单线传输媒介的电磁干扰限制，LIN 总线最高传输

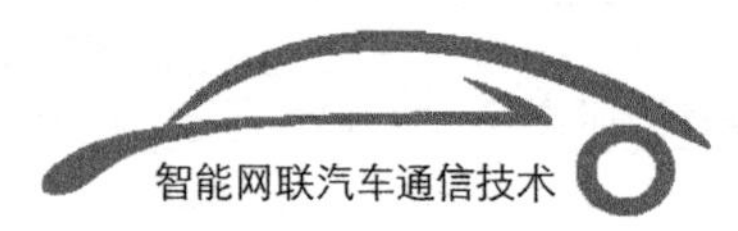


速率只能达到20Kbit/s，最大距离不超过40m，能满足多数智能传感器和执行器的通信要求。LIN总线推荐的传输速度为2400bit/s（低速）、9600bit/s（中速）和19200bit/s（高速）三种。

（3）一主多从结构　网络中只有一个主节点，其余均为从节点。主节点控制整个网络的通信，整个网络的配置信息只保存在主节点中，从节点可以自由的接入或脱离网络而不会对网络中其他节点产生任何影响。

（4）网络中的节点数受限　在实际应用中，LIN网络连接的节点数不超过16个。节点增加将减少网络阻抗，导致通信环境变差，在最坏工作情况下会发生通信故障。LIN系统每增加一个节点使网络阻抗降低3%左右。

（5）网络中不存在冲突，不需要仲裁　进度表规定了帧的发送顺序，并为每帧报文分配发送时隙，使得LIN通信具备较大程度的可预见性。

（6）基于通用UART/SCI通信　LIN总线是基于通用UART/SCI接口的单线串行通信协议。大多数微控制器都具有此类接口，因此从节点可以用普通单片机开发，有效降低成本，同时也方便LIN的推广。

（7）从节点的自我同步机制　由于通信速率不是很高，网络中从节点可以利用主节点发出的同步场进行同步，无须专门的晶振，可进一步降低从节点的硬件成本。

（8）采用两种数据校验机制　LIN总线在通信中采用奇偶校验和校验和校验。标识符场采用奇偶校验，数据场采用校验和校验。

（9）容错性能　LIN网络中的节点具有故障界定功能，可以区分短暂干扰和永久故障的能力。单个节点故障不影响剩余网络通信，排除故障后，节点可重新参与网络通信。

（10）帧的用途　由标识符唯一定义。

（11）LIN总线　包括OSI参考模型中的最低两层，即数据链路层和物理层。

## 3.9.2 LIN总线的网络管理

网络管理指网络的休眠和唤醒管理。正常情况下，LIN网络中所有节点都有初始化、工作模式和睡眠模式三种状态，如图3-43所示。默认LIN节点复位后会自动进入初始化状态，完成节点初始化后，必须在100ms内进入工作模式。工作模式下，LIN节点可以正常收发数据。

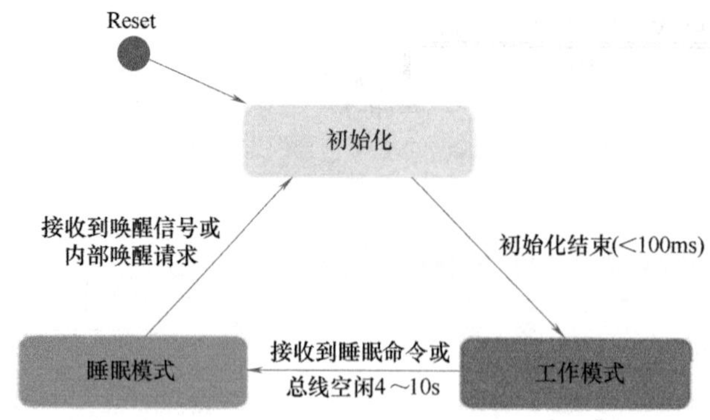


图3-43　LIN总线的三种工作状态

### 1. LIN总线的睡眠

为了减少系统功耗，LIN总线会进入睡眠模式，总线可在以下两种情况下进入睡眠模式，总线空闲 4~10s 或者主节点发送睡眠指令。

睡眠指令只能由主节点以数据帧的形式发送，标识符场为 0x3C，数据场的 8B，除了第 1 字节为 0x00 之外，其他均为 0xFF，见表 3-10。总线上的从节点只判断数据段的第 1 字节，其余字节忽略。

从节点接收到睡眠指令之后，根据应用层协议可以选择不进入睡眠状态而继续工作。进入睡眠模式后，LIN 节点停止数据收发，直到接收到唤醒信号（对于从节点）或者内部事件产生唤醒请求（对于主节点）后，节点进入初始化状态。

表 3-10 LIN 总线发送睡眠命令的数据帧

| 帧 ID | Byte0 | Byte1 | Byte2 | Byte3 | Byte4 | Byte5 | Byte6 | Byte7 |
|---|---|---|---|---|---|---|---|---|
| 0x3C | 0x00 | 0xFF | 0xFF | 0xFF | 0xFF | 0xFF | 0xFF | 0xFF |

**2. LIN 总线的唤醒**

当总线进入睡眠模式后，主节点或从节点都可以向总线上发送唤醒信号。唤醒信号一般是 250μs（传输速率为 20Kbit/s）~5ms（传输速率为 1Kbit/s）的显性电平位（5 位）。其余节点（除发送唤醒信号以外的节点）以大于 150μs 为阈值判定唤醒信号，即接收到的显性电平位持续时间超过 150μs，被唤醒节点进行初始化，每个从节点需要在唤醒信号显性电平结束后的 100ms 内完成初始化，并准备接收来自主节点的命令，如图 3-44 所示。主节点也必须被唤醒，100ms 内主节点发送信息标题开始通信。

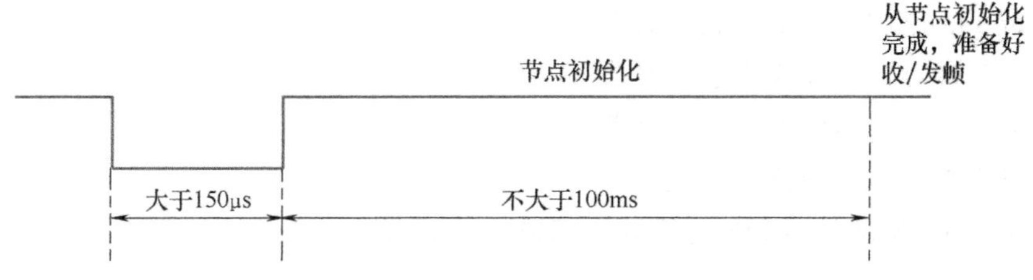


图 3-44 LIN 总线从节点的唤醒过程

如果节点发出唤醒信号后，在 150~250ms 时没有接收到总线上的任何命令（信息标题），则可以重新发送一次唤醒信号。唤醒信号最多可以发送 3 次，3 次之后必须等待至少 1.5s 才能再次发送唤醒信号，如图 3-45 所示。此外，主节点发送数据帧也可以唤醒总线。

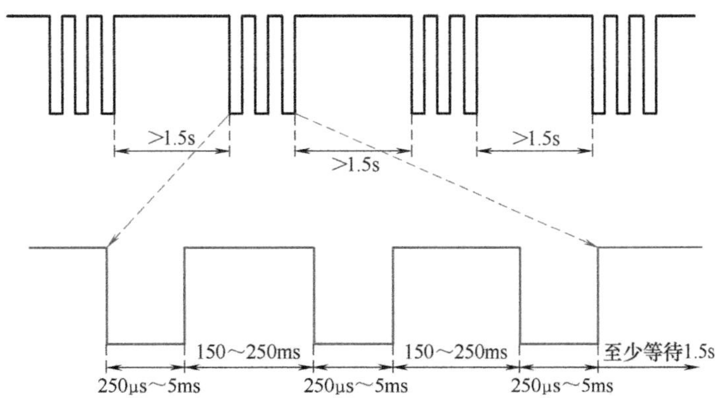


图 3-45 LIN 总线连续发送唤醒信号的过程

【思考】

**1. 为什么主节点发送的数据帧可以唤醒总线？**

数据帧信息标题的间隔场包括至少 13 位的显性电平位，而唤醒信号只需要 5 位的显性电平位，当总线上收到间隔场的前 5 位显性电平位，即相当于收到唤醒信号，总线被唤醒。

**2. 什么情况下需要采用间隔场作为唤醒信号？**

当主节点需要发送数据帧时，即节点内部有唤醒请求时，主节点发送数据帧，通过间隔场唤醒总线。

**3. 这种唤醒方式存在什么问题？**

唤醒后，从节点需要进行初始化，主节点发送的这个数据帧有可能不能被正常接收。

## 任　务

1. 分析 LIN 总线从节点的同步过程。
2. LIN 总线的三个工作状态分别是__________、__________、__________。
3. LIN 总线节点如何进入休眠模式？
4. 分析 LIN 总线的节点唤醒过程。
5. 试比较 CAN 总线和 LIN 总线的相同点和不同点。

# 项目4　车载以太网

## 任务4.1　车载以太网概述

### 4.1.1　车载以太网的出现

1. 以太网基本介绍

以太网（Ethernet）是由施乐公司提出，并由施乐、英特尔和数字设备公司联合开发的基带局域网规范，是当今局域网采用的最通用的通信协议标准。以太网使用CSMA/CD技术，包括标准以太网（10Mbit/s）、快速以太网（100Mbit/s）和10Gbit/s以太网等。

传统以太网已经存在很长时间，却一直没有应用在汽车上，主要原因包括：

1）传统以太网抗干扰能力比较差，不能满足汽车厂商对于EMC的要求。

2）车载系统对于传感器及控制系统的响应速度的要求非常高，而传统以太网不能保证毫秒级别（或更小）的传输延迟。

3）传统以太网没有提供网络带宽分配方法，因此在不同的数据流同时传输时，无法保证每个数据流所需要的带宽。

4）传统以太网没有提供网络设备之间的时钟同步方法，无法保证多个设备在同一时刻针对数据进行同步采样（尤其是音视频数据）。

2. 车载以太网出现的背景

（1）数据带宽需求　随着智能网联汽车的飞速发展，控制系统及传感器的使用越来越多，车内控制单元和域控制器之间需要更多的数据交互，据估计，无人驾驶汽车每天的数据量达到4000GB，因此传统车载网络技术包括CAN和FlexRay在带宽上面临巨大挑战，带宽最具竞争力的MOST（最大带宽为150Mbit/s）价格昂贵，与MOST相比，以太网保证每一条链路专用100Mbit/s甚至更高的带宽的同时，大幅降低总线成本。

（2）车内布线需求　车内电子设备数量增加使得车内线缆的布置和连接更加复杂，同时线缆成本和重量也成倍增加。博通和博世两家公司研究发现，通过使用非屏蔽双绞线作为10Mbit/s和100Mbit/s以太网的传输介质，可降低车内布线的复杂度，线缆重量也可大幅减少。

3. 以太网应用在汽车上的优势

（1）以太网是通用技术　目前占主流的车载网络标准 CAN、LIN、FlexRay 及 MOST 等都具有浓重的“汽车行业”色彩，而以太网是一种简单、成熟的开放标准，基于以太网的应用可以极大降低成本，适合作为主干网络连接各个子系统，特别是更高带宽需求的应用。

（2）以太网具有低成本、高带宽特性　以太网为汽车技术革新导致的车载通信系统需求提供解决方案，以博通公司提出的百兆车载以太网（数据传输速率为 100Mbit/s）的 BroadR-Reach 技术为例，可使用单对非屏蔽双绞线实现全双工通信，提供 100Mbit/s 及更高的带宽性能。相对于传统汽车总线，使用以太网的线缆重量可减轻 30%，连接成本降低 80%，且辐射的电磁噪声更小，可以满足汽车严格的 EMC 要求。

（3）以太网支持不同应用的多种协议和功能　传统车载网络支持的通信协议较为单一，而车载以太网可以同时支持 AVB（Audio Video Bridging，音视频桥接）、TCP/IP、DoIP（Diagnostic Communication Over Internet Protocol，基于 IP 的诊断通信）、SOME/IP（Scalable Service-Oriented MiddlewarE Over IP，运行于 IP 之上的可伸缩的面向服务的中间件）等多种协议或应用形式。此外，1Gbit/s 的车载以太网同时还支持数据线路供电（Power over Date-Line，PoDL）和高效节能以太网（Energy-Efficient Ethernet，EEE）功能。PoDL 功能可在双绞线传输数据的同时为连接的终端设备供电，省去外接电源线，降低供电的复杂度。

（4）以太网适应未来发展　以太网是一种可持续更新和发展的技术，在经历了标准以太网、快速以太网和千兆以太网的推进和发展后还在迭代升级，并保持对原有系统的兼容。

### 4.1.2　车载以太网的相关标准

车载以太网是用于连接汽车内各种电气设备的一种物理网络，其标准发展历程如图 4-1 所示。宝马作为第一个搭载车载以太网的主机厂，于 2008 年制定 BMW 7s SOP（Standard Operating Procedure，标准操作程序）标准，并于 2013 年制定 BMW X5 SOP 标准，当这些车载以太网标准没有纳入 IEEE（Institute of Electrical and Electronics Engineers，电子工程师协会）之前，一些商业组织负责和参与了前期的网络规格定义，包括 OPEN（One-Pair Ethernet，一对以太网）Alliance 和 AVnu Alliance 两个组织。

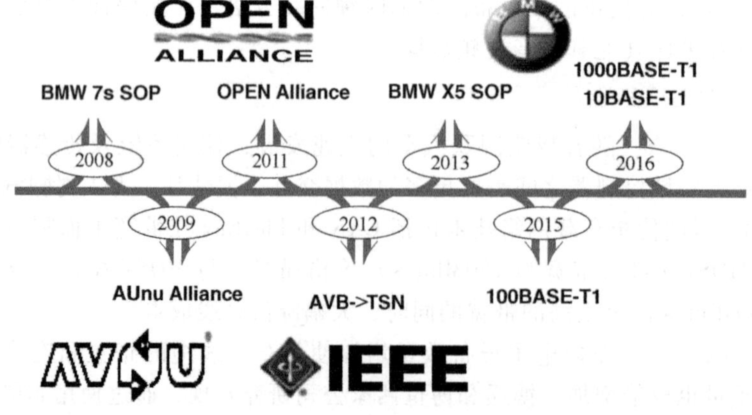


图 4-1　车载以太网的技术标准发展历程

TSN—Time Sensitive Network，时间敏感网络

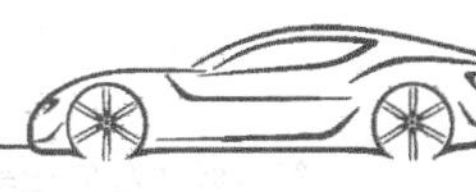

OPEN 为非盈利性的汽车行业和技术联盟，鼓励大规模使用以太网作为车联网标准。OPEN 定义了车载以太网的物理规格和一些网络协议，形成了最初的 10Mbit/s 和 100Mbit/s 车载以太网的解决方案。OPEN 与 IEEE 合作，将汽车以太网转换为通用标准，其中应用最广的标准为 100Base-T1，用单对双绞线实现 100Mbit/s 的数据传输。

AVnu 致力于推进 IEEE 802. 1AVB 以及 TSN 的实现以及标准的定义，这些协议增加了网络传输的确定性，能够更加精准地控制延迟，保证音/视频之间的同步。

1980 年以来，IEEE 一直负责以太网的维护、开发和标准化，其中 802 工作组专门负责以太网，因此所有与以太网相关的标准都以 802 开头（如 IEEE 802. 1、IEEE 802. 2、IEEE 802. 3 等）。IEEE 802. 3 制定的局域网标准代表了业界主流的以太网技术。车载以太网技术是在 IEEE 802. 3 的基础上开发的，因此 IEEE 是目前最重要的车载以太网国际标准化机构。为了满足车内要求，IEEE 802. 3 和 802. 1 两个工作组完成多个新规范的制定和原有规范的修订，包括物理层规范、AVB 规范、单对数据线路供电规范等。另外，AVB 规范中有关 AV 传输、定时同步等规范还需 IEEE 的其他技术委员会的标准化，如 IEEE 1722、IEEE 1588 等。

OPEN 和 IEEE 制定的标准在车载以太网领域应用最广泛，例如 100Base-T1 和 1000Base-T1。车载以太网一般采用带 T1 的标准，其传输媒介为一对双绞线，达到减轻重量、降低成本、提升 EMC 性能、扩大布线范围的效果。为了满足车载环境下严格的 EMC 要求，采用非屏蔽双绞线的传输距离为 15m，屏蔽双绞线为 40m。

## 【知识拓展】

**100Base-T1 和 1000Base-T1 的标准名称如何理解？**

以 100Base-T1 为例，100 代表传输速率为 100Mbit/s；Base 代表采用基带传输方式；T 表示传输介质为双绞线（包括 5 类非屏蔽双绞线或 1 类屏蔽双绞线），如果该位为 F，则代表传输介质为光纤（Fiber）；一些标准后边的数字或字母代表传输距离或介质，如 100Base-T1 的数字 1 代表一对双绞线，如果是 TX 代表两对双绞线，则 100Base-5 的数字 5 代表传输距离为 500m。以太网部分标准的详细信息见表 4-1。

表 4-1　以太网部分标准名称的含义

<table>
<tr><th>标准名称</th><th>最大传输速度/(Mbit/s)</th><th>传输方式</th><th>最大传输距离/m</th><th>传输媒介</th><th>传输协议</th><th>备注</th></tr>
<tr><td>10Base-5</td><td>10</td><td rowspan="5">基带传输</td><td>500</td><td>同轴电缆</td><td>IEEE 802. 3</td><td rowspan="3">消费型以太网</td></tr>
<tr><td>100Base-TX</td><td>100</td><td>100</td><td>两对双绞线</td><td>IEEE 802. 3u</td></tr>
<tr><td>100Base-F</td><td>100</td><td>2000</td><td>单模或多模光纤</td><td>IEEE 802. 3u</td></tr>
<tr><td>100Base-T1</td><td>100</td><td rowspan="2">非屏蔽双绞线:15m<br>屏蔽双绞线:40m</td><td rowspan="2">单对双绞线</td><td>IEEE 802. 3bw</td><td rowspan="2">车载以太网</td></tr>
<tr><td>1000Base-T1</td><td>1000</td><td>IEEE 802. 3bp</td></tr>
</table>

### 4.1.3 车载以太网的应用

随着车载以太网的应用场景增加，对其带宽要求也越来越高，单车辆的以太网端口越来越多，据专家预测，到2030年，在L3以上级别的自动驾驶汽车上，10Gbit/s端口乃至更高传输速率的需求量将达到100万个，到2040年接近于500万个，如图4-2所示。

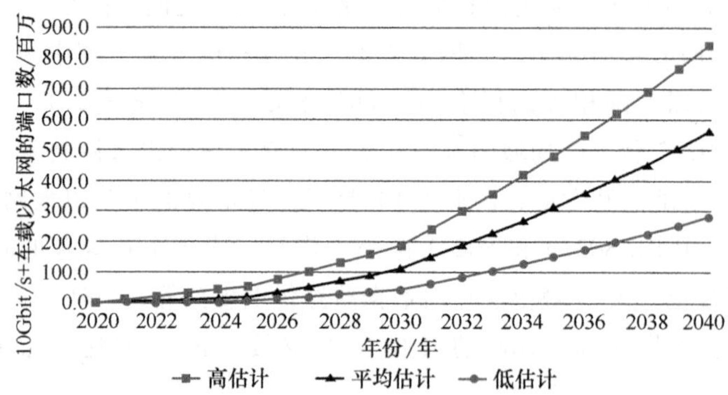

图4-2 L3以上级别自动驾驶汽车上10Gbit/s+车载以太网的端口数需求量预测

车载以太网的应用演进主要分为3个阶段，分别是子系统级别、架构级别和域级别。

1. 子系统级别

子系统级别的车载以太网应用是指单独在某个子系统中使用以太网，这一阶段的衍生产品目前已经在整车上实施。图4-3是使用网络摄像头的驾驶辅助系统，4个摄像头和全景摄像头视图之间采用BroadR-Reach技术进行数据传输。

2. 架构级别

架构级别的车载以太网应用是指将几个子系统功能整合，形成一个拥有功能集合的小系统。在图4-4中，车载以太网将多媒体及娱乐子系统、高级驾驶辅助子系统和显示系统连接

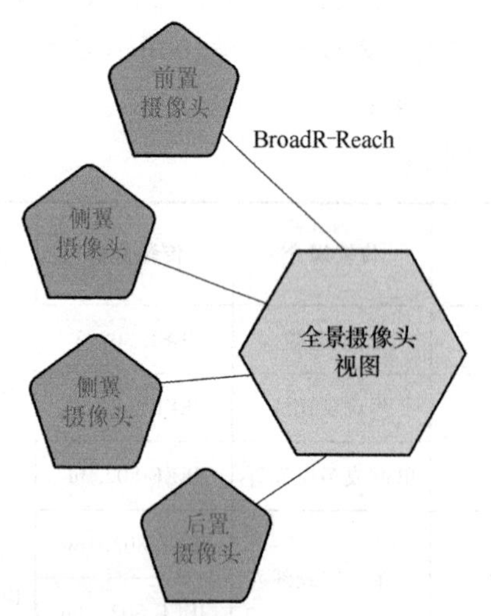

图4-3 车载以太网子系统级别的应用案例

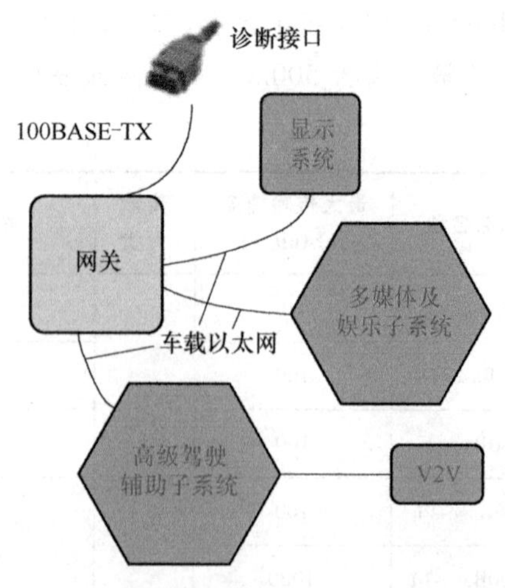

图4-4 车载以太网架构级别的应用案例

V2V—Vehicle to Vehicle，车和车之间的通信

在一起，可融合传感器、全景摄像头、雷达等多种数据，图中诊断接口与网关之间没有采用车载以太网技术，而是采用两对双绞线的消费型以太网。

**3. 域级别**

前两个阶段专注于一个特定的应用领域，第三阶段将使用以太网作为车载骨干网络，集成动力总成、底盘控制、车身控制、娱乐、ADAS 等系统，形成一个域级别的汽车网络，如图 4-5 所示。

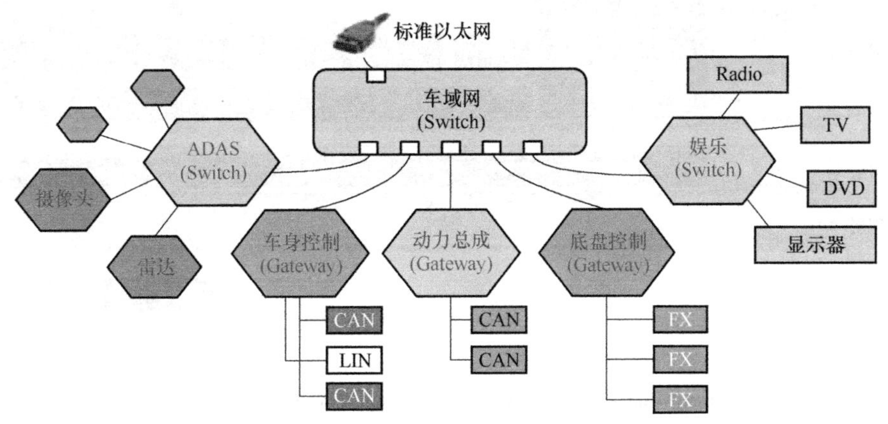


图 4-5 车载以太网域级别的应用案例

Switch—交换机 Gateway—网关 FX—FlexRay 总线

**【思考】**

**图 4-5 中的网络互连设备，为什么一部分选择交换机，而另一部分选择网关?**

车身控制、动力总成以及底盘控制 3 个域控制器除了连接车载以太网，还连接了 CAN、LIN 和 FlexRay 总线，需要网关作为网络互连设备，而 ADAS 和娱乐两个域控制器连接的都是车载以太网，可以选择交换机作为网络互连设备。

**任 务**

1. 以太网应用到汽车上有哪些优势? 直接应用存在哪些问题? 需要做哪些改进?
2. 查阅资料，分析首次将以太网技术应用到汽车上的品牌、车型以及具体的应用场景，并分析该应用属于子系统级别、架构级别还是域级别的应用，为什么?
3. 查阅资料，分析以太网在汽车行业的应用现状。
4. 分析 100Base-T1 标准所代表的含义。
5. 什么是 BroadR-Reach 技术?

## 任务 4.2 车载以太网的网络分层

车载以太网是基于 TCP/IP 的网络分层模型，并由 OPEN 和 AUTOSAR 等联盟对以太网

相关协议进行规范和补充，各层使用的协议标准如图 4-6 所示。图中标记为“IT”为传统以太网技术协议规范，而标记为“Automotive”为车载以太网技术协议规范。从图中可以看出，除了物理层的 OABR（OPEN Alliance BroadR-Reach）、应用层的 UDP-NM（UDP Network Management，UDP 网络管理，也称为车载以太网网络管理）、DoIP、SOME/IP、Service Discovery 这 5 个协议为车载以太网技术协议规范之外，其余均为传统以太网技术。

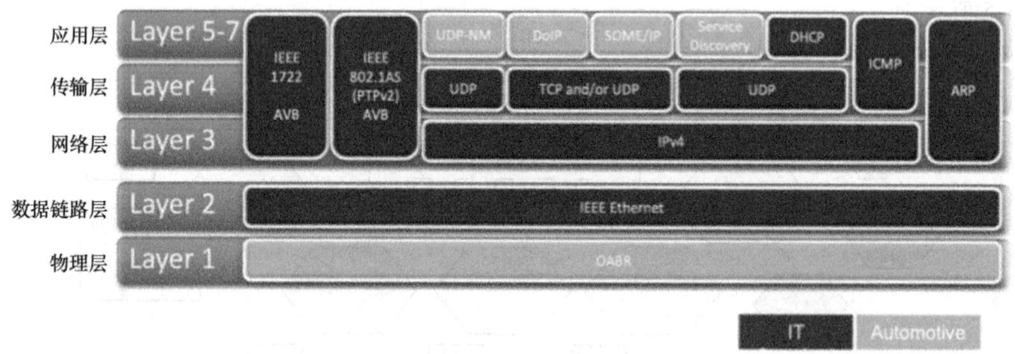


图 4-6　车载以太网各层使用的协议标准

ICMP—Internet Control Message Protocol，互联网控制信息协议

PTPv2—Precision Time Protocol Version 2，精准时间协议 v2 版本

**【知识拓展】**

**1. 什么是 OABR?**

OABR 是车载百兆以太网技术 100Base-T1 的最初叫法，现在已经由 IEEE 标准化。

**2. 100Base-T1、OABR、BroadR-Reach 是什么关系?**

100Base-T1、OABR 和 BroadR-Reach 都是针对 100Mbit/s 车载以太网物理层的命名。

**3. 什么是 Service Discovery?**

Service Discovery 是服务发现协议，主要用于管理车载通信中的服务实例和信息的发送，将信息只发送给订阅者。

### 4.2.1　应用层

车载以太网的应用层协议主要是：UDP-NM、DoIP、SOME/IP、DHCP（Dynamic Host Configuration Protocol，动态主机配置协议）等。

**1. UDP-NM**

UDP-NM 是 AUTOSAR 组织制定的基于汽车以太网的网络管理协议，能够实现车载以太网节点的协同睡眠和唤醒。

**2. DoIP**

DoIP 是基于车载以太网的诊断传输协议，传输带宽高，适用于传输大量数据的场景，主要应用于车辆检查和维修、车辆或 ECU 软件的再编程、车辆或 ECU 的下线检查和维修等。

**3. SOME/IP**

SOME/IP 是车载以太网技术的核心内容，可用于控制信息及应用数据传输，该技术是 SOA 架构的重要支撑。SOME/IP 在本项目的任务 3 进行详细介绍。

**4. DHCP**

DHCP 的作用是为网络节点自动配置 IP 地址，基于 UDP 工作。DHCP 分配 IP 地址有 3 种机制，分别是自动分配方式（Automatic Allocation）、动态分配方式（Dynamic Allocation）和手工分配方式（Manual Allocation）。自动分配方式是指 DHCP 服务器为客户端指定一个永久性的 IP 地址；动态分配方式是指 DHCP 服务器给客户端指定一个具有时间限制的 IP 地址，时间到期或主机明确表示放弃该地址时，该地址可以被其他主机使用；手工分配方式是指客户端的 IP 地址是由网络管理员指定，DHCP 服务器只是将 IP 地址告诉客户端主机。其中动态分配方式是最常用的 IP 地址分配机制。

## 4.2.2 传输层

传输层的作用是为上层应用层提供有效合理的传输服务，使高层用户在相互通信时不用关心实现细节和服务质量。传输层主要用到的报文协议包括 TCP 和 UDP。两个协议的比较见表 4-2。TCP 和 UDP 的详细介绍见本项目的拓展任务 4 和拓展任务 5。

表 4-2 传输层协议 TCP 和 UDP 的比较

| 比较指标 | UDP | TCP |
| --- | --- | --- |
| 是否连接 | 无连接 | 面向连接 |
| 是否可靠 | 不可靠传输，不使用流量控制和拥塞控制 | 可靠传输，使用流量控制和拥塞控制 |
| 连接对象的个数 | 一对一、一对多、多对一、多对多 | 一对一 |
| 传输方式 | 面向报文 | 面向字节流 |
| 首部开销 | 首部开销小，仅 8B | 首部开销大，最少 20B，最多 60B |
| 适用场景 | 实时应用（IP 电话、视频会议、直播等） | 要求可靠传输的应用，例如文件传输 |

## 4.2.3 网络层

目前车载以太网网络层使用的是 IPv4（Internet Protocol version 4，网际协议版本 4），又称互联网通信协议第四版，是互联网的核心，也是使用最广泛的网际协议版本。

IPv4 是一种无连接的协议，此协议会尽最大努力交付数据报，但不保证任何数据报均能送达目的地，也不保证所有数据报均按照正确的顺序无重复地到达。IPv4 协议族在本项目的拓展任务 6 进行详细介绍。

IPv4 存在网络地址资源不足的问题，严重制约了互联网的应用和发展，互联网工程任务组（Internet Engineering Task Force，IETF）设计了 IPv6，用于替代 IPv4。IPv6 的地址数量号称可以为全世界的每一粒沙子编上一个地址，不仅解决网络地址资源数量的问题，也解决了多种接入设备连入互联网的障碍。

网络层生成的帧称为 IP 数据报。IP 数据报传输到数据链路层，并封装在数据链路层的数据字段中。

### 4.2.4 数据链路层

数据链路层将网络层传输过来的 IP 数据报加上帧头和帧尾，封装成一个完整的数据帧传输到物理层，其中帧头包含目的 MAC 地址和源 MAC 地址的信息，帧尾是判断数据帧是否出现传输错误的帧校验序列。

数据链路层采用传统以太网数据链路层的协议规范，主要包括 Etherent MAC 协议、VLAN（Virtual Local Area Network，虚拟局域网）协议以及 AVB&TSN 协议族。AVB&TSN 协议族是车载以太网相对比较独立的部分，该协议族在本项目的拓展任务 7 进行介绍。

**【知识拓展】**

**1. 什么是虚拟局域网？**

虚拟局域网是一组逻辑上的设备和用户，这些设备和用户不受物理位置的限制，可以根据功能、部门及应用等因素进行重新组织，相互之间的通信就好像在同一个物理网络中。

**2. 为什么使用虚拟局域网？**

传统以太网的广播、组播、未知单播报文均在广播域内进行全网通信。全网的 ECU 都会接收到报文，造成通信资源浪费。全网转发的报文也会对 ECU 的运行安全造成不可预知的威胁。虚拟局域网的创建缩小了广播范围。

### 4.2.5 物理层

车载以太网物理层规定了硬件接口形式、信号与编码格式、数据与信号之间的转换方式、节点之间的连接模式等。

车载以太网现阶段的物理层协议主要是 100base-T1 的 IEEE 802.3bw、1000base-T1 的 IEEE 802.3bp 以及对应 2.5Gbit/s、5Gbit/s、10Gbit/s 的 IEEE 802.3ch。现阶段的 10Mbit/s 车载以太网还没有开始推进，对应的物理层协议为 IEEE 802.3cg。

**任　　务**

1. 分析车载以太网的分层协议和传统以太网的相同点和不同点。
2. IP 地址最常用的分配方式是（　　）。

   A. 手工分配方式　B. 自动分配方式　C. 动态分配方式　D. 以上说法都不对
3. 分析 UDP-NM 的作用。
4. 比较 UDP 和 TCP 的相同点和不同点。
5. IPv4 存在什么问题？
6. 什么是虚拟局域网？为什么使用虚拟局域网？

# 任务 4.3 应用层的 SOME/IP

## 4.3.1 SOME/IP 简介

2011 年宝马公司开发了一套中间件，实现了以服务为导向的通信方式，该中间件称为 SOME/IP。SOME/IP 因为其知名度成为 AUTOSAR 的正式标准。该协议能够减少网络负载，提高通信效率，满足未来车辆不断增长的通信需求。

SOME/IP 是运行在车载以太网协议栈基础之上的中间件，也称为应用层软件，是基于远程进程调用（Remote Procedure Call，RPC）框架的协议。服务是 SOME/IP 最核心的概念，在一个服务中，定义了提供者（Server）和订阅者（Client）两个角色，提供者提供服务，订阅者调用服务。对于同一个服务，只能存在一个 Server，但可以同时存在多个 Client，SOME/IP 是实现这种远程服务调用的接口。

SOME/IP 的特点包括：

（1）可伸缩（Scalable） 可伸缩是指该协议可以实现不同硬件平台、操作系统、嵌入式固件以及不同的应用软件等异构设备之间的扩展性和互操作性。

（2）服务为导向（Service-Oriented） 该协议是一种面向服务的基本协议，仅当订阅者请求或提供者通知特定订阅者时，才在订阅者和提供者之间交换数据，避免带宽资源浪费。

（3）中间件（Middleware） 该协议是一种中间件，位于应用层，有自己的通用协议层来处理更具体的操作及应用。

（4）运行于 IP 之上（Over IP） 该协议是一个基于以太网的协议，使用 TCP/IP 或 UDP 进行通信。当订阅者需要提供者的数据时，可由订阅者使用 TCP 进行请求。如果提供者必须将数据传送给所有订阅者时，可通过 UDP 传输，UDP 的数据通信可以是单播、广播或组播。

【知识拓展】

**1. 什么是 RPC？**

RPC 是指计算机 A 上的进程调用另外一台计算机 B 上的进程，此时 A 上的进程被挂起，而 B 上被调用的进程开始执行，当 B 上的进程执行结束，执行结果返回给 A 时，A 上的进程继续执行。

**2. 什么是单播、广播和组播？**

单播、组播和广播是以太网数据帧的 3 种发送方式。

（1）单播 单播是指从单一的源端发送到单一的目的端。每个主机接口由一个 MAC 地址唯一标识，所有主机都能收到源主机发送的单播帧，但是只有目的主机才会接收并处理该帧。

（2）广播 当需要网络中的所有主机都能接收到相同的信息并进行处理时，通常会采用广播的方式。广播表示帧从单一的源端发送到共享以太网的所有主机。

（3）组播　组播比广播更高效，相当于选择性的广播，用于网络上的一组主机接收相同信息的情况，属于该组的成员可以接收到一份源主机发送的数据的拷贝，而其他主机不受影响。

### 4.3.2　SOME/IP 的数据格式

SOME/IP 的数据格式如图 4-7 所示，包括 SOME/IP 报头（SOME/IP Header）和有效载荷（Payload）字段。

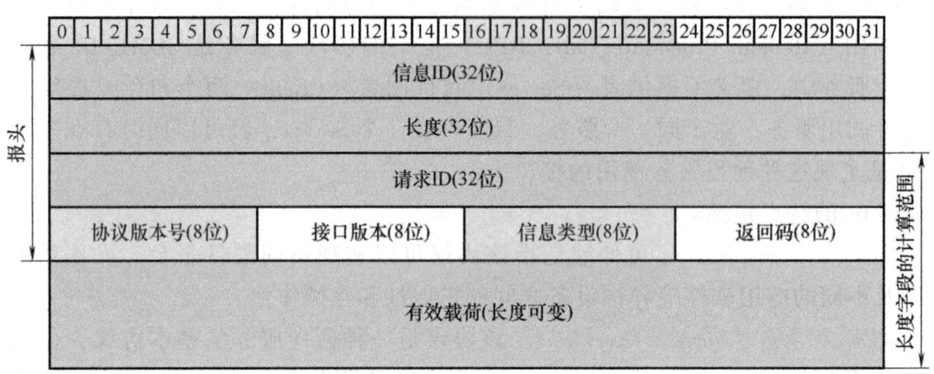


图 4-7　SOME/IP 的数据格式

#### 1. SOME/IP 报头

SOME/IP 的报头共 16B，包括信息 ID（Message ID）字段、长度（Length）字段、请求 ID（Request ID）字段、协议版本号（Protocol Version）字段、接口版本（Interface Version）字段、信息类型（Message Type）字段和返回码（Return Code）字段。

（1）**信息 ID**　信息 ID 字段是一个 32 位的标识符，用于识别对某个应用的一个方法或事件的远程过程调用。信息 ID 的分配由用户/系统设计人员决定，对于整个系统（车辆）是唯一的，其中前 16 位编号对应一个服务，称为服务 ID（Service ID）；后 16 位对应一个方法或事件，分为方法 ID（Method ID）和事件 ID（Event ID），当最高位为 0 时对应方法，最高位为 1 时对应事件。事件是订阅者对提供者提出订阅后，提供者把订阅的数据通过循环发送或变化时发送的方式发送给订阅者；方法是订阅者向提供者发送控制命令。

举例来说，当通过 SOME/IP 远程控制汽车娱乐音响系统里的音乐播放器播放下一曲目时，音乐播放就是一个服务，对应唯一的 Service ID；而切换到下一曲的动作是方法，对应唯一的 Method ID；音乐播放器执行订阅，并播放下一曲目是一个事件，对应唯一的 Event ID。

（2）长度　长度字段占 4B，标识从请求 ID 字段到有效载荷字段的字节长度，不包括信息 ID 字段和长度字段本身。

（3）请求 **ID**　请求 ID 字段占 4B，由 Client ID（2B）和 Session ID（2B）组成。

1）Client ID。Client ID 是订阅者的唯一标识，提供者用 Client ID 区分调用同一方法的多个订阅者，例如通过转向盘控件或后排的控制面板控制汽车音乐播放器时，可以用不同的 Client ID 区分。每个 Client ID 在整个车辆中是唯一的。

2）Session ID。Session ID 用来区分同一发送者的连续请求或信息。还是以音乐播放为

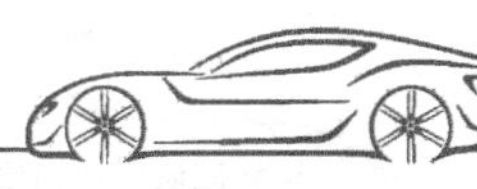

例，当用转向盘控件前后两次控制音乐播放器切换到下一曲目时，Message ID 和 Client ID 是一样的，但两次播放的曲目不一样，需要通过 Session ID 进行区分。Session ID 从 0x0001 开始，切换到下一曲目时，Session ID 加 1，切换到上一曲目时减 1，当达到最大值 0xFFFF 时，从 0x0001 重新开始。

提供者在产生响应信息时，应该把请求 ID 复制到响应信息中，这样订阅者收到后可以根据请求 ID 判断这是哪条请求的响应，在响应到达之前，订阅者不得重复使用请求 ID。

（4）协议版本号　协议版本号字段占 1B，用来表示 SOME/IP 首部的格式。SOME/IP 首部有改动时，协议版本号字段会增加，但是对于有效载荷字段中格式的改变，协议版本号字段不增加。协议版本号字段目前固定为 0x01。

（5）接口版本　接口版本字段占 1B，用来表示服务接口版本。接口的定义和版本均由接口设计方提供，若定义了新的版本，则该字段自动检测接口的兼容性。

（6）信息类型　信息类型字段为 1B，是 SOME/IP 的关键信息，用来识别不同信息类型，见表 4-3，最常见的信息类型包括 5 种，分别是 REQUEST（期待响应的请求）、REQUEST_NO_RETURN（不期待响应的请求）、RESPONSE（响应信息）、NOTIFICATION（事件通知）、ERROR（报错信息）。信息类型中前缀 TP 用来表示分段的报文，即数据超过 SOME/IP 数据的最大数据单元时，需要分成几段发送。例，表中的 TP_REQUEST 对应分段报文的期待响应的请求。后缀 ACK 是接收方对接受信息的确认，不同的信息对应不同的确认信息。例，REQUEST_ACK 表示对收到的 REQUEST 信息的确认。

表 4-3　SOME/IP 信息类型字段的指示信息

| 信号类型字段的数值 | 对应的信息类型 | 信息类型的说明 |
|---|---|---|
| 0x00 | REQUEST | 请求并期望响应 |
| 0x01 | REQUEST_NO_RETURN | 请求但不期望响应 |
| 0x02 | NOTIFICATION | 一个通知/事件回调的请求，不期望有响应 |
| 0x40 | REQUEST_ACK | REQUEST 的 ACK 确认 |
| 0x41 | REQUEST_NO_RETURN_ACK | REQUEST_NO_RETURN 的 ACK 确认 |
| 0x42 | NOTIFICATION_ACK | NOTIFICATION 的 ACK 确认 |
| 0x80 | RESPONSE | 响应 |
| 0x81 | ERROR | 响应中包含错误 |
| 0xC0 | RESPONSE_ACK | RESPONSE 的 ACK 确认 |
| 0xC1 | ERROR_ACK | ERROR 的 ACK 确认 |
| 0x20 | TP_REQUEST | 分段的请求并期望响应 |
| 0x21 | TP_REQUEST_NO_RETURN | 分段的请求但不期望响应 |
| 0x22 | TP_NOTIFICATION | 一个分段的通知/事件回调的请求，不期望有响应 |
| 0x23 | TP_RESPONSE | 分段的响应 |
| 0x24 | TP_ERROR | 分段的响应中包含错误 |

REQUEST、REQUEST_NO_RETURN、RESPONSE 属于远程过程调用方法，当订阅者有

需求时，发送一个 REQUEST 信息，提供者根据这个信息类型（REQUEST 或 REQUEST_NO_RETURN）决定是否发 RESPONSE 信息。NOTIFICATION 分为 Event 和 Field 两类，Event 是事件通知，Field 是提供者的状态量。

当没有错误发生时，常规请求（信息类型字段为 0x00）应由响应（信息类型字段为 0x80）回复，如果发生错误，则应回复错误信息（信息类型字段为 0x81）。

【思考】

**1. 同一个信息类型下，分段和不分段报文的信息类型字段有什么关系？**

信息类型字段包含 TP-Flag，如图 4-8 所示。它确定该信息是否为分段信息，TP-Flag = 1 为分段信息，TP-Flag = 0 为不分段信息。所以分段报文的信息类型字段在不分段报文的信息类型字段基础上加上 0x20。表 4-3 中，REQUEST 信息的信息类型字段为 0x00，则 TP_REQUEST 信息的信息类型字段为 0x20，以此类推。

| 信息类型(8位) | | | | | | | |
|---|---|---|---|---|---|---|---|
| 16 | 17 | 18 | 19 | 20 | 21 | 22 | 23 |
| x | 0/1 | 0/1 | x | x | x | x | x |
| | ACK-Flag | TP-Flag | | | | | |

图 4-8 SOME/IP 的信息类型字段

**2. 反馈正确接收报文的信息类型字段和原报文的信息类型字段有什么关系？**

信息类型字段包含 ACK-Flag，如图 4-8 所示。它确定该信息是反馈确认信息还是原信息，ACK-Flag = 1 为反馈确认信息，ACK-Flag = 0 为原信息，因此确认信息的信息类型字段是原信息的信息类型字段+0x40，表 4-3 中，REQUEST 信息的信息类型字段为 0x00，则 REQUEST_ACK 信息的信息类型字段为 0x40，以此类推。

（7）返回码　返回码字段占 1B，用于表示请求是否被成功处理，SOME/IP 的首部是请求和响应通用的，请求信息也有返回码，其值为 0x00。表 4-4 是 AUTOSAR 标准中定义的各类响应返回码字段的指示信息。

2. 有效载荷字段

SOME/IP 的有效载荷（Payload）字段可以由事件的数据元素或方法的参数组成，其大小取决于所使用的传输协议。UDP 的 SOME/IP 负载是 0~1400B，由于 TCP 支持有效负载分段，因此自动支持更大的负载，对于不能装入一个 TCP 数据报的 SOME/IP 报文，SOME/IP 进行分段处理，在接收端再重新组装收到的 SOME/IP 数据报。

表 4-4　AUTOSAR 标准中定义的各类响应返回码字段的指示信息

| 返回码字段的数值 | 指示信息 | 指示信息说明 |
|---|---|---|
| 0x00 | E_OK | 没有错误发生 |
| 0x01 | E_NOT_OK | 发生了没有指定的错误 |
| 0x02 | E_UNKNOWN_SERVICE | 未知的服务 ID |
| 0x03 | E_UNKNOWN_METHOD | 未知的方法 ID |

（续）

| 返回码字段的数值 | 指示信息 | 指示信息说明 |
| --- | --- | --- |
| 0x04 | E_NOT_READY | 应用程序没有运行 |
| 0x05 | E_NOT_REACHABLE | 运行该服务的系统不可用 |
| 0x06 | E_TIMEOUT | 发生超时 |
| 0x07 | E_WRONG_PROTOCOL_VERSION | SOME/IP 版本不支持 |
| 0x08 | E_WRONG_INTERFACE_VERSION | 接口版本不匹配 |
| 0x09 | E_MALFORMED_MESSAGE | 反序列化错误 |
| 0x0A | E_WRONG_MESSAGE_TYPE | 接收到不符合预期的消息类型 |
| 0x0B～0x1F | RESERVED | 保留用于一般的 Some/IP 错误。这些错误在 Some/IP 协议的未来版本中指定 |
| 0x20～0x5E | RESERVED | 为服务和方法的特定错误保留，这些错误由接口规范指定 |

注：反序列化和序列化相对，信息装载为报文的过程是序列化的过程，报文解析为信息的过程就是反序列化的过程。

### 4.3.3　SOME/IP 的通信机制

SOME/IP 共有 4 种通信模式，分别是 Request/Response、Fire&Forget、Notification Event、远程进程控制。其中 Request/Response 和 Fire&Forget 通信模式属于 Method 中的一种。

**1. Request/Response 通信模式**

Request/Response 作为一种最常见的通信方式，对应 REQUEST 信息。通信过程是订阅者发送请求信息（Request），提供者接收到请求，进行处理和响应（Response），如图 4-9 所示。

**2. Fire&Forget 通信模式**

Fire&Forget 通信模式对应 REQUEST_NO_RETURN 信息，订阅者向提供者发送请求（Request），提供者无须进行任何响应，如图 4-10 所示。

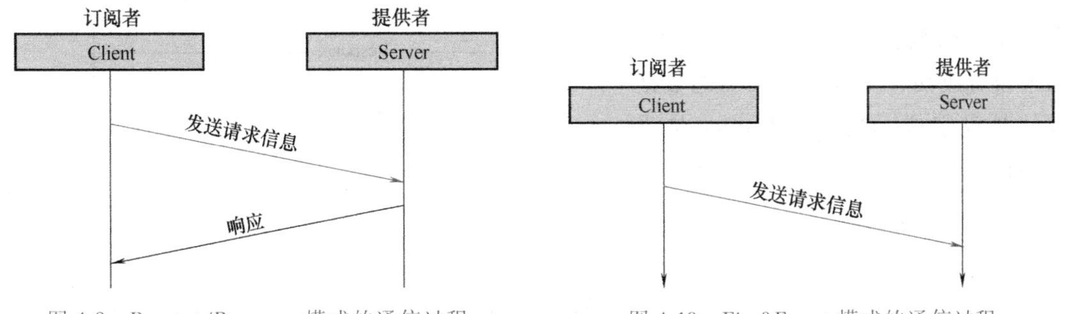


图 4-9　Request/Response 模式的通信过程　　图 4-10　Fire&Forget 模式的通信过程

**3. Notification Event 通信模式**

该通信模式对应 Notification Event 信息，订阅者通过 SOME/IP-SD（Service Discovery，服务发现）协议向提供者订阅相关的事件组，当订阅的事件组发生变化时，提供者向订阅者发布更新的内容，详细通信过程如图 4-11 所示。

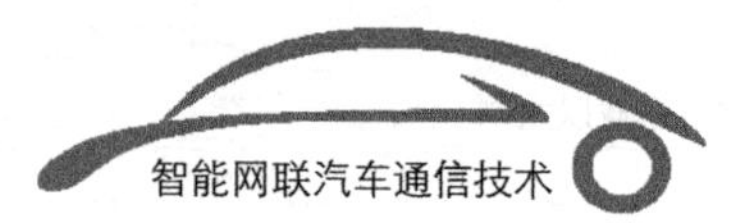


1）Client 通过发送 Find Service 报文寻找车载网络中可用的服务实例。

2）Server 接收到 Client 的 Find Service 后，通过 UDP 发送 Offer Service 响应。

3）Client 通过发送 Subcribe EventGroup 去订阅相关的 Event。

4）Server 检查是否满足 Client 的订阅条件，如果满足回复 ACK，如果不满足，则回复 N-ACK。

5）当 Client 成功订阅相关事件后，Server 根据事件本身的属性向订阅该事件的 Client 发布。

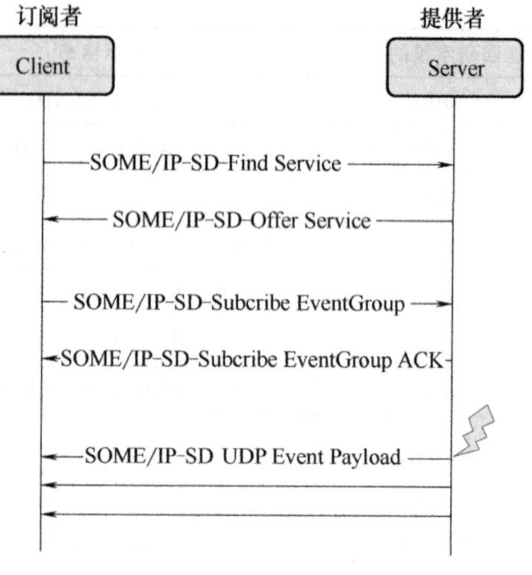


图 4-11　Notification Event 模式的通信过程

4. 远程进程控制

远程进程控制通信模式对应 Notification Field 信息，是针对提供者状态量（如应用程序数据）的获取与更改，有 Getter、Setter、Notifier 三种操作方式，订阅者可以调用 Getter 获取提供者的状态量，订阅者可以调用 Setter 更改提供者的状态量；订阅者可以调用 Notifier 让提供者把状态量变化的情况发送给订阅者。

远程进程控制模式的通信过程如图 4-12 所示。Getter 与 Setter 方式使用 Request/Response 机制。Getter 方式下，Client 发送的请求报文的数据段是空的，Server 收到请求报文后，可以将获取的状态值填充在数据段并回发给 Client；使用 Setter 方式时，请求报文中的数据段就是要设置的值，如果设置成功，则响应报文中的数据段就是设定成功的值。Notifier 是当 Server 的状态值有变化时，Server 发送给 Client 的通知。

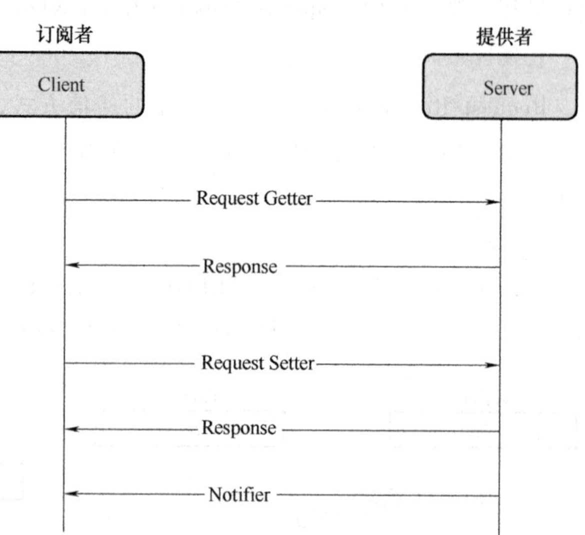


图 4-12　远程进程控制通信过程

## 任　务

1. CAN 总线是面向（　　）的通信，车载以太网是面向（　　）的通信。

A. 服务　　B. 信号

2. SOME/IP 工作在（　　）。

A. 物理层　　B. 网络层　　C. 传输层　　D. 应用层

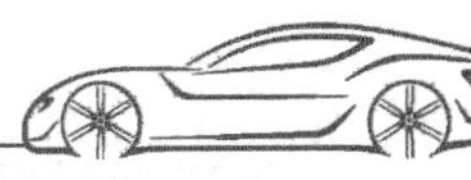

3. SOME/IP 数据报属于应用层的（　　），传输到传输层时，属于传输层的（　　）。

A. 服务数据单元　　　　　B. 协议数据单元

4. 分析 SOME/IP 的特点。

5. 举例说明 SOME/IP 数据报中信息 ID 的组成及作用。

6. 举例说明 SOME/IP 数据报中请求 ID 的组成和作用。

7. 名词解释：事件、方法。

8. SOME/IP 有哪些数据类型？各种数据类型有什么作用？

9. 分析 SOME/IP 的 Notification Event 通信模式的通信过程。

10. 分析 SOME/IP 的远程进程控制通信模式的通信过程。

11. SOME/IP 是否对数据报进行校验？如果校验，采用哪种校验方式？

## 拓展任务 4.4　传输层的 TCP/UDP

### 4.4.1　TCP 的数据报文格式

TCP 的数据报文格式如图 4-13 所示，包括 TCP 报头和 TCP 数据字段。

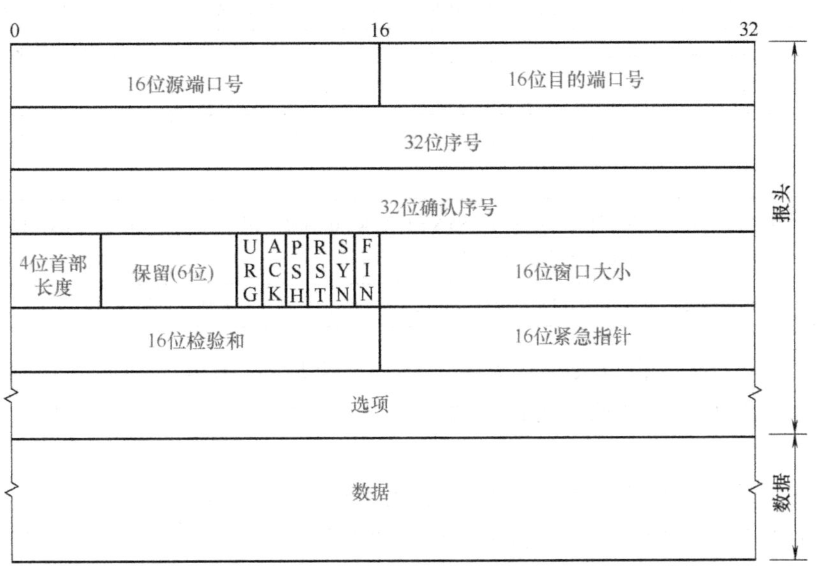

图 4-13　TCP 的数据报文格式

#### 1. TCP 报头

TCP 报头包括端口号字段、序号字段、确认序号字段等。

（1）端口号字段　端口号字段在传输层确定一个唯一的应用，通过它可以找到主机内对应的某个应用，包括 16 位的 TCP 源端口（Source Port）号和 16 位 TCP 目的端口（Destination Port）号。TCP 源端口号标识源计算机上的应用程序端口号，TCP 目的端口标识目标计算机的应用程序端口号。

数据到达网络层后，根据 IP 首部的协议号传给传输层相应的协议模块去做端口号处理，

如果是 TCP，则传给 TCP 模块，如果是 UDP，则传给 UDP 模块。

（2）序号字段　TCP 是面向字节流的传输，所传送数据的每一个字节都会按顺序编号。序号（Sequence Number，SN）字段占 32 位，表示本报文所发送数据的第一个字节的编号。

（3）确认序号字段　确认序号（Acknowledgment Number，ACK Number）字段占 32 位，表示接收方期望收到发送方下一个报文段的第一个字节数据的编号，其值是接收方接收到的最后一个字节的编号加 1。

序号字段和确认序号字段在本任务的 TCP 的通信过程进行详细分析。

（4）TCP 首部长度字段　TCP 首部长度字段占 4 位，用于确定 TCP 报文首部的长度，告诉接收方数据从何处开始。

（5）保留字段　保留（Reserved）字段占 4 位，为 TCP 将来的发展预留空间，目前必须全部为 0。

（6）标志位字段　标志位字段共有 6 位，具体名称和作用见表 4-5。

表 4-5　标志位字段的名称和作用

| 名称 | 作　用 |
| --- | --- |
| URG | 表示本报文段中发送的数据是否包含紧急数据，URG = 1 表示有紧急数据。只有当 URG = 1 时，后面的紧急指针字段才有效 |
| ACK | 表示前面的确认序号字段是否有效，ACK = 1 时表示有效。TCP 规定，连接建立后 ACK 为 1 |
| PSH | 告诉对方收到该报文段后，是否立即把数据推送给上层，如果值为 1，表示应当立即把数据提交给上层，而不是缓存起来 |
| RST | 表示是否重置连接，若 RST = 1，说明 TCP 连接出现了严重错误（如主机崩溃），必须释放连接，然后再重新建立连接 |
| SYN | 在建立连接时使用，用来同步序号。SYN = 1、ACK = 0 的报文用于请求建立连接；SYN = 1、ACK = 1 的报文表示对方同意建立连接。SYN 置 1 会消耗一个序号 |
| FIN | 标记数据是否发送完毕，FIN = 1 表示数据已经发送完成，可以释放连接，FIN 置 1 会消耗一个序号 |

（7）窗口大小字段　窗口大小（Window Size）字段占 16 位，表示当前接收端的接收窗口，即从确认序号字段开始还可以接收多少字节的数据，该字段可以用于 TCP 的流量控制。

（8）校验和字段　校验和字段占 16 位，用于确认传输的数据是否有损坏。校验范围包括伪首部、TCP 报头和 TCP 数据三部分。校验和码采用反码二进制求和再反码计算得到。

**【知识拓展】**

什么是伪首部（Pseudo Header）？

伪首部通常有 TCP 伪首部和 UDP 伪首部。伪首部不全是 TCP/UDP 数据报中的实际有效成分，是一个虚拟数据结构，既不向下传送，也不向上递交，仅仅是为计算校验和。UDP/TCP 伪首部包含来自 IP 数据报首部的 32 位源 IP 地址和 32 位目的 IP 地址、8 位填充 0、IP 数据报首部的 8 位传输层协议（TCP 的协议号是十进制的 6，UDP 的协议号是十进制的 17），以及来自 TCP 数据报的 16 位报头长度或来自 UDP 数据报的 16 位数据报长度。

【思考】

**为什么校验过程增加伪首部呢？**

校验过程增加伪首部的目的是为了对通信过程的五元组进行校验。五元组是源 IP 地址、源端口号、目的 IP 地址、目的端口号和传输层协议号这五个量组成的一个集合。例如：192.168.1.1 10000 TCP 121.14.88.76 80 就构成了一个五元组，其意义是，一个 IP 地址为 192.168.1.1 的终端通过端口 10000，利用 TCP，与 IP 地址为 121.14.88.76、端口为 80 的终端进行连接。

五元组能够唯一确定一个会话。其中源 IP 地址和源端口号构成一个套接字（Socket，也称为接口或套接口），目的 IP 地址和目的端口号构成一个套接字。

（9）紧急指针字段　紧急指针（Urgent Pointer）字段仅当前面的 URG 控制位为 1 时才有意义，其目的是指出本数据段中为紧急数据的字节数，占 16 位，当所有紧急数据处理完后，TCP 告诉应用程序恢复到正常操作。即使当前窗口大小为 0，也可以发送紧急数据，因为紧急数据无须缓存。

（10）可选项字段　可选项（Option）字段长度不定，但必须是 4B 的整数倍，选项中的内容也不定，由于可选项字段长度不定，因此数据报需要使用首部长度来指示该字段的具体长度。

2. TCP 数据字段

TCP 数据字段存储从应用层传输过来的数据报，假设应用层采用 SOME/IP，则应用层传输过来的数据报符合 SOME/IP 的数据格式。

## 4.4.2　TCP 的通信过程

TCP 的通信过程包括建立连接、传输数据和断开连接三个阶段。

1. 建立连接——三次握手

TCP 建立连接的过程是三次握手的过程，如图 4-14 所示。

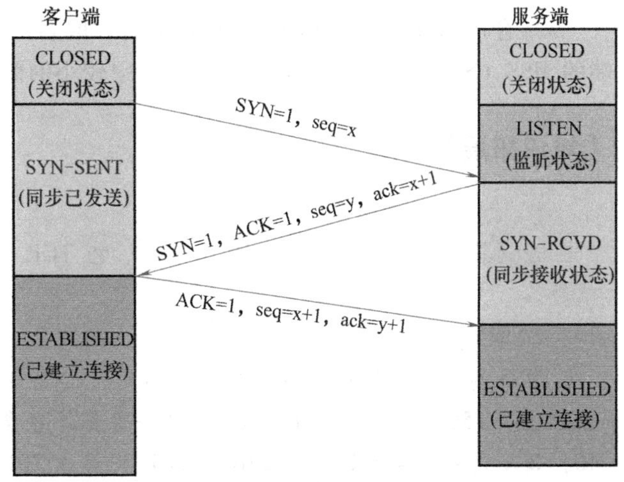


图 4-14　TCP 建立连接的过程

注：ACK 和 SYN 是 TCP 数据报文的标志位，seq 和 ack 为序号字段和确认序号字段

（1）第一次握手　客户端向服务端发送一个 SYN 报文（在 TCP 报头中 SYN 位为 1 的 TCP 数据报），包含一个客户端的初始序号（seq = x）。

（2）第二次握手　服务端返回一个 SYN + ACK 报文（在 TCP 报头中 SYN 和 ACK 位都为 1 的 TCP 数据报），包含服务端的初始序号（seq = y），确认序号 ack = x+1 表示已收到客户端的 SYN 报文。

（3）第三次握手　客户端给服务端

发送一个 ACK 报文（在 TCP 报头中 ACK 位为 1，SYN 位为 0 的 TCP 数据报），确认序号 ack=y+1 表示已收到服务端的 SYN+ACK 报文，客户端的序号为第二次握手服务端发送的 ack，即 seq=x+1。

握手过程中传送的报文不包含数据，三次握手完毕后，客户端与服务端才正式开始传送数据。三次握手还确定了 TCP 传输的初始序号、窗口大小以及最大报文长度（Maximum Segment Size，MSS），这样通信双方能利用初始序号保证双方数据段字节没有漏发或重发，通过窗口大小进行流量控制，使用最大报文长度避免 IP 协议对数据报的分片。

【思考】

**第一次握手时客户端发送的 SYN 报文数据段没有数据，但是在第二次握手时，服务端反馈 SYN+ACK 报文的 ack 值为 x+1（即客户端发送 SYN 报文的序号+1），为什么?）]?**

第一次握手时发送的 SYN 报文将 SYN 位置 1，TCP 规定，SYN 位置 1 会消耗一个序号，因此服务端反馈的 ack=x+1，第三次握手的 ack 值为 y+1 也是同样的道理。

图 4-15 是确定 MSS 的过程。假设客户端和服务端通过网络直通，中间不经过路由器（无 IP 转发），客户端发送 4312B 的数据。

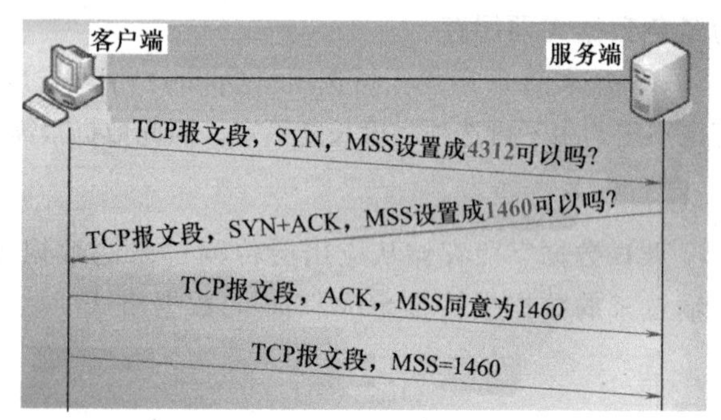


图 4-15　TCP 协商最大报文长度的过程

1）客户端在发送出去的 SYN 报文中带上本端（客户端）计划发送的 MSS 长度（4312B）。

2）服务端收到后进行确认，在发回的 SYN+ACK 报文中带上本端（服务端）的 MSS 长度（1460B）。

3）客户端收到这个 SYN+ACK 报文后，取客户端的 MSS（SYN 报文中发送的）和服务端的 MSS（SYN+ACK 报文中接收到的）中较小的值（1460B）作为客户端发送的 MSS。

【知识拓展】

**1. 什么是最大报文长度（MSS）?**

最大报文长度是传输层 TCP 的概念，指 TCP 数据报每次能够传输的最大数据分段字节数。

**2. MSS 的值应该设置为多少?**

MSS 的值需要根据网络层的协议确定，如果是采用 IPv4 协议的以太网，则其最大传输单元为 1500B，假设 TCP 头部和 IP 头部都不包含选项字段，TCP 的 MSS 设置为（MTU-40）B（减掉的这 40B 包括 20B 的 TCP 头部和 20B 的 IP 头部）。如果传输层有 2000B 的数据需要发送，需要两个分段，第一个 TCP 分段的有效数据载荷为 1460B，第二个 TCP 分段的有效数据载荷为 540B。

**3. 什么是最大传输单元？**

最大传输单元（Maximum Transmit Unit，MTU）是数据链路层的概念，指数据链路层对帧的数据部分长度的限制，即网络层的数据报最大长度。以普遍使用的以太网为例，MTU = 1500B，如果网络层有≤1500B需要发送，则一个IP包即可完成发送任务；如果网络层有>1500B的数据需要发送，则需要分段才能完成发送。

**4. MSS值存储在哪里？**

MSS的值存储在TCP报头的最后一个选项字段，该字段是可选信息，长度可变。典型的TCP报头选项字段的结构如图4-16所示。第一个字段kind说明选项的类型，有的TCP选项没有后面两个字段，仅含1B的kind字段；第二个字段length（若存在）为选项字段的总长度，包括kind字段、length字段和info字段所占的字节数；第三个字段info（若存在）是选项的具体信息。当kind为2时，选项字段的info存储的是最大报文长度的值。

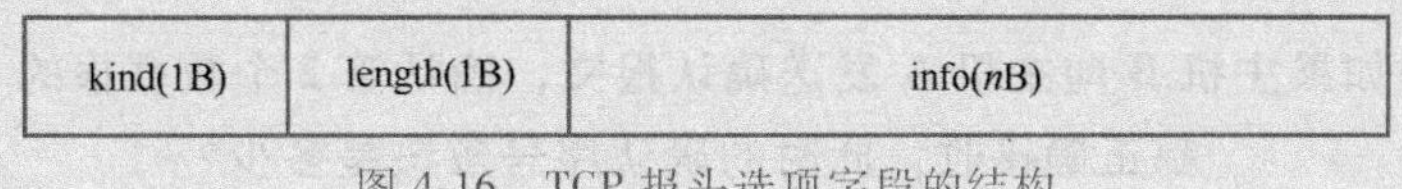

| kind(1B) | length(1B) | info(nB) |
|---|---|---|

图4-16　TCP报头选项字段的结构

## 2. 数据传输

TCP建立连接后可以开始数据传输。TCP所传输的数据不是以报文段进行编号，而是将数据分成字节流，并将每个字节的数据进行编号。TCP每次传送的报文段中的序号字段值表示所要传送本报文中的第一个数据字节的编号，确认序号字段是希望对方发送的第一个字节的编号。

图4-17为主机A分2个数据报向主机B传输200B的数据传输过程。首先，主机A通过1个数据报发送100B的数据，数据报的seq（序号）设置为1200。主机B为了确认该数

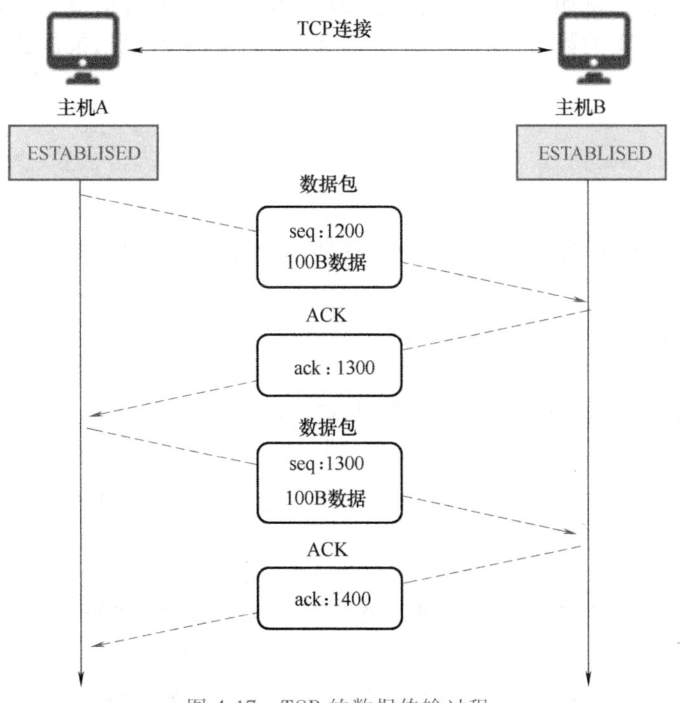


图4-17　TCP的数据传输过程

据报已经收到，向主机 A 发送 ACK 报文，并将 ack（确认序号）设置为 1300（希望主机 A 下一次发送数据报的第一个字节的数据）。通过序号确认可以建立 TCP 的可靠数据传输。

同样的，当主机 A 收到主机 B 回传的 ACK 报文之后，将 ack（确认序号）变为数据报的序号，再发送剩下 100B 数据，过程同上。

【思考】

**1. 图 4-17 中主机 A 向主机 B 发送剩下的 100B 的数据，此时的 ack 和 seq 应该是多少？**

seq 为主机 B 向主机 A 发送的 ACK 报文的确认序号，即 1300。由于主机 B 发送 ACK 报文时，SYN 位和 FIN 位未置 1，因此主机 A 发送给主机 B 的数据报确认序号 ack 为主机 B 在发送 ACK 报文时的序号。

**2. 图 4-17 中如果主机 B 向主机 A 发送确认报文，确认第 2 个数据报的 100B 的数据都正确接收，此时的确认序号应该是多少？**

根据公式，此时的主机 B 的 ACK 报文中的 ack = 主机 A 发送第 2 个数据报时的 seq+传输字节数 = 1400，即希望主机 A 接下来发送第一个字节编号为 1400 的数据。

为了保证数据准确到达，接收方在收到数据报（包括 SYN 报文、FIN 报文、普通数据报等）后必须立即回传 ACK 报文，这样发送方才能确认数据传输成功。

TCP 提供的确认机制可以在通信过程中不对每一个 TCP 数据报单独确认，而是在传送数据时，顺便把确认信息传出，大大提高网络的利用率和传输效率。TCP 的确认机制也可以一次确认多个数据报，例如，接收方收到了 201、301、401 的数据报，只需对 401 的数据报进行确认即可，对 401 的数据报的确认意味着 401 之前的所有数据报都已经确认，这样可以提高系统的效率。

【思考】

**1. 接收方如果收到一个有差错的报文，应如何处理？**

接收方将丢弃此报文，并不向发送方发送确认信息。

**2. 若发送方在规定时间内没有收到接收方的确认信息，应如何处理？**

发送方发送数据后将启动一个超时定时器，在一定的时间内没有收到对应的 ACK 报文就重新发送数据，直到发送成功为止。

**3. 接收方如果收到重复的报文，应如何处理？**

接收方丢弃重复的报文，并回发确认信息，否则对方会再次发送。

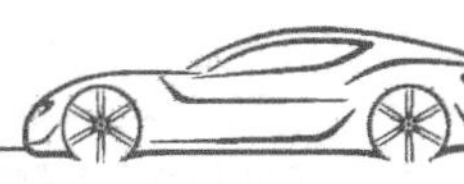

**4. TCP 数据报未按序号到达，接收方应如何处理？**

此种情况协议并未规定，一般有两种处理方式，一是对未按序号到达的报文直接丢弃；二是将未按序号到达的报文存放在缓冲区内，等待前面的报文到达后，在一起交给应用进程，后一种方法可以提高系统效率。

3. 断开连接——四次挥手

TCP 通信是全双工的，因此每个方向都必须单独关闭，原则是主动关闭的一方（如已经完成所有数据传输）发送一个 FIN 报文（FIN 位置 1 的报文）来表示终止这个方向的连接，收到一个 FIN 报文意味着这个方向不再有数据流动，但另一个方向仍能继续发送数据，直到另一个方向也发送 FIN 报文。连接释放的过程称为四次挥手的过程，如图 4-18 所示。

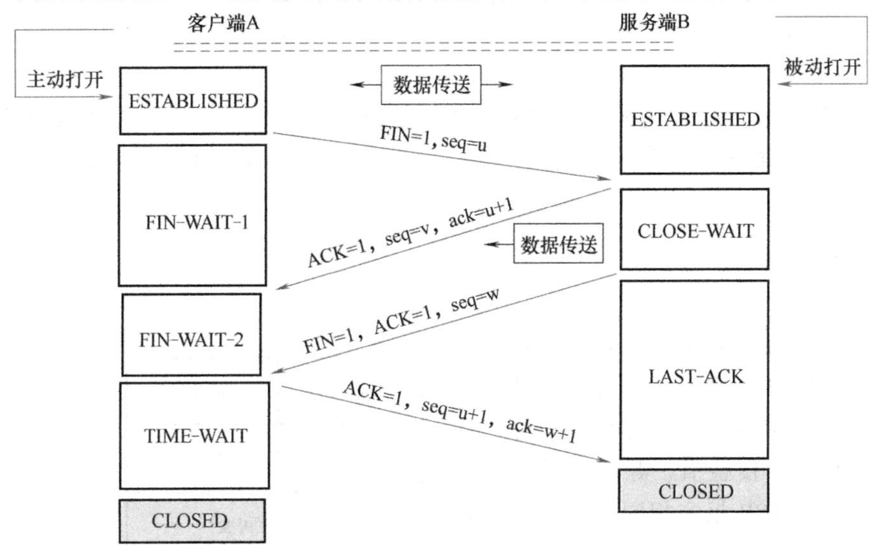


图 4-18　TCP 连接释放的过程

（1）第一次挥手　客户端 A 无数据发往服务端 B，则把连接释放报文段首部的 FIN 位置 1，其序号 seq = u，它等于前面已传送过的数据的最后一个字节的序号加 1。这时 A 进入 FIN-WAIT-1 状态，等待 B 的确认。

（2）第二次挥手　服务器 B 收到连接释放报文段后发出确认，确认序号 ack = u+1，而这个报文段自己的序号是 v，等于 B 前面已传送过的数据的最后一个字节的序号加 1。

此时，B 进入 CLOSE-WAIT（关闭等待）状态，从 A 到 B 这个方向的连接释放了，此时，TCP 连接处于半关闭状态，如果 B 发送数据，A 仍要接收。

（3）第三次挥手　A 收到来自 B 的确认后，进入 FIN-WAIT-2（终止等待 2）状态，等待 B 发出连接释放报文。若 B 已经没有向 A 发送的数据，其应用进程通知 TCP 释放连接。这时 B 发出的连接释放报文段使 FIN 置 1，假定 B 的序号为 w。B 还必须重复上次已发送过的确认序号 ack = u+1，B 进入 LAST-ACK 状态，等待 A 的确认。

（4）第四次挥手　A 在收到 B 的连接释放报文段后发出确认。在确认报文段把 ACK 置 1，确认序号 ack = w+1，而自己的序号 seq = u+1，然后进入到 TIME-WAIT 状态。B 收到 A 的确认报文后进入 CLOSE 状态。

值得注意的是，此时，TCP 连接还没有释放，必须经过时间等待计时器（TIME-WAIT timer）设置的 2 倍的最大报文段寿命（Maximum Segment Lifetime，MSL）后，A 才进入到 CLOSED 状态。至此，一个 TCP 连接就关闭了。

【知识拓展】

什么是 MSL？

MSL 是任何报文在网络上存在的最长时间，超过这个时间报文将被丢弃。

【思考】

**第二次挥手的 ack 值为什么是 u+1？**

第一次挥手客户端 A 发送一个 FIN 报文，将 FIN 位置 1。TCP 规定，FIN 报文即使不携带数据，也消耗一个序号，因此第二次挥手的 ack 值为 u+1。第四次挥手的 ack 值是 w+1 也是这个原因。

### 4.4.3 UDP 的数据报文格式

UDP 的数据报文格式如图 4-19 所示，包括 UDP 报头和 UDP 数据两部分。报头由 4 个 16 位长的字段组成，分别是源端口号、目的端口号、长度和校验值。源端口号和目的端口号的作用和 TCP 报文相同，长度字段表示 UDP 数据报的长度，包含 UDP 报头和 UDP 数据长度，由于 UDP 报头长度是 8B，所以长度字段的最小值为 8。校验值字段用于检验数据在传输过程中是否被损坏，检验范围与 TCP 报文相同，包括 UDP 首部、UDP 数据以及 UDP 伪首部，校验方式也与 TCP 报文相同，采用校验和方式。与 TCP 一样，UDP 报文的数据是应用层传输的报文。

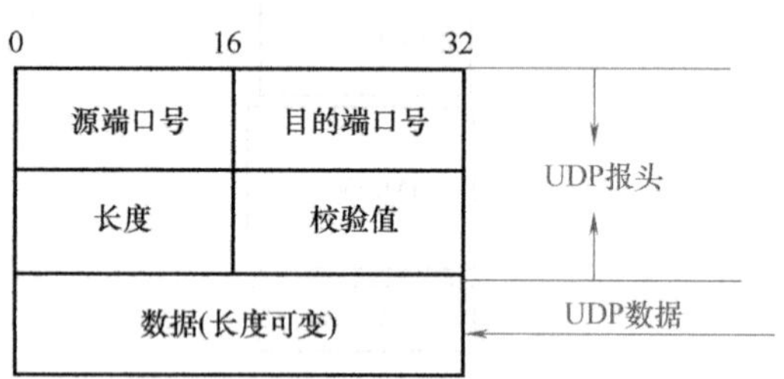


图 4-19 UDP 的数据报文格式

**任　　务**

1. 传输层的数据传输到应用层，根据（　　）确定该数据给到的应用程序。

A. MAC 地址　　B. IP 地址　　C. 端口号　　D. 以上说法都不对

2. 下列哪些情况会消耗一个序号？（　　）（多选）

A. SYN 置 1　　B. ACK 置 1　　C. FIN 置 1　　D. SYN 置 0

E. ACK 置 0

3. TCP 数据传输是面向（　　）的传输。

A. 字节流　　B. 数据分组　　C. 数据分段　　D. 以上说法都不对

4. TCP中确认序号字段有什么作用？
5. TCP窗口大小字段有什么作用？
6. 通信过程的五元组是指（　　）。（多选）
A. 源MAC地址　B. 源IP地址　C. 目的MAC地址
D. 目的IP地址　E. 源端口号　F. 目的端口号
G. 传输层协议
7. 一个套接字包括（　　）。
A. IP地址和端口号　B. MAC地址和端口号
C. IP地址和MAC地址　D. IP地址、MAC地址和端口号
8. TCP和UDP采用的校验方式是（　　）。
A. 奇偶校验　B. 循环冗余码校验
C. 校验和校验　D. 以上说法都不对
9. TCP和UDP的校验范围包括（　　）。（多选）
A. TCP/UDP报头　B. TCP/UDP数据　C. IP首部
D. TCP/UDP伪首部　E. 以上说法都不对
10. UDP的数据报文的长度字段代表（　　）。
A. 数据段的长度　B. 报头的长度
C. 整个UDP数据报的长度　D. 以上说法都不对
11. 什么是TCP/UDP伪首部？
12. TCP的通信连接是如何建立的？
13. TCP如何中断通信连接？

## 拓展任务4.5 传输层TCP的可靠传输

保证TCP可靠传输的方法除了上文介绍的序号确认机制外，还有流量控制机制、拥塞控制机制以及超时重传机制。

### 4.5.1 流量控制

流量控制是指通过调节发送方发送信息的速率，使得接收节点能够及时处理的过程。TCP首部的窗口大小字段代表接收方的数据接收能力，数据发送过程中，发送方发送的窗口大小字段（发送窗口）的数值不可以大于接收方发回的窗口（接收窗口）值。窗口大小的单位是字节。

为了叙述简单，假设主机A缓冲区的数据按照100B一个包进行发送，如图4-20所示。

| 1…100 | 101…200 | 201…300 | 301…400 | 401…500 | 501…600 | 601…700 | 701…800 | 801…900 |
|---|---|---|---|---|---|---|---|---|

图4-20　主机A要发送的数据字节编号

图4-21是主机A向主机B发送数据，主机B对主机A进行三次流量控制的过程。假设不考虑拥塞控制，发送方的发送窗口等于接收方的接收窗口，数据传输过程为：

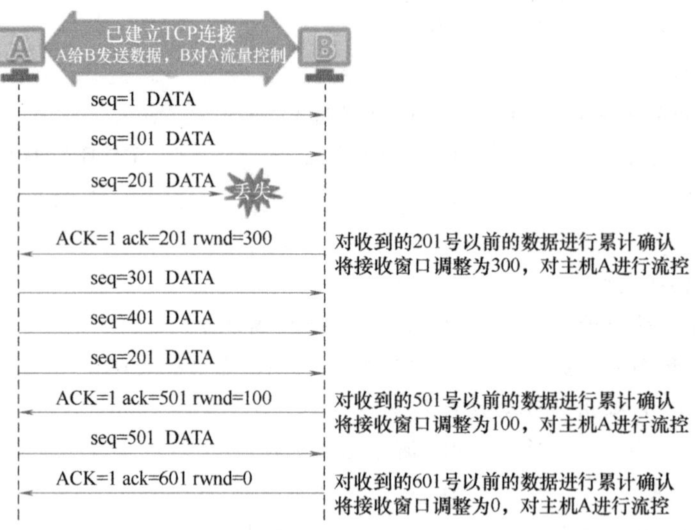


图 4-21 TCP 的流量控制过程

seq—序号字段的值 ACK—首部中的确认位 ack—确认序号字段的值 rwnd—接收窗口的值

DATA—要发送的数据

1）如果主机 B 和主机 A 建立连接的过程中，B 反馈给 A 的初始接收窗口（rwnd）为 400，A 将自己的发送窗口设置为 400，接下来可以顺序发送编号为 1~100、101~200、201~300 的数据。

2）如果 A 发送的 1~100 号、101~200 号数据顺利到达 B，并被 B 接收，但是 201~300 号意外丢失。此时 B 返回确认信息（ACK=1，ack=201，rwnd=300），表示 201 号之前的数据已被正确接收，并将自己的接收窗口设置为 300（B 对 A 的一次流量控制）。

3）A 收到 B 发来的确认后，将 201 号之前的数据移出发送窗口，同时清除缓冲区内相应的数据，并将发送窗口调整为 300，此时发送窗口内的数据编号为 201~300、301~400、401~500。

4）A 继续发送编号为 301~400、401~500 的数据，发送窗口内的数据发送完后，发送方暂停发送。

5）A 每发送一个数据报都会开启一个重传计时器，假设编号为 201~300 的数据报对应的重传计时器超时，A 会再次将该段数据报发送出去。

6）若 B 接收到 201~300 号数据，则返回确认，此时 ACK=1，ack=501，rwnd=100，表示 B 已成功接收编号为 500 之前的数据，并将自己的接收窗口设置为 100（B 对 A 的第二次流量控制）。

7）A 收到 B 发来的确认后，与第 4 步类似，将 501 号之前的数据移出发送窗口，同时清除缓冲区的数据，并将发送窗口调整为 100，此时 A 发送窗口内的数据编号为 501~600。

8）A 发送 501~600 号数据，发送窗口内的数据全部发送完成，暂停发送数据。

9）B 收到 501~600 号数据，将返回 ACK=1，ack=601，rwnd=0 的确认，表示已成功接收 600 号以前的数据，并再次调整其接收窗口为 0（B 对 A 的第三次流量控制）。

10）A 接收到 B 的确认后，将 600 号之前的数据移出发送窗口，清除缓冲区内的数据，调整发送窗口为 0，停止发送数据。

如果接收方有足够的缓存，则会发送一个非零窗口大小的报文给发送方，发送方收到该报文后开始发送数据。

**【思考】**

**1. 接收方未收到201~300号的确认报文，为什么不立即重传数据?**

为了避免不必要的重传造成总线资源浪费和网络负荷增加，TCP只有两种数据重传机制，分别是快速重传（收到三个对同一个报文的确认报文）和超时重传（超时计时器溢出）。因此图4-21中未收到201~300号确认报文不能立即重传，需要满足上述两种机制中的一种，图中满足超时重传机制后，发送方开始重发201~300号数据报。如果在超时计时器溢出之前收到三个101~200号的确认报文，则发送方启动快速重传机制，重传201~300号报文。

**2. 接收方由零缓存变为有足够缓存需要发送一个非零窗口大小的报文，此报文如果在传输过程中丢失，发送方的发送窗口一直为零导致数据不能发送，如何解决该问题?**

TCP为每一个连接设置一个持续计时器（Persistence Timer），只要TCP的一方收到对方的零窗口通知，就启动该计时器，并周期性地发送一个零窗口探测报文段。对方在确认该报文时附上现在的窗口大小。

TCP规定，即使设置为零窗口也必须接收以下几种报文：零窗口探测报文、确认报文和携带紧急数据的报文。

## 4.5.2 拥塞控制

1. 拥塞控制的作用

流量控制只关注发送端和接收端自身的状况，没有考虑整个网络的通信情况。拥塞控制则是基于整个网络考虑，在某段时间，对网络中某一资源的需求超过了该资源所能提供的可用部分，网络性能变坏，这种情况叫网络拥塞。

若出现拥塞而不进行控制，整个网络的吞吐量将随着输入负荷的增大而下降。例如，某一时刻网络上的延时突然增加，TCP的应对机制是重传数据，但是重传会导致网络的负担更重，出现更大的延时以及更多的丢包。为此TCP引入拥塞控制，在传输层实现。

2. 拥塞控制的流程

下面讨论的拥塞控制也叫作基于窗口的拥塞控制的流程。发送方维护一个拥塞窗口（cwnd）的状态变量，其值取决于网络的拥塞程度，且动态变化。为了简化拥塞控制的讨论做出如下假设：

1）数据是单方向传送，而另一个方向只传送确认。

2）接收方有足够大的缓存空间，因此发送方发送窗口的大小由网络的拥塞程度决定。

3）以TCP报文段的个数为讨论问题的单位，而不是以字节为单位。

基于上述假设，可以将发送方的发送窗口等于拥塞窗口。

拥塞控制方法包括慢开始（Slow Start）、拥塞避免（Congestion Avoidance）、快速重传

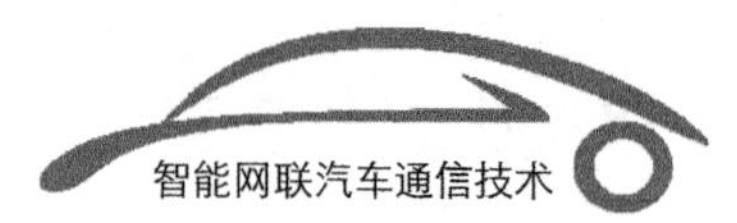


（Fast Retransmit）和快速恢复（Fast Recovery）。TCP 拥塞控制的流程图如图 4-22 所示。

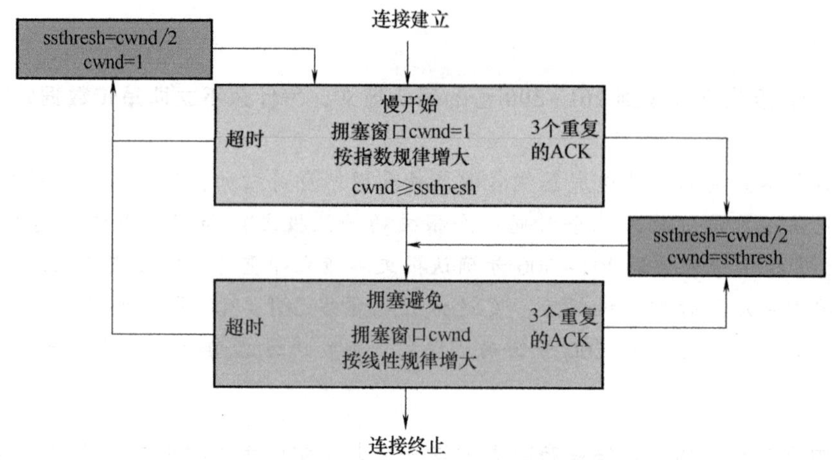


图 4-22　TCP 拥塞控制的流程图

（1）慢开始　慢开始在 TCP 刚建立连接或者发生传输超时的时候使用，慢开始模式下，初始拥塞窗口（cwnd）值设置为一个报文段大小，完成一个传输轮次后，cwnd 值翻倍。为了防止 cwnd 增长过快引起网络拥塞，需要给慢开始的拥塞窗口值设置门限值 ssthresh。当 cwnd<ssthresh 时，使用慢开始；当 cwnd>ssthresh 时，停止使用慢开始，改用拥塞避免；当 cwnd=ssthresh 时，既可使用慢开始，也可使用拥塞避免。

（2）拥塞避免　当 cwnd>ssthresh 时，为了避免网络发生拥塞，进入拥塞避免，其思路是让 cwnd 线性增长（即每经过一个传输轮次，cwnd 只增大一个报文段），使网络比较不容易出现拥塞。

如果在慢开始或拥塞避免过程中出现传输超时的情况，则将门限值调整为出现传输超时的拥塞窗口值的一半，拥塞窗口从一个报文段开始，即 cwnd=1，并立即回到慢开始。

（3）快速重传　如果在慢开始或拥塞避免过程中，发送方连续收到三个对同一报文段的重复确认报文，则发送方立即重传报文，不必等待重传定时器超时后再重传，这就是快速重传。此时，发送方门限值 ssthresh 设置为出现拥塞时的发送窗口值（swnd）的一半，根据上述假设，即出现拥塞的拥塞窗口值的一半，但是需要≥2，此时的拥塞窗口值等于门限值，可以提高网络吞吐量。

（4）快速恢复　快速恢复和快速重传配合使用，是指当采用快速重传时，直接执行拥塞避免，可以提高传输效率。

下面以图 4-23 为例分析 TCP 的拥塞控制过程。

（1）连接建立　当 TCP 建立连接后，把拥塞窗口置为 1，假设慢开始门限的初始值 ssthresh 设置为 15。

（2）慢开始　在执行慢开始时，拥塞窗口的初始值为 1，以后发送方每收到一个对新报文的确认，拥塞窗口值翻倍，然后开始下一轮次的传输（图中横坐标为传输轮次）。当拥塞窗口 cwnd 增长到 16 时执行拥塞避免。

（3）拥塞避免　进入拥塞避免，拥塞窗口值按线性规律增长。

（4）网络超时　假定拥塞窗口的数值增长到 24 时，传输出现超时（可能是网络发生了

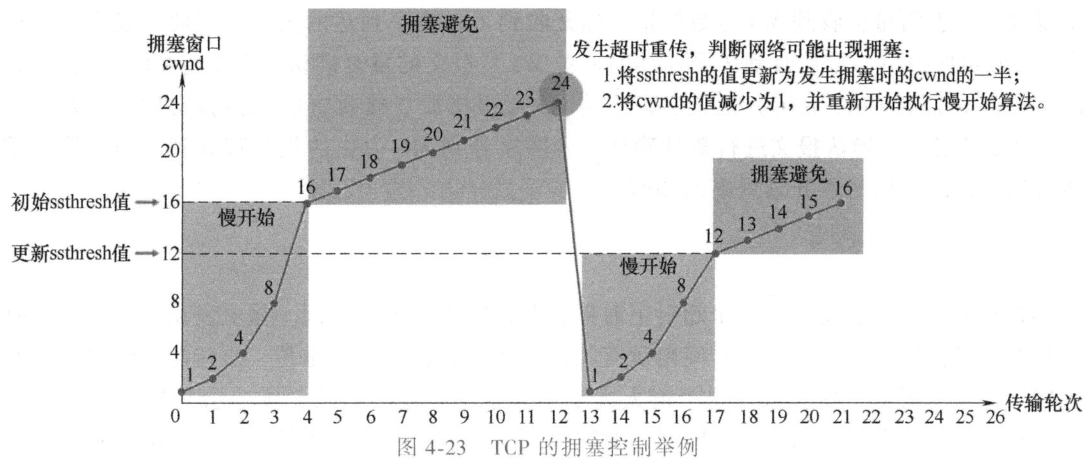

图 4-23 TCP 的拥塞控制举例

拥塞)，立刻启动超时重传，并将 ssthresh 值变为 12（即为出现超时的拥塞窗口值的一半），拥塞窗口重新设置为 1，并执行慢开始。

当 cwnd = ssthresh = 12 时改为执行拥塞避免，拥塞窗口按线性规律增长。

**【思考】**

**如果在图 4-23 中的第 21 个传输轮次收到对同一个报文的 3 个 ACK 报文，发送方应该如何处理？**

此种情况立即启动快速重传机制，将门限值调整为快速重传前的拥塞窗口值的一半（即 8），新的拥塞窗口等于门限值，并执行拥塞避免算法，cwnd 呈线性规律增长。

### 3. 快速重传机制

快速重传的数据传输过程如图 4-24 所示，接收方对发送方发送的 M1 号和 M2 号数据报分别进行确认。接下来发送方发送 M3 号数据报，假设 M3 号报文丢失，接收方便不会发送针对该报文的确认，发送方还可以将发送窗口内的 M4 号、M5 号和 M6 号数据报发送出去，接收方收到后，发现这不是按序到达的报文段，因此给发送方继续发送针对 M2 号报文段的

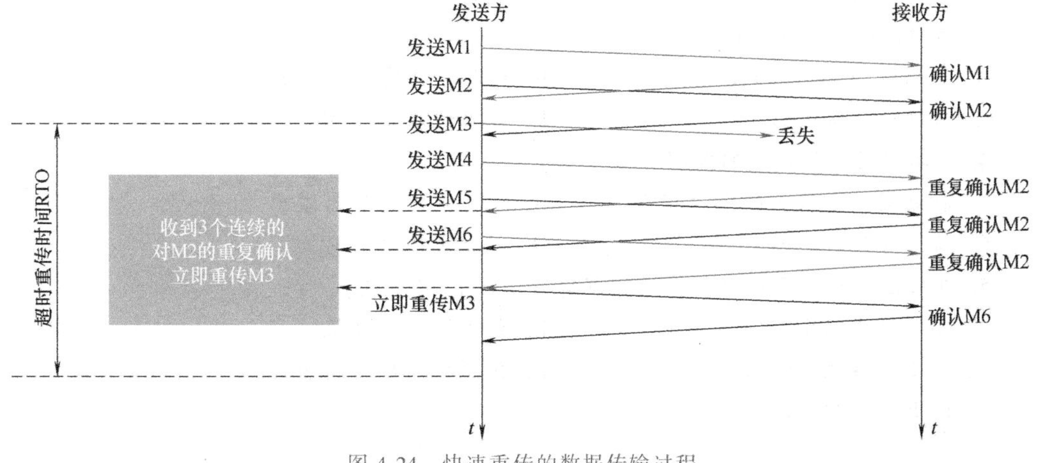

图 4-24 快速重传的数据传输过程

重复确认，表明希望收到 M3 号数据报，但是收到了未按序到达的报文。因此当发送方发送完 M6 号数据报后，累计收到 3 个连续的针对 M2 号报文的重复确认，在重传超时时间（Retransmission Time Out，RTO）之前立即重传 M3 号报文段。接收方收到该报文后，给发送方发回 M6 号报文的确认报文进行累计确认，表明序号到 M6 为止的报文都收到。使用快速重传可以使整个网络的吞吐量提高约 20%。

### 4.5.3 超时重传机制

TCP 中每一个报文对应一个超时定时器，并设置重传超时时间。报文发出后，超时定时器开始计时，如果在重传超时时间内没有收到确认信息，则进行重传。重传超时时间是超时重传机制一个很重要的参数，这个值太大了会导致不必要的等待，太小会导致不必要的重传，理论上应该设置为网络往返时间（RTT），但又受制于网络距离与瞬态时延变化，所以需要使用自适应的动态算法来确定。

TCP 重传（快速重传和超时重传）还有重传次数的限制，数据报的重传次数根据系统设置的不同有所区别，一些数据报只会被重传 3 次，如果 3 次后还未收到该数据报的确认报文，就不再尝试重传。但一些可靠性要求很高的业务会不断重传丢失的数据报，尽最大可能保证数据的正常交互。

**【知识拓展】**

什么是网络往返时间？

网络往返时间表示从发送端发送数据开始，到发送端收到来自接收端的 ACK 确认报（假设接收端收到数据后立即确认）总共经历的时间。

## 任　务

1. 为什么进行流量控制？

2. 流量控制的依据是（　　）。

A. 网络拥塞程度　　B. 接收方的接收窗口大小

C. 发送方的发送窗口大小　　D. 拥塞窗口的大小

3. 启动快速重传机制的前提是（　　）。

A. 收到同一个报文的三次确认　　B. 超时重传定时器溢出

C. 持续计时器溢出　　D. 以上说法都不对

4. 启动超时重传机制的前提是（　　）。

A. 收到同一个报文的三次确认　　B. 超时重传定时器溢出

C. 持续计时器溢出　　D. 以上说法都不对

5. 拥塞控制的慢开始阶段，拥塞窗口（　　）。（多选）

A. 小于等于门限值　　B. 大于等于门限值

C. 按照线性规律增长　　D. 按照指数规律增长

E. 以上说法都不对

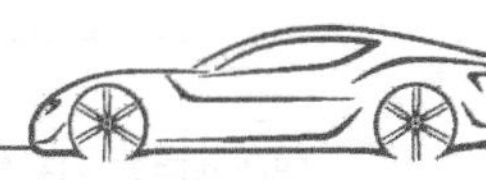

6. 拥塞控制的拥塞避免阶段，拥塞窗口（ ）。（多选）

A. 小于等于门限值　　B. 大于等于门限值

C. 按照线性规律增长　　D. 按照指数规律增长

E. 以上说法都不对

7. 拥塞避免阶段如果出现传输超时，应该如何处理？（ ）。（多选）

A. 将门限值调整为出现传输超时的拥塞窗口值的一半

B. 拥塞窗口从一个报文段开始，即 cwnd=1

C. 拥塞窗口值调整为出现传输超时的拥塞窗口值的一半

D. 立即回到慢开始

E. 立即回到拥塞避免

## 拓展任务 4.6 网络层的 IPv4 协议族

### 4.6.1 IPv4 协议族

IPv4 协议族是 TCP/IP 中最为核心的部分，主要包括地址解析协议（ARP）、逆地址解析协议（Reverse Address Resolution Protocol，RARP）、互联网控制信息协议（ICMP）等。

**1. ARP 和 RARP**

ARP 和 RARP 是介于数据链路层和网络层之间的协议，其功能是地址解析。ARP 用来将 IP 地址解析为 MAC 地址。IP 地址是主机在网络层的地址，如果将网络层的数据报交给目的主机，必须知道该主机的物理地址。在以太网上，主机的物理地址就是 MAC 地址。RARP 和 ARP 正好相反，将主机的 MAC 地址解析为 IP 地址。

**2. ICMP**

ICMP 是介于网络层和传输层之间的协议，允许主机或路由器报告差错情况和提供有关异常情况的报告，提高数据报文交付成功的机会。

### 4.6.2 IPv4 的地址

IPv4 使用 32 位的二进制位地址，也常使用点分十进制记法书写，采用这种表示法的 IP 地址用 4 个十进制整数来表示，每个十进制整数对应一个字节，例如，IPv4 地址使用二进制可表示为 00001010 00000001 00000001 00000010，采用点分十进制表示为 10.1.1.2。

**1. IPv4 地址的组成**

IPv4 地址由两部分组成，分别是网络号（Net-ID）字段和主机号（Host-ID）字段。

（1）网络号字段　IP 地址的网络号字段用来标识一个网络的网络地址，用于区分 IP 地址所属的网络。一般在 IP 地址后添加附加信息进行描述，如 192.168.134.10/16 中，192.168.134.10 为 IP 地址，斜线后的数字表示网络号字段的长度是 16 位，即 192.168，因此该 IP 地址的网络地址是 192.168.0.0。网络号字段和网络地址也可利用 IP 地址和子网掩码确定。对于网络号字段相同的设备，无论所处的物理位置如何，都处于同一个网络中。

（2）主机号字段　主机号字段用来区分一个网络内的不同主机。

**2. IP 地址的分类**

为了方便 IP 地址的管理及组网，IP 地址分成五类，如图 4-25 所示。目前大量使用的 IP 地址属于 A、B、C 三类 IP 地址，D 类地址是组播地址，E 类地址保留。A、B、C 类地址可根据网络号字段的字节数进行区分，A 类为 1 个字节，B 类为 2 个字节，C 类为 3 个字节，例如 192.168.134.10/16 为一个 B 类地址。此外，通过网络号字段的前几位也可以判断 IP 地址属于哪一类，A 类地址的第一位为 0，B 类地址的前两位为 10，C 类前三位为 110，D 类和 E 类的前四位分别为 1110 和 1111。

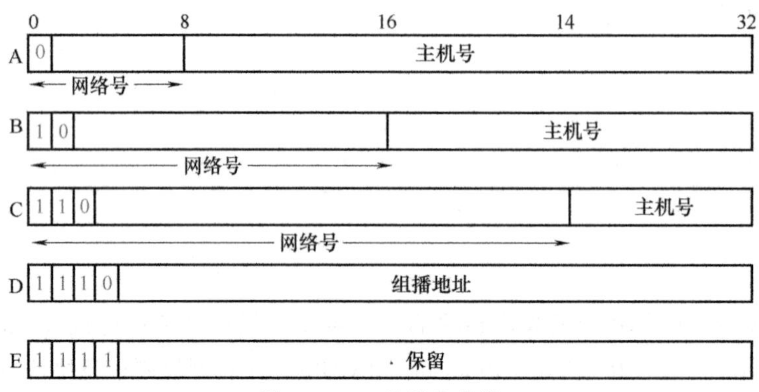


图 4-25　IP 地址的分类

**3. 子网划分**

子网划分是指借用 IP 地址主机号的部分位数进一步划分为多个子网，以解决 IP 地址空间利用率低和两级 IP 地址不够灵活的问题。

图 4-26 是用一个 B 类地址主机号的高 5 位划分子网，子网络号的范围是 00000~11111，总共可以划分 $2^5$（32）个子网。通过子网划分，整个网络地址可以划分成更多的小网络。子网划分是网络内部行为，从外部看只有一个网络号，只有当报文进入到网络内部后，路由设备才根据子网号再进行选择，找到目的主机。

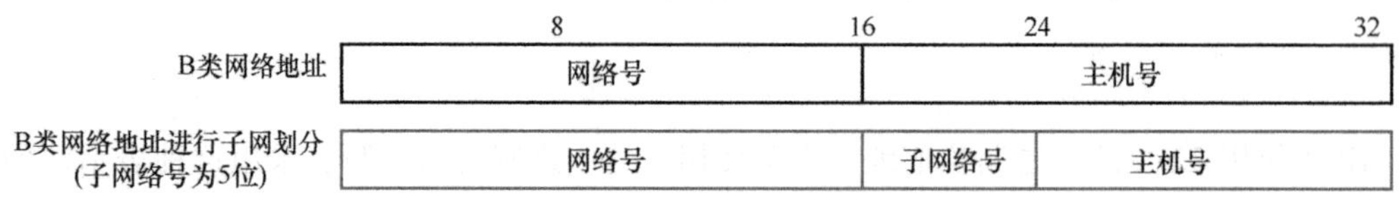


图 4-26　B 类地址的子网划分

**【知识拓展】**

**1. 什么是子网掩码？**

子网掩码（Subnet Mask）又叫地址掩码、子网络遮罩，用来指明一个主机 IP 地址的哪些位标识主机所在的网络，以及哪些位标识主机号，子网掩码不能单独存在，必须结合 IP 地址一起使用。

子网掩码由一串连续的“1”和一串连续的“0”组成。“1”对应网络号字段，“0”对应主机号字段。未进行子网划分之前，B类网络有16位网络号和16位主机号，子网掩码对应16位1和16位0，点分十进制为255.255.0.0。进行图4-26的子网划分后，共有21位网络号和11位主机号，子网掩码有21位的1和11位的0，对应点分十进制为255.255.248.0。

**2. 如何根据主机IP地址和子网掩码计算主机的网络号和主机号？**

将主机IP地址与子网掩码按位执行“与”运算，得到的结果中，非零部分为网络号字段，而IP地址剩下的位是主机号。在图4-27中，某主机的IP地址为10.100.122.2，子网掩码为255.255.255.0，将IP地址和子网掩码转换成二进制，并按位进行“与”运算，根据计算结果，IP地址的前24位为网络号，低8位为主机号，主机所在的网络地址为10.100.122.0。

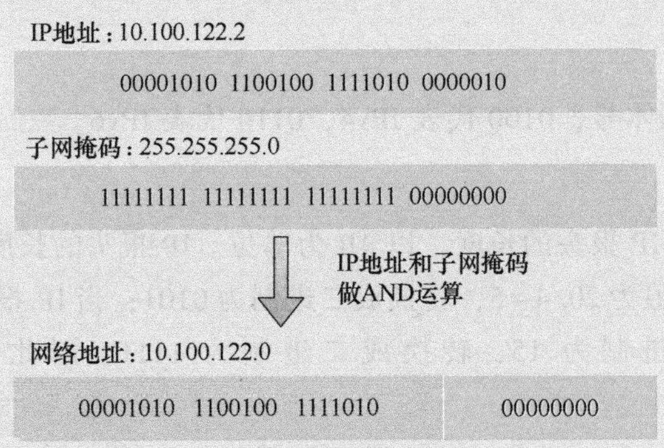


图4-27 根据主机IP地址和子网掩码计算主机的网络号和主机号的过程

**3. 子网划分后，网络容纳的主机数是变多还是变少？**

以一个B类网络为例，如果不进行子网划分，B类网络的IP地址有16位主机号，可以容纳的主机数为$2^{16}-2=65534$个（去掉全0和全1的主机号）。

如果主机号字段划分出5位作为子网络号，最多可有32个子网，每个子网有11位的主机号，即每个子网最多可容纳2046（$2^{11}-2$，去掉全1和全0的主机号）个主机。因此，主机的总数是65472（32×2046），比不划分子网时少了62个。

推广到一般形式，对于一个B类网络，如果划分$x$位（$x>1$）的主机号字段作为子网络号，可容纳的主机数为$2^x\times(2^{(16-x)}-2)=2^{16}-2^{(x+1)}$，由于$x>1$，因此可容纳的主机数比不划分子网少。

### 4.6.3 IPv4报文格式

一个IPv4数据报文由报头和数据两部分组成。报头又包括固定部分（20B）和可选部分（长度可变，范围为0~40B）。固定部分是所有IPv4数据报必须有的，包括版本（Version）字段、报头长度（Header Length）字段、区分服务（Differentiated Service）字段、总长度（Total Length）字段、标识（Identification）字段、标志（Flag）字段、片偏移（Fragment Offset）字段、生存时间（Time To Live，TTL）字段、协议（Protocol）字段、报头校验和（Header CheckSum）字段、源 IP 地址（Source IP Address）/目的 IP 地址（Destination IP Address）字段，如图 4-28 所示。下面对报头固定部分的相关字段进行说明。

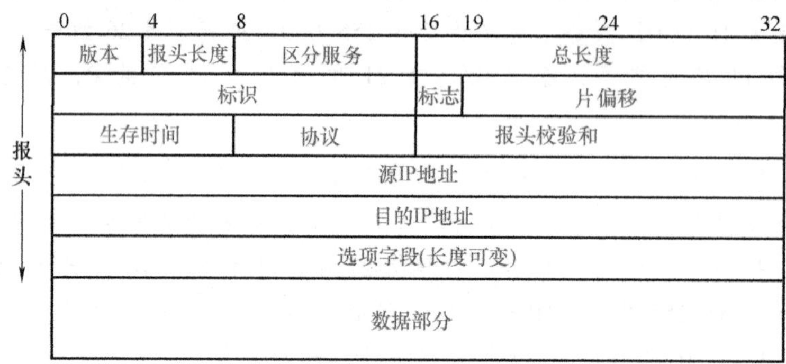


图 4-28　IPv4 的报文格式

1. 版本（4 位）

版本字段代表 IP 版本号，0100 代表 IPv4，0110 代表 IPv6。

2. 报头长度（4 位）

报头长度字段代表 IP 报头的长度，以 4B 为单位。IP 报头的长度为 20~60B，当长度为 20B 时，对应该字段的值为 20/4=5，转换成二进制为 0101；当 IP 报头的长度为 60B 时，报头长度字段对应的十进制为 15，转换成二进制为 1111，因此该字段的取值范围为 0101~1111。

3. 区分服务（8 位）

只有在使用区分服务时，区分服务字段才起作用，一般情况下都不使用这个字段。

4. 总长度（16 位）

总长度字段代表 IP 数据报的总长度，其值不能超过 MTU。接收方用 IP 数据报总长度减去 IP 报头长度，可以确定数据报中数据部分的字节数。

5. 标识（16 位）

标识字段通常与标志字段和片偏移字段一起用于数据报的分段。数据报的原始长度若超过数据链路的最大传输单元，则需要将数据报分段，并将每个数据报的标识字段设为同一个数值，以便接收设备识别接收到的分段数据是否属于同一个数据报。

6. 标志（3 位）

标志字段的第 1 位没有使用；第 2 位（DF）为不分段标志位，DF=0 表示数据报可以分段，DF=1 表示路由器不能对数据报进行分段处理。如果数据报由于不能被分段而未能转发，则路由器将丢弃该数据报，并向源主机发送错误信息，这种情况一般用于测试链路的 MTU 值；第 3 位（MF）为更多分段标志位，路由器对数据报进行分段时，除了最后一个分段数据报的 MF=0 外，其余数据报的 MF=1，以便接收方判断分段是否结束。

7. 片偏移（13 位）

片偏移（Fragment Offset）也称为分段偏移，指分段起始点相对于报头起始点的偏移量，

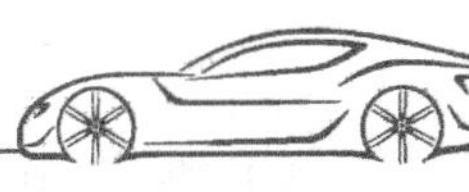

以 8B 为单位，用于标识某个分段中的数据在原始数据中的位置。由于分段到达时可能错序，因此该字段可用于接收方按照正确的顺序重组数据报。

【思考】

**1. 标识是如何生成的？**

IP 软件的存储器中的一个计数器用于产生标识，每生成一个数据报，计数器加 1，并将此值赋给标识字段。

**2. 如果传输层传输的数据字节数为 3560B，IP 报头的长度固定为 20B，IP 数据报的最大长度为 1420B，假设数据报的标识字段为十进制的 12，网络层如何对数据进行分段传输，和分段相关的字段中的数值应该为多少？**

3560B 的数据需要分成 3 段传输，第 1 段和第 2 段 IP 数据报的数据长度为 1400（1420-20）B，第 3 段 IP 数据报的数据段长度为 760（3560-1400-1400）B。IP 数据报报头中和分段有关字段的数值见表 4-6。

表 4-6　IP 数据报报头中和分段有关字段中的数值

| 数据分段情况 | 数据报总长度/B | 数据段的长度/B | 标识 | DF | MF | 片偏移（十进制） |
|---|---|---|---|---|---|---|
| 分段 1 | 1420 | 1400 | 12 | 0 | 1 | 0 |
| 分段 2 | 1420 | 1400 | 12 | 0 | 1 | 1400/8 = 175 |
| 分段 3 | 780 | 760 | 12 | 0 | 0 | 2800/8 = 350 |

**8. 生存时间**（8 位）

生存时间即跳数的大小，数据报在传输过程中每经过一台路由器，TTL 减 1，TTL 减为 0 时，路由器丢弃该数据报，并向源主机发送错误信息。TTL 可以防止数据报在网络上无休止地传输。

【知识拓展】

**1. 什么是跳数？**

跳数是指报文通过的路由器的个数，也称为路由成本。

**2. 图 4-29 中，TTL 为 2 的 IP 数据报是否能从主机 A 发送到主机 B？**

主机 A 发送信息到主机 B 有两条路径。如果采用 R2 路由器路径，则信息传输需要 2 跳（R1 和 R2）；如果经由 R3/R4 路径，数据传输需要 3 跳（R1、R3 和 R4）。如果 IP 数据报的 TTL=2，则图中主机 A 发送的数据经由 R2 路径传输可到达主机 B，经由 R3/R4 路径不能到达主机 B，因为数据经过 R4 路由器时，TTL=0，数据被丢弃。

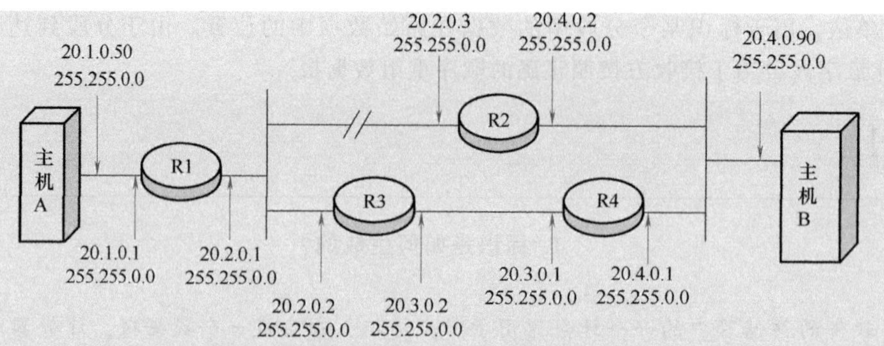


图 4-29 主机 A 和主机 B 之间的传输路径选择

R1/R2/R3/R4—路由器

注：路由器左右两侧的点分十进制代表该路由器接口的 IP 地址和子网掩码。

**3. TTL 和 MSL 之间是什么关系？**

TTL 为生存时间，是由源主机设置的跳数（一个 IP 数据报可以经过的最大路由数），不是具体时间，MSL 对应一个时间，如果二者换算为同样单位，应该是 MSL 大于 TTL。

**9.** 协议（8 位）

协议字段标识出传输层的协议号，即数据应该交给自己上一层（传输层）的哪个协议。例如字段的十进制值为 6，则数据传输给 TCP；如果十进制值为 17，则传输给 UDP。

**10.** 报头校验和（16 位）

报头校验和字段用于检查 IP 报头传输过程中是否有差错，只用于校验 IP 报头，不计算被封装的数据，采用校验和方法。IP 数据报每经过一台路由器都需要重新计算校验和。

**11.** 源 IP 地址（32 位）/目的 IP 地址（32 位）

源 IP 地址字段和目的 IP 地址字段分别代表数据发出主机的 IP 地址和接收主机的 IP 地址。

**12.** 选项字段

选项字段为可选项，很少使用，长度不固定，但必须为 4B 的整数倍，不够的部分可通过末尾添加 0 补充。

### 4.6.4 IP 协议的通信机制

IP 提供的是无连接、不可靠、尽力而为的 IP 分组数据报交付服务。IP 数据报分为直接交付和间接交付两种。如果源地址和目的地址在同一个物理网络中，则可以经由交换机直接交付；如果源地址和目的地址不在同一个物理网络中，则需要使用路由器进行间接交付。需要注意的是，每一个数据报转发的最后一步均为直接交付。

**【思考】**

**如何判断源地址和目的地址是否在同一个物理网络？**

可通过网络号字段判断，网络号字段相同则为同一物理网络。

### 1. 路由器的结构

路由器又称路径器，工作在网络层，可以连接不同的网络，是能够选择数据传输路径并转发数据的网络设备。每台路由器与两个或两个以上的物理网络直接连接，每个网络接口都提供双向通信，包括输入端口和输出端口。

整个路由器分为路由选择部分和分组转发部分，如图 4-30 所示。路由选择部分根据路由选择协议构造并维护路由表。分组转发部分又分为交换结构、一组输入端口和一组输出端口。路由器在输入端口接收分组，数据处理之后确定输出端口，并通过对应的输出端口发送到下一个路由器或目的主机。

路由器的输入端口和输出端口均包括物理层、数据链路层和网络层。IP 数据报进入路由器时，输入端口的物理层从传输线上读取数据帧，处理转换成比特流，随后送到数据链路层和网络层进行数据校验和解封装，如果网络层模块正在处理其他数据，数据报被暂存在数据队列中等待处理。网络层设备根据数据报首部的目的 IP 地址查找转发表，将分组转发到相应的输出端口，这就是路由器的分组转发过程。输出端口的处理过程和输入过程刚好相反。

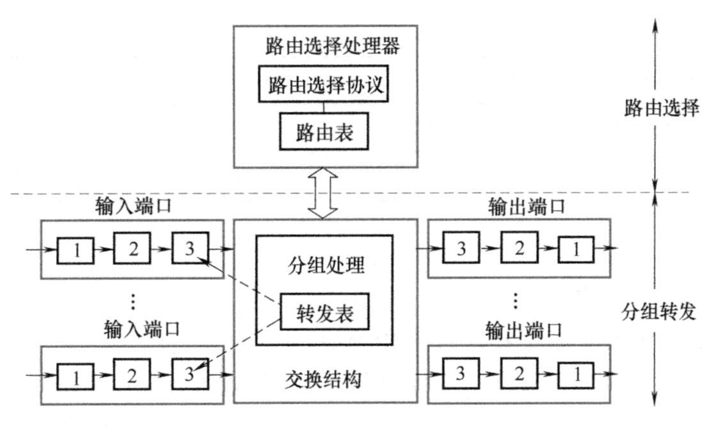


图 4-30　路由器的结构

1—物理层　2—数据链路层　3—网络层

### 2. 路由表

路由器收到 IP 数据报后需要根据目的 IP 地址和转发表进行路由选择，转发表来自路由表，在讨论路由选择原理时，一般对路由表和转发表不做区分。

路由表囊括的信息包括目的网络地址、网络掩码、下一跳路由器接口的 IP 地址、本路由器接口的 IP 地址接口和跳数，见表 4-7。目的网络地址是指目的主机所在网络的网络地址，路由表分为三种情况。

1）目的网络地址为某个特定网络或子网的地址，子网掩码不全为 0，也不全为 1，如表中的序号 1、2、3、4、7。

2）目的网络地址为某个特定主机的网络地址，子网掩码应设置为 255. 255. 255. 255，如表中的序号 5、6、8，此时为特定主机路由。

3）目的网络地址和网络掩码都设置为全 0，即所有未在路由表中指定的网络地址均可以由该表项完成路由选择，如表中的序号 9，此时称为默认路由，一般放在路由表的最后一行。

表 4-7 中下一跳路由器接口的 IP 地址是指分组接下来要到达的网络，即分组即将转发的路由器接口 IP 地址，如果是直接交付，则该信息可以用横杠表示。本路由器接口的 IP 地址是指和接下来要转发的路由器连接的本路由器接口 IP 地址。跳数是指通常情况下到达目标地址所需要经过的路由器数量。需要注意的是，本路由器接口和下一跳路由器必须在同一个物理网络上。

表 4-7 路由表的例子

| 序号 | 目的网络地址 | 网络掩码 | 下一跳路由器接口的 IP 地址 | 本路由器接口的 IP 地址 | 跳数 |
|---|---|---|---|---|---|
| 1 | 127.0.0.0 | 255.0.0.0 | 127.0.0.2 | 127.0.0.1 | 1 |
| 2 | 192.168.1.0 | 255.255.255.0 | 192.168.1.1 | 192.168.1.6 | 30 |
| 3 | 192.168.1.240 | 255.255.255.240 | 192.168.1.1 | 192.168.1.6 | 20 |
| 4 | 192.168.1.240 | 255.255.255.240 | 192.168.1.1 | 192.168.1.6 | 15 |
| 5 | 192.168.1.6 | 255.255.255.255 | 127.0.0.2 | 127.0.0.1 | 30 |
| 6 | 192.168.1.255 | 255.255.255.255 | 192.168.1.1 | 192.168.1.6 | 30 |
| 7 | 224.0.0.0 | 240.0.0.0 | 192.168.1.1 | 192.168.1.6 | 30 |
| 8 | 255.255.255.255 | 255.255.255.255 | 192.168.1.1 | 192.168.1.6 | 1 |
| 9 | 0.0.0.0 | 0.0.0.0 | 192.168.1.1 | 192.168.1.6 | 30 |

### 3. IP 分组转发流程

IP 分组转发的流程包括：

1）从待转发的 IP 数据报中提取目的 IP 地址。

2）将目的 IP 地址和路由表项中各行的子网掩码按位进行与运算得到目的网络地址 N。

3）将运算得到的目的网络地址 N 和转发表中的目的网络地址对比。如果 N 与路由表表项中某个目的网络地址相同，则根据该行路由表信息进行转发。如果该行路由信息指明是直接交付，则路由器将该分组直接交付给目的主机；否则根据路由表的下一跳路由器接口的 IP 地址和本路由器接口的 IP 地址，通过本路由器的对应接口转发到下一跳路由器。

若找不到匹配的表项，路由器将该 IP 数据报丢弃，同时向源主机发送目标不可达的错误报告。

## 任　务

1. IP 数据报的交付是依据（　　）。

A. IP 地址　　B. 端口号　　C. MAC 地址　　D. 主机物理地址

2. 分析下列 IP 地址的网络号字段和主机号字段：192.168.1.1/24. 192.168.1.130/16。

3. IP 数据报对（　　）进行校验，采用（　　）校验方式。

A. 报头　奇偶　　B. 整个数据报　校验和

C. 报头　校验和　　D. 整个数据报　循环冗余码

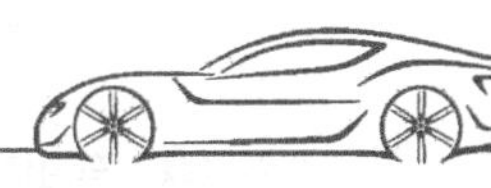

4. 如果传输层传输的数据总长度为4650B，IP报头的长度固定为20B，IP数据报最大长度为1420B，假设数据报的标识字段为54，如何对数据进行分段传输，和分段相关的字段中的数值应该为多少？

5. IP数据报最后一步的交付采用（　　）交付。

A. 间接　　B. 直接　　C. 直接或间接　　D. 直接和间接

6. 如果源IP地址和目的IP地址在同一个物理网络中，采用（　　）交付方式。

A. 间接　　B. 直接　　C. 直接或间接　　D. 直接和间接

7. 如果源IP地址和目的IP地址不在同一个物理网络中，则采用（　　）交付方式。

A. 间接　　B. 直接　　C. 直接或间接　　D. 直接和间接

8. 名词解释：子网掩码、特定主机路由、默认路由、路由器的分组转发。

9. 路由器的输入端口接收到的数据如何处理？

10. 分析IP数据报的分组转发过程。

11. 如果一个主机IP地址为192.168.130.5，对应的子网掩码为255.255.240.0，分析以下问题：

（1）该IP地址的网络号字段和主机号字段是什么？

（2）如果该IP地址为B类地址，是否进行子网划分？

（3）如果进行子网划分，子网划分使用了几位主机号？

（4）该网络可以容纳多少台主机？

## 拓展任务4.7 数据链路层的Ethernet AVB/TSN协议族

Ethernet AVB协议族是对传统以太网功能的扩展，通过增加精确时钟同步、带宽预留等协议提高音视频传输的实时性，作为AVB协议的扩展，TSN协议引入时间触发式以太网的相关技术，能高效实现汽车控制类信息的传输。

### 4.7.1 Ethernet AVB协议族

#### 1. AVB协议基本原理

AVB协议是IEEE的802.1工作组于2005年制定的基于以太网架构、用于实时音视频传输的协议集。以太网默认的转发机制是尽力而为，大量数据报抵达端口后，先入先出的转发原则造成较大的传输延时，为此，AVB协议将数据流分为实时数据流（音视频数据流）和普通数据流，并给实时数据流分配固定的时间（流量整形），其他非实时数据流在总线空闲期间发送。如果总线上有3个实时音视频数据流和一些普通数据流，采用传统以太网传输时，音视频数据流和普通数据流容易产生重叠，如图4-31所示；采用AVB技术传输时，3个音视频数据流所占的带宽分别在确定的时间点发送（第1个实时音视频数据流在时间点T1、第2个在T2，第3个在T3），而所有非实时数据流在其他时间发送，保障实时数据流的服务质量（Qos），提高带宽的使用率，如图4-32所示。

AVB协议存在“Talker”和“Listener”角色，前者为数据源，后者为请求数据的用户，该技术要求以太网以100Mbit/s的全双工模式运行，有效负载不超过1500B，实现低延时和精准同步，有助于数据传输的 QoS，广泛应用在音视频（同步多媒体播放）、ADAS 系统、连接汽车应用等方面。

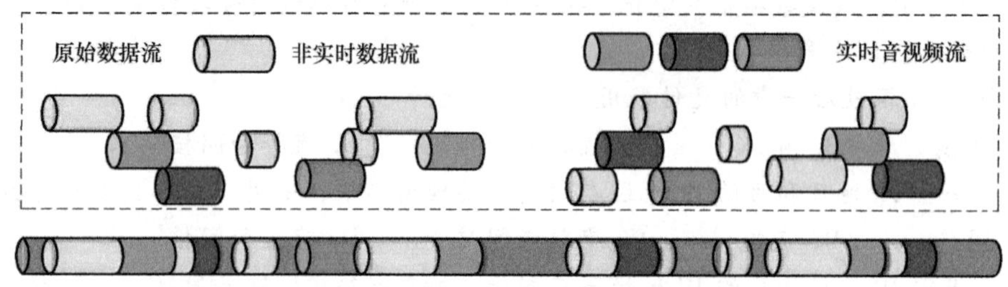


图 4-31　3 个实时音视频数据流和多个非实时数据流的传输（采用传统以太网）

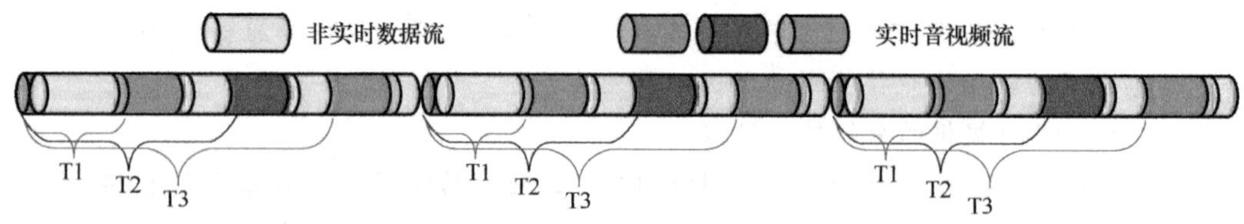


图 4-32　3 个实时音视频数据流和多个非实时数据流的传输（采用 AVB 技术）

**【知识拓展】**

什么是 QoS?

QoS（Quality of Service，服务质量）是利用各种基础技术为网络通信提供更好的服务以解决网络延迟和阻塞等问题的一种技术。QoS 的基本要求包括数据流间保持同步、应用层的网络延时不明显、具有可随时获取的网络资源。

### 2. AVB 协议族的组成

AVB 协议族如图 4-33 所示，主要包括 IEEE 1722/1733 音视频传输协议 、IEEE 802. 1AS 精准时钟同步协议、IEEE 802. 1 Qat 流预留协议、IEEE 802. 1 Qav 队列及转发协议。

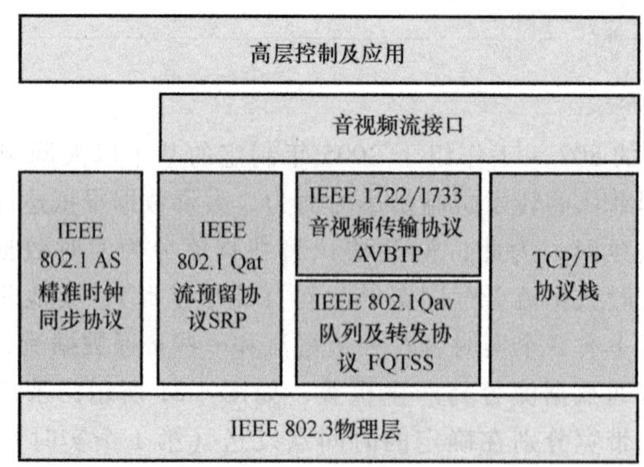


图 4-33　AVB 协议族

SRP—Stream Reservation Protocol，流预留协议　AVBTP—Audio/Video Bridging Transport Protocol，音视频桥接传输协议　FQTSS—Forwarding and Queuing of Time Sensitive Streams，时间敏感流的转发和队列

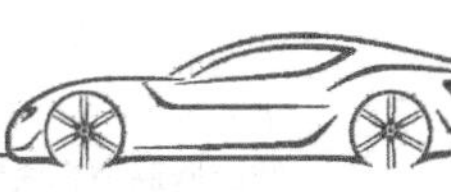

（1）**IEEE 1722**　IEEE 1722 对 AV 数据的传输过程进行规范。IEEE 1722 数据帧存储在以太网帧的数据段中，由帧头字段、流 ID 字段、AVBTP 时间戳字段、负载信息字段以及数据负载字段组成，如图 4-34 所示。帧头定义了 AV 数据类型和序号，其中序号便于 Listener 确认丢包情况；流 ID 是传输的数据流的标识符，与 Talker 的 MAC 地址相关；AVBTP 时间戳是 IEEE 1722 很重要的概念，定义了数据报离开 Talker，交给 Listener 的时间；负载信息字段携带数据格式相关信息；数据负载字段定义需要传输的数据，采用 IEC 61883 格式对数据封装进行规范，包括 IEC 61883 帧头（IEC Header）和音视频包（Audio Video Packet，AVP）。

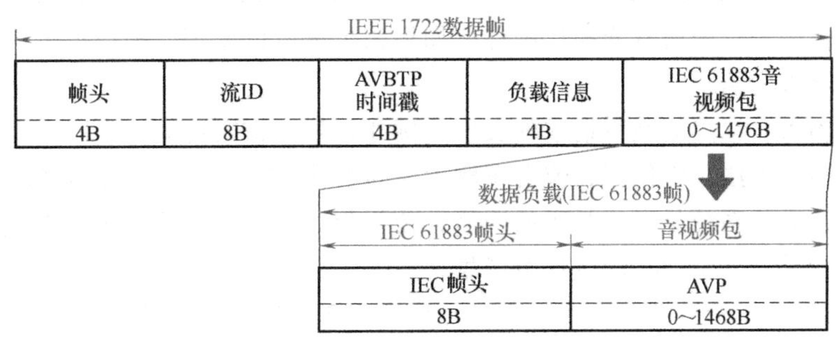


图 4-34　IEEE 1722 的数据帧结构

IEC—International Electro technical Commission，国际电工委员会

IEEE 1722 规范能够静态或动态分配本地管理的单播或组播地址，但是由于车内应用场景一般为静态场景，即一旦确定汽车配置，车载网络拓扑基本确定，因此应用于车载通信的 IEEE 1722 通常使用静态配置 MAC 地址的方式。

（2）**IEEE 802.1AS 精准时钟同步协议**　IEEE 802.1AS 是 AVB 协议族中最重要的一部分，用于网络时钟同步，是在 IEEE 1588 精准时间同步协议的基础上进行修改得到的广义的精准时间同步协议（general Precision Time Protocol，gPTP），旨在让 AVB 网络中所有节点与一个共同的参考时钟同步。

IEEE 802.1AS 通过时钟同步信息传输机制和传播延迟测量机制，可确保两个通信节点间的同步误差在 1ms 内。该协议利用最佳主时钟算法（Best Master Clock Algorithm，BMCA）选择网络中唯一的主时钟节点，所有非主时钟节点需要与其同步。在汽车应用场景中，常选择汽车必备 ECU 作为主时钟节点，而不是性能最优的 ECU，比如具备 GPS 功能的 ECU 尽管性能更优，但是在地下车库使用时可能因为信号弱而导致时钟不准。网络中各节点为了保持同步，需要明确各传输路径产生的延时，在 IEEE 802.1AS 中定义了 pDelay 传输延时的测量方法，用以计算在 AVB 网络中各相邻节点间的传输时间，此外，pDelay 的测量还用于验证相邻节点是否支持 IEEE 802.1AS 协议，测量 pDelay 的重要工具为时间戳。

**【知识拓展】**

业界主流的时间同步协议有哪些?

业界有两个主流的时间同步协议，分别是 NTP（Network Time Protocol，网络时间协议）和 PTP（Precision Time Protocol，精准时间协议）。NTP 把计算机的时钟同步到世界

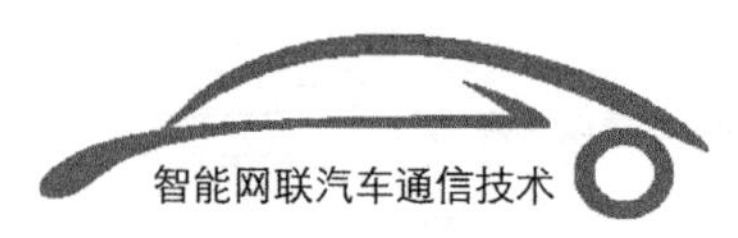


协调时（Universal Time Coordinated，UTC），其精度在局域网内可达 0.1ms，在互联网上为 1~50ms。PTP（IEEE 1588）通过在设备之间传递同步报文来获取精准的时间，在有线网络中可以实现 5ns 级别的时间精度。

**（3）IEEE 802.1Qat 流预留协议** 为确保音视频数据流端到端的服务质量，IEEE 802.1Qat 流预留协议对传输链路的带宽进行配置，并规定了音视频数据流的最大预留带宽为整个网络带宽的 75%，而其余 25%的带宽用于传输普通以太网数据。

IEEE 802.1Qat 实现的主要方式为：Talker 将持有的数据资源通告 AVB 网络内所有的节点，如果 Listener 需要该数据，则发布通告进行回应，此时，Listener 接收来自 Talker 的数据所需要的带宽将由经过的所有交换机统计，如果该带宽可以使用，则数据传输可以保证，反之，流预留请求被驳回。

但是汽车场景不接受流预留请求的驳回，例如，驾驶辅助功能由于后排乘客正在观看高清视频遭到驳回，无法正常使用，或者车辆无法接收乘客移动设备的音频数据都属于故障。此外，由于车载通信系统是一个封闭的网络，使用以太网的应用和数据传输速率要求已知，因此可以预估并设计一个静态的流预留场景。

**（4）IEEE 802.1Qav 队列及转发协议** IEEE 802.1Qav 队列及转发协议是实时数据流的转发和队列控制协议，通过保证不同数据流的数据报之间固定的传输间隔，能够确保传输时延控制在一定的范围内，以提供高实时性的数据传输服务，提高 AV 信号的传输质量。

IEEE802.1Qav 定义了 8 个流量类，每个流量类都有一个优先级，优先级从 0 到 7 进行排序，其中 7 是最高优先级。非预留（non-Stream Reservation，non-SR）类数据流的数据优先级低于预留（Stream Reservation，SR）类，没有任何带宽预留或保证，采用尽力而为的传输方式。

在 Ethernet AVB 网络交换机中，IEEE 802.1Qav 定义的 8 个流量类和普通以太网类信息采用严格优先级排队（Strict Priority Queuing，SPQ）的调度方式，使得音视频数据流优先传输，8 个流量类的队列一般采用信用整形算法（Credit-Based Shaper Algorithm，CBSA）对网络的音视频数据流进行调度，而在队列内的同类信息如果具有相同优先级，则按先进先出（First In First Out，FIFO）的调度方式，如图 4-35 所示。

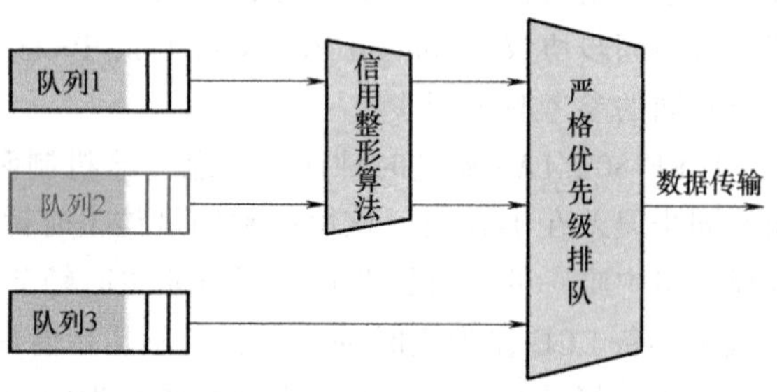


图 4-35 IEEE 802.1Qav 队列及转发协议调度机制

**【知识拓展】**

什么是信用整形算法？

信用整形算法的基本原理是：每个队列有一个信用值，如果端口空闲，交换机转发优先级高且信用值≥0 的队列中的第一帧数据，在数据发送过程中，该队列的信用值以一定的速率下降，其他有数据等待传送的队列的信用值增加；如果端口繁忙或者信用值<0，则数据暂缓发送，信用值增加，待队列的信用值≥0 且端口空闲时重新竞争端口。发送完

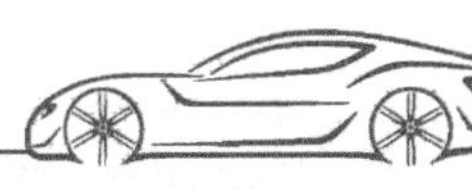

第一个数据报之后，有数据等待发送的队列重新竞争端口，信用值≥0且优先级高的数据再次获得端口使用权，同样的，其他有数据等待发送的队列的信用值增加，如果没有符合要求的队列，则端口进入空闲状态。数据发送完成的队列的信用值回到0。需要注意的是，信用整形算法只针对预留类数据。

图4-36描述了信用整形算法的整形过程，图中第7优先级队列有一个数据报正在发送时，Class A（默认为第3优先级）有两个数据报需要发送，Class B（默认为第2优先级）有一个数据报需要发送，此时端口繁忙，Class A队列和Class B队列均有数据正在排队，因此队列信用值增加。

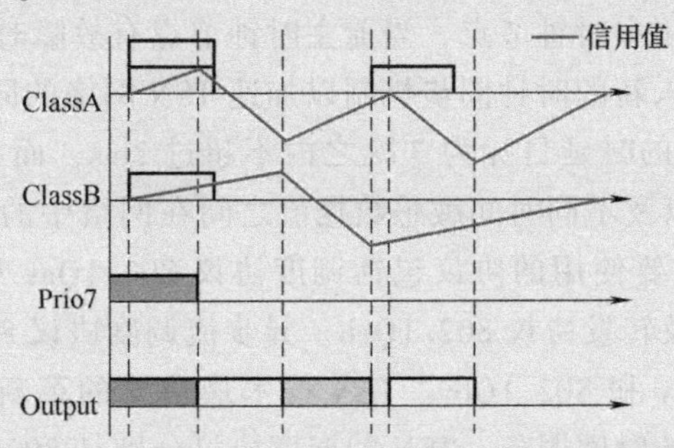


图4-36　IEEE 802.1Qav中的信用整形算法举例

当第7优先级的数据转发完成，端口空闲，Class A和Class B的信用值均>0，Class A的优先级更高，因此优先转发该队列的第一个数据报，数据转发过程中，信用值逐渐下降，发送完第1个数据报之后，Class A队列的信用值<0，因此交换机停止转发Class A队列的第2个数据报，由于Class B队列的信用值>0，因此交换机开始转发Class B的数据报。在Class B队列数据转发的过程中，其信用值逐渐下降，数据转发完成，信用值<0，由于该队列后续无等待发送的数据，因此信用值回到0。

Class B队列数据转发过程中，Class A队列因有数据排队发送，信用值逐渐增加，Class B数据发送完成时，Class A队列的信用值依然<0，因此转发端口空闲。当Class A队列的信用值达到0，输出端口开始转发Class A的第2个数据报，转发过程信用值逐渐下降，并在转发结束后将信用值调整到0。

除了上述协议，AVB协议族还包括IEEE 1733和IEEE 802.1 BA等，IEEE 1733是一个实时传输协议（Real-Time Transport Protocol，RTP），规范了音视频流在网络层的传输，描述了音视频数据在网络层和数据链路层的关系，以确保音视频数据在汽车网络中的实时传输和同步。IEEE 802.1BA—2011标准定义了网络的默认配置方式和相关描述文件，便于缺乏专业网络知识的情况下进行相关配置和操作。

### 4.7.2　TSN协议族

#### 1. TSN协议提出的背景

安全类通信相较于其他通信具有更高的优先级，因此在区分AV数据和普通数据的基础上，还应该区分时间敏感的控制流量和其他流量，因此2012年IEEE 802.1工作组将AVB更名为TSN，广泛应用于专业音视频和车辆控制领域。TSN协议的主要目标是在以太网基础上提供一种在确定的时间内处理和传递报文的机制，以满足实时应用对确定性和低时延的要求，可解决汽车数据量提升、数据实时性要求高等问题，为未来汽车 E/E 架构提供有力保障。

**2. TSN 协议族的组成**

TSN 协议的基础是以太网协议，从 2012 年 TSN 工作组创立到现在，TSN 协议日渐完善，目前主要包括 4 个方面的内容，分别是时间同步、时延、可靠性和资源管理，每一个内容包含了一系列子协议。

（1）时间同步　TSN 协议中时间同步协议使用 IEEE 802.1AS 协议的修订版，新的协议可以在网络中设置多个备用主时钟节点，当前主时钟节点有故障时，可快速切换到备用主时钟节点，此外，修订版引入新的时钟同步机制以加速 TSN 网络的同步。

（2）时延　AVB 一代的时延目标为 7 跳之内不超过 2ms，而 TSN 通过优化时间敏感数据流和 Best-Effort 数据流以及不同时间敏感数据流之间在网络中的传输过程，将时延控制在 5 跳之内不超过 100μs，主要使用的协议包括调度协议 802.1Qav 和 802.1Qbv、帧抢占协议 802.1Qbu 和 802.1Qbr 以及转发协议 802.1Qch、异步流调度协议 802.1Qcr。

1）调度协议 802.1Qav 和 802.1Qbv。TSN 技术最重要的革新是引入了新的调度协议，以实现普通以太网上严格的时间服务，TSN 的调度协议分别是 802.1Qav 和 802.1Qbv。

802.1Qav 和 AVB 相同。802.1Qbv 定义了一种时间感知整形（Time Awareness Shaper，TAS）调度机制，根据时间同步协议 802.1AS 提供的全局时间基准创建调度任务并将其分发给参与的网络设备，保证数据通过交换机的延迟是确定的，与时分多路复用类似。通过 TAS 和直通交换的结合能保证最多 1μs 的延时。

**【知识拓展】**

什么是直通交换？

直通（Cut-Through）交换是交换机采用的减小时延的一种特有的数据交换方式，即交换机在接收到完整的数据报之前就可以将该数据报发送出去，前提是确定目标地址且发送端口正在发送的数据已经发送完毕。

2）帧抢占协议 802.1Qbu 和 802.3br。尽管 Qbv 的机制可以保护关键信息不受其他流量的干扰，但不一定能够实现最佳的带宽使用和最小的通信延迟，因此 TSN 定义了 802.1Qbu+802.3br 的帧抢占机制，帧抢占协议将帧分为快速通过帧（高优先级）和可被抢占帧（低优先级）两种。

802.1Qbu 规定，如果一个端口支持帧抢占功能，那么可以提供两种 MAC 服务接口，即可抢占 MAC（Preemptable MAC，PMAC）接口和快速 MAC（Express MAC，EMAC）接口，服务接口与帧优先级产生关联，使高优先级的帧可以快速通过。802.3br 定义了如何优先发送高优先级的时间敏感数据流，以及如何在物理层抢占低优先级数据的传输。

3）802.1Qch。Qav 协议中定义的 CBSA 算法从软件角度实现实时性，但网络传输路径拓扑的复杂性和各种干扰会导致时延增加，最差时延情况与拓扑、跳数、交换机的缓冲都有相关性，802.1Qch（循环排队与转发机制）采用同步控制入队和出队的策略，使得转发过程得以在一个周期内实现，数据流经过交换机的时间更具确定性。

4）802.1Qcr。802.1Qch 和 802.1Qbv 主要用于超低时延的数据，但是对带宽的利用率不高，因此有了 802.1Qcr 定义的异步流量整形（Asynchronous Traffic Shaping，ATS）算法，用于异步流调度，可以更高效地传输混合了周期和非周期的数据流。802.1Qcr 协议正在制定中。

（3）可靠性　TSN 传输可靠性主要使用的协议包括 802.1CB 和 802.1Qci。

1）802.1CB。802.1CB 是 TSN 协议族关于可靠性的重要协议，通过冗余信息以及在网络中设置冗余链路进行并行传输，以减少由于链路和节点失效对网络造成的影响，提高可靠性。802.1CB 为关键流量设计了帧复制和消除（Frame Replication and Elimination for Reliability，FRER）算法，将传输的数据帧复制后在不同路径上传输，到达目的节点后再将冗余的包删除。

2）802.1Qci。为了防止网络故障影响或恶意攻击对网络造成的干扰，802.1Qci 对输入的数据流进行监管，并将故障隔离到网络中的特定区域。

（4）资源管理　在 TSN 网络中，每一种实时应用都有特定的网络性能需求。TSN 网络可以对可用的网络资源进行配置和管理，主要使用的协议包括 802.1Qat 和 802.1Qcc。802.1Qat 和 AVB 相同，802.1Qcc 为流预留协议（802.1Qat）的增强，通过预留和配置降低管理流量，可进一步优化以太网的资源，支持 TSN 网络调度的离线或在线配置。

### 任　务

1. AVB 的基本原理是什么？
2. 分析 AVB 和 TSN 是如何对数据进行分类的。
3. AVB 和 TSN 分别通过哪些措施减小实时数据流的传输时延？
4. 什么是 802.1Qav 的信用整形算法？
5. TSN 的时间同步协议和 AVB 有什么相同点和不同点？
6. TSN 如何提高数据传输的可靠性？
7. 自行查阅资料，分析 AVB 和 TSN 的应用场景。

## 任务 4.8　车载以太网的帧结构

以太网常见的有两种帧格式，第一种是 20 世纪 80 年代初提出的 DIX v2 格式，即 Ethernet Ⅱ帧格式，如图 4-37 所示。Ethernet Ⅱ后来被 IEEE 802 标准接纳。第二种是 1983 年提出的 IEEE 802.3 格式。IEEE 802.3 格式和 Ethernet Ⅱ格式的主要区别在于，在 Ethernet Ⅱ格式的类型字段位置，IEEE 802.3 格式为长度字段，代表以太网帧数据场的数据长度，可以通过判别“类型/长度”字段的值进一步判断当前帧的类型，若该字段的值大于等于 0x0600，则该帧为 Ethernet Ⅱ帧格式，若该段的值小于等于 0x05DC，该帧为 IEEE 802.3 格式。

| 前导码 | 帧起始 | 目的物理地址 | 源物理地址 | 类型 | 数据 | 帧校验序列 |
|---|---|---|---|---|---|---|
| 7B | 1B | 6B | 6B | 2B | 46~1500B | 4B |

图 4-37　Ethernet Ⅱ 的帧格式

此外，IEEE 802.1Q 标准支持以太网数据帧在虚拟局域网（VLAN）中进行数据通信，是当前广泛使用的以太网基本协议之一，该标准所规定的以太网数据帧格式是在以太网数据帧中增加了虚拟局域网标签（VLAN Tag）字段，该字段位于源物理地址字段之后，长度为 4B。

车载以太网常用的是 Ethernet Ⅱ格式，并支持 IEEE 802.1Q，如图 4-38 所示，各段的作用见表 4-8，为了保证数据接收单元有足够的接收准备时间，帧与帧之间设置 12B 的帧间隔。

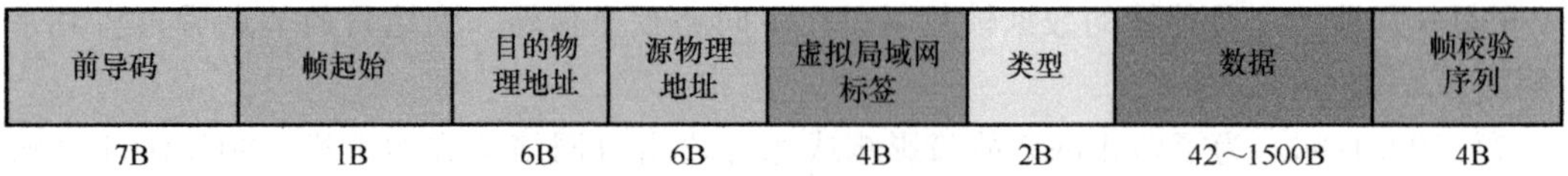

| 前导码 | 帧起始 | 目的物理地址 | 源物理地址 | 虚拟局域网标签 | 类型 | 数据 | 帧校验序列 |
|---|---|---|---|---|---|---|---|
| 7B | 1B | 6B | 6B | 4B | 2B | 42～1500B | 4B |

图 4-38　车载以太网的数据帧格式

表 4-8　车载以太网的数据帧各段的作用

| 序号 | 字段名 | | 长度/B | 作用 | 说明 |
|---|---|---|---|---|---|
| 1 | 帧头 | 前导码 | 8 | 节点同步 | |
| 2 | | 帧起始 | 1 | 数据帧的起始 | |
| 3 | | 目的物理地址 | 6 | 数据接收节点的 MAC 地址 | |
| 4 | | 源物理地址 | 6 | 数据发送节点的 MAC 地址 | |
| 5 | | 虚拟局域网标签 | 4 | 确定数据帧格式以及虚拟局域网 ID | |
| 6 | | 类型 | 2 | 以太网采用的协议类型 | |
| 7 | 数据 | | 46(42)~1500 | 数据信息 | 数据少于 46(42)B 需填充 |
| 8 | 帧尾 | 帧校验序列 | 4 | 数据正确性校验 | 采用 CRC 校验方式 |

## 4.8.1　帧头

### 1. 前导码和帧起始

在每种格式的以太网帧的开始处都包含 7B 的前导码（Preamble）和 1B 的帧起始（Frame Start），其中前导码内容是 7 个十六进制数 0xAA，如图 4-39，帧起始的内容是 0xAB。前导码和帧起始使接收节点进行同步并做好接收数据帧的准备，在物理层添加到以太网帧。

### 2. 目的物理地址和源物理地址

物理地址（MAC 地址或硬件地址）作为每个以太网接口的固定地址，一般由供应商出厂时确定，不可更改。地址长度为 6B，如图 4-40 所示，前 3B（字节 1~字节 3）为组织唯一标识号（Organization unique identifier，OUI），由 IEEE 分配到网卡生产厂商，后 3B（字节 4~字节 6）由厂家自行分配。字节 1 的 b1 位表示该物理地址是全球唯一地址还是本地地址，0 为全球唯一地址，1 为本地地址。字节 1 的 b0 位用于表示该地址是否为单播地址，0 为单播地址（1 对 1），普通终端设备接收；1 为组播地址或者广播地址（1 对多）。此外，广播地址的 48 位，即 6B，全为 1。

Ethernet Ⅱ帧包括目的物理地址和源物理地址，目的物理地址为接收方的地址，源物理

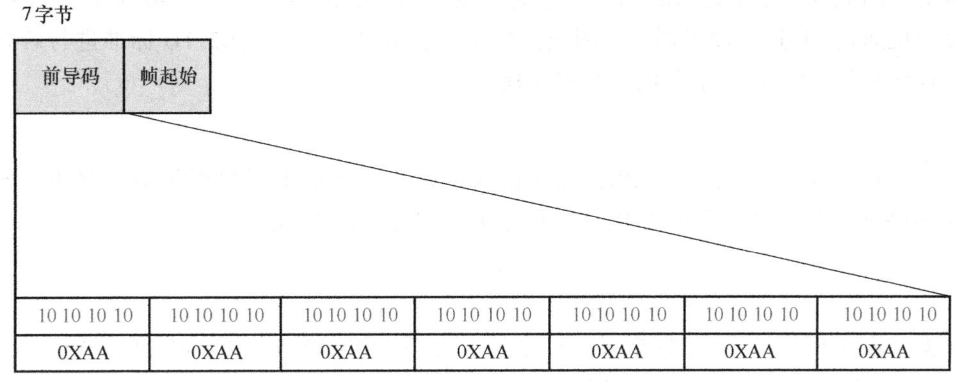


图 4-39　车载以太网数据帧的前导码格式

地址为发送方的地址。对于以太网帧，只能有一个发送方，但可以有多个接收方。

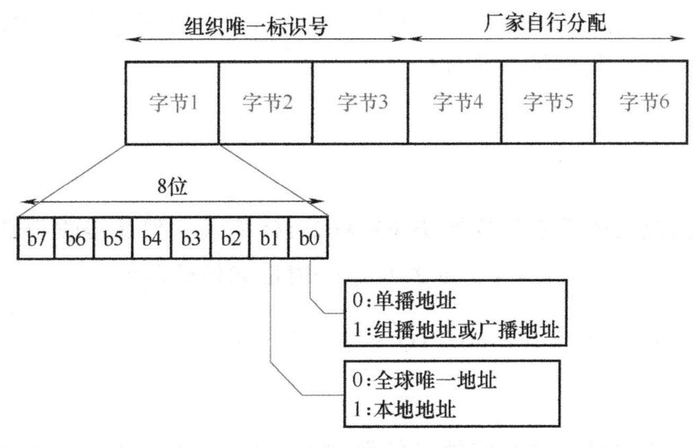


图 4-40　物理地址的格式

### 3. 虚拟局域网标签

虚拟局域网标签（VLAN Tag）由 2B 的标签协议标识符（Tag Protocol Identifier，TPID）和 2B 的标签控制信息（Tag Control Information，TCI）组成。控制信息又包括 3 个部分，分别是 3 位的优先级（Priority，PRI）信息、1 位的规范格式指示符（Canonical Format Indicator，CFI）信息以及 12 位的 VLAN ID，如图 4-41 所示。

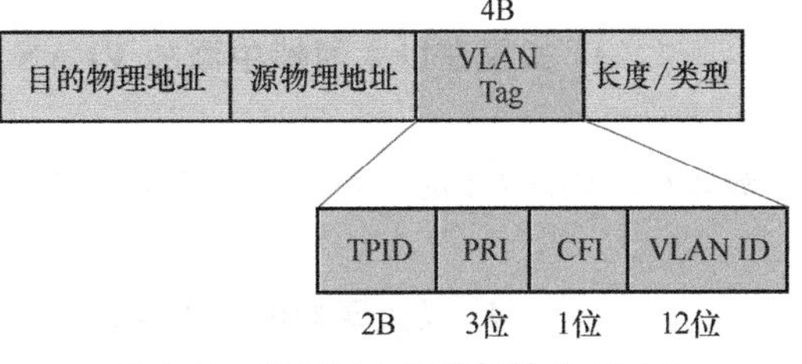


图 4-41　车载以太网数据帧的 VLAN 标签字段的格式

支持 IEEE 802.1Q 的以太网数据帧的 TPID 字段的位置与不支持 802.1Q 的以太网数据帧中协议类型字段的位置重叠，为解决字段冲突的问题，IEEE 802.1Q 标准规定 TPID 的值固定为 0x8100。3 位的 PRI 代表数据帧的优先级，取值为 0~7，值越大，优先级越高。当网络阻塞时，交换机优先发送优先级高的数据帧。在以太网中，CFI 的值为 0 代表 MAC 地址按照标准格式封装，CFI=1 标识 MAC 地址按照非标准格式封装。VLAN ID 字段表明该数据帧属于哪个 VLAN，12 位的 VLAN ID 理论上可提供 4096 种组合，其中 0 和 4095 作

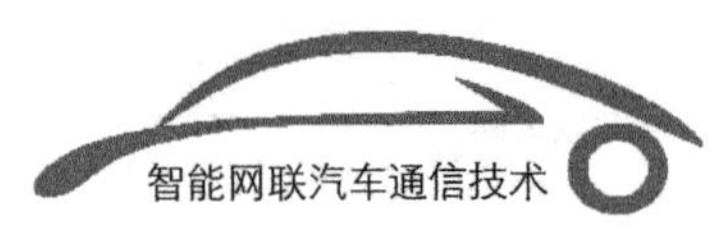


为保留值，因此在一个支持 IEEE 802.1Q 标准的网络中，最多可以提供 4094 个 VLAN。

交换机通过 TPID 字段识别以太网数据帧格式，并基于 IEEE 802.1Q 标准进行解析，提取虚拟局域网的 VLAN ID 字段用于数据交换。

4. 类型

类型（Ethertype）字段占用 2B，标识以太网帧所携带的上层数据类型。例如，该字段的值为 0x0800，代表网络层采用 IPv4；值为 0x86DD，代表使用 IPv6。

### 4.8.2 数据

数据字段是网络层的 IP 数据报，最小长度为不带 VLAN Tag 的 46B 或带 VLAN Tag 的 42B。在汽车工业中，它最多可以包含 1500B。

### 4.8.3 帧尾——帧校验序列

帧校验序列 FCS 占用 4B，采用循环冗余码校验方式，校验范围包含以太网帧的所有字段，如果校验失败，整个数据帧被丢弃。

**【思考】**

**1. 当以太网设备不支持 IEEE 802.1Q 标准，但是接收到带有 VLAN Tag 的数据帧时应如何处理？**

如果以太网设备不支持 IEEE 802.1Q 标准，但是接收到带有 VLAN Tag 的数据帧时将直接丢弃。

**2. 当一些终端发送的数据帧未使用 IEEE 802.1Q 格式，如何保证这些数据帧能够在 VLAN 中通信？**

为了支持不带 VLAN 信息的数据帧在 VLAN 中通信，与终端设备直连的以太网设备（如以太网交换机或者路由器）按照一定的规则识别出数据帧，并在数据帧中添加 4B 的 VLAN Tag。

**3. 如果在以太网帧中添加 VLAN Tag，是否影响整个以太网数据帧？**

添加 4B 的 VLAN Tag，整个以太网数据帧的长度发生变化，帧尾的校验值也会变化。

**4. 以太网帧的数据字段的最小长度为什么是 42B 或 46B？**

在局域网中，常把总线上单程端到端的传播时延记为 $\tau$。以太网端到端往返时间 $2\tau$ 称为碰撞窗口（Collision Window），也称为争用期（Contention Period），通常取 51.2μs。碰撞窗口是指在无限接近另一端的位置发生了冲突，从以太网帧开始发送到冲突信息从冲突位置传递回来所需要的时间，如果最短帧的传输时间小于碰撞窗口，就会导致发送完当前帧后，在不知道帧是否传送成功的情况下，又发送了下一个帧，增加冲突的可能性，导致网络性能下降。

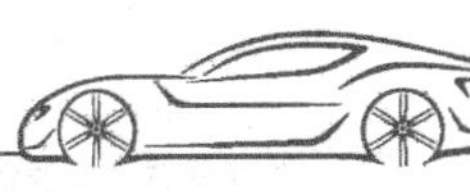

对于10Mbit/s以太网，碰撞窗口内可以发送512位数据，即64B。64B也是10Mbit/s以太网能检测到所有冲突的最短帧长。利用这个最短帧长减去以太网帧的报头的目的物理地址、源物理地址和帧尾的字节数，结果就是以太网帧的数据字段的最小长度。对于不带VLAN Tag的以太网帧格式，报头的目的物理地址、源物理地址和帧尾的字节数合计18B，因此数据字段最小长度为46B；如果带VLAN Tag的以太网帧格式，则数据字段的最小长度为42B。

**5. 计算数据字段的最小长度时，报头的计算范围为什么不包括前导码和帧起始？**

数据字段最小长度的计算是基于数据链路层，而前导码和帧起始是在物理层加入到以太网帧，因此计算最短帧长时不需要包含。

**任　　务**

1. 以太网帧的前导码和帧起始有什么作用？分别存储什么内容？在网络分层的哪个层次添加到以太网帧？

2. 以太网帧采用的校验方式是（　　）。

A. 校验和校验　B. 循环冗余码校验　C. 奇偶校验　D. 以上说法都不对

3. 以太网帧的源MAC地址为02-0C-29-C4-8A-DE，目的MAC地址为01-02-03-04-05-06，分析并完成以下问题：

（1）找出两个MAC地址的OUI。

（2）分析两个MAC地址是全球唯一地址还是本地地址，为什么？

（3）分析目的MAC地址属于单播地址还是组播地址？为什么？

4. 如何判断数据帧属于哪个虚拟局域网？

5. 以太网帧中类型字段的作用是什么？

## 任务4.9　车载以太网的数据传输过程

### 4.9.1　车载以太网的数据生成过程

车载以太网基于TCP/IP的网络模型，应用层传输的数据首先经过传输层加上TCP/UDP报头，传输到网络层增加IP报头，然后到数据链路层增加以太网帧头，最后由物理层转换成线路上的电平信号实现发送端到接收端的数据传输，如图4-42所示。此处暂不考虑应用层数据是根据哪种协议。

### 4.9.2　车载以太网的数据发送和接收

车载以太网采用CSMA/CD的媒体访问机制进行数据传输，工作原理可以概括为先听后说，边听边说；一旦冲突，立即停说；等待时机，然后再说。

下面分别介绍发送过程和接收过程。

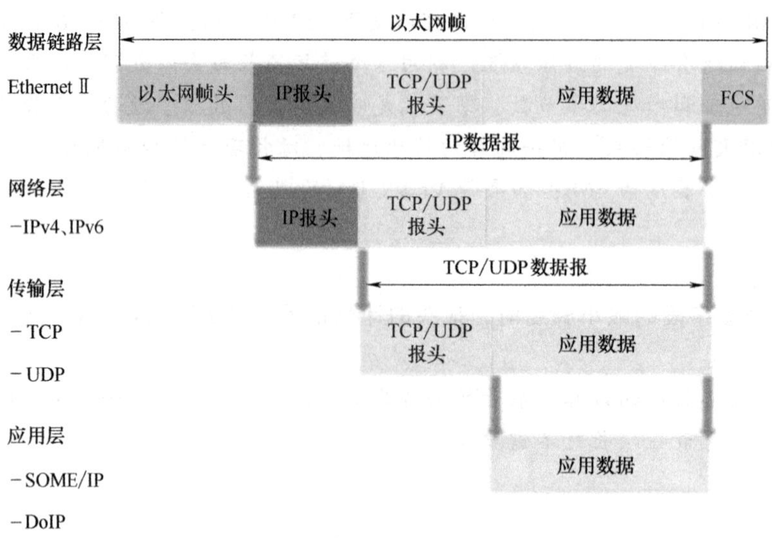


图 4-42 车载以太网的数据生成过程

1. 数据发送过程

车载以太网的数据发送过程为：

（1）数据准备 数据经过层层封装后送到数据链路层缓存准备发送。

（2）总线状态监听 节点监听总线是否空闲，空闲则等待一个随机时间，将数据帧通过物理层把并行数据转换为串行数据，并按照物理层的编码规则进行编码后发送到总线上；如果不空闲，则继续监听。

（3）冲突检测 如果在数据帧的发送过程中检测到冲突，则停止发送数据帧，并发送一个拥塞信号强化冲突，以保证总线上的所有节点都知道该帧是一个碎片。

（4）延迟发送 发送了强化拥塞信号后，根据二进制指数退避（Binary Exponential Back-off，BEB）算法计算延迟时间，并重新发送，重发 16 次后还没有成功则宣告发送失败，取消该帧的发送。

如果在发送过程中没有检测到冲突，则发送成功。

**【知识拓展】**

什么是二进制指数退避算法？

二进制指数退避算法用于计算退避时间，具体计算方法如下：

（1）计算 $K=\min$ [实际重传次数，10]。

当实际重传次数≤10，则 $K$ 等于实际重传次数；当实际重传次数>10，则 $K=10$；重传达到 16 次仍不能成功发送，则丢弃该帧，并向高层报告。

（2）从离散整数集合 $[0, 1, \cdots, 2^{(K-1)}]$ 中随机取出一个数，计为 $r$，即

$$退避时间=r\times基本退避时间=r\times2\tau$$

其中，$\tau$ 为单程端到端的传播时延。

2. 数据接收过程

车载以太网的数据接收过程为：

（1）冲突检测　检查是否发生冲突，若发生冲突，则丢弃该数据帧；若没有冲突，则进入下一步。

（2）数据正确性校验　根据校验值判断数据是否正确。若校验值不符，即说明接收的帧发生错误，丢弃该帧并继续监听；如果没有错误，进入下一步。

（3）数据有用性校验　检查目的地址判断是否可以接收该帧，若可以接收，则进入下一步。

（4）接收数据　物理层去掉附加控制信息将数据帧发送至数据链路层，经过层层解封装去掉首部和尾部后，将数据送到应用层进行存储和应用，并向发送节点发送确认信息。

## 任　务

1. 图4-43是车载以太网从传输层开始的数据发送和接收过程，完成以下问题：

（1）翻译该图。

（2）分析以太网数据帧的发送过程。

（3）分析以太网数据帧的接收过程。

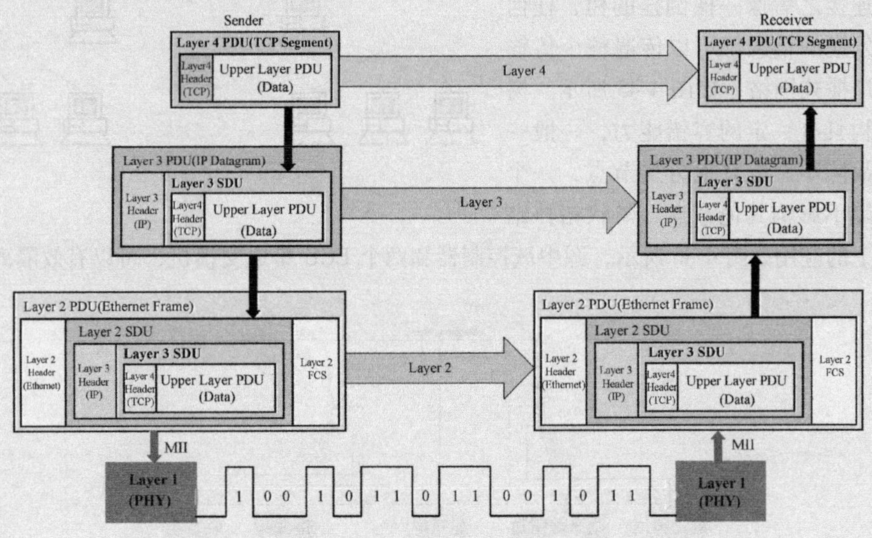

图4-43　车载以太网数据帧的发送和接收过程

2. 关于以太网数据帧的发送和接收过程，下列说法正确的是（　　）。

A. 如果总线空闲，数据立马发送出去

B. 如果总线空闲，等待一个随机时间再发送数据

C. 数据发送过程中检测到冲突立即停止数据发送

D. 数据发送过程中检测到冲突，继续发送数据直到数据发送完成

E. 采用CSMA/CD的媒体访问机制

F. 采用CSMA/CA的媒体访问机制

# 任务 4.10 车载以太网的拓扑结构及节点的物理结构

## 4.10.1 车载以太网的拓扑结构

现阶段应用于车载以太网的拓扑结构有 3 种，分别是星形拓扑结构、树状拓扑结构和菊花链式拓扑结构。星形拓扑结构在项目 2 已经介绍，图 4-44 是星形拓扑结构在汽车上应用的例子，其中域控制器集成了交换机。下面主要介绍树状拓扑结构和菊花链式拓扑结构。

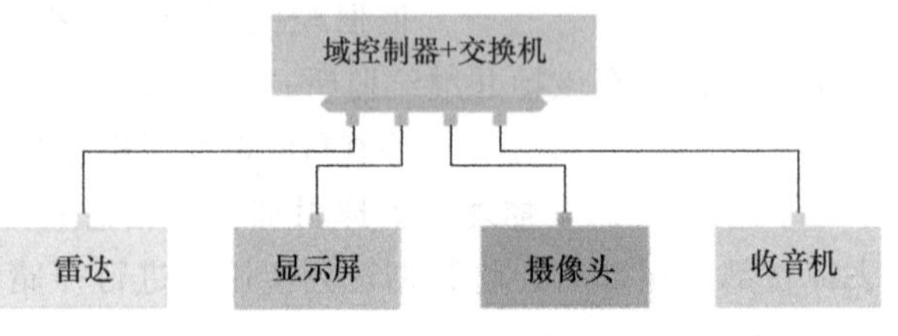

图 4-44 星形拓扑结构在汽车上的应用案例

### 1. 树状拓扑结构

树状拓扑结构是星形拓扑结构的发展和补充，为分层结构，具有根节点和各分支节点，连接之后像一棵倒挂的树，任何一个节点发送的信息都可以传遍整个传输介质，是广播式网络，如图 4-45 所示。树状拓扑结构具有一定的容错能力，一般一个分支的故障不影响其他分支节点，一个节点的故障不影响其他节点。树状拓扑结构在汽车上的应用如图 4-46 所示，图中域控制器和两个 ECU 集成交换机，可以有效隔离冲突域。

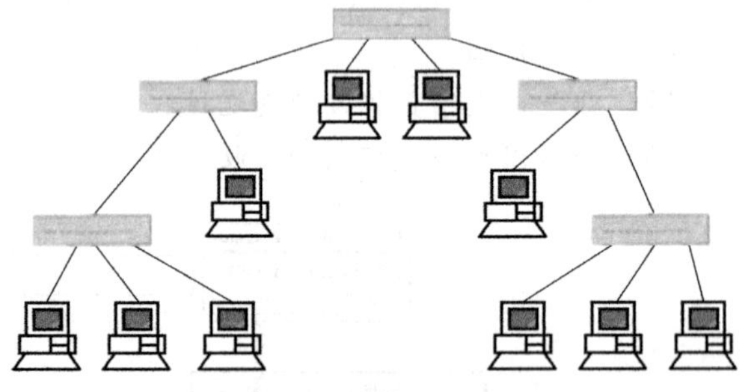
图 4-45 树状拓扑结构

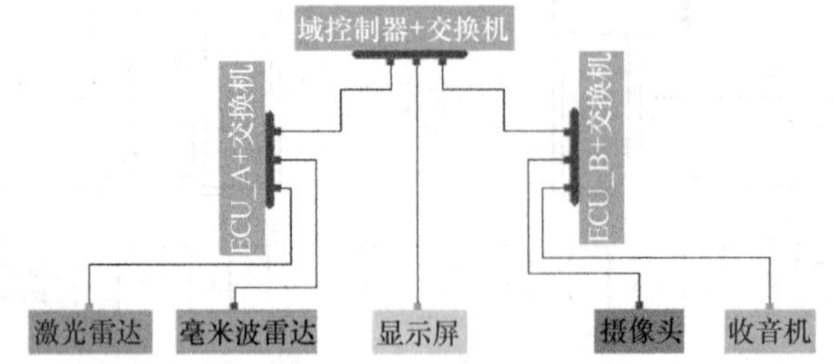

图 4-46 树状拓扑结构在汽车上的应用案例

### 2. 菊花链式拓扑结构

菊花链式拓扑结构如图 4-47 所示，对于节点较少的车型，采用这种拓扑结构可以大幅度降低布线数量及长度，还可实现设备端的标准化，有效降低成本，但是信号要经过多次转发才能到达接收节点，传输效率低，且每一个 ECU 里都需要集成交换机，

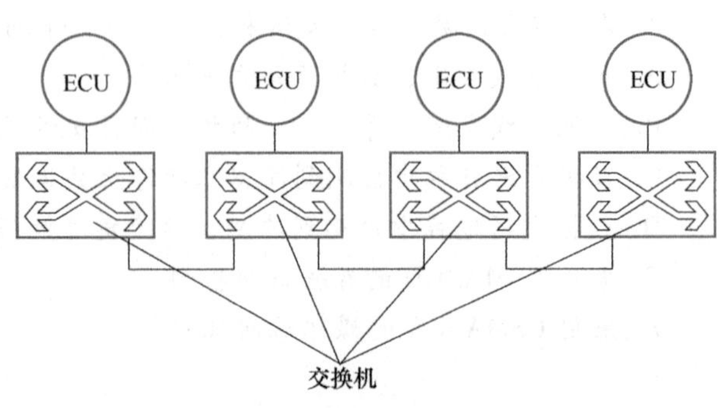

图 4-47 菊花链式拓扑结构

节点结构复杂，此外，一旦数据链路中的某节点发生故障掉线，故障点后边的节点无法和其他节点通信。图4-48是车辆周围有10个超声波雷达、5个毫米波雷达（4个侧向和1个前向）的菊花链式拓扑结构。

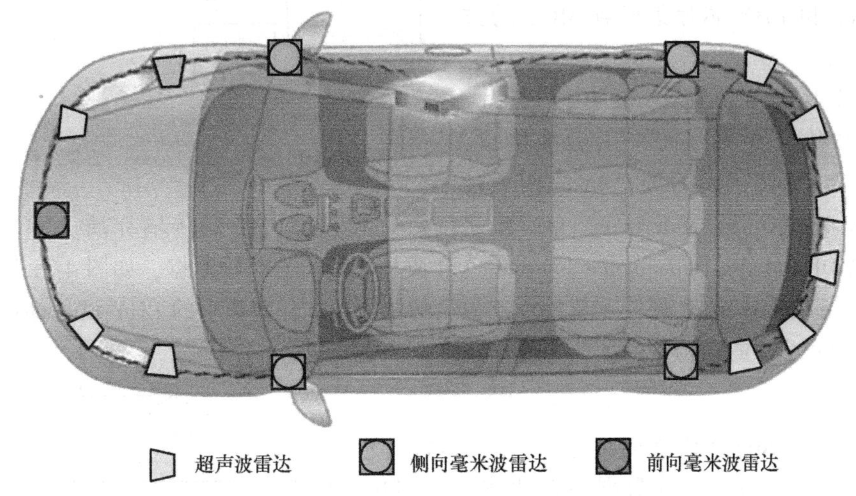


图4-48 菊花链式拓扑结构在汽车上的应用案例（见彩图）

### 4.10.2 车载以太网节点的物理结构

车载以太网的节点主要包括主控制器（MCU）、媒体访问控制器（Media Access Controller，MAC）和PHY芯片3个部分，如图4-49所示。MCU对应五层模型的应用层、网络层和传输层；MAC对应数据链路层，提供发送节点和接收节点的地址，完成发送/接收缓冲、流量控制、接口管理等功能，确保传输可靠性；PHY芯片对应物理层，包括发送器和接收器，具有编码/解编码、PLL（Phase-Locked Loops，锁相环或锁相回路）和环回（Loopback）等功能。

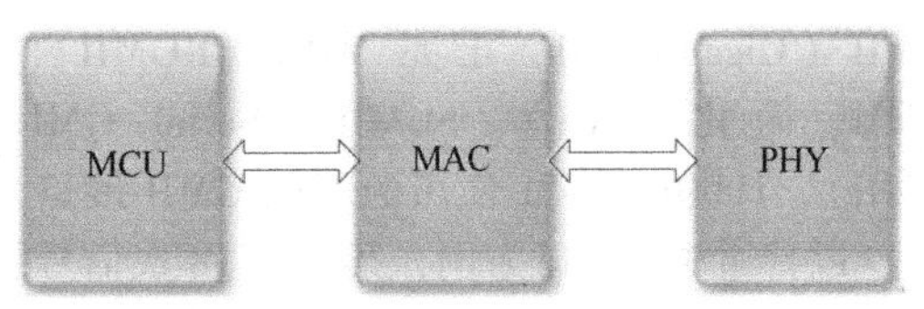


图4-49 车载以太网的节点结构

**【知识拓展】**

**1. 什么是PLL？**

PLL是一种反馈控制电路，用来统一整合时钟信号，其特点是利用外部输入的参考信号控制环路内部振荡信号的频率和相位。

**2. 什么是环回？**

环回指将电子信号、数据流等原样送回发送方的行为，主要用于对通信功能的测试以及诊断以太网时对故障的定位。

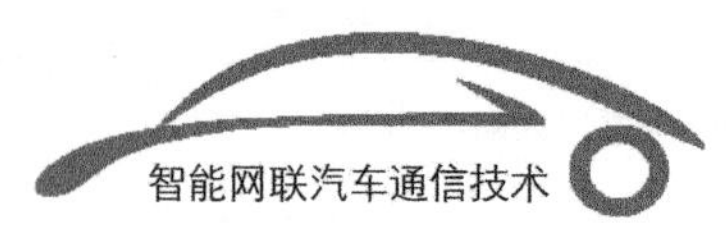


在实际的设计中，MCU、MAC 和 PHY 芯片并不一定是独立分开的，将 MAC 集成到 MCU，而将 PHY 芯片留在片外的模式是车载以太网的主流方式，如图 4-50 所示，目前将 MAC 和 PHY 芯片集成到 MCU 的方式并不常见。

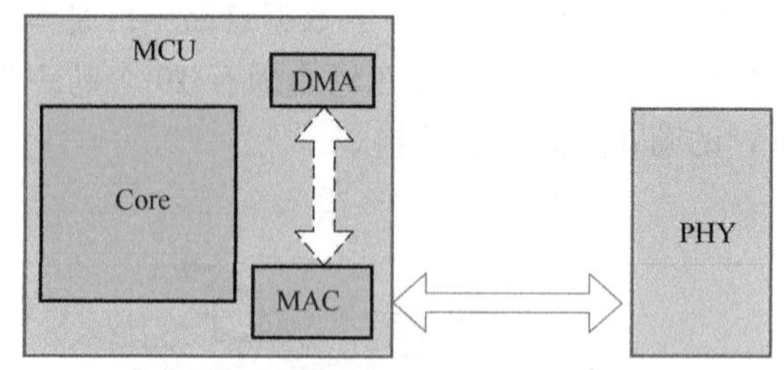


图 4-50　MAC 集成到 MCU 中的以太网节点结构

DMA—Direct Memory Access，直接内存访问

车载以太网中，MAC 和 PHY 芯片、PHY 芯片和传输介质之间采用标准接口，以 100Base-T1 为例，MAC 与 PHY 之间通过 MII（Media Independent Interface，介质独立接口）连接，PHY 和传输介质（单对双绞线）之间通过 MDI（Media Dependence Interface，介质相关接口）传输数据，如图 4-51 所示。所谓介质独立是指在不对 MAC 硬件重新设计或替换的情况下，任何类型的 PHY 设备都可以正常工作。图中 PHY 芯片的结构在后续内容进行介绍。

**1. MII 接口**

MII 是 IEEE 802. 3 定义的以太网行业标准，支持 10Mbit/s 与 100Mbit/s 的数据传输速率，数据传输的位宽为 4 位。

MII 接口的类型有很多，常用的有 MII、RMII（Reduced MII，简化 MII）、SMII（Serial MII，串行 MII）、SSMII（Serial Sync MII，串行同步 MII）、SSSMII（Source Sync Serial MII，源同步串行 MII）、GMII（Gigabit MII，千兆 MII）、RGMII（Reduced GMII，简化 GMII）、SGMII（Serial GMII，串行 GMII），1000Base-T1 使用的就是 GMII 接口。

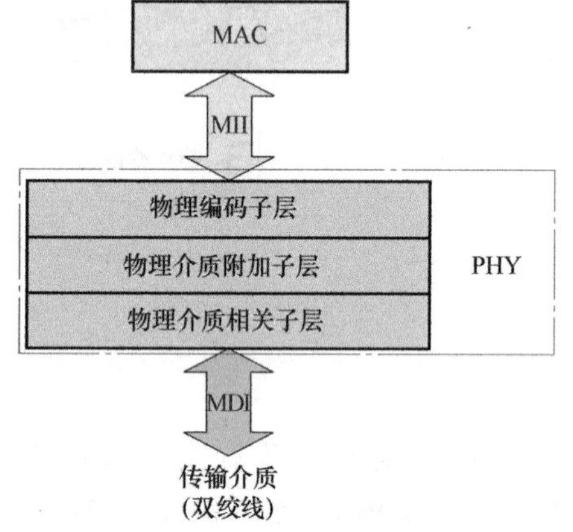


图 4-51　PHY 芯片的结构及其与 MAC、传输介质的接口

以普通 MII 接口为例，其共有 18 根信号线，所有信号名称从 MAC 侧说明，如图 4-52 所示，可以分为 4 个部分：一是发送数据接口，二是接收数据接口，三是状态指示接口，四是数据管理接口。

（1）发送数据接口

1）发送时钟（TX_CLK）。发送时钟信号是由 PHY 芯片提供并传递给 MAC 的一个连接时钟信号，用于同步驱动 TXD、TX_EN 和 TX_ER 引脚进行数据发送和状态控制。100Mbit/s 的速率下，时钟频率为 25MHz $\left(\frac{100\text{Mbit/s}}{4}\right)$，10Mbit/s 的速率下，时钟频率为 2. 5MHz$\left(\frac{10\text{Mbit/s}}{4}\right)$。

2）发送数据（TXD［3：0］）。这 4 个引脚用来传递数据链路层到物理层的 4 位发送数据。

3）发送使能（TX_EN）。该信号由 MAC 给出，用来表明 TXD 引脚上正在传输有效数据，需要 PHY 芯片向传输介质上发送。

4）发送错误（TX_ER）。该信号由 MAC 给出，用来向 PHY 芯片表明所收到的信号流中有编码错误。

（2）接收数据接口

1）接收时钟（RX_CLK）。接收时钟信号是由 PHY 芯片提供并向 MAC 传送的一个连接

时钟信号，用于同步驱动 RXD、RX_DV 和 RX_ER 信号，时钟频率和 TX_CLK 相同。

2）接收数据（RXD［3：0］）。这 4 个引脚用于向 MAC 传送 PHY 芯片从介质上译码得到的 4 位数据。

3）接收数据有效（RX_DV）。该信号由 PHY 芯片给出，用于向 MAC 表明 RXD 引脚正在接收从传输介质上译码得到的有效数据。

4）接收错误（RX_ER）。该信号由 PHY 芯片给出，用于向 MAC 表明从传输介质上接收到的数据中检测到了一个编码错误。

（3）状态指示接口

1）载波监听（CRS）。载波监听信号由 PHY 芯片给出，用于表明发送或接收介质处于活动状态，并且在发送和接收介质都空闲时撤销。

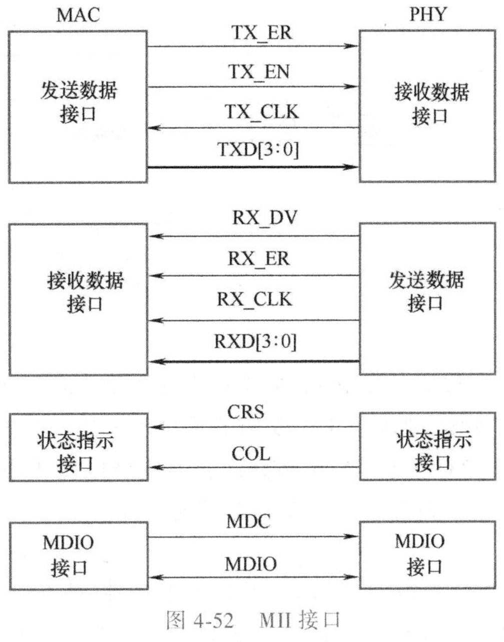

图 4-52 MII 接口

2）冲突（COL）。冲突信号由 PHY 芯片给出，用于表明在传输介质上检测到了冲突状态，并且在冲突情况持续时保持不变。

（4）数据管理接口 数据管理接口包括管理数据输入输出（MDIO）和管理数据时钟（MDC）两条信号线。MDIO 是一个 PHY 芯片的管理接口，用来读/写 PHY 芯片的寄存器，以控制 PHY 芯片的行为或获取 PHY 芯片的状态。MDC 为 MDIO 提供时钟。

1）管理数据输入输出（MDIO）。MDIO 用于读写每个 PHY 的控制寄存器和状态寄存器，以达到控制 PHY 行为和监控 PHY 芯片状态的目的。MDIO 是双向的，在写 PHY 寄存器时，由 MAC 驱动 MDIO 向 PHY 芯片写入数据，在读 PHY 寄存器时，前半段由 MAC 驱动发送读寄存器指令，后半段由 PHY 芯片驱动回复寄存器的值。

2）管理数据时钟（MDC）。MDC 由 MAC 控制输出非周期时钟，对于 PHY 芯片则作为输入，在上升沿触发 MDIO 的读写。

与 MII 接口相比，GMII 的数据宽度由 4 位变为 8 位，GTX_CLK 和 MII 接口中的 TX_CLK 方向不同，是由 MAC 提供给 PHY 芯片，除此之外，其他信号和 MII 相同。实际应用中，GMII 接口兼容 MII 接口，因此，GMII 接口需要两个发送时钟：TX_CLK 和 GTX_CLK。MII 模式下，使用 TX_CLK 和 8 根数据线中的 4 根进行数据传输。

**2. MDI 接口**

MDI 接口是连接 PHY 芯片和物理介质的接口，主要包括交流耦合（直流阻塞）、共模干扰抑制和外部滤波三部分，如图 4-53 所示。

（1）交流耦合（直流阻塞） 信号的耦合方式分为直流耦合（直流和交流一起通过）和交流耦合（去掉直流成分），以太网 PHY 传输的信号为差分信号，且两个以太网 PHY 芯片可能不共地，存在一定的电位差，为了降低两个 PHY 芯片之间的共模电压差对整个系统造成的影响，以太网一般采用交流耦合。

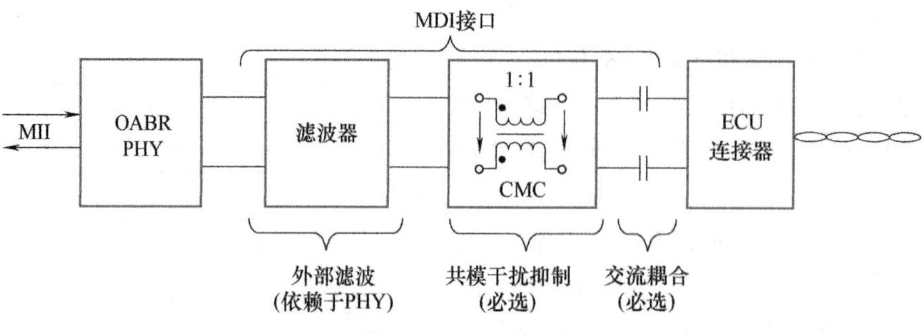


图 4-53 MDI 接口

以太网在 PHY 芯片和传输介质之间可使用变压器进行交流耦合，并进行共模抑制以满足 EMC 要求。由于变压器质量不平均，且成本和尺寸方面不具备竞争优势，此外，汽车使用 12V 电源，且电路共地，因此可以使用电容替代变压器实现交流耦合。但是电容不具备共模抑制功能，需要补充其他部件。

（2）共模干扰抑制　共模干扰是指环境对两根信号线产生了对地的同向等幅的干扰（叠加相同的电压）。共模干扰抑制对 EMC 性能影响很大，可采用共模扼流圈（Common Mode Choke，CMC）作为共模抑制电路。共模扼流圈是 MDI 最重要的组成部分之一，也叫共模电感，是在一个闭合磁环上对称绕制方向相反、匝数相同的线圈，可以阻止高速信号线产生的电磁波向外辐射。

100Base-T1 最初打算使用环形 CMC，但是满足汽车 EMC 要求的 CMC 价格昂贵，实现自动化生产也是一个挑战，因此出现替代解决方案——I-核变体 CMC，这种变体 CMC 能够进行全自动化生产，且能达到与 CAN、FlexRay 等其他车载网络技术中使用的 CMC 一样的细微质量差别。实现了基于以太网的通信在汽车应用中的成本竞争力。I-核变体 CMC 也可用于 1000Base-T1，但是 1000Base-T1 的带宽高，其 CMC 需要以信噪比为 10dB 的特性进行共模干扰抑制。

（3）外部滤波　MDI 中的滤波器可以执行频谱整形以提高 EMC 性能，滤波器的使用取决于实际使用的 PHY 芯片，如果特定 PHY 芯片需要，这部分还包括静电放电（ElectroStatic Discharge，ESD）电路。

### 4.10.3　PHY 芯片

#### 1. PHY 芯片的功能

PHY 芯片连接在 MAC 和传输媒介（双绞线）之间，主要有两个功能：

（1）负责数据的转换和发送/接收　在发送数据时，PHY 芯片接收 MAC 传输的数据，把并行数据转化为串行数据，按照物理层的编码规则将数据编码变为电信号将数据发送出去，接收数据的流程则相反。

（2）实现 CSMA/CD 的部分功能　PHY 芯片可以检测到网络上是否有数据传输，如果有数据发送，则进入等待环节，一旦检测到网络空闲，再等待一个随机时间后将数据发送出去。如果两个节点同时发送数据造成冲突，PHY 芯片可以检测到冲突，然后等待一个随机时间重新发送数据。

#### 2. PHY 芯片的结构

一个 PHY 芯片的基本结构如图 4-51 所示，主要包括物理编码子层（Physical Coding

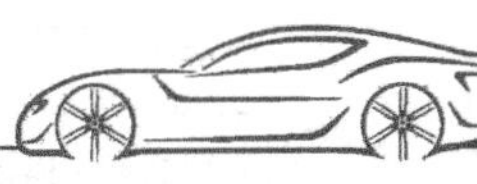

Sublayer, PCS)、物理介质附加 (Physical Medium Attachment, PMA) 子层、物理介质相关 (Physical Medium Dependent, PMD) 子层等。其中 PCS 和 PMA 子层是最主要的两个子层，也是两个必需子层。

PHY 芯片有两种工作模式，分别是训练模式和正常工作模式。训练模式不用来传输通信数据，而是为建立以太网两端收发器的正常连接设置的一个特殊模式。在 IEEE 标准中，100Base-T1 和 1000Base-T1 在训练模式下采用不归零编码。

PHY 芯片在工作模式下各层的功能见表 4-9。此外，100Base-T1 在 PCS 使用一组伪随机二进制序列 (Pseudorandom Binary Sequence, PRBS) 对数据进行加扰，使得传送的符号尽可能不同，扩展信号的频谱分布，有助于改善 EMC 性能。

表 4-9 PHY 芯片在工作模式下各层的功能

| 名　称 | 功　能 |
| --- | --- |
| 物理编码子层 | 对 MAC 传输的信息进行转换，用于传输速度在 100Mbit/s 及以上的场合 |
| 物理介质附加子层 | 将物理编码子层传输的数据进行编码 |
| 物理介质相关子层 | 将编码后的数据转换成适合于在某种特定介质上传输的信号 |

**【知识拓展】**

什么是加扰?

加扰是数字信号的加工处理方法，用扰码与原始信号相乘得到新的信号。与原始信号相比，新的信号在时间上和频率上被打散。从广义上说，加扰是一种调制技术。加扰的逆操作是解扰。扰码分为伪随机扰码（伪随机二进制序列）和自同步扰码两种，伪随机扰码实现简单，当信道序列传输出现错误时，解扰错误不会增加，但是没有自同步功能；自同步扰码具有自同步功能，但在信道序列传输出现错误时，解扰错误会扩散。

1000Base-T1 物理层的结构如图 4-54 所示，在图 4-51 的基础上增加协调子层 (Reconciliation Sublayer, RS)，虽然 RS 位于 GMII 之上，但它被当作物理层的一部分，是 GMII 的并行接口和 MAC 子层的串行接口之间进行数据转换的特殊子层，通常被认为是以太网物理层和数据链路层之间真正的接口。此外，1000Base-T1 的 PCS 还增加操作维护管理 (Operation Administration and Maintenance, OAM) 功能和可选的高效节能以太网 (EEE) 功能，OAM 用于交换管理信息，例如监视链路情况或支持部分联网，EEE 可以使以太网进入低功耗空闲 (Low Power Idle, LPI) 状态。

### 3. PHY 的数据处理流程

以 100Base-T1 为例，其在 PHY 芯片中进行数据处理的流程如图 4-55 所示，主要完成 4B/3B 转换[㊀]、3B/2T 编码[㊁]以及 PAM3 编码。

---

㊀ 4B/3B 转换是一种时空转换，是一个将 4bit 数据块 (4B) 转换成 3bit 数据块 (3B) 的过程。4B/3B 转换的过程并未进行任务编码，只是在数据划分上，按顺序将 4bit 一组转换成 3bit 一组，其主要目的是更改数据传输的速率。

㊁ 3B/2T 编码是指将 3bit 数据 (3B) 编码成一对三进制符号 (2T)，标称值分别为-1、0 和+1。由于 3bit 二进制数据可以对应 8 个值 ($2^3=8$)，而 2 个三进制符号有 9 个可能值 ($3^2=9$)。这样就可以通过一对三进制实现 3bit 二进制编码的覆盖，且有一个符号不对外使用。

（1）**4B/3B 转换**　4B/3B 转换并未进行任何编码，只是在数据划分上，按顺序将 4 位一组的数据转换成 3 位一组的数据，如图 4-56 所示，4B/3B 转换在 PCS 完成。

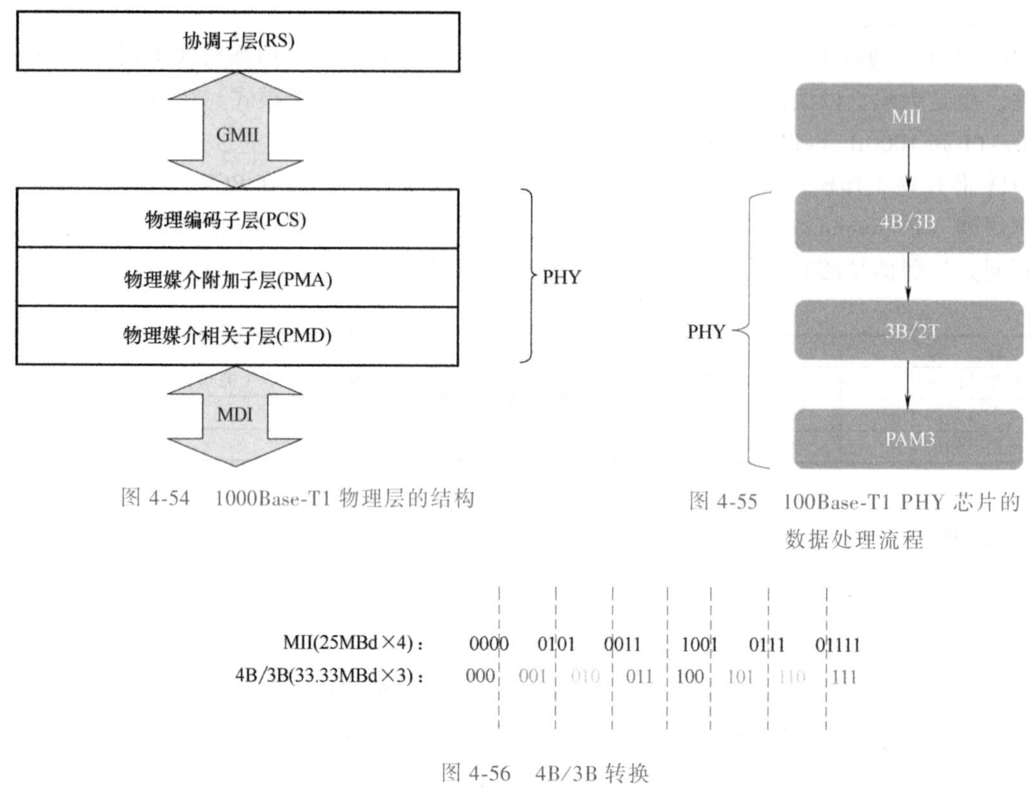


图 4-54　1000Base-T1 物理层的结构

图 4-55　100Base-T1 PHY 芯片的数据处理流程

图 4-56　4B/3B 转换

（2）**3B/2T 编码**　在经过 4B/3B 转换与 PHY 内部处理之后，需要进行 3B/2T 编码。即每 3 位数据编码成两位三进制符号，三进制数据的标称值分别为-1、0 和+1，如图 4-57 所示。3B/2T 编码在 PMA 子层完成。

| 4B/3B(33.33MBd×3)： | 000 | 001 | 010 | 011 | 100 | 101 | 110 | 111 |
|---|---|---|---|---|---|---|---|---|
| 3B/2T(33.33MBd×2)： | −1−1 | −1 0 | −1+1 | 0 −1 | 0 +1 | +1 −1 | +1 0 | +1 +1 |

图 4-57　3B/2T 编码

（3）**PAM3 编码**　完成了 3B/2T 编码后，为了能在双绞线上传输，需要将 2T 中的-1、0 和+1 对应成低电平、0 或高电平，这种三电平脉冲幅度编码方式称为 PAM3，如图 4-58 所示。PAM3 编码在 PMD 子层完成。

与 100Base-T1 不同，1000Base-T1 在 PCS 采用 80B/81B 转换，将 10 组 8 位的数据编在一起后，再加上 1 位的数据作为前缀，形成 81 位的比特组，其中加上的 1 位是控制位，用于指示该组数据是否包含控制信息，该控制位为 0 则只包含数据；该位为 1，则包含了数据和控制信息。1000Base-T1 在 PCS 增加集合数据并添加 OAM 数据和 FEC（Forward Error Correction，前向纠错码）编码两个过程。集合数据是将 45 个 81 位的比特组组成更大的数据块（45×81＝3645 位），添加 OAM 数据是在数据块的尾部添加 9 位的 OAM 数据，因此数据块的长度为 3654 位。经过 FEC 编码可以将所有数据分为每 9 位一组。

和 100Base-T1 一样，1000Base-T1 的 PMA 子层采用 3B/2T 编码，PMD 子层采用 PAM3 编码，所以需要将 PCS 产生的每个信息组拆解成 3 个 3 位。

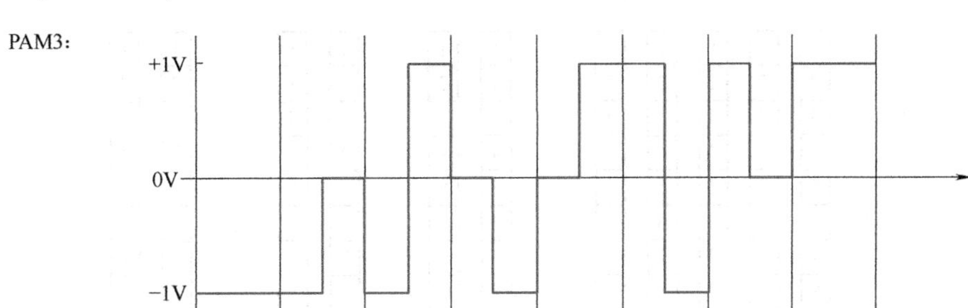


图 4-58 PAM3 编码

## 【知识拓展】

**1. 什么是 PAM 技术？**

PAM（Pulse Amplitude Modulation，脉冲振幅调制）是一种数字编码技术，主要把待发送的数字信号转换为能在信道上远距离传输的波形，例如常用的 PAM2 编码对应非归零编码格式。

**2. 100base-T1 从 MAC 传输过来的数据经过 4B/3B 转换、3B/2T 编码的波特率分别是多少？**

100base-T1 采用 MII 接口，从 MAC 传输过来的数据的波特率为 25MBd，经过 4B/3B 转换后变成 33.33MBd $\left(\frac{100\text{Mbit/s}}{3}\right)$，经过 3B/2T 编码后，波特率未改变，依然是 33.33MBd。

**3. 3B/2T 编码的目的是什么？**

3B/2T 编码的主要目的是改变传信速率，以 100Base-T1 为例，通过 3B/2T 编码，传信速率变为 66Mbit/s，使数据速率在较低的频率范围内实现，可降低布线成本。

**4. 什么是 FEC？**

FEC 是发送方通过使用纠错码（Error Correcting Code，ECC）对信息进行冗余编码来实现传输误码纠正的目的。

**5. 1000Base-T1 为什么需要 FEC？**

1000Base-T1 使用 FEC 的目的是为了保证目标误比特率低于 $10^{-10}$。

**6. 1000Base-T1 如何进行 FEC 编码？**

1000Base-T1 FEC 使用缩短 Reed-Solomon（RS）编码，原理如图 4-59 所示，将数据位以 9 位为单位进行分段，并在 9 位符号上进行运算，使用的代码（450，406）代表作用在（3654/9）个=406 个信息单元上，并且在源信息末尾附加（450−406）个=44 个 9 位的奇偶校验符号，因此数据块的长度增加到（3654+9×44）位=4050 位。

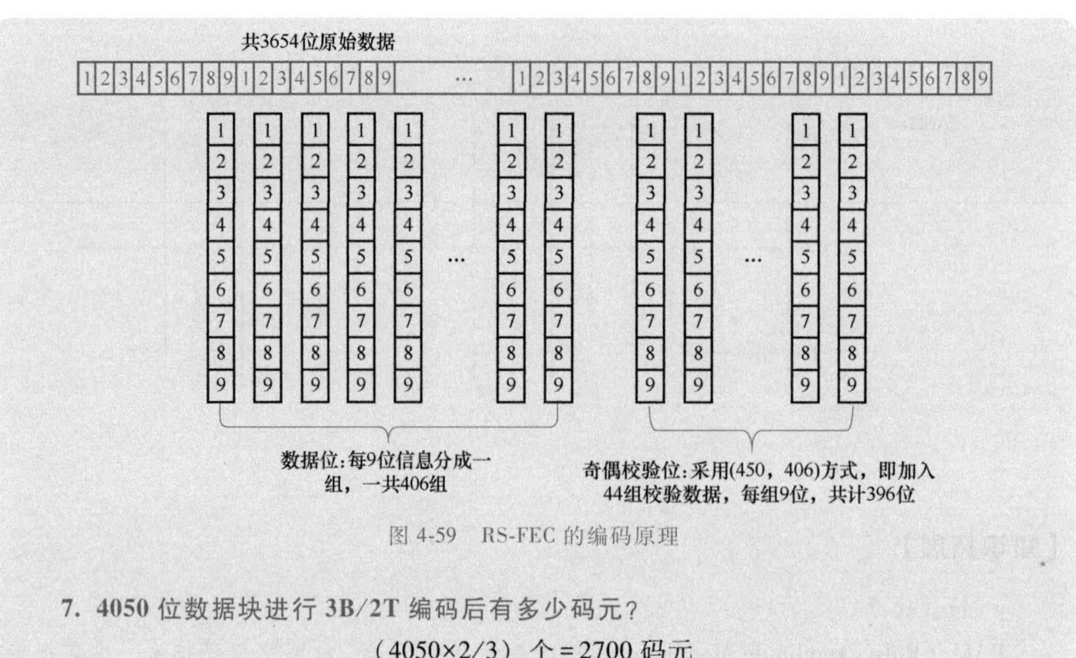


图 4-59 RS-FEC 的编码原理

**7. 4050 位数据块进行 3B/2T 编码后有多少码元？**

(4050×2/3) 个 = 2700 码元

车载以太网采用同频双工的通信机制，在一对双绞线上同时发送两路方向相反的信号，因此 PHY 芯片内部需要采用图 4-60 所示的耦合器模块对发送信号和接收信号进行分离。理想情况下，接收端接收的经过耦合器的信号仅包含对端发送的信号，但实际情况下，耦合器的参数并不理想，需要采用回波消除（Echo Cancellation）技术，通过自适应方法估计回波信号的大小，并在接收信号中减去此估计值以抵消回波。图 4-60 使用模数混合回波抵消方案，其中 DEC 和 AEC 具有自适应滤波特性，可以模拟耦合器泄露的发送信息以及信号反射的响应，以达到完全抵消回波的目的。

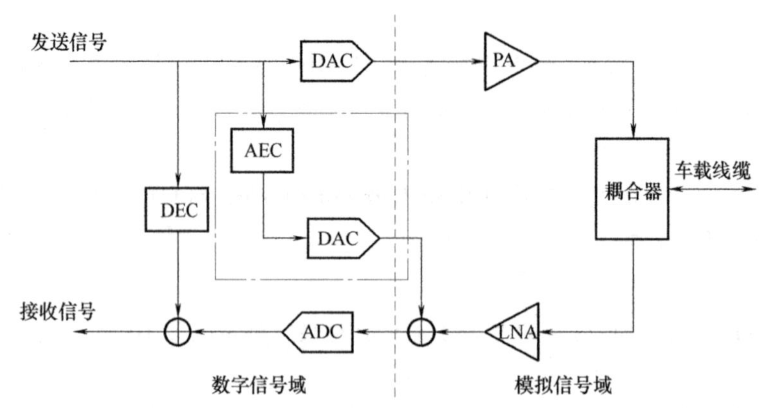


图 4-60 模数混合回波抵消方案

AEC—Analog Echo Canceller，模拟回波抵消器 DEC—Digital Echo Canceller，数字回波抵消器 ADC—Analog-to-Digital Converter，数模转换器 DAC—Digital-to-Analog Converter，模数转换器 LNA—Low Noise Amplifier，低噪声放大器 PA—Power Amplifier，功率放大器

## 任　务

1. 车载以太网常使用的拓扑结构包括（　　）（多选）。

A. 环形拓扑结构　　　　B. 星形拓扑结构

C. 菊花链拓扑结构　　　D. 树状拓扑结构

2. 车载以太网 MAC 和 PHY 芯片之间采用（　　）接口，PHY 芯片和传输媒介之间采用（　　）接口。

A. MII　　　　B. MDI

3. 车载以太网节点中的 MAC 有什么作用?

4. 分析 MDI 接口中 CMC 的作用。

5. MII 接口如何进行数据发送?

6. MII 接口如何进行数据接收?

7. MDI 接口如何进行交流耦合?

8. 100Base-T1 的 PHY 芯片分为哪几个子层? 每一个子层的作用是什么?

9. 如果从 MAC 层传输的数据的十六进制为 0x86 0xBC 0xC7 0x4D 0x5F，采用 100Base-T1 的物理层的数据处理流程，完成以下问题：

(1) 将上述十六进制转换成二进制位流；

(2) 将转换的二进制位流进行 4B/3B 编码；

(3) 将 4B/3B 编码的数据进行 3B/2T 编码；

(4) 将 3B/2T 编码的数据进行 PAM3 编码（参照图 4-58 的电压信号）。

10. 车载以太网在单对双绞线上采用全双工通信，如何将发送和接收的信号进行解耦?

11. 车载以太网为什么采用回波消除技术?

12. 试比较 1000Base-T1 和 100Base-T1 物理层的相同点和不同点。

# 任务 4.11　车载以太网的供电、节能及安全技术

## 4.11.1　车载以太网的供电技术

采用两对双绞线作为传输介质的传统以太网采用有源以太网（Power over Ethernet，PoE）方式实现供电，而采用单对双绞线的车载以太网采用 PoDL 供电技术。PoDL 技术定义在 IEEE 802.3bu 标准中，用一对双绞线既传输数据信号，也提供电能，节省了系统的布线成本。10Base-T1S/L、100Base-T1、1000Base-T1、10GBase-T1、25GBase-T1 等以太网均支持 PoDL 技术。

### 1. PoDL 的基本原理

PoDL 的核心结构是直流偏置耦合器，发送时可将供电电流和数据信号叠加后加载到双绞线传输，接收时，可将数据信号和供电信号分离。直流偏置耦合器的结构如图 4-61 所示，其本质上是一个三端口 T 形电路，端口 1 内是感性电路，只允许直流通过（交流阻塞），用

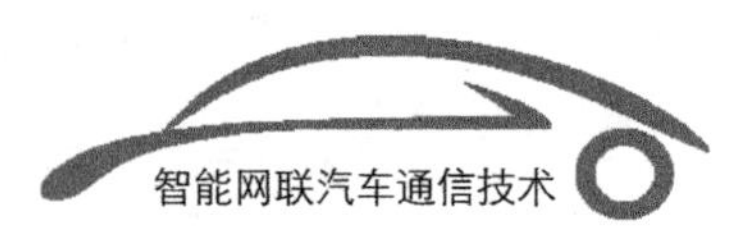


于加载或分离供电信号；端口 2 内是容性电路，只允许交流通过（直流阻塞），用于加载或分离数据信号；端口 3 是端口 1 和端口 2 信号的耦合。

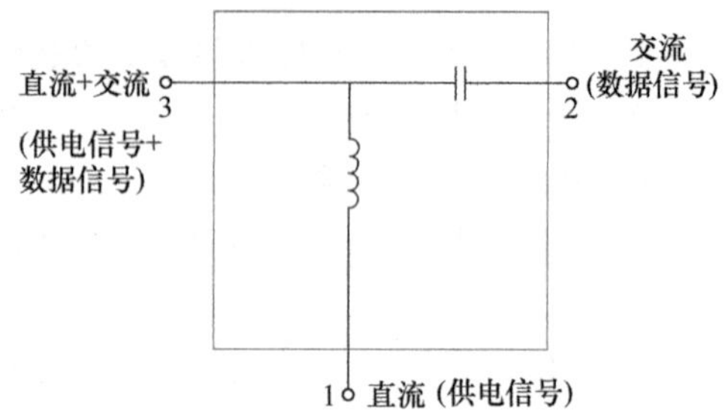

图 4-61　直流偏置耦合器的结构

**2. PoDL 的工作过程**

在支持 PoDL 技术的通信系统里，两个最主要的设备分别是电源设备（Power Source Device，PSD）和受电设备（Powered Device，PD）。图 4-62 是一个 PoDL 工作过程的示意图，PSD 的供电电源除了给内部的交换机、PHY 芯片等供电，还将供电电流加载到双绞线上，在 PHY 发送数据时一起传输。PD 从双绞线上获取信号，并将数据和供电电流分离，数据直接送到 PHY 芯片处理，供电电流经过自适应网络为 PD 的 PHY 芯片等供电。

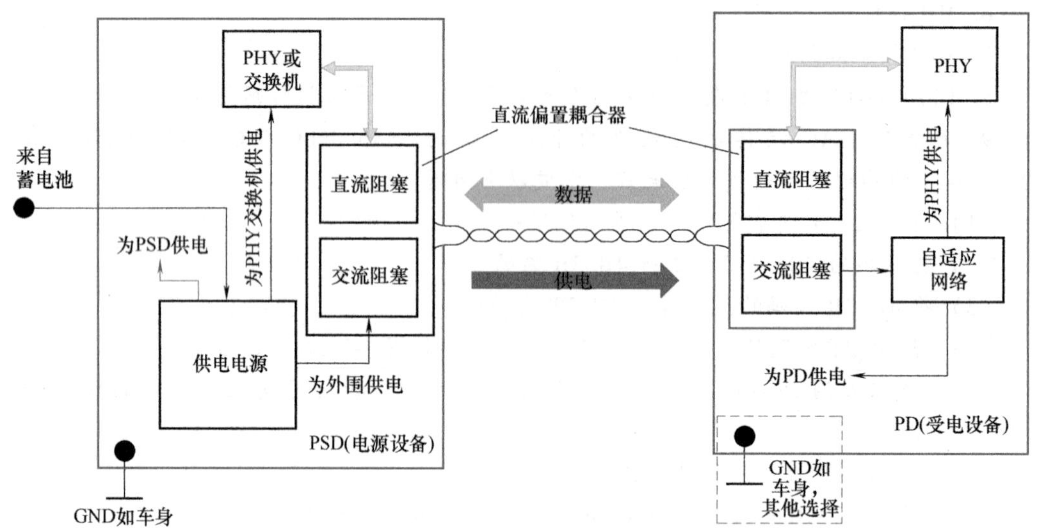

图 4-62　PoDL 工作过程示意图

PoDL 有正常工作和睡眠两种模式。

（1）正常工作模式　在 PSD 打开电源之前首先检测链路上是否有 4V 的稳定电压和 10mA 的检测电流，如果有，则标识对端有 PD 存在。检测到 PD 后，PSD 通过串行通信分类协议（Serial Communication Classification Protocol，SCCP）获取 PD 所需要的电压和功率值。交互完成后，PSD 开始给 PD 供电，可以在 12V 时为 PD 提供最大 5W 的功率，或在 48V 时给 PD 提供最大 50W 的功率。

（2）睡眠模式　当 PD 不需要满功率运行时，PSD 给 PD 持续提供电压为 3.3V、电流小于 1mA 的低功率电源，这被称为睡眠模式。睡眠模式允许使用电池供电系统维持 PD 最基本的运行，例如汽车熄火后，一些设备需要在后台执行一定的功能。

### 4.11.2　车载以太网的节能技术

**1. 高效节能以太网（EEE）**

在大多数应用场景中，以太网链路并不会满负荷运转，甚至可能处于空闲状态。EEE

是一种在链路使用率较低时快速将以太网接口调至低速模式并保持链路不中断的节能方法。EEE 面向的对象是物理层，旨在将 PHY 芯片的功耗降低 50%。

【思考】

**EEE 和 PoDL 的睡眠模式有什么相同点和不同点?**

相同点是控制链路或对象不中断，可以继续工作。不同点包括两个方面：一是针对的对象不同，EEE 针对网络系统，PoDL 的睡眠模式针对终端；二是调节方式不同，EEE 在链路使用率较低时，降低接口传输速率，PoDL 的睡眠模式是在 PD 不需要满负荷运行时，降低供电电压和电流，达到节能效果。

**2. TC10 睡眠/唤醒规范**

OPEN 联盟制定的 TC10 睡眠/唤醒规范是一种针对 ECU 设备的睡眠/唤醒机制，选择性地让部分网络睡眠，并在物理层完成唤醒工作，支持全网络唤醒，唤醒时间小于 250ms，在有干扰噪声时不会被误唤醒。采用睡眠/唤醒机制不仅能够节约能耗，还可以延长 ECU 的使用寿命。该规范于 2017 年发布，当前版本针对 100Base-T1 以太网的系统，并逐步拓展到 1000Base-T1 以太网。

TC10 睡眠/唤醒规范有 3 个核心命令，即 LPS（Low Power Sleep，低功耗睡眠）、WUR（Wake-Up Request，唤醒请求）和 WUP（Wake-UP Pulse，唤醒脉冲）。LPS 命令用于给链路发送睡眠请求，WUR 和 WUP 用于给链路发送唤醒请求，其中 WUR 用于已激活的链路，WUP 用于未激活的链路。

下面以变速杆切换到 R 位唤醒全景倒车影像系统的摄像头为例，分析 TC10 规范的工作过程，如图 4-63 所示，其中无底纹的框表示处于唤醒状态的部件，点状底纹的框表示处于睡眠状态的部件。变速杆切换到 R 位后，通过连通的链路向交换机发送 WUR 命令，两个交换机之间以及交换机和摄像头之间的链路处于睡眠状态，接收到 WUR 命令的交换机会在网络中发送 WUP 命令，并由其他交换机进行转发，接收到 WUP 命令的摄像头被唤醒。

【思考】

**1. EEE 和 TC10 睡眠模式有什么不同点?**

针对的对象不同，EEE 针对网络系统，TC10 针对终端；此外，EEE 模式下，数据传输未中断，TC10 的睡眠模式下，终端停止工作。

**2. PoDL 的睡眠模式和 TC10 的睡眠模式有什么相同点和不同点?**

控制对象相同，都针对终端。不同点包括以下两个方面：一是 PoDL 针对受电设备，TC10 针对所有终端；二是 PoDL 的睡眠模式下终端可以继续工作，TC10 的睡眠模式下，终端停止工作。

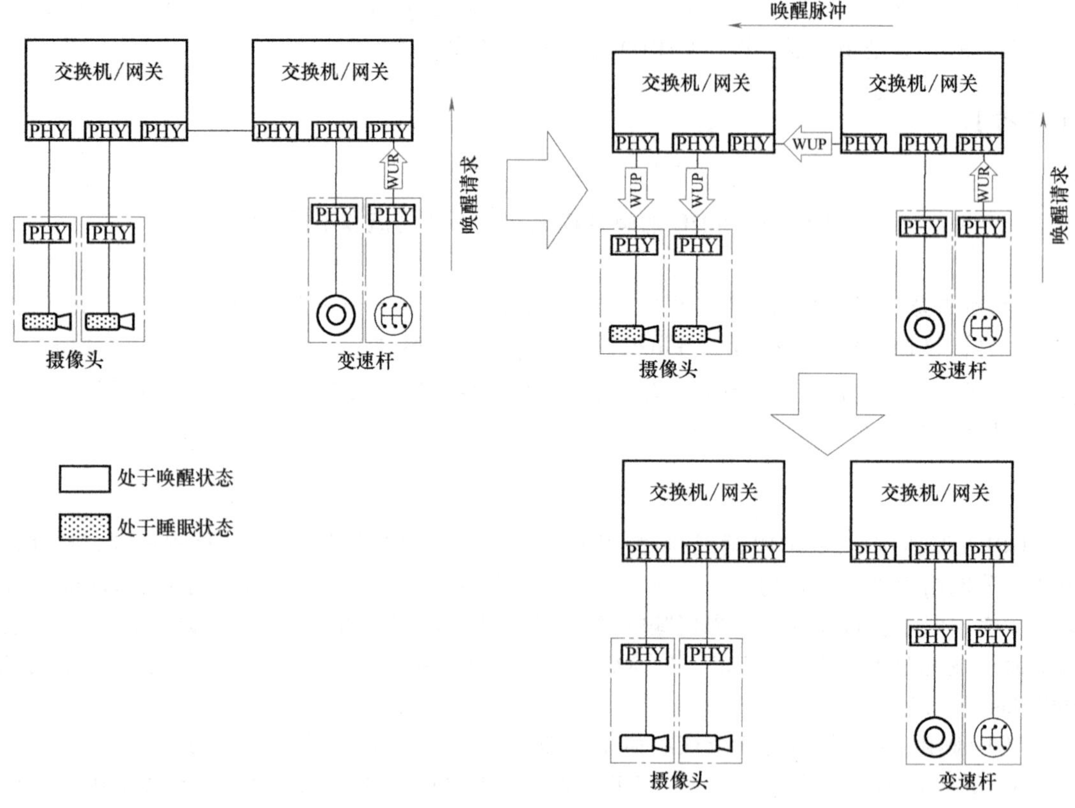


图 4-63 利用 TC10 规范唤醒全景倒车影像系统摄像头的过程

### 4.11.3 车载以太网的网络安全

目前，车载以太网网络安全的保障措施主要采用传统以太网的安全措施和开发基于车载以太网的安全措施。

1. 传统以太网的安全措施

传统以太网的安全措施包括采用虚拟局域网（VLAN）、交换机配置以及密钥管理。

（1）虚拟局域网 虚拟局域网是在以太网中虚拟分割出许多子网，属于同一个子网的节点拥有相同的 VLAN ID。使用 VLAN 技术后，广播信息或者物理连接于同一个交换机的不同节点也可以通过 VLAN ID 进行信息隔离。从安全层面考虑，虚拟局域网技术减小广播范围，如同建立一个防火墙。

（2）交换机配置 交换机的主要任务是读取接收数据的目的地址，根据内部存储的转发表找到目的转发端口，并将数据发送出去。当交换机在转发表中找不到接收数据的目的 MAC 地址时，交换机会广播数据，许多黑客利用该特性，不断向交换机发送未知目的地址的数据报，使交换机不断广播，导致网络瘫痪。

为了避免黑客进行上述攻击，可以关闭交换机的地址学习功能，改为静态地址转发表，或者设置交换机仅在启动阶段进行一次地址学习，也可根据地址条目数量、地址范围和变化频率对地址学习行为进行限制。由于车载网络是一个静态网络，上述方法

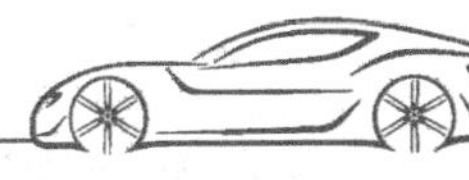

均具有实用性。

交换机也可使用强制认证策略，端口在认证成功后方可启用。

【知识拓展】

什么是交换机的地址学习功能？

交换机在接收数据时会判断数据帧的源端口和源 MAC 地址是否存储在转发表中，如果没有，则将地址存储到转发表，这是交换机的地址学习功能。

(3) 密钥管理　密钥管理是指在不同的过程（数据认证、密钥交换和数据加密）使用不同的密码，当数据加密的密码损害时，可以通过密钥交换的密码更改数据加密的密码，此外，还需要限制密钥的使用时间，保证它仅用于有限的数据。

目前 IT 网络的密钥分配无法对实时性和速度进行保证，不适用于汽车网络。在汽车网络中可根据不同的汽车功能和适用范围进行分类，各类通信分别使用不同的密钥，也可以用一个专用的 ECU 作为密钥主节点，给网络内的其他 ECU 分配密码。

2. 基于车载以太网的安全措施

为了保障汽车网络安全，需要通过分层的方法完成安全策略部署，主要包括物理层安全策略、网络安全策略以及应用层安全策略。分层级的安全策略也可用于除了以太网的其他车载通信技术。

(1) 物理层安全策略　物理层的安全主要是指保证车载电子设备的物理层访问是安全的，策略包括基本的硬件措施和框架设计，硬件措施又包括增加外网访问车内 ECU 或连线的难度、ECU 的外部连线和车内网络隔离、关闭不使用的端口等，框架设计上可以限制带有车外通信功能的 ECU 的数量。

(2) 网络安全策略　网络安全策略通过在 OSI 参考模型的不同网络分层上实现，主要包括数据链路层的 MACsec 协议、网络层的 IPsec 协议、传输层的 TLS（Transportation Layer Security，传输层安全）协议以及应用层的 AUTOSAR SecOC（Security On-board Communication，安全车载通信）协议。

1) MACsec 协议。数据链路层的典型攻击方式是 ARP 监听，攻击者使用自己的 MAC 地址，发送带有伪装主机 IP 地址的信息，使得接收方记录伪装 IP 与攻击 MAC 地址的映射关系，因此攻击者能够拦截、操纵甚至中断通信，并进行其他攻击，如淹没和拒绝服务、使整个网络瘫痪等。

IEEE 802.1 因此颁布了 IEEE 802.1AE 标准，也称为 MAC sec，用于抵御此威胁。MACsec 提供了直接相连的点对点之间的加密和认证，保护 VLAN ID，且在每一跳都执行。加密和认证算法对汽车行业的意义重大，但是纯软件加密无法保证高效的处理时间和资源利用，还需结合硬件的支持，通常使用专用硬件安全模块（Hardware Security Module，HSM）高效执行加密算法，并将密钥安全存储。因此，使用 MACSec 要求节点和交换机的硬件支持，提高了硬件成本。

2) IPsec 协议。由于 IP 数据每经过一个路由器都可以读取甚至更改 IP 数据报中的内容，通信节点还可以伪装成其他节点发送数据（也称为 IP 欺骗），因此 IPSec 协议应运而生。该协议通过各种机制（比如报头添加密码）来保证点对点通信的隐私性、真实性和完整性。IPSec 协议与 IPv6 协同开发，但也可以和 IPv4 一起使用。

3）TLS 协议。TCP 通信过程的典型攻击为 TCP 序号的预测攻击，攻击方通过预测并伪造数据报的序号以攻击数据接收方。TLS 协议专门用于应对此种攻击，该协议支持多种加密、密钥交换和认证方式，通过提供加密和认证机制，保证两个应用通信数据的隐私和完整性。TLS 协议仅适用于 TCP，而不能用于 UDP。

4）AUTOSAR SecOC 协议。AUTOSAR SecOC 旨在提供一种资源高效且实用的安全机制，用以无缝集成到 AUTOSAR 通信架构中，且能够保证 AUTOSAR 支持的网络技术之间的相互通信，如 CAN（FD）、FlexRay、以太网、LIN 等。此策略根据信息认证码和新鲜度（计数器或时间戳）提供端到端的信息认证，使用对称密钥加密技术。

**【知识拓展】**

什么是对称密钥加密？

对称密钥加密又叫共享密钥加密，即数据的发送方和接收方使用相同的密钥对数据进行加密和解密运算。

（3）应用层安全策略　应用层的安全策略主要包括以下三种：一是在验证和加密的基础上使用数据；二是应用程序在特定状态下仅接收期望或特定的数据（如控制信息）；三是能够监测接收的数据是否出现异常（如周期性信息的发送频率增加或传感器数据异常）并采取措施。

**任　务**

1. 分析车载以太网的供电技术和传统以太网有什么区别？为什么？
2. 查阅资料，总结车载以太网采用的节能措施。
3. 举例说明车载以太网可能出现的网络威胁以及采取的网络安全措施。

## 任务 4.12　车载以太网的未来发展

车载以太网发展过程中出现一些比较重要的技术，包括百兆以太网、千兆以太网、Multi-G 车载以太网、25Gbit/s 车载以太网和 10Mbit/s 车载以太网，百兆以太网和千兆以太网在前文进行了详细介绍，下面主要介绍 10Mbit/s 车载以太网、Multi-G 车载以太网和 25Gbit/s 车载以太网。

### 4.12.1　10Mbit/s 车载以太网

#### 1. 10Mbit/s 车载以太网概述

宝马公司于 2018 年提出的 10Mbit/s 汽车以太网技术可满足车内 90%的通信应用需求，10Mbit/s 以太网的规范有两个，分别是 10Base-T1L 和 10Base-T1S。两种规范均支持点对点的通信模式，可连接成星形拓扑结构和树状拓扑结构，如图 4-64 所示，通信介质为非屏蔽双绞线，10Base-T1L 的最远传输距离为 1km，仅支持全双工通信，10Base-T1S 最远传输距离

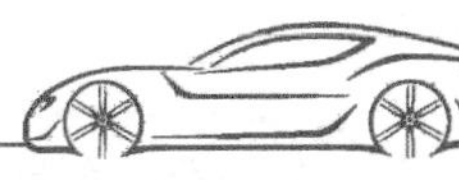

为 15m，支持全双工和半双工通信。

10Base-T1S 除了支持点对点的传输方式，还支持多点传输方式，多点传输方式仅支持半双工通信，采用非屏蔽双绞线，最远传输距离为 25m，同一个传输线上最多连接 255 个节点，节点到公共连线的最长距离为 10cm。多点传输方式的网络拓扑为总线型，分为带支线的总线型拓扑和不带支线的总线型拓扑（菊花链式拓扑），如图 4-65 所示。

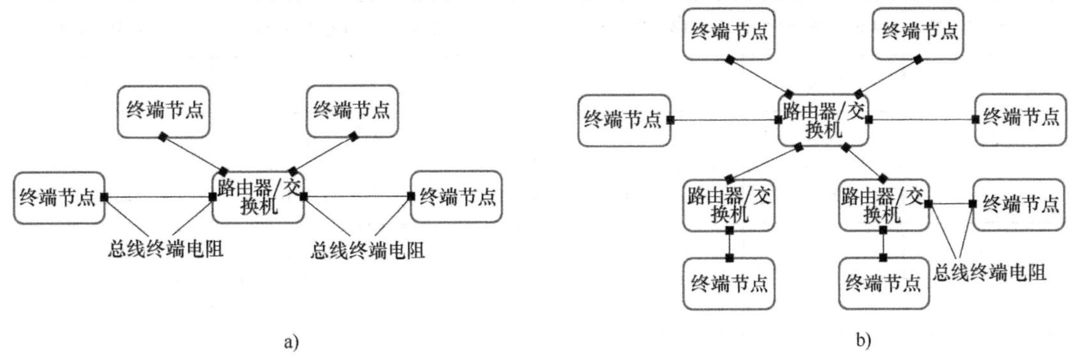


图 4-64　10Base-T1L 和 10Base-T1S 点对点传输的拓扑结构

a）星形拓扑结构　b）树状拓扑结构

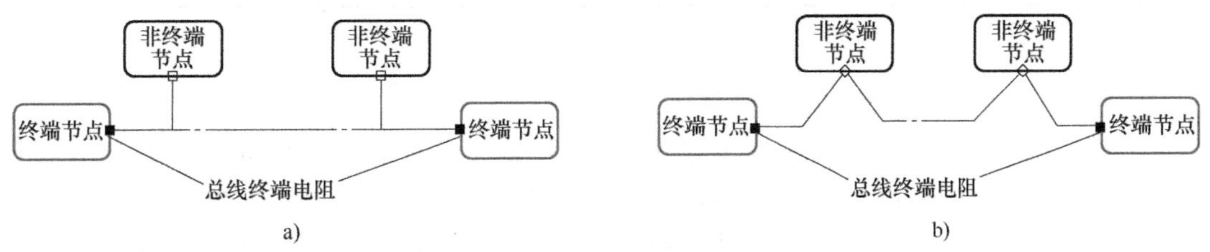


图 4-65　10Base-T1S 多点传输的总线型拓扑结构

a）带支线的总线型拓扑结构　b）不带支线的总线型拓扑结构

10Base-T1S 针对汽车应用设计，正式规范于 2019 年发布，可应用于动力系统、底盘系统、车身系统、音频系统、超声波雷达等。

**2. 10Base-T1S 车载以太网的数据传输过程**

10Base-T1S 的数据发送过程如图 4-66 所示，MAC 层的数据经过 MII 接口并行发送 4 位（TX_TXD［3：0］）数据，通过一个 17 位的自同步加扰后，再通过 4B/5B 编码、并串转换，最后进行差分曼彻斯特编码（DME）并发送出去，接收过程刚好相反。

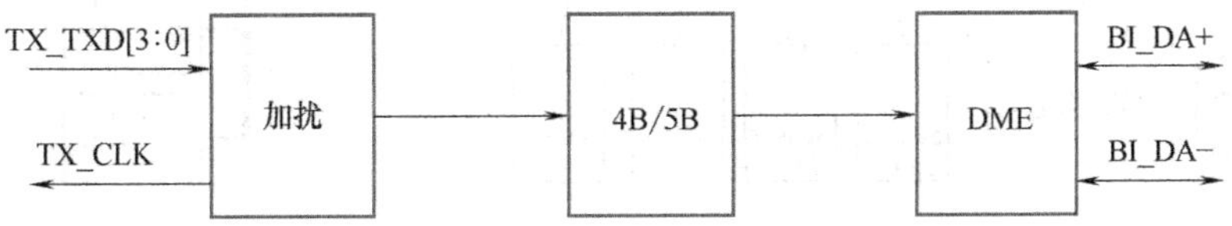


图 4-66　10base-T1S 的数据发送过程

**【知识拓展】**

什么是 4B/5B 编码?

4B/5B 是用 5 位的二进制码来代表 4 位的二进制码。5 位码组要求不含多于 3 个 0 或者不少于 2 个 1，编码见表 4-10。

表 4-10　4B/5B 编码

| 十六进制数 | 4 位二进制数 | 4B/5B 编码 | 十六进制数 | 4 位二进制数 | 4B/5B 编码 |
|---|---|---|---|---|---|
| 0 | 0000 | 11110 | 8 | 1000 | 10010 |
| 1 | 0001 | 01001 | 9 | 1001 | 10011 |
| 2 | 0010 | 10100 | A | 1010 | 10110 |
| 3 | 0011 | 10101 | B | 1011 | 10111 |
| 4 | 0100 | 01010 | C | 1100 | 11010 |
| 5 | 0101 | 01011 | D | 1101 | 11011 |
| 6 | 0110 | 01110 | E | 1110 | 11100 |
| 7 | 0111 | 01111 | F | 1111 | 11101 |

### 3. 10Mbit/s 车载以太网的特点

10Mbit/s 车载以太网的特点主要包括：

（1）总线型以太网　与百兆汽车以太网、快速以太网不同，10Mbit/s 车载以太网可以采用总线型的拓扑结构。与交换式以太网相比，总线型以太网的 PHY 芯片数量减少，ECU 接口更少，只需要一对双绞线作为传输介质，且不需要网关翻译，可以大幅降低线缆重量和硬件成本，图 4-67 和表 4-11 是交换式以太网和总线型以太网的比较。

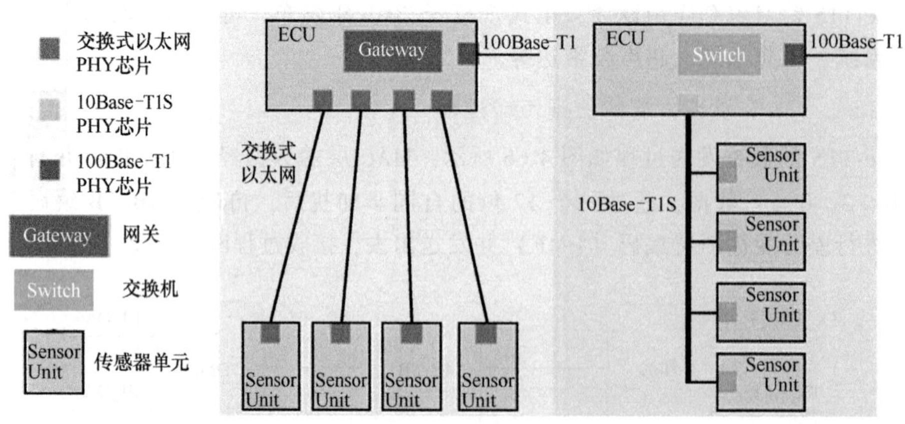


图 4-67　交换式以太网和总线型以太网的比较（见彩图）

表 4-11　交换式以太网和总线型以太网的比较

| 比较指标 | 交换式以太网 | 总线型以太网 |
|---|---|---|
| PHY 芯片数量 | 8 | 5 |
| ECU 的接口数量 | 4 | 1 |
| 线缆数量 | 4 对线缆 | 1 根总线 |
| 带宽 | <10Mbit/s | 10Mbit/s |
| 是否需要网关 | 是 | 否 |

（2）采用物理层冲突避免机制　物理层冲突避免机制（Physical Layer Collision Avoidance，PLCA）可实现无报文仲裁冲突，所有节点有序发送报文，报文的发送时延是确定的，且带宽利用率可接近 100%。PLCA 的主要特征包括：

1）每个节点都分配了一个报文发送时隙。

2）节点以轮循方式发送报文，类似 LIN 的进度表方式。

3）每个发送周期前，主节点会发送信标（Beacon）信号，代表该发送周期的开始，此后相关节点会顺序发送报文。

4）每个周期任一节点只能发送一帧报文。

5）若某时隙内该节点不发送报文，则下一节点可使用该时隙发送报文。

6）通信方式为半双工。

（3）可将 MAC 和 PHY 芯片集成　10Mbit/s 以太网可以将 MAC 和 PHY 的功能集成在一个芯片内，主控制器的结构简单，成本较低。

（4）软件协议栈统一　10Mbit/s 以太网可与 100Mbit/s、1000Mbit/s 以太网使用同一套 TCP/IP 栈及 QoS 机制，降低了使用不同总线类型带来的软件协议栈开发测试的复杂度。

## 4.12.2　Multi-G 车载以太网和 25Gbit/s 车载以太网

### 1. Multi-G 车载以太网

Multi-G 车载以太网标准 IEEE 802.3ch（也叫作 10G Base-T1）于 2017 年立项，2020 年发布，支持 2.5Gbit/s、5Gbit/s、10Gbit/s 的数据传输速率。Multi-G 车载以太网提供了更高的数据传输速率，信道需要更强的抗干扰性能，因此传输介质采用屏蔽双绞线。Multi-G 车载以太网采用 PAM4 的调制格式，共有 4 个电压电平，每个幅度电平分别对应逻辑比特 00、01、10 和 11。图 4-68 是一个 PAM4 编码的实例，4 个电压值为-1V、-1/3V、1/3V、1V，分别代表逻辑比特的 00、01、10 和 11。

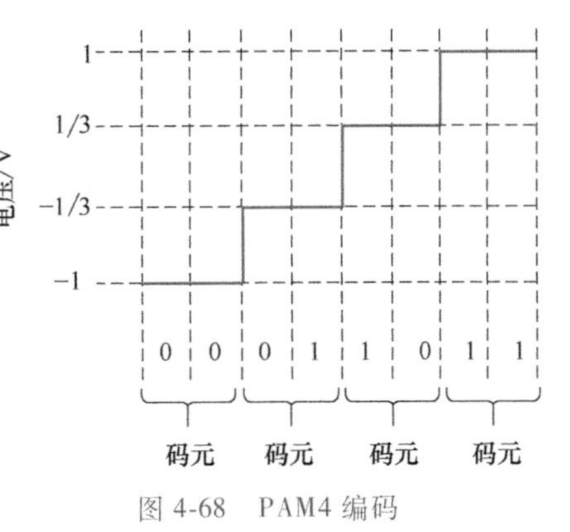

图 4-68　PAM4 编码

### 2. 25Gbit/s 车载以太网

2019 年，应众多汽车制造厂商的要求，IEEE 802.3 工作组成立“Beyond 10G”研究组，经过一年时间的调研和讨论，IEEE 认为 10Gbit/s 以上带宽的车载网络主要有两个应用场景，分别是车内骨干网络（包括显示器网络）以及以摄像头为主的传感器网络，其中车内骨干网和显示器网络的工作温度需求为-40~85℃，传感器网络的工作温度需求为-4~105℃，且要求支持最大11m的传输距离。

2020年，IEEE启动了25Gbit/s车载以太网标准的制定，即IEEE 802.3cy标准。IEEE 802.3cy标准需要达成如下几点目标：实现25Gbit/s、50Gbit/s、100Gbit/s的传输速率；支持全双工通信；误码率应达到$10^{-12}$；支持至少一种车载线缆上的传输距离达到11m（包含至多两个线内连接器）。25Gbit/s以太网传输速率大幅提高，为了提高频谱的使用效率，使用PAM8调制格式。

## 任　务

1. 10Base-T1S采用（　　）传输介质。

A. 屏蔽双绞线　　B. 非屏蔽双绞线　　C. 同轴电缆　　D. 光纤

2. 关于10Base-T1S点对点传输支持的通信方式，下列说法正确的是（　　）。

A. 仅支持全双工通信　　B. 仅支持半双工通信

C. 仅支持单工通信　　D. 支持全双工和半双工通信

3. 10Base-T1S采用多点传输方式，只能采用（　　）通信方式。

A. 全双工　　B. 半双工

C. 单工　　D. 全双工和半双工

4. 分析PLCA和时分多路复用的相同点和不同点。

5. 查阅资料，分析10Mbit/s车载以太网、Multi-G车载以太网以及25Gbit/s车载以太网的应用场景。

6. 查阅资料，分析交换式以太网和总线型以太网的区别。

下　篇

# 车联网

# 项目5　车联网系统概述

## 任务5.1　车联网的出现及发展

### 5.1.1　车联网出现的背景及意义

【思考】

1. 为什么特斯拉多次撞击白色货车？

出事故的特斯拉Model Y和Model S的车身周围搭载了8个摄像头、1个毫米波雷达和12个超声波雷达，在开启自动驾驶系统时，车辆主要依靠前视摄像头和毫米波雷达探测前方物体。

特斯拉虽然采用三目前视摄像头，但没有使用立体视觉，三个摄像头焦距不同，视野范围也不同，其中只有广角近距摄像头才能完整地拍下白色货车，其他摄像头只能拍摄到货车的局部，不能作为最终的信息来源。而广角近距摄像头需要在相对较近的距离内才能清晰地识别出货车，这就导致了系统即使已经识别到车辆也无法及时制动。

毫米波雷达适用于长距离探测，更容易识别到远处路面的白色货车，但货车由于离地间隙过高，很容易出现部分毫米波直接从箱底穿过形成漏检。此外，毫米波雷达对于静止或移动速度很慢的物体缺少敏感性，可能将垂直方向行驶或者翻车的白色货车过滤掉。

2. 如何解决上述问题？

解决上述问题可以采用两种方案：一是增加激光雷达等环境感知传感器，提高检测的精确性；二是将交通信息通过网络传输给车辆，将车进行联网。

车联网（Internet of Vehicle，IOV）概念引申自物联网（Internet of Thing，IOT），是以车载通信系统、车际网和车载移动互联网为基础，按照统一的通信协议和数据交互标准，通过先进的移动电子通信技术、定位技术、智能终端设备与信息网络技术，在车和X（X代表车、路、人及网络平台等）之间进行无线通信和信息交换的大系统网络，能够实现智能交通管理、智能动态信息服务和车辆智能化控制，是物联网技术在交通领域的典型应用。车联网的概念刚出现时和车载信息服务（Telematics，指应用无线通信技术的车载计算机系统）区分不清，为了和 Telematics 业务区分，业界开始使用 V2X（Vehicle to Everything）来表示车联网。

1. 车联网出现的背景

随着智能驾驶向更高阶段发展，网络和智能驾驶有机结合成为趋势，通过协作式感知弥补自主式感知的不足，智能网联汽车应运而生。智能汽车也称为自动驾驶汽车，属于智能交通系统的一部分，包括网联式智能汽车（Connected Vehicle，CV）、自主式智能汽车（Autonomous Vehicle，AV）以及智能网联汽车（Connected and Automated Vehicle，CAV 或 Intelligent and Connected Vehicle，ICV）3 种技术发展路径，如图 5-1 所示，其中智能网联汽车是网联式智能汽车和自主式智能汽车的融合。

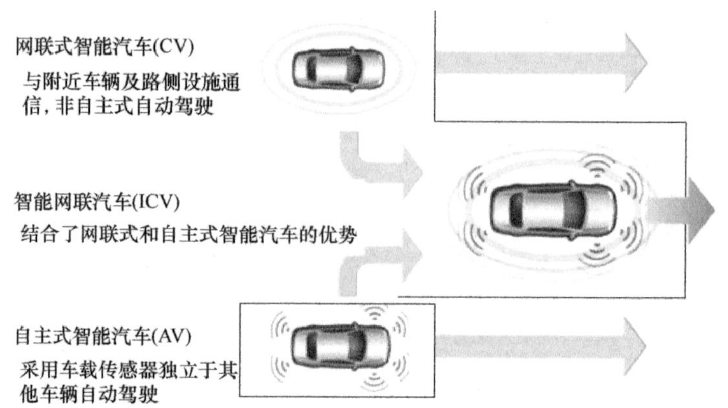


图 5-1　智能汽车的 3 种技术发展路径

智能网联汽车是搭载先进的车载传感器、控制器和执行器等装备，并融合现代通信与网络技术，实现车与人、车、路、网络平台等信息交换共享。智能网联汽车所涉及的不再是汽车一个个体，而是把其融入大交通当中，宏观的交通特征会对智能网联汽车产生影响，比如交通拥堵会促使汽车在规划路线时提前规避拥堵区域。

智能网联汽车涉及通信技术、自动驾驶、交通环境等众多细分领域，其技术架构需要车载平台及基础设施条件的融入，并且涉及车辆/设施、信息交互与基础支撑这 3 个领域包含的 9 种关键技术，其中就包括了 V2X 通信技术，如图 5-2 所示。

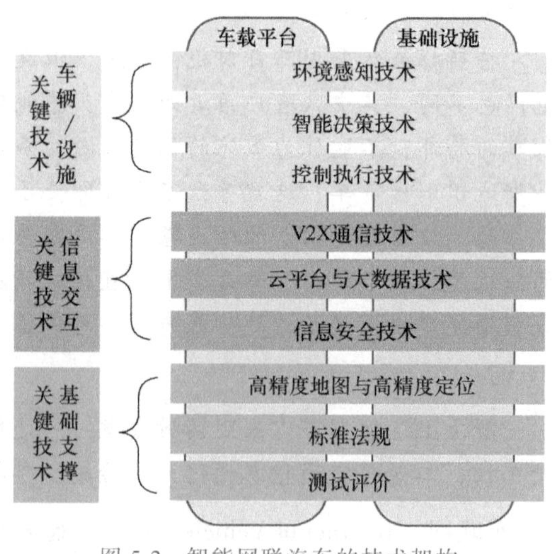


图 5-2　智能网联汽车的技术架构

2. 车联网出现的意义

车联网（V2X）作为物联网在交通领域的具体细分应用场景，由车辆、人、道路、通信网络和服务平台 5 个要素组成，可实现车与车（Vehicle to Vehicle，V2V）之间、车与人（Vehicle to Pedestrian，V2P）之间、车与基础设施（Vehicle to Infrastructure，V2I）之间以及车与网络平台（Vehicle to Network，V2N）之间的全维度网络通信，如图 5-3 所示。

借助于人、车、路、网络平台之间的全方位连接和高效信息交互，车联网从信息服务类

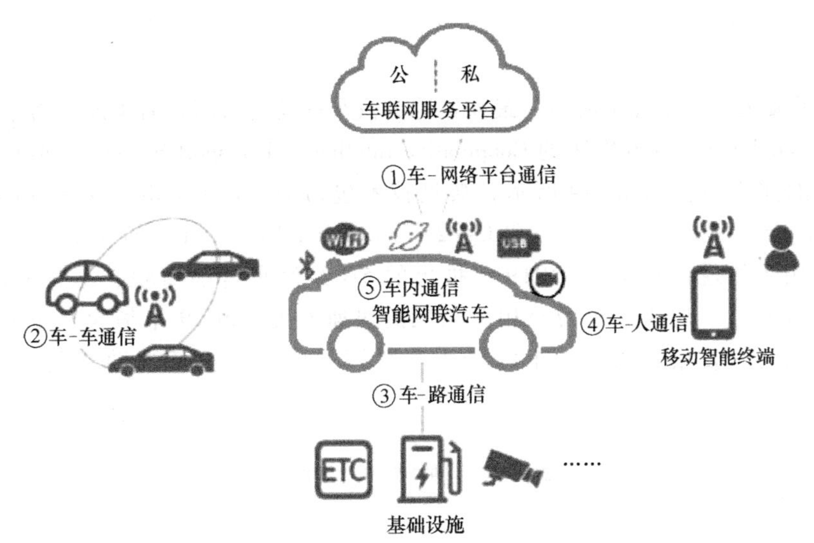


图 5-3 车联网的全维度网络通信示意图

应用向交通安全和效率类应用发展，并逐步向支持自动驾驶的协同服务类应用演进。车联网的主要功能包括：

（1）提升行驶安全 车联网通过车载终端设备及智能路侧设备的多源感知融合，对道路环境实时状况进行感知、分析和决策，在可能发生危险或碰撞时进行提前警告和车辆控制，提高车辆出行的安全性。根据美国交通运输部发布的数据，如果美国所有的车辆都装备基于 V2V 的左转辅助功能和交叉路口辅助功能，则每年可以减少 20~28 万的伤亡人数和 40~60 万的碰撞事故，可以挽救 800~1100 条生命，如果再加上其他 V2V 和 V2I 的应用场景，非酒驾类汽车交通事故率最高可以减少 80%。

（2）提高交通效率 通过车联网增强交通感知能力，实现交通系统网联化、智能化，构建智慧交通系统，通过动态调配路网资源，实现拥堵提醒、优化路线引导，提升城市交通运行效率。典型的车联网交通效率类的应用包括前方拥堵提醒、红绿灯信号播报和车速引导、特殊车辆路口优先通行等。

（3）支持实现自动驾驶 车路协同是支撑自动驾驶落地的重要手段，通过本地信息收集、分析和决策，为自动驾驶提供辅助决策能力，提升自动驾驶的安全性，并降低车辆适应各种特殊道路条件的成本，加速自动驾驶汽车落地。

**【知识拓展】**

什么是智能交通系统？

智能交通系统（Intelligent Transportation System，ITS）是指将先进的信息技术、电子通信技术、自动控制技术、计算机技术及网络技术等运用于整个交通运输管理体系，建立起一种在大范围内全方位发挥作用的交通运输综合管理和控制系统。它由若干子系统组成，通过系统集成将道路、驾驶人和车辆有机结合，驾驶人可以实时了解道路交通以及车辆的状况，以最安全和经济的方式到达目的地。

### 5.1.2 车联网的发展现状

车联网的发展经历了几个阶段，最初被称为汽车移动物联网，后来改名为车联网，对应美国的 Connected Vehicles 和欧盟的 Cooperative Intelligent Transport System（简称 C-ITS）。

车联网的演进历程如图 5-4 所示，典型技术包括 DSRC（Dedicated Short Range Communications，专用短途通信系统）和 C-V2X（Cellular Vehicle to Everything，基于蜂窝移动网络的车用无线通信技术），2019 年推出的 5G 给汽车自动驾驶、车联网以及道路交通带来更多可能性，加速汽车乃至相关领域的快速发展，2019 年华为发布的《5G 时代十大应用场景》白皮书，其中一个场景为车联网的应用，包括自动驾驶、编队行驶和远程驾驶操控。

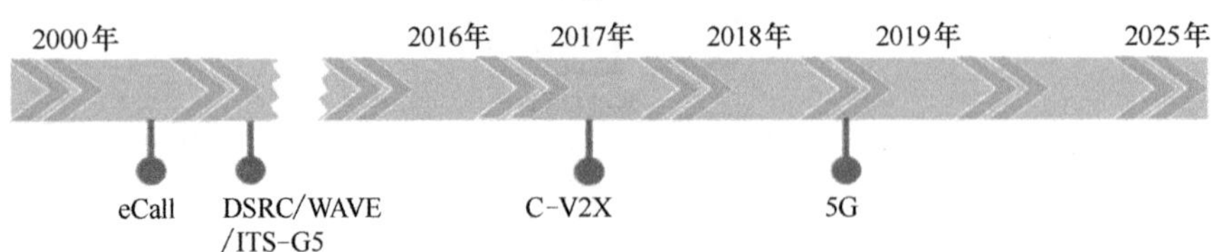


图 5-4 车联网的演进历程

1. 美国

基于通信技术的车联网最早起源于美国。美国在 20 世纪 60 年代开始研究电子路径引导系统，2006 年，为了解决交通安全问题，美国交通运输部与部分汽车制造商联手开发和测试 V2V 安全应用程序，目的是提高车载系统的安全性能，随后提出车辆基础设施一体化（Vehicle Infrastructure Integration，VII）的概念。2009 年 12 月，美国交通部提出《智能交通系统战略研究计划 2010—2014》，首次提出对于未来车联网的构想，其目标是地面交通系统与无线通信技术融合，形成乘客、车辆和道路基础设施之间相互连接的交通环境，有效保障交通运输的灵活性和安全性。2010 年 IEEE 颁布了以 IEEE 802.11p 为底层通信协议和以 IEEE 1609 系列规范作为高层通信协议的 V2X 车联网通信标准。

2012 年，为了推动 V2V 通信技术和美国后续对车联网的立法决策，美国交通部在密歇根州主导了基于 V2V 和 V2I 通信技术的安全试点示范部署项目，进一步对车联网安全技术进行研究和验证。2015 年美国交通部发布了《智能交通系统战略研究计划：2015—2019》，其目标是实现网联汽车应用和加快自动驾驶落地，进一步深化车联网的流畅性、安全性和对环境的保护。

2016 年 12 月，美国交通部正式发布《联邦机动车安全标准——第 150 号》（FMVSS No. 150），要求所有轻型车辆强制安装 V2V 通信设备，确保车辆和车辆之间能够发送和接收基本安全信息，V2V 选择 DSRC 作为统一通信标准。

2. 日本

日本在 1970 年左右开始研究车联网，经过近 20 年的研究建成了一系列的基于移动通信网络的车联网系统和高速 ETC 系统。在 20 世纪 90 年代，日本车辆信息与通信系统（Vehicle Information and Communication System，VICS）正式启动，VICS 系统通过向各地道路管理部门和交警部门收集道路拥堵情况、交通事故、停车场空位等实时交通信息，并通过道路基

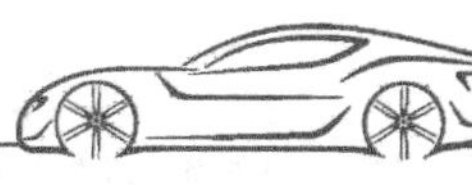

础设施发送给附近车辆，截至2011年年底，日本在全国范围内安装的VICS车载设备超过3400万台。日本第二代ITS系统SmartWay已经在2010年开始推广，SmartWay同时以声音和可视两种形式提供更加具体和可靠的交通路况信息。

2014年，日本发布了《战略性创新创造项目》，将自动驾驶作为十大战略领域之一，并积极组建研究组推进车联网发展，其目标是在2020年前完成V2X研发及市场化。

3. 中国

相对于欧美、日本而言，我国的车联网技术起步较晚。2009年底，上汽集团、通用汽车和上海通用汽车合作成立了上海安吉星（Onstar）信息服务公司，推出了Onstar服务，结合GPS定位技术和2G蜂窝移动网络，为车辆提供紧急救援、车辆定位和车辆导航等服务，这为车联网在我国的发展打下基础。2009年以后，车载信息服务系统开始由各大通信供应商推出，我国车联网技术取得快速发展。2010年国家963计划将智能车路协同等车联网关键技术列入其中。2011年3月，为了研究下一代汽车电子产品与通信服务的融合，大唐电信与启明信息技术股份有限公司共同建立了相关实验室，这意味着车联网步入应用阶段。

从2015年开始，国务院、发改委、工信部、交通运输部等相关部门发布一系列政策意见（见表5-1），指导和规范车联网行业发展，并规划由单车智能逐步转向多车协同，“聪明的车”与“智慧的路”协同发展。图5-5为我国智能网联汽车技术路线图1.0，预计到2025年，L1~L3级别的自动驾驶系统的新车装配率达到80%，网联式驾驶辅助系统的装配率达到30%，L4~L5级别的自动驾驶汽车开始进入市场。而路线图2.0共有3个关键时间节点，到2025年，L2和L3级别的自动驾驶汽车的市场份额超过50%，L4级别的自动驾驶汽车实现限定区域和特定场景的商业化应用；到2030年，L2和L3级别的自动驾驶汽车的市场份额超过70%，L4级别的自动驾驶汽车的市场份额达到20%，实现高速公路的广泛应用和部分城市道路的规模化应用；到2035年，我国智能网联汽车技术和产业体系全面建成，L5级别的自动驾驶汽车大规模应用。

表5-1 我国车联网行业发展的相关政策汇总

| 时间 | 政策 | 时间 | 政策 |
|---|---|---|---|
| 2020年11月 | 智能网联汽车技术路线图2.0 | 2018年12月 | 车联网(智能网联汽车)产业发展行动计划 |
| 2020年8月 | 关于推动交通运输领域新型基础设施建设的指导意见 | 2018年6月 | 国家车联网产业标准体系建设指南 |
| 2020年4月 | 2020年智能网联汽车标准化工作要点 | 2018年4月 | 智能网联汽车道路测试与示范应用管理规范 |
| 2020年3月 | 关于推动5G加快发展的通知 | 2018年2月 | 关于加快推进新一代国家交通控制网和智慧公路试点的通知 |
| 2020年2月 | 智能汽车创新发展战略 | 2017年9月 | 智慧交通让出行更便捷行动方案(2017—2020) |
| 2019年12月 | 推进综合交通运输大数据发展行动纲要(2020—2025) | 2016年10月 | 智能网联汽车技术路线图1.0 |
| 2019年9月 | 交通强国建设纲要 | 2015年12月 | 车联网发展创新行动计划(2015—2020) |

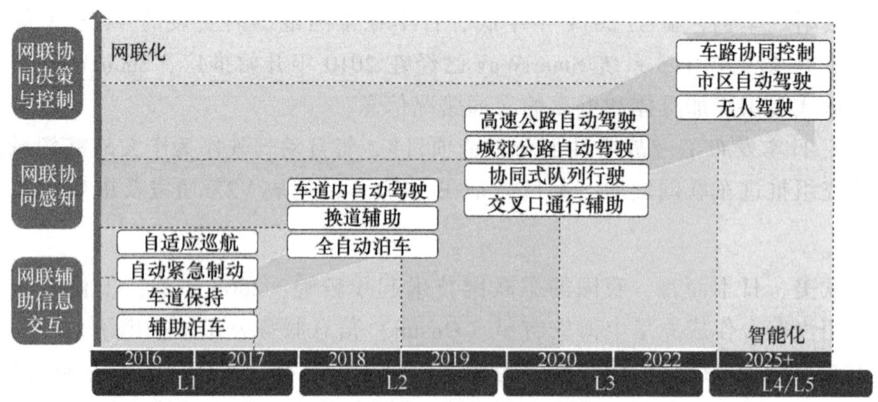


图 5-5　我国智能网联汽车技术路线图 1.0

## 【知识拓展】

**1. 什么是蜂窝移动网络？**

蜂窝移动网络（Cellular Mobile Network）是一种移动通信硬件架构，由于构成网络覆盖的各通信基站的信号覆盖呈六边形，使整个网络像一个蜂窝而得名。这种通信的特点是把所有的网络服务区域分成许多小区域（Cell，也就是蜂窝），每个区域设置一个基站，负责本区域内各个移动站的联络与控制。

**2. 什么是 L1、L2、L3、L4、L5 级别的自动驾驶系统？**

美国国家公路交通安全管理局（National Highway Traffic Safety Administration，NHTSA）原本有一套分级体系，将自动驾驶分为五个级别（L0~L4）。为了更好地区分不同层级的自动驾驶技术，SAE（美国汽车工程师协会）于 2014 年发布了自动驾驶的六级体系，将自动驾驶技术分为 L0~L5 共六个级别，将 NHTSA 的 L4 级别细分为 L4 和 L5 两个级别。NHTSA 在 2016 年 9 月也转为使用 SAE 的分类标准。NHTSA 原分级体系和 SAE 分级体系的具体级别划分和描述如图 5-6 所示。

| 分级 | NHTSA | L0 | L1 | L2 | L3 | L4 | |
|---|---|---|---|---|---|---|---|
| | SAE | L0 | L1 | L2 | L3 | L4 | L5 |
| 名称(SAE) | | 无自动化 | 驾驶辅助 | 部分自动驾驶 | 有条件自动驾驶 | 高度自动驾驶 | 完全自动驾驶 |
| 驾驶人 | | 必须完成所有驾驶操作 | 必须完成所有驾驶操作，但在某些情况下能够获得辅助 | 车辆可以承担一些基本的驾驶任务，但驾驶人必须随时准备接管车辆 | 当功能请求时，驾驶人必须接管车辆 | 当系统无法继续运行时，驾驶人需要在接到通知后接管车辆 | 无需驾驶人，转向盘可有可无。坐在L5级别的自动驾驶汽车中，每个人都是乘客 |
| 车辆 | | 仅能对驾驶人的指令做出响应，但可以提供有关环境的警报 | 可以提供诸如紧急情况下自动制动或车道偏离修正等基本辅助功能 | 在某些特定情况下，能够自动转向、加速和制动 | 在某些特定情况下，可完全自动转向、加速和制动 | 可在大多情况下承担全部驾驶任务，而无需驾驶人干预 | 能够在所有情况下承担全部驾驶任务，无需驾驶人干预 |

图 5-6　NHTSA 原分级体系和 SAE 分级体系对自动驾驶技术的分类

## 5.1.3　车联网的主要应用场景

V2X 根据通信对象的不同分为四种通信方式，即 V2V、V2I、V2P 和 V2N。

### 1. V2V

V2V 通信模式是 V2X 通信的研究重点，最早由美国一些汽车制造公司提出，通过在车辆中安装无线通信设备，使得临近车辆可以交换状态信息，形成一种信息交互过程。接收信息的车辆可以预判周围的行车状况及交通环境，提前应对外部车辆对自身潜在的危险，减少交通事故的发生。V2V 通信模式基于 D2D（Device to Device，设备到设备）通信，不需要依靠大量的基站和网络设施，有效降低车与车之间的传输时延。但是在高速运动状态下，车与车之间通信模式变得复杂，且需要有超高精度的车辆定位。

2005 年，通用公司首先开发出 V2V 通信系统，它以全球卫星定位技术为基础，搭配无线通信设备，能够检测到是否有车辆出现在视线盲区和拐弯处，并提醒驾驶人注意，另外它能根据检测的车辆速度、加速度和相对速度等数据，预判是否有发生碰撞的危险。V2V 的应用主要包括碰撞预警、变道预警、异常车辆（打开故障报警灯的车辆）提醒、紧急车辆（消防车、救护车、警车等）提醒、远光灯自动关闭等。下面主要分析变道预警和远光灯自动关闭两个应用。

**【知识拓展】**

什么是 D2D 通信？

目前的移动通信网络中，两个人面对面拨打对方手机，信号是通过基站进行中转的，如图 5-7a 所示，这种通信属于非 D2D 通信。D2D 通信是指同一基站下的两个用户进行通信，数据不再通过基站转发，而是直接传递到手机，如图 5-7b 所示。这种通信方式节约了大量的空中资源，也减轻了基站的压力。

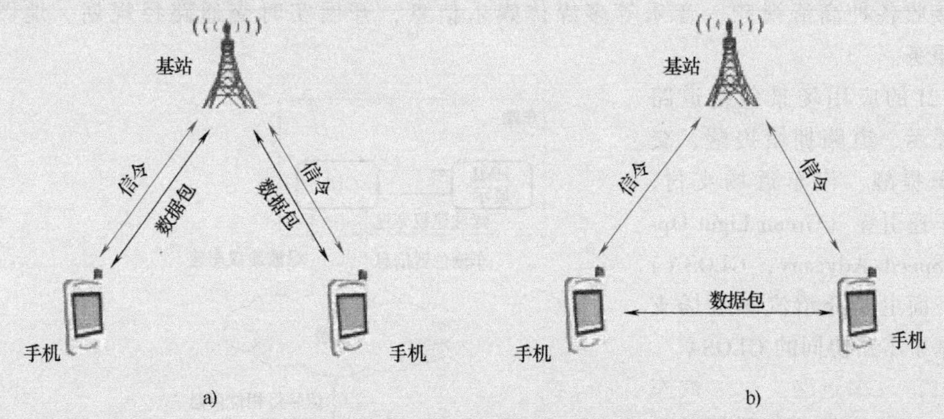


图 5-7　非 D2D 和 D2D 通信模式对比

a）非 D2D 通信　b）D2D 通信

注：信令（Signaling），网络上传输的各种信号中，一部分是终端需要的（例如打电话的语音、上网的数据等），另外一部分是终端不需要的（不是直接需要）的，这部分信号的作用是控制通信系统，称为通信系统中的控制指令，简称为信令。

（1）变道预警　当主车变道时，若存在与侧向或后向车辆的碰撞危险，系统将对主车驾驶人进行预警。例如，当两车距离未超出 50m 时，系统发出变道辅助红色警告，此时不可随意变道；若两车距离超出 100m，没有任何警告，车辆可随时变道；若 50m≤两车距离≤100m，系统发出黄色变道辅助警告，建议不要随意变道。

（2）远光灯自动关闭　在夜间道路上会车时，出于安全考虑双方驾驶人需要手动关闭远光灯，这将导致驾驶人的注意力分散，增加了一定的交通事故风险。如果采用 V2V 通信技术，双方车辆能够清楚地了解对方的车速、行驶方向和位置等，以便系统做出是否会车和何时会车的判断。车载控制系统在会车时自动关闭远光灯，待会车结束后再自动开启远光灯，不需要人为操作，有效保证夜间行车安全。夜间会车远光灯自动关闭控制逻辑如图 5-8 所示。

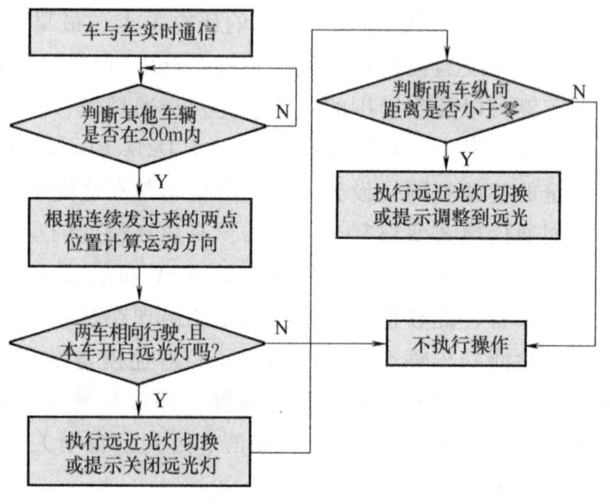

图 5-8　夜间会车远光灯自动关闭控制逻辑

## 2. V2I

V2I 是指车载设备与路侧基础设施（如红绿灯、交通摄像头等）进行通信。路侧基础设施可以获取附近车辆的信息并实时发布，进行车辆监控管理和不停车收费等；交通中心通过 V2I 通信系统收集各道路上的交通状况、交通事故和车流量等信息，分析道路拥堵情况，从而高效指挥道路交通；车辆通过 V2I 通信模式可以了解周围加油站、停车场等设施信息；车辆通过路侧基础设施接入互联网，形成车与网络的通信模式，可以接收各种高清视频、音乐等多媒体娱乐信息，开展实时交通路径规划、地图更新等云服务。

V2I 的应用场景包括道路危险提示、道路拥堵提醒、交通标识提醒、汽车近场支付、绿波车速引导（Green Light Optimal Speed Advisory，GLOSA）等。下面主要介绍汽车近场支付和基于车路协同的 GLOSA。

（1）汽车近场支付　汽车通过 V2T 通信技术与路侧基础设施发生信息交互，间接向银行金融机构发送支付指令，实现车载支付功能，包括 ETC、无线充电支付、停车支付、加油支付等消费环节。

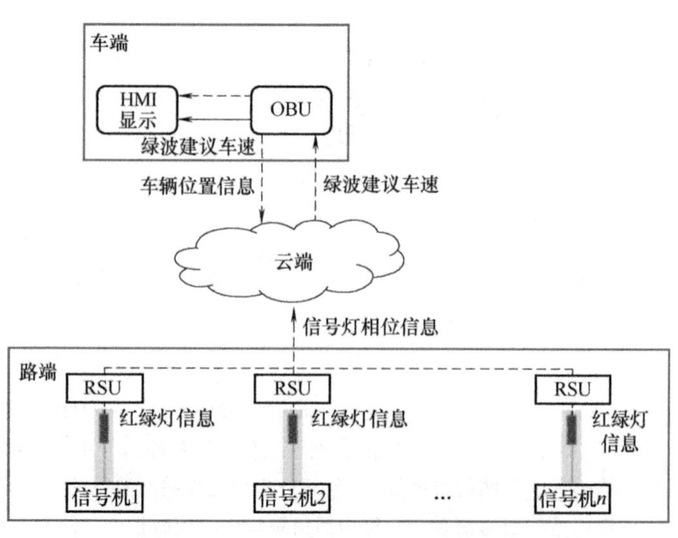

图 5-9　基于车路协同的 GLOSA 方案

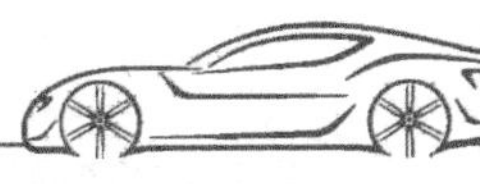

（2）基于车路协同的 **GLOSA**　图 5-9 是一个基于车路协同的 GLOSA 方案，RSU（Road Side Unit，路侧单元）采集的交通信号灯相位信息以及 OBU（on Board Unit，车载终端）采集的车辆位置信息分别上传到云端，由云端决策给出绿波建议车速，尽量避免车辆行驶过程的加减速，并减少经过红绿灯路口的停车次数，提高通行效率，达到节能减排的效果。

**【知识拓展】**

什么是交通信号灯相位？

交通信号灯相位表示一个路口不同方向信号灯的组合方式，以十字路口为例，假设路口不能左转，且右转不受信号灯限制，则东西方向绿灯直行，南北方向红灯禁行，这是一个相位；50s 过后，东西直行变为红灯，南北变为绿灯，这是第二个相位。

**3. V2P**

V2P 通信模式主要是车辆与行人的手机或身上佩戴的智能设备进行通信，车辆可检测行人的位置、方向、速度，行人也可获取周围车辆的位置、方向及速度，若系统计算后认为两者或多者保持原有状态继续运动会发生碰撞，则会在手机屏幕或智能设备上弹出警告信息。同时车辆也会通过声音、图像，提示驾驶人前方有危险，实现对弱势交通群体的保护。若行人不具备通信能力，则道路单元可通过摄像头、雷达等传感器检测，并向车辆广播行人相关信息。

行人的速度相对车辆的行驶速度是非常缓慢的，因此 V2P 通信模式比较容易分析。

**4. V2N**

V2N 是指车辆通过车载设备与接入网/核心网连接，实现与网络平台的数据交互，提供车辆所需要的各类应用服务。只要车辆能够联网，就能利用网络中的实时数据进行地图更新、交通管理以及一定距离外的路况信息收集。V2N 通信主要用于车辆导航、车辆远程监控、紧急救援、信息娱乐服务和共享服务等。

**【知识拓展】**

什么是接入网、核心网？

一个广域网络由接入网和核心网组成，用户使用接入网进入网络，用户的数据在核心网上被高速传递和转发。如果以立交桥作为类比，接入网可类比为立交桥的引桥或者盘桥的匝道，核心网可类比为立交桥上的主干道。接入网是整个网络的边缘部分，与用户距离最近，通常也叫“最后一公里”。核心网也叫骨干网，是网络的核心，负责数据交换、转发、接续和路由，一般离用户侧较远。

## 任　务

1. 什么是智能网联汽车？
2. 什么是车联网？为什么需要对车辆进行联网？
3. 智能汽车、智能网联汽车和车联网之间是什么关系？

4. 查阅资料，分析欧洲的车联网发展现状。

5. 查阅文献，分析 V2V、V2I、V2P 和 V2N 的应用实例。

6. 查阅资料，根据图 5-10 分析：

(1) V2I 的道路基础设施包括哪些？

(2) V2V、V2I、V2P、V2N 四种通信模式下分别采用什么网络进行数据交换？

(3) 什么是边缘云？边缘云有什么作用？

(4) 什么是 GNSS？GNSS 有什么作用？

(5) 什么是 NB-iOT？什么是 LoRa？二者的区别是什么？

(6) WiFi 的全称是什么？无线局域网分为有固定基础设施的和无固定基础设施的，WiFi 属于哪一类？

(7) 什么是蜂窝网络？蜂窝网络和 WiFi 有什么区别？

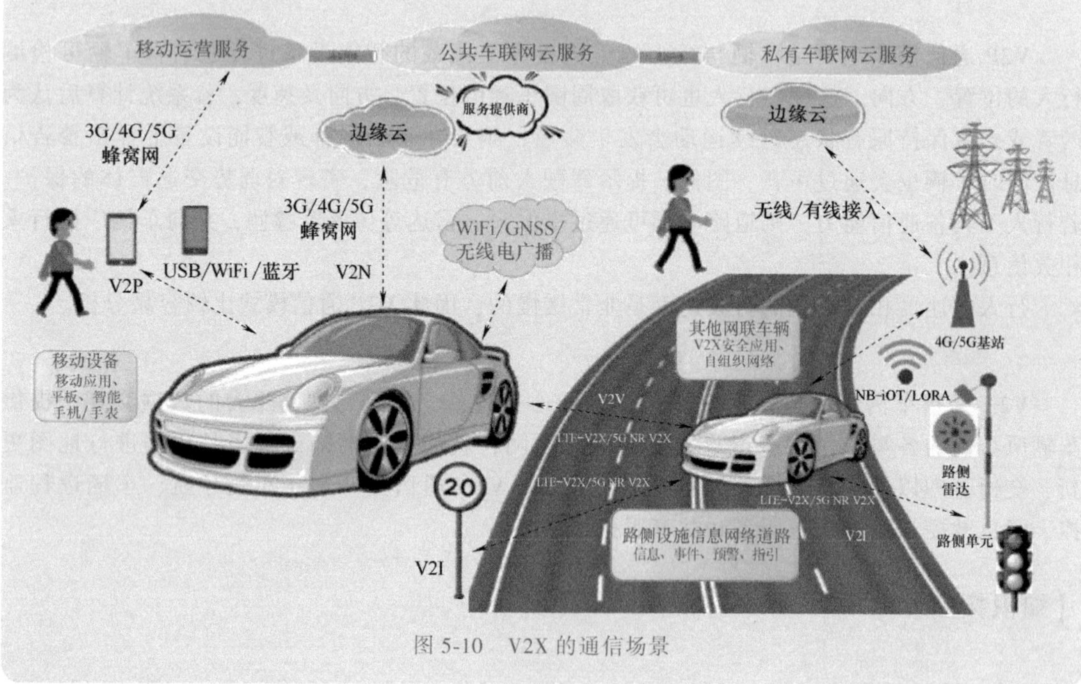

图 5-10 V2X 的通信场景

## 任务 5.2 车联网通信技术及体系架构

### 5.2.1 车联网的通信技术

车联网是一种无线通信技术，目前主要利用电磁波进行通信，光波通信也在崛起。在国际上，车联网通信主要包括两条技术路线，一个是美国、日本和欧洲从 20 世纪 90 年代开始研究开发并得到国际广泛认同的 DSRC 标准阵营，另一个是由第三代合作伙伴计划（3rd Generation Partnership Project，3GPP）于 2015 年立项启动，并由华为、爱立信、高通牵头的 C-V2X 通信标准。

## 1. DSRC

DSRC 技术基于 IEEE 802.11p、IEEE 1609、SAE J2735 和 SAE J2945 等标准进行通信，主要用于 V2V 和 V2I 系统，可完成毫秒级的运算，满足 V2V 系统多条信息需要在 1s 内进行发送的需求，但是覆盖范围较小，通信距离一般在 10~30m。

1992 年，美国材料试验学会（American Society for Testing and Materials，ASTM）开始发展 DSRC 技术，并于 2002 年发布相关标准 ASTM E2213-02。该版本以 IEEE 802.11 标准为基础，提出一系列改进以适应车载环境的通信需求。从 2004 年开始，美国的 DSRC 标准化工作转入 IEEE 802.11p 与 IEEE 1609 工作组，主要目的是让 DSRC 适用于高速移动的环境，为行车安全、交通管理和娱乐等提供服务。IEEE 802.11p 负责制定 DSRC 的底层 MAC 标准和 PHY 标准，其上层标准则由 IEEE 1609 负责。

DSRC 技术在美国、欧洲、日本得到了研究和发展，形成了成熟的技术规范。国际标准化组织智能运输系统委员会（简称 ISO/TC204）负责 DSRC 国际标准的制定工作，但是迄今为止还没有形成统一的国际标准。

## 2. C-V2X

2010 年，IEEE 提出 C-V2X 的概念，利用蜂窝移动通信的技术和产业优势，将蜂窝移动通信技术和直连通信技术有机结合，既解决了车与车、车与路间的低时延、高可靠性的通信问题，又满足车云通信需求，支持智能交通和自动驾驶汽车等垂直行业应用。C-V2X 包含基于长期演进（Long Term Evolution，LTE）的 V2X 技术以及基于 5G（The 5th Generation Mobile Communication Technology，第五代移动通信技术）的 V2X 技术。

3GPP 主导制定 C-V2X 通信标准，根据发布的版本可以分为 3 个阶段，如图 5-11 所示。第一阶段从 Rel14（Release14，简称 R14）版本标准的发布开始，主要应用场景是高级驾驶辅助系统；第二阶段是 3GPP 发布的 Rel15（LTE-eV2X，e 代表 enhancement，简称 R15）版本，Rel15 在保持与 Rel14 兼容的前提下，进一步提升了 V2X 通信模式的可靠性、时延和传输数据速率，以满足 V2X 部分高级业务要求。Rel14 和 Rel15 都是基于 LTE 网络的 V2X，在通信可靠性和时延方面存在不足，只能在辅助驾驶和初级自动驾驶场景应用，无法适应未来更高级别的自动驾驶需求。

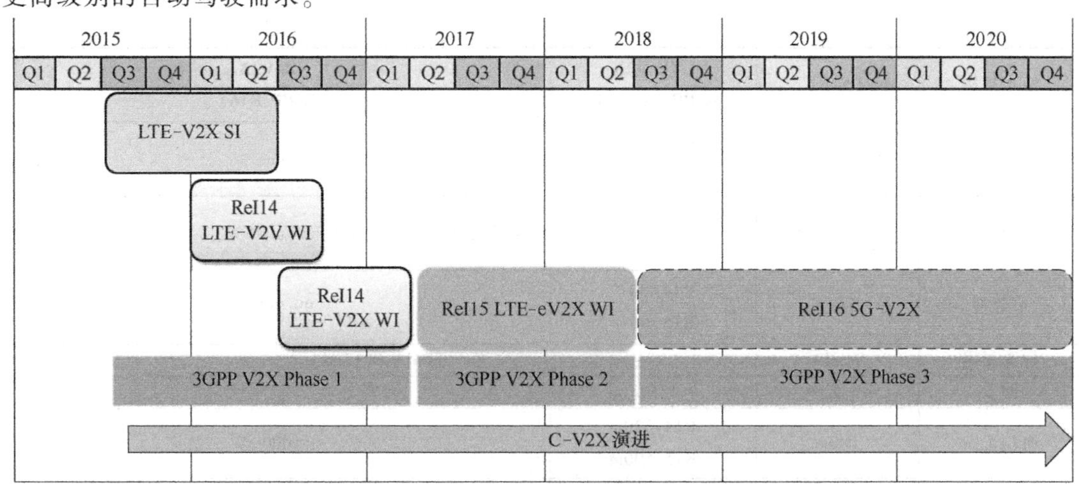


图 5-11 3GPP 的 C-V2X 标准研究进展

SI—Study Item，技术可行性研究阶段 WI—Work Item，具体技术规范撰写阶段

随着通信进入5G时代，基于5G新空口（New Radio，NR）的V2X系统设计被提上日程，Rel16（5G-V2X，简称R16）版本推出，V2X标准发展到第三阶段，Rel14的LTE-V2X和Rel15的LTE-eV2X都只是过渡阶段，未来C-V2X技术将向5G-V2X演进。

**【知识拓展】**

**1. 什么是3GPP组织？**

3GPP成立于3G时代，1998年多个电信标准组织伙伴签署了《第三代伙伴计划协议》，为第三代移动通信系统制定全球统一的技术规范。随着通信技术的不断发展，3GPP的工作范围也随之扩大，进行了4G和5G系统的研究和标准制定。

**2. 什么是LTE网络？**

LTE网络即4G网络，是由3GPP组织制定的UMTS（Universal Mobile Telecommunications System，通用移动通信系统）技术标准的长期演进，于2004年12月在3GPP多伦多会议上正式立项并启动。UMTS是指3G移动通信技术标准。

**3. 什么是5G新空口？**

空口即空中接口，5G新空口指一种为5G通信技术开发的全新的空中接口。空中接口应用于无线通信。相对于有线通信中的线路接口（线路接口定义了接口尺寸和一系列的信号规范），空中接口定义了终端设备与网络设备之间的电波连接规范。

### 3. C-V2X和DSRC比较

与DSRC技术相比，C-V2X在通信距离、可靠性、通信容量等都具有更佳的性能表现，建设相对容易，下面从性能、成本和标准化、政策支持等方面进行比较。

（1）性能　蜂窝技术针对高速移动环境设计，相较于DSRC，C-V2X在高速公路场景下（140~250km/h）的通信距离提升了约100%，在城市道路场景下（15~60km/h）提升了约30%。C-V2X和DRSC的技术比较见表5-2，从表中可以看出，C-V2X在时延、可靠性、传输距离以及传输速率等方面优势凸显。

表5-2　DSRC和C-V2X技术比较

| 技术指标 | DSRC | LTE-V2X（3GPP R14/R15） | NR-V2X（3GPP R16） |
|---|---|---|---|
| 时延 | 不确定 | R14:20ms<br>R15:10ms | 3ms |
| 介质访问机制 | CSMA/CA | 支持感知+半持续调度和动态调度 | |
| 可靠性 | 不保证 | R14>90%<br>R15>95% | 99.999% |
| 资源复用 | TDMA | TDMA和FDMA | |
| 同步 | 不支持 | 支持 | |
| 通信范围 | 100m | R14:320m<br>R15:500m | 1000m |
| 传输速率 | 6Mbit/s | R14:约为30Mbit/s<br>R15:约为300Mbit/s | 与带宽有关，40MHz带宽时采用单载波数据传输支持约400Mbit/s，多载波聚合情况下更高 |

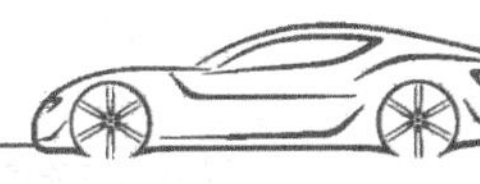

5G 汽车联盟（5G Automotive Association，5GAA）针对 DSRC 和 C-V2X 在实验室及室外实验场进行试验对比，见表 5-3，结果表明，C-V2X 支持更远的通信距离，具有更高的可靠性、更强的抗干扰性和更佳的拥塞控制性能。

表 5-3 DSRC 和 C-V2X 测试比较

| 性能指标 | 测试方式 | 试验场地 | 比较结果 |
|---|---|---|---|
| 可靠性 | 视距范围测试 | 实验场 | C-V2X 更佳 |
| | 非视距传输测试 | 实验场 | C-V2X 更佳 |
| 干扰性 | 模拟同频干扰的有线测试 | 实验室 | C-V2X 更佳 |
| | 与 80MHz 的 WiFi 的共存实验 | 实验场 | C-V2X 更佳 |
| | 和相邻 DSRC 载波的共存实验 | 实验场 | 通过 |
| 拥塞性能 | 有线拥塞控制 | 实验室 | 通过 |

（2）成本和标准化 C-V2X 基于蜂窝网络，可以与目前的 4G 和 5G 网络复用，网络覆盖范围广，部署成本低。而基于 802.11p 的 DSRC 技术在组网时需要新建大量的基础设施，部署成本高。此外，C-V2X 基于 3GPP 标准，全球范围内具备更佳的兼容性，演进路线清晰，且向后兼容 5G-V2X。

（3）政策支持 1998 年，我国交通部 ITS 中心向交通部无线电管理委员会提出将 5.8GHz 频段（5.795~5.815GHz，下行链路 500Kbit/s，上行链路 250Kbit/s）分配给 DSRC 技术领域，目前 DSRC 技术主要用于 ETC。我国拥有全球最大的 LTE 网络，因此 C-V2X 是 V2X 技术路线的首选，2018 年 11 月，我国工信部无线电管理局正式规划 20MHz（5.905~5.925GHz）作为 LTE-V2X 技术的工作频率，成为全球第一个为 C-V2X 技术规划专用频段的国家。为了支持 C-V2X 行业的发展，我国发布了多项政策，包括《关于加强汽车、智能交通、通信及交通管理 C-V2X 标准合作的框架协议》《车联网（智能网联汽车）直连通信使用 5905~5925MHz 频段的频率管理规定（暂行）》等。

美国之前一直支持 DSRC，1999 年美国联邦通信委员会（Federal Communications Commission，FCC）将 5.9GHz 频段中的 75MHz（5.850~5.925GHz）作为专用频率分配给 DSRC 的智能交通业务。但是 DSRC 无法满足车联网的通信需求，商业化进展停滞，FCC 于 2019 年 12 月重新分配 5.9GHz 频段的 20MHz 给 C-V2X 专用，划分频段和我国一致。2020 年 11 月，美国 FCC 在 5.9GHz 频段分配 30MHz 给 C-V2X，正式放弃 DSRC，转向 C-V2X。欧洲 DSRC 和 C-V2X 两种技术都表示支持。

**【知识拓展】**

**1. 什么是 CSMA/CA?**

CSMA/CA 的全称是 Carrier Sense Multiple Access with Collision Avoid，即载波侦听/冲突避免，是 WLAN 的媒体访问控制机制，详见项目 6 的任务 6.3。

**2. 什么是载波聚合技术?**

载波聚合（Carrier Aggregation，CA）是 LTE-A（LTE-Advanced）的关键技术，可以将 2~5 个 LTE 成员载波（Component Carrier，CC）聚合在一起，实现最大 100MHz 的传输带宽，满足单用户峰值速率和系统容量提升的需求。终端根据自己的能力大小决定最多同时利用几个载波进行传输。载波聚合示意图如图 5-12 所示，图中将 5 个 20MHz 的成员载波聚合成 100MHz 的带宽。

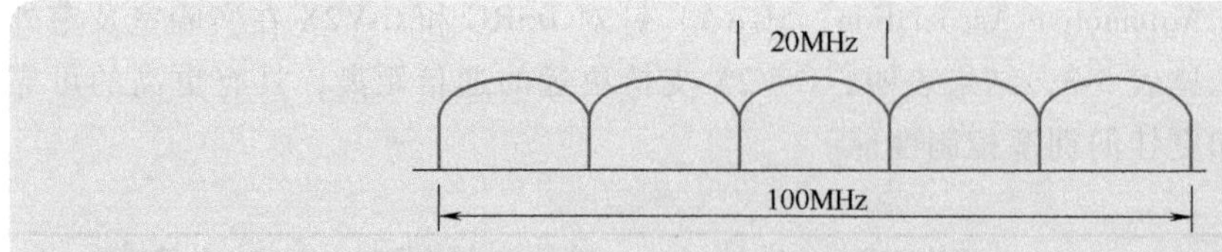


图 5-12　载波聚合示意图

**3. 什么是下行链路？什么是上行链路？**

下行链路是指基站发射、终端接收的通信链路；上行链路是指终端发射、基站接收的通信链路。

## 5.2.2　车联网的体系架构

车联网体系架构主要包括应用层、网络层和感知层，如图 5-13 所示。该通信架构又称为云管端架构，云指云服务平台（应用层），端指基础设施（感知层），管指连接云服务平台与基础设施的通信链路（网络层）。

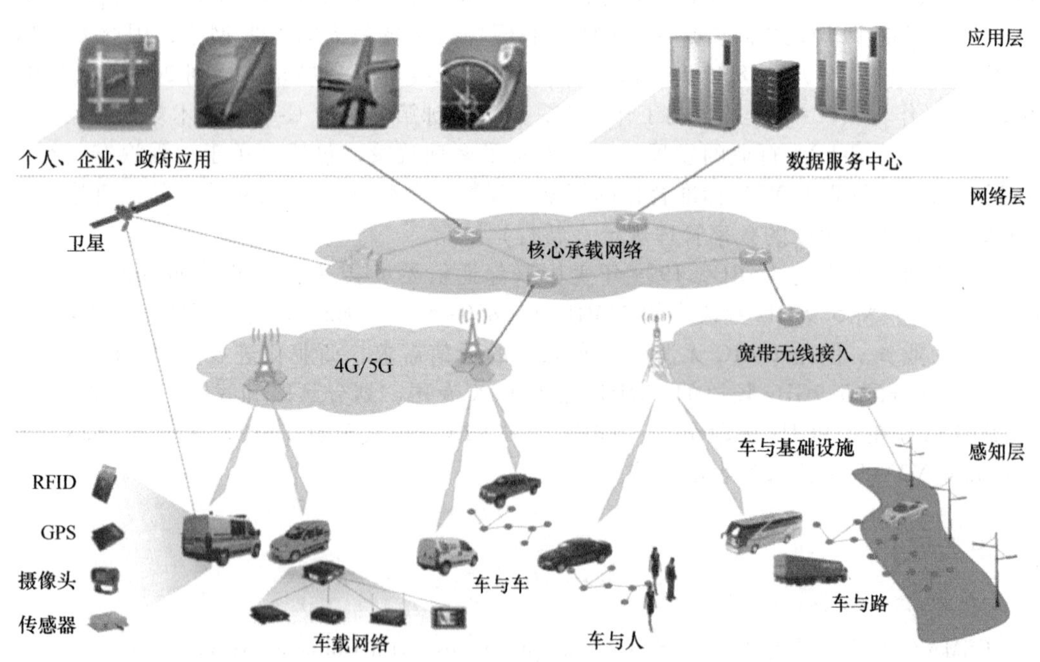


图 5-13　车联网的体系架构

RFID—Radio Frequency Identification，射频识别　GPS—Global Positioning System，全球定位系统

**1. 感知层**

感知层是基础设施层，也称作终端层，包括各种车载感知设备、基础设施和个人智能可穿戴设备。感知的信息主要包括车内信息、车外信息及后台信息。

（1）车内信息　车内信息包括车辆位置、行驶速度、车内环境温度、车辆工作参

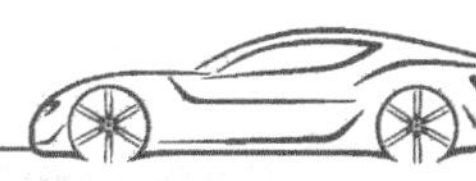

数、故障信息等，这些信息主要通过车辆自身的传感器技术、定位技术进行实时检测和感知。

（2）车外信息 车外信息是通过V2X实现车与周围的车、人、路之间的协同通信，对道路环境、周围行人位置和周围车辆行驶状态进行感知，包括道路拥堵状况、交通灯信号状况、突发交通事故情况以及周围车辆的位置、速度等信息。

（3）后台信息 后台信息是指车辆与云端服务器或第三方程序进行信息交互，获得一些与车辆行驶相关的信息，如车辆限号信息、天气变化状况等。

感知层采集以上三种信息并上传到云服务平台，为车联网系统应用层提供实时且全面的信息服务。

**2. 网络层**

网络层作为感知层与应用层之间的连接管道，运用无线移动通信技术（4G、5G）传递、整合和处理从感知层获得的信息，并为应用层提供信息传输服务。网络层的主要设施包括4G/5G基站、宽带无线接入设备、导航卫星等。4G/5G基站承担车联网的无线接入管理，包括空中接口管理、用户资源分配、接入控制、移动控制等。导航卫星通过卫星地面站与基站进行通信。

**3. 应用层**

应用层通过云平台为不同类型的用户提供差异化的汽车综合服务，更高效地实现对车、人、路的管理。

（1）云平台的功能 车联网云平台的主要功能如图5-14所示，通过“人车路网云一体化”，为智能驾驶提供协同感知、计算分析、协同决策、数据存储、资源调度协同等功能，并具备安全管理、系统管理、应用托管等系统功能。

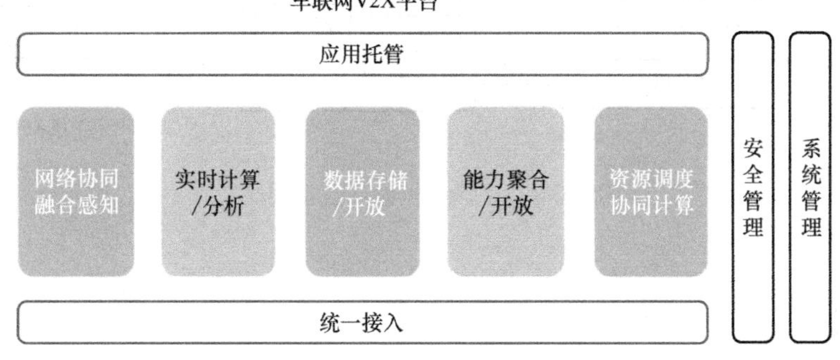


图5-14 车联网云平台的功能

（2）云平台的架构 云平台架构如图5-15所示，车联网云边协同可部署三级计算体系，分别是云中心、区域中心以及边缘计算。云中心支撑全网业务，提供全局管理功能，包括全局交通环境感知及优化、多级计算能力调度、应用多级动态部署、跨区域业务及数据管理、全网业务运营管理等功能；区域中心主要支撑区域范围内的业务，包括区域交通环境感知及优化、边缘协同计算调度、区域业务运营管理、区域数据分析、V2X边缘节点管理等功能，可用于对时延要求较高的业务场景；V2X边缘计算主要支撑边缘范围内高实时、高带宽的V2X业务，包括边缘范围内边缘数据融合感知、动态全景感知图构建等，可服务于高级驾

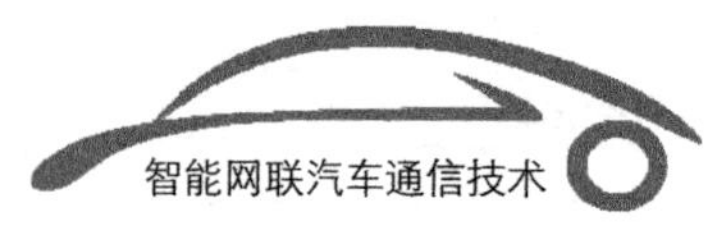


驶辅助和自动驾驶等应用。

（3）云平台的接入点及协议　云平台一般有两个接入点（Access Point，AP），分别是公网域接入点和私网域接入点，公网域负责对象存储服务（Object Storage Service，OSS）、云计算、数据分析等对存储资源和计算能力要求较高的应用，终端（车辆等）访问公网域一般采用HTTPS，私网域主要负责车辆敏感数据交互、车辆控制、FOTA等业务，需具备比公网域更高的信息安全要求，终端（车辆、手机APP等）访问私网域需要采用TCP/IP协议，如图5-16所示。

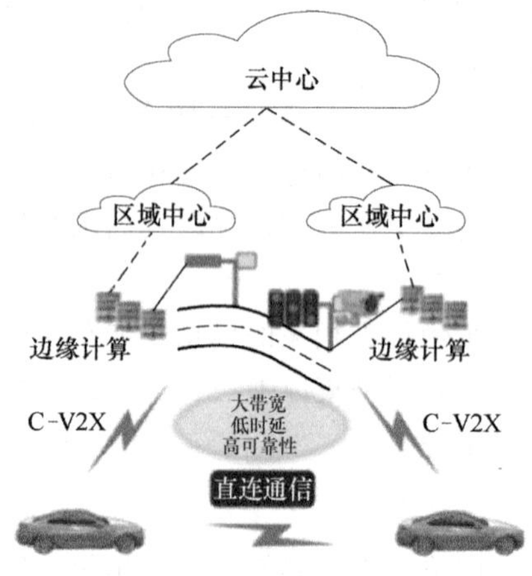


图5-15　云平台的架构

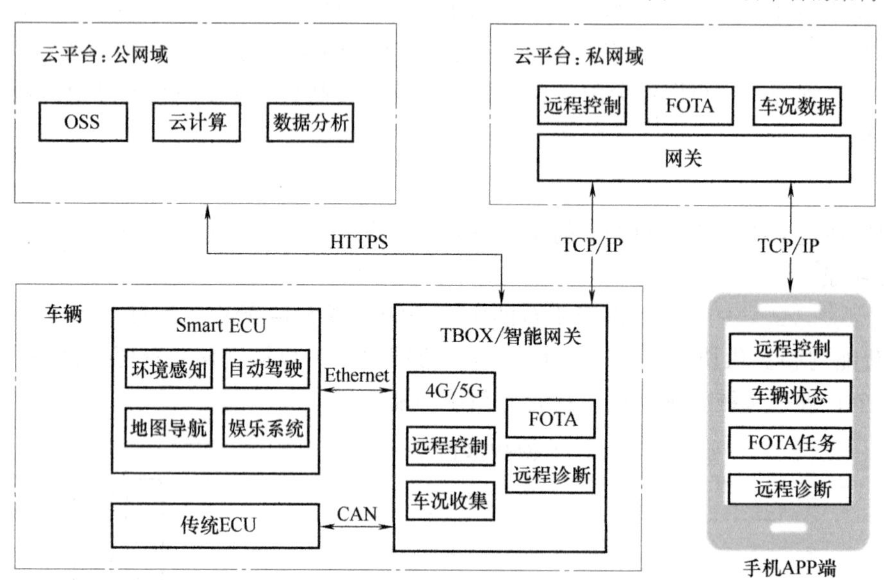


图5-16　云平台的接入点及协议

## 【知识拓展】

**1. 什么是宽带无线接入？**

宽带无线接入是指终端（固定或移动的）通过无线的方式以高带宽、高速率接入通信系统，这里的通信系统主要是指蜂窝移动通信系统、WLAN等。

**2. 什么是接入点（AP）？**

接入点（AP）也称为无线接入点，是一种网络设备，可通过无线方式访问网络。

**3. 什么是HTTPS？**

HTTPS（Hypertext Transfer Protocol Secure，超文本传输协议安全）是在HTTP的基础上通过加密传输和身份认证保证了传输过程的安全性。

## 任 务

1. 查阅资料，分析 DSRC 的主要应用场景。

2. 总结 C-V2X 相较于 DSRC 的优势。

3. 查阅资料，分析 C-V2X 标准进展的现状。

4. 车联网体系架构的云、管、端分别代表什么？有什么作用？

5. 试分析车联网云平台的三层架构及作用。

6. 云平台的公网域和私网域各有什么作用？

7. 云平台有几个接入点？分别采用什么访问协议？哪个接入点访问对网络安全性的要求最高？

# 任务 5.3 车联网终端

车联网终端包括车载终端（OBU）、路侧单元（RSU）和个人智能可穿戴设备。

## 5.3.1 OBU

### 1. OBU 的功能

OBU 是一种安装在车辆上用于实现车联网通信的硬件设备，主要用于采集车况、路况、行人信息，提供与 RSU 及其他 OBU 的信息交互，同时具备移动网络接入功能，可接入车联网管理平台或云平台。

OBU 的基本功能可细分为业务、管理和安全三类，其中业务功能围绕车联网业务的实现，完成车联网数据的接收与发送、协议转换、CAN 数据读取与解析、定位能力、时钟同步、信息的展示与提醒；管理功能负责完成设备的认证、管理与维护等；安全功能负责实现 OBU 设备自身以及 OBU 与其他交互对象之间信息交互的安全保护。如图 5-17 所示。

图 5-17 OBU 的功能

### 2. OBU 的分类

OBU 形态多样，包括 T-BOX（Telematics BOX，车联网控制单元）、Tracker（追踪器）、OBD（On-Board Diagnostics，车载自诊断系统）、UBI（Usage-Based Insurance/User-Behavior

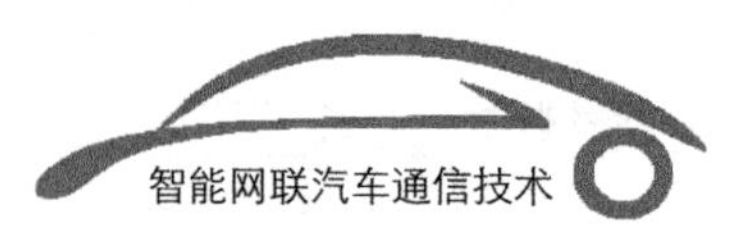


Insurance，基于车主行为的保险）、智能后视镜、行车记录仪、ETC（Electronic Toll Collection，电子不停车收费）OBU 和汽车电子标志 OBU 等。

（1）**T-BOX** T-BOX 也称为无线车载网关，对外通过 4G 远程无线通信技术、GPS 卫星定位技术与云服务平台进行通信，对内通过 CAN/LIN/车载以太网与车内其他 ECU 通信，如图 5-18 所示，完成行车数据采集、行驶轨迹记录、车辆故障监控、车辆远程查询和控制、驾驶行为分析等服务。下面主要介绍数据采集和存储、远程查询和控制功能。

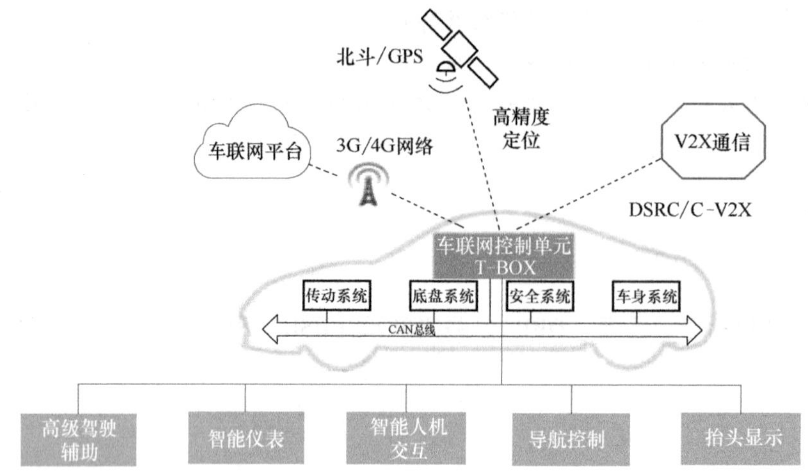


图 5-18　T-BOX 在车联网中的位置

1）数据采集和存储。T-BOX 接入 CAN 总线，通过 CAN 网络进行数据采集，主要对整车控制器信息、电机控制器信息、电池管理数据、车载充电数据等进行采集、解析和存储。

2）远程查询和控制。用户通过手机 APP 可以远程查询车辆状态，比如油箱里是否有油、车窗车门是否锁闭、电池电量是否足够等，还可以控制车辆状态，包括控制车门开关、鸣笛闪灯、开启空调、起动发动机等。其基本流程为，用户通过 APP 发送命令到云端服务器，服务器发出监控请求指令到 T-BOX，车辆获取控制命令后，CAN 总线发送报文实现对车辆状态的查询或控制，最后将结果反馈到手机 APP，如图 5-19 所示。

（2）**Tracker** Tracker 根据配置不同，功能也不同，实现的不仅仅是定位功能。比如 4G Tracker 可以完成 4G 通信、车辆定位、车辆状态检测、异常提醒、4G WiFi、驾驶行为分析、行驶里程统计、远程设置及维护等功能。

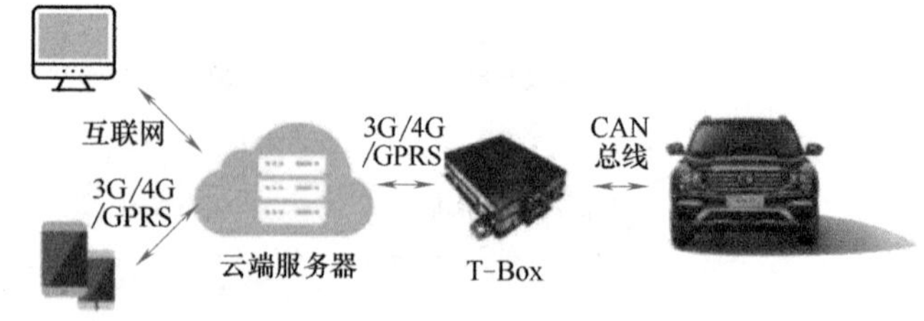


图 5-19　通过 T-BOX 进行远程查询和控制

GPRS—General Packet Radio Service，通用分组无线业务

（3）**OBD** OBD 是后装设备，能在车辆运行过程中实时监测发动机电控系统及车辆的其他功能模块的工作状况，如发现工况异常，则根据特定的算法确定具体的故障。

（4）**UBI** UBI 集成六轴陀螺仪算法和碰撞识别技术。三轴陀螺仪分别感应 Roll（左右倾斜）、Pitch（前后倾斜）、Yaw（左右横摆）全方位动态信息。六轴陀螺仪是指将三轴加

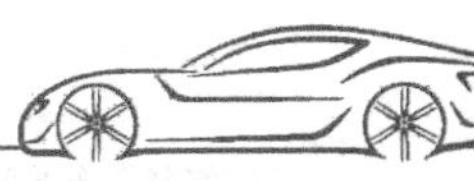

速器（*XYZ* 三个方向的加速度）和三轴陀螺仪合在一起。保险公司可以根据 UBI 数据实现不同客户的精准定价，还可以实现无须人员现场出勤的索赔管理等业务。同时，车企还能够利用 UBI 数据进行产品优化，消费者可以利用 UBI 数据进行驾驶行为分析等。

**（5）ETC OBU** ETC OBU 是有源设备，一般安装在后视镜座底部附近的风窗玻璃后面，与安装在收费车道上的路侧单元进行无线通信。ETC OBU 需要电池供电，使用寿命一般为 5 年，空中交易一次的时间为 200ms 左右，一般支持 60km/h 的最高车速。

**（6）汽车电子标志 OBU** 汽车电子标志 OBU 是无源设备，不需要额外供电，使用寿命可伴随车辆终身，安装在汽车前风窗玻璃上，工作在 920～925MHz 频段，空中识读一次的时间为 20ms 左右，可支持的车速达到 240km/h。

## 5.3.2 RSU

### 1. RSU 的功能

RSU 的功能包括作为车联网中转站接收和发送数据、感知道路状态、执行信号灯操作等。RSU 的基本功能也可细分为业务、管理和安全三类，如图 5-20 所示。RSU 功能也是围绕车联网业务的实现，汇集路侧交通设施和道路交通参与者的信息，上传至车联网平台，同时将车联网信息广播给道路交通参与者；管理功能负责完成设备认证、管理和维护；安全功能负责实现 RSU 设备自身，以及 RSU 与其他交互对象之间信息交互的安全保护。

### 2. RSU 的发展

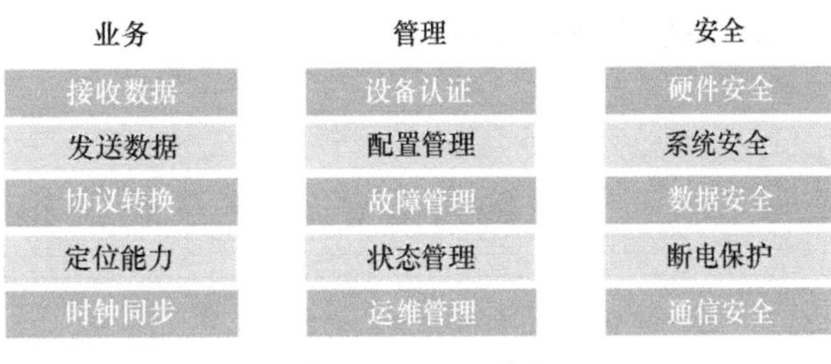


图 5-20 RSU 功能

RSU 类似于通信“小基站”，主要由射频模组构成，也可以根据终端应用的场景外接各类不同设备。C-V2X RSU 产品功能的演进如图 5-21 所示，基础版本支持 LTE-V2X PC5 通信能力，负责收集路侧智能设施和道路交通参与者的信息，并上传至云平台，同时将 V2X 信息广播给道路交通参与者。RSU 还有 LTE Uu+LTE-V2X PC5 双模版本。而在 5G 时代，RSU 产品形态更加多样化，比如 5G Uu+LTE-V2X PC5 版本、LTE-V2X PC5+

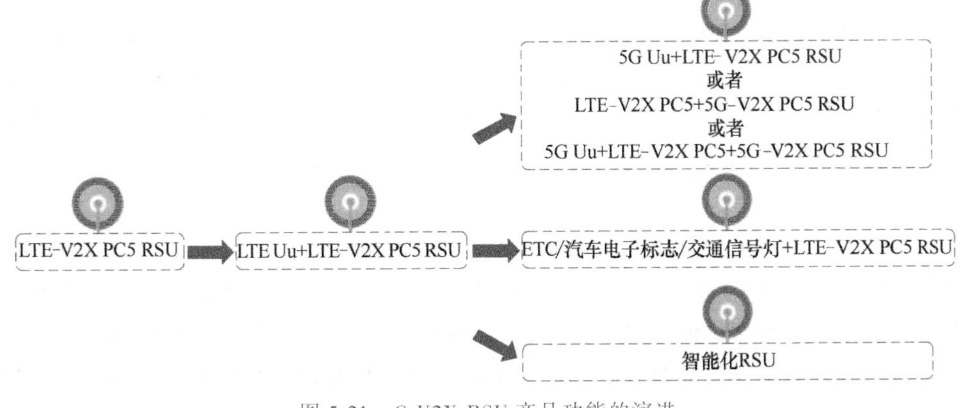


图 5-21 C-V2X RSU 产品功能的演进

5G-V2X PC5 版本，或者 5G Uu+LTE-V2X PC5+5G-V2X PC5 版本。除此之外，交通部主推的 ETC 路侧设备、公安部主推的汽车电子标志路侧设备甚至交通信号灯都属于 RSU 的产品形态。RSU 除了丰富的通信功能外，还向智能化 RSU 演进，集成边缘计算、决策和控制功能。

**【知识拓展】**

什么是 PC5？什么是 Uu？

V2X 包含 PC5 和 Uu 两种通信接口，PC5 接口是直连通信接口，是车、人和道路基础设施之间的短距离直接通信接口，不需要蜂窝网络覆盖，可以实现点对点通信。Uu 接口是蜂窝网络通信接口，可以实现长距离和更大范围的可靠通信，需要蜂窝网络覆盖，通信过程需要基站参与。

**任　务**

1. 什么是 OBU？请列出几个 OBU。
2. T-BOX 有什么作用？
3. 什么是 OBD？
4. RSU 有什么功能？

## 任务 5.4　车联网存在的问题及解决措施

### 5.4.1　数据安全问题及解决措施

#### 1. 数据安全问题

车载 ECU、软件和网络的扩展使得汽车 E/E 架构的复杂度呈爆发式增长，车辆面临着数据安全隐患的威胁。汽车网络安全公司 Upstream Security 发布的 2020 年《汽车网络安全报告》显示，自 2016 年至 2020 年，汽车网络安全事件增长 605%，仅 2019 年增长了 1 倍以上。有关监测情况显示，2020 年针对我国整车企业、车联网信息服务提供商等相关企业和平台的恶意攻击次数达到 280 余万次。2020 年，国家市场监管总局缺陷产品管理中心联合相关机构针对多款智能网联汽车进行信息安全测试，结果发现，63%的车辆存在一定程度的信息安全隐患。从车联网体系架构出发，车联网的信息安全隐患主要来自于终端、通信网络和云平台三个方面。

（1）终端侧安全隐患　车载终端通过 CAN 总线或车载以太网接口进行信息交互，获取整车行驶状态信息，在 L3 以上级别的自动驾驶系统中还可以参与车辆控制，这就导致车载终端容易成为恶意攻击的目标，攻击方式包括身份冒用、违规操作、信息泄露、非法控制车辆等。路侧单元对隐私设置没有要求，作为车联网路侧核心设备存在非法接入和设备漏洞等隐患。

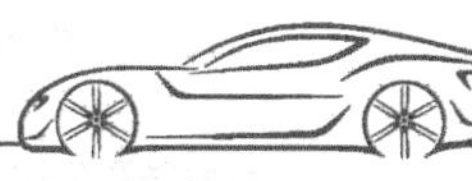

（2）通信网络安全隐患 通信网络主要面临虚假信息、信息监听/窃取、数据篡改/重放、非法入侵、访问控制、假冒终端和隐私泄露等用户面风险。云管端架构中存在多条通信链路，包括云服务平台与基站通信链路、基站与车载终端通信链路、手机与基站通信链路等。在通信链路攻击中，攻击者可以通过伪基站、域名系统（Domain Name System，DNS）劫持等手段劫持会话，窃取车辆的知识产权或敏感数据。通信链路又分为公网域和私网域，公网域采用 HTTPS 能满足信息安全的需求，对于部署敏感数据交互和车控功能等业务的私网域，通信端需要应对更高等级的信息安全威胁。

（3）车联网云平台安全隐患 与传统互联网类似，车联网的云平台容易遭受服务器被入侵的风险，包括网络爬虫、网络漏洞、非法留存数据、信息泄露，甚至可以通过云平台非法控制车辆。

【知识拓展】

什么是 DNS 劫持？

DNS 劫持，也称为域名劫持，是互联网攻击的一种方式，通过攻击域名解析服务器或伪造域名解析服务器的方法，把目标网站域名解析到错误的 IP 地址，使得用户无法访问目标网站，或者蓄意要求用户访问指定 IP 地址（网站）。

2. 数据安全问题的解决措施

（1）硬件安全模块 硬件安全模块（HSM）是车端安全方案的基础支撑，HSM 将算法、密钥、加密方式等信息写入无法篡改的硬件模块中，并处理安全性相关任务，包括车载通信、运行时的操作检测、启动、刷新、日志记录和调试等，以此来阻止攻击者绕过与安全性相关的 ECU 接口获得对车载网络的访问权限。

例如，为了提升 CAN 协议的安全，博世在 AUTOSAR 中补充了基于 HSM 的车端信息安全策略 SecOC，为车载通信总线引入了一套通信加密和验证的标准，是车载网络上一种有效的信息安全方案。

（2）公钥基础设施 C-V2X 系统在应用层主要考虑采用公钥基础设施（Public Key Infrastructure，PKI）实现业务信息的数字签名及加解密。IEEE 1609.2 借鉴 PKI 系统的体系结构，定义了车联网安全信息格式及处理过程，是一种较为成熟的车联网安全标准，目前美国、欧洲和我国均在 IEEE 1609.2 基础上设计了相应的车联网安全管理系统。

【知识拓展】

什么是 PKI？

PKI 采用非对称密码算法技术，提供信息安全服务，是一种通用并遵循标准的密钥管理平台。非对称加密算法是指加密和解密过程分别采用两个密钥，加密过程的密钥称为公开密钥（Public Key，简称公钥），解密过程的密钥称为私有密钥（Private Key，简称私钥）。

（3）标准法规体系 智能网联车辆面临的安全挑战主要包括三个方面：一是功能安全问题，即自动驾驶和智能网联功能实现错误，造成这些错误的原因包括软件错误、随机硬件

错误等，ISO 26262重点解决该问题，并给出了详尽的方法论，在保证功能安全风险足够低的前提下兼顾开发成本，这套方法论也适用于自动驾驶或是ADAS系统中的功能安全问题；二是预期功能安全（Safety of the Intended Functionality，SOTIF）问题，包括自动驾驶和智能网联功能本身的设计漏洞，即一些特定的场景在设计时可能没有考虑到，以及驾驶人或是乘客可能发生的误操作（针对L2及L3级别的自动驾驶系统），ISO/PAS 21448重点解决预期功能安全问题；三是人为的恶意行为，该问题与网络安全有关，相关国际标准包括ISO和SAE合作制订的ISO/SAE 21434、3GPP TS 33.185等。

网络安全是我国车联网研究的重点。2021年6月21日，为落实《中华人民共和国网络安全法》等法律法规要求，加强车联网（智能网联汽车）网络安全标准化工作顶层设计，工信部组织编制了《车联网（智能网联汽车）网络安全标准体系建设指南》，建设目标是到2025年形成较为完备的车联网（智能网联汽车）网络安全标准体系，完成100项以上的重点标准，支撑车联网产业安全发展。

我国车联网（智能网联汽车）网络安全标准体系覆盖终端与设施安全、网联通信安全、数据安全、应用服务安全、安全保障与支撑等方面的技术架构，如图5-22所示。目前已经发布的标准见表5-4。

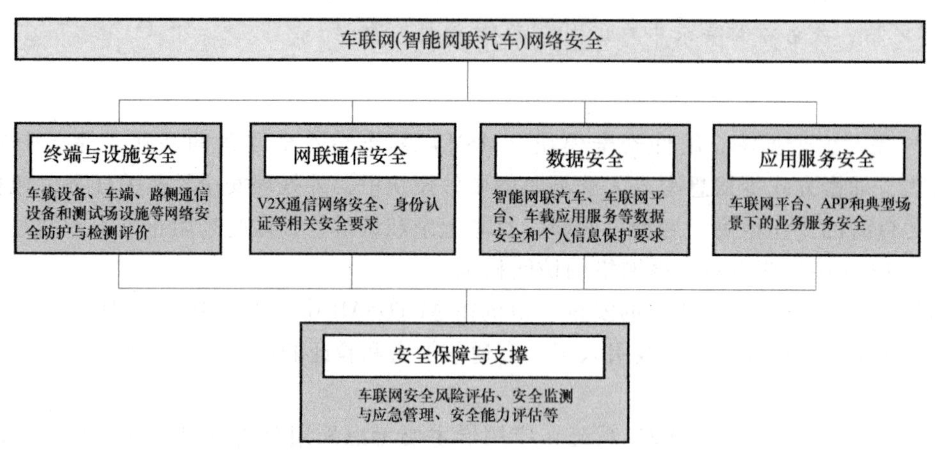


图5-22 我国车联网（智能网联汽车）网络安全技术架构图

表5-4 我国车联网（智能网联汽车）网络安全标准（已发布）

| 标准大类 | 标准名称 | 标准号/计划号 |
| --- | --- | --- |
| 密码应用 | 交通运输 数字证书格式 | GB/T 37376—2019 |
| 车载安全 | 信息安全技术 汽车电子系统网络安全指南 | GB/T 38628—2020 |
| 通信安全 | 车联网无线通信安全技术指南 | YD/T 3750—2020 |
|  | 基于公众电信网的联网汽车安全技术要求 | YD/T 3737—2020 |
|  | 基于LTE的车联网通信安全技术要求 | YD/T 3594—2019 |
| 分类分级 | 车联网信息服务 数据安全技术要求 | YD/T 3751—2020 |
| 个人信息保护 | 车联网信息服务 用户个人信息保护要求 | YD/T 3746—2020 |
| 平台安全 | 车联网信息服务平台安全防护技术要求 | YD/T 3752—2020 |

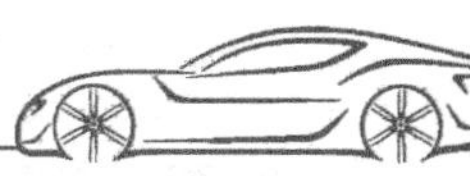

## 5.4.2　高精度定位的现状及解决措施

### 1. 高精度定位的现状及存在的问题

典型的车联网基本应用类型包括道路安全、交通效率和信息服务，上述三类业务对定位的要求见表5-5，而L4和L5级别的自动驾驶技术对定位的要求更高，见表5-6。目前可以商用的高精度定位是基于实时动态定位（Real Time Kinematic，RTK）的高精度全球导航卫星系统（Global Navigation Satellite System，GNSS）增强定位技术。

表5-5　C-V2X典型应用类型对定位的业务要求

| 应用类型 | 典型业务 | 通信方式 | 定位精度/m |
|---|---|---|---|
| 道路安全 | 紧急制动预警 | V2V | ≤1.5 |
| | 交叉路口碰撞预警 | V2V | ≤5 |
| | 路面异常预警 | V2I | ≤5 |
| 交通效率 | 绿波车速引导 | V2I | ≤5 |
| | 前方拥堵预警 | V2V、V2I | ≤5 |
| | 紧急车辆让行 | V2V | ≤5 |
| 信息服务 | 汽车近场支付 | V2V、V2I | ≤3 |
| | 动态地图下载 | V2N | ≤10 |
| | 泊车引导 | V2V、V2I、V2P | ≤2 |

表5-6　L4和L5级别的自动驾驶技术对定位的要求

| 性能要求 | 指　标 | 要　求 |
|---|---|---|
| 定位精度 | 误差均值 | <10cm |
| 位置鲁棒性 | 最大误差 | <30cm |
| 姿态精度 | 误差均值 | <0.5° |
| 姿态鲁棒性 | 最大误差 | <2.0° |
| 场景 | 覆盖场景 | 全天候 |

GNSS是指能在地球表面或近地空间的任何地方为用户提供全天候的三维坐标、速度和时间信息的空基无线电导航定位系统，如我国的北斗卫星导航系统（BeiDou Navigation Satellite System，BDS）、美国的全球定位系统（GPS）、俄罗斯的格洛纳斯卫星导航系统（Global Navigation Satellite System，GlONASS）、欧洲的伽利略系统（Galileo Positioning System，GALILEO）。目前普通GNSS系统提供的定位精度为5~10m。

GNSS定位技术不能满足车联网应用的定位精度要求，需要更高精度的定位方案。基于RTK的高精度增强定位技术是目前成熟可用的方案。该方案通过地面基准参考站（简称基准站）进行卫星观测，不断接收卫星数据，对电离层误差、对流层误差、轨道误差等各种主要系统误差源进行优化分析，建立整网的电离层时延、对流层时延的误差模型，并将优化后的空间误差发送给终端用户——移动车辆。移动车辆根据自车位置及基准站误差信息不断纠正自车定位，最终达到厘米级的定位精度。基于RTK的高精度增强定位系统包括基准站、通信网络、系统控制中心、用户终端四个部分，如图5-23所示。

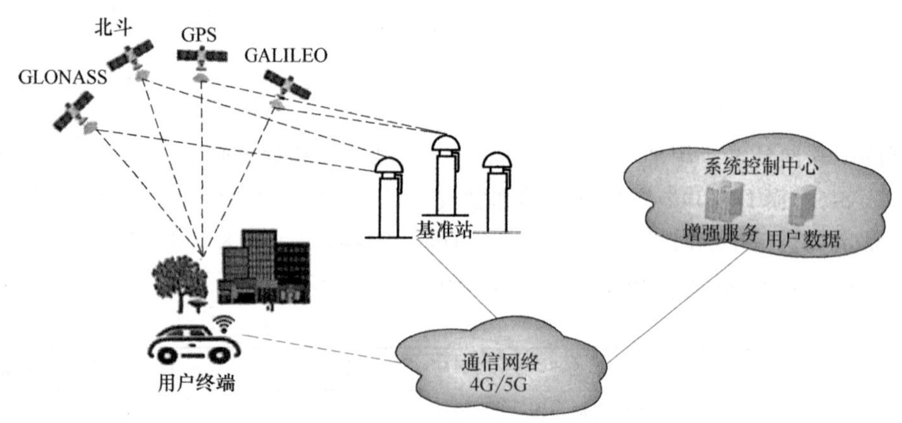


图 5-23　基于 RTK 的高精度增强定位系统架构

（1）基准站　基准站为定位系统提供数据源，主要负责 GNSS 卫星信号的捕获、跟踪、采集和传输。

（2）系统控制中心　系统控制中心是定位系统的核心单元，负责对各基准站采集的数据进行质量分析，对多站数据进行综合分析，形成统一的满足 RTK 定位服务的差分修正数据。

（3）通信网络　通信网络实现基准站与系统控制中心之间、系统控制中心与用户终端之间的通信。前者将基准站 GNSS 观测数据传输至系统控制中心，一般采用专线网络；后者将系统的差分信号传输至用户终端，一般采用蜂窝移动通信网络。

（4）用户终端　用户终端配置 GNSS 接收设备，向系统控制中心发送数据请求，获取差分修正数据，实现不同精度的定位服务。

由于 GNSS 在遮挡场景、隧道以及室内均不可用，因此基于 RTK 的高精度增强定位系统应用场景受限。车辆定位另一种常见方法是基于传感器的定位，但是该种方法成本高，对环境较敏感。因此 GNSS 或传感器定位等单一技术无法保证车联网定位的稳定性。

另外，上述高精度定位技术需要高精度地图辅助才能实现，然而高精度地图的绘制复杂、成本高，需要定期更新才能保证定位性能，此外高精定位技术还需要结合卫星、惯性导航系统、摄像头以及雷达的数据，使用成本较高，商业应用受限。

2. 高精度定位的发展趋势

车辆高精度定位需要采用 GNSS 结合其他辅助方法，包括采用传感器和高精度地图匹配的定位技术以及基于蜂窝网的高精度定位技术。

（1）传感器和高精度地图匹配的定位技术　传感器和高精度地图匹配的定位技术主要是通过摄像头或者激光雷达等环境感知传感器获取周围环境信息，并和高精地图匹配以估计车辆位置。目前研究较多的定位方法是同步定位和地图构建（Simultaneous Localization and Mapping，SLAM），SLAM 可以在未知环境中同时完成定位导航和地图构建。

（2）基于蜂窝网的高精度定位技术　3GPP 在 R16 版本引入的 5G 网络无线接入定位技术，能够满足室内小于 3m、室外小于 10m 的定位性能，但是不能满足 C-V2X 应用的分米级精度和百毫秒级时延的定位要求。

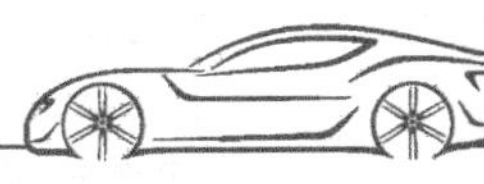

未来车联网的高精度定位需要以 B5G（Beyond 5G）网络的高精度定位及高精度卫星定位为基础，并将传感器和激光雷达等多层次定位技术融合，保障不同应用场景、不同业务的定位需求。

【思考】

**车用高精地图和普通导航地图有什么区别?**

高精度地图也叫作高分辨率地图（High Definition Map，HD Map），是一种专为自动驾驶服务的地图。相较于传统导航地图，高精度地图不仅能提供道路级别的导航信息，还能够提供车道级别的导航信息，无论是在信息的丰富度或是精度方面都远高于传统导航地图。

### 5.4.3　基础设施问题及解决措施

#### 1. 基础设施问题

中国公路学会自动驾驶工作委员会发布了《智能网联道路系统分级定义与解读报告》，报告中对国内交通基础设施进行了定性分级，见表 5-7，目前国内绝大部分的道路都属于 I0 级别，交通基础设施无检测和传感功能，全程由驾驶人控制车辆完成驾驶任务和处理特殊情况，而实现车路协同需要交通基础设施达到 I2 及以上级别。

表 5-7　国内交通基础设施的分级

| 分级名称 | 信息化(数字化、网联化) | 智能化 | 自动化 | 服务对象 |
|---|---|---|---|---|
| I0 | 无 | 无 | 无 | 驾驶人 |
| I1 | 初步 | 初步 | 初步 | 驾驶人/车辆 |
| I2 | 部分 | 部分 | 部分 | 驾驶人/车辆 |
| I3 | 高度 | 有条件 | 有条件 | 驾驶人/车辆 |
| I4 | 完全 | 高度 | 高度 | 车辆 |
| I5 | 完全 | 完全 | 完全 | 车辆 |

#### 2. 基础设置问题的解决措施

依托于政策上的优势，我国车联网在基础设施建设上快速落地，从 2019 年至今，工信部先后批复江苏、天津、湖南、重庆创建国家级车联网先导区，住建部和工信部联合支持北京、上海、广州、武汉等 16 个城市成为智慧城市基础设施与智能网联汽车协同发展试点城市。

2020 年 3 月，国家明确提出加快推进国家规划已明确的重大工程和新型基础设施建设（简称“新基建”），这里的“新基建”包括 5G 网络、人工智能、工业互联网、数据中心等领域，涉及汽车行业的“新基建”主要涉及新能源汽车与智能网联汽车的基础设施，智能网联汽车的基础设施涵盖智慧交通基础设施与 5G，建设目标是利用新技术提升城市智能

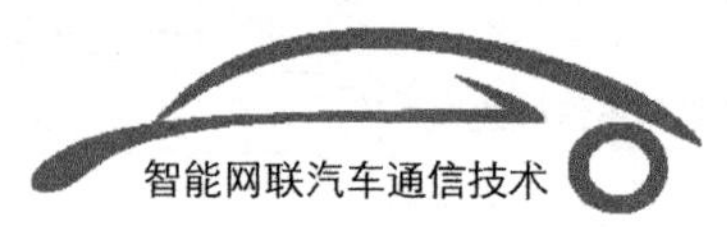



化水平，增强城市路网与车辆的协同效率和安全性。

## 任　务

1. 查阅资料，以一个典型案例，分析车联网信息安全问题及解决措施。

2. 查阅资料，分析车联网高精度定位的发展趋势。

3. 查阅资料，分析美国、欧洲和日本的道路基础设施在信息化、智能化和自动化的现状。

# 项目6 DSRC技术

## 任务6.1 DSRC 技术概述

DSRC 是基于长距离射频识别的微波无线传输技术，可以实现小范围内图像、语音和数据的实时、准确和可靠的双向传输，主要用于车辆与路侧单元、车辆与车辆之间的通信。

### 6.1.1 DSRC 提出的背景及技术特点

**1. DSRC 提出的背景**

美国、日本及欧洲部分发达国家率先提出了智能交通系统的概念，期望通过信息技术综合解决交通事故、拥堵、能源紧缺和环境污染等问题。智能交通系统中的主要网络技术被称为车载自组织网络（Vehicular Ad Hoc Network，VANET），VANET 是无线自组织网络在交通系统中的改进和实例化，其通信不依赖于固定设施，每个车辆装有无线车载终端，可实现车辆间的信息交互。DSRC 是实现 VANET 的一种较成熟的技术。

**2. DRSC 技术特点**

DSRC 是一种短程通信技术，工作频段一般为 ISM 5.8GHz，通信速率为 500Kbit/s 或 250Kbit/s。DSRC 的优点主要包括：

1）数据传输的时延小。

2）具备完善的加密通信机制，支持高安全性的数据传输、双向认证及加/解密。

3）能够快速建立网络，提高通信的实时性。

4）通信性能受天气的影响较小，可靠性高。

DSRC 也存在许多局限性，例如使用 OFDM（Orthogonal Frequency Division Multiplexing，正交频分复用）技术，限制了最大传输速率以及传输范围；当用户数量较多时，系统容量急剧下降，传输时延增加；路边设施投入大，难以盈利，导致难以实现大规模的商业化应用。

**【知识拓展】**

**1. 什么是自组织网络？**

自组织网络是无固定基础设施的无线局域网，由一些处于平等状态的移动节点临时组成。节点的无线覆盖范围有限，两个无法直接进行通信的节点可以借助其他节点进行分组转发，因此每个节点同时也是一个路由器。在移动通信领域，自组织网络通常指 Ad hoc 网络。

**2. 什么是 ISM 频段?**

ISM（Industrial Scientific Medical，工业科学医学）频段是由国际通信联盟无线电通信局（ITU-R，ITU Radio communication Sector）定义的，各国挪出某一频段开放给工业、科学和医学机构使用。

**3. 什么是 OFDM?**

OFDM 是一种多载波调制（MCM，Multi Carrier Modulation）技术，其基本原理是将传输信道分解为若干个正交的子信道，将需要传输的高速数据信号转换为并行的低速数据流，并利用 IFFT（Inverse Fast Fourier Transform，快速傅里叶逆变换）调制到每个正交信道的子载波上进行传输，叠加传输的若干正交信号在接收端通过 FFT（Fast Fourier Transform，快速傅里叶变换）解调分离。

**4. 什么是信道正交?**

信道正交是指信道内传输的信号正交，连续信号正交是指在一个周期内两个信号相乘，其积分为 0，例如两个信号 $\sin(t)$ 和 $\sin(2t)$ 是正交的。

**5. OFDM 和传统频分多路复用技术相比有什么好处?**

传统频分多路复用技术将整个带宽分成 $N$ 个子频带，子频带之间不重叠，此外还需要在子频带间增加保护带宽以避免相互干扰，频谱利用率较低，OFDM 采用 $N$ 个重叠的正交子频带，提高了频谱利用率。

## 6.1.2 DSRC 的应用

DSRC 技术可靠性高、通信时延低、适用距离较短，主要用于 V2V 和 V2I 场景，包括高速公路 ETC 服务（V2I）、汽车碰撞预警（V2V）、道路施工预警（V2I）和信号灯预警（V2I）等，下面简单介绍高速公路 ETC 服务和汽车碰撞预警两个应用场景。

**1. 高速公路 ETC 服务**

ETC 是使用 DSRC 技术自动识别车辆，并采用电子支付方式自动完成车辆通行费扣除的全自动收费方式，具有不停车快速通过、简化收费流程、减少汽车尾气排放等优势。

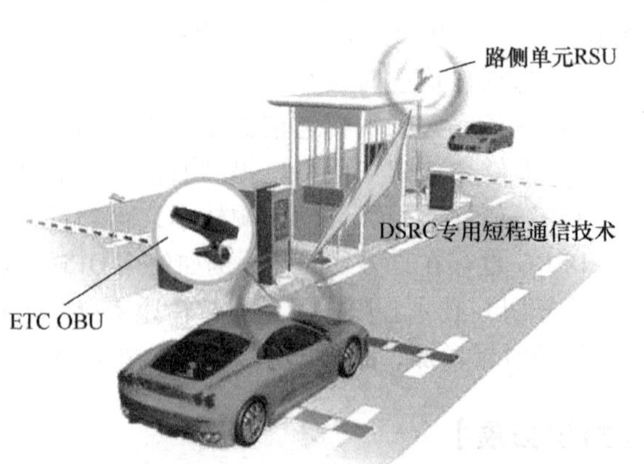

图 6-1 ETC 的基本结构

ETC 的基本结构如图 6-1 所示，包括 ETC OBU、RSU、环路感应器（图上未标识）和中心管理系统（图上未标识）。ETC OBU 一般安装于车辆前面的风窗玻璃上，存储车辆的识别信息；RSU 安装于收费站旁，用于识别车辆信息；环路感应器安装于车道地面下，用于感知车辆；中心管理系统存储了大量的注册车辆和用户信息。

ETC 的工作原理是，当车辆通过收费站口时，环路感应器感知到车辆，RSU 发出询问信号，OBU 做出响应并进行双向通信和数据交换。RSU 将数据传输到中心管理系统以获取车辆识别信息，如汽车 ID 号、车型等，并与中心管理系统中的相关信息进行比较判断，根据不同情况，中心管理系统产生不同的动作，如从该车的预付款账户中扣除此次应交的过路费，或送出指令给其他辅助设施（闸机等）工作。

2. 汽车碰撞预警系统

每辆配备 DSRC 通信模块的车辆在通信范围内每秒多次广播其基本状态信息，包括位置、速度和加速度，每辆车还可以从配备 DSRC 通信模块的相邻车辆接收上述基础状态信息。接收信息的车辆计算并确定是否有任何相邻车辆构成碰撞威胁。除了 V2V 通信之外，车辆还通过 V2I 将上述基本状态信息传输给 RSU，并从 RSU 获得道路信息。基于 DSRC 的防撞预警系统的主要应用场景如图 6-2 所示，包括盲区预警、前向碰撞预警（前方车辆停止或紧急刹车）、交叉路口预警三种 V2V 的安全应用。

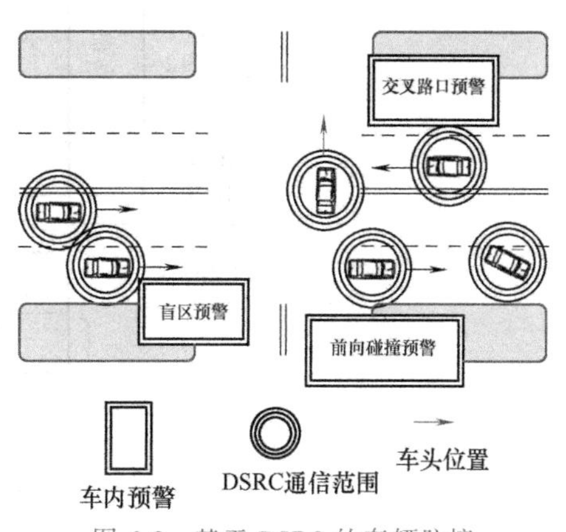


图 6-2 基于 DSRC 的车辆防撞预警系统的主要应用场景

## 任　务

1. 什么是车载自组织网络？
2. DSRC 技术主要应用在（　　）场景。（多选）

A. V2P　　B. V2I　　C. V2V　　D. V2N

3. 查阅资料，分析 DSRC 技术的优点和不足。
4. 查阅资料，以一个 DSRC 应用案例分析其结构和工作过程。
5. DSRC 为什么没有大规模商业化应用？

# 任务 6.2 DSRC 的分层体系架构

## 6.2.1 DSRC 的分层体系架构概述

DSRC 的分层体系架构参照 OSI 的 7 层模型，划分为物理层（L1）、数据链路层（L2）、网络层和传输层（L3）、应用层（L4），如图 6-3 所示。

1. 物理层

物理层位于体系架构的最底层，定义了传输媒介及其上下行链路的物理特性参数，提供同步和定时功能，同时控制信道的激活、保持、切换和释放，并定义了接口参数，包括载波

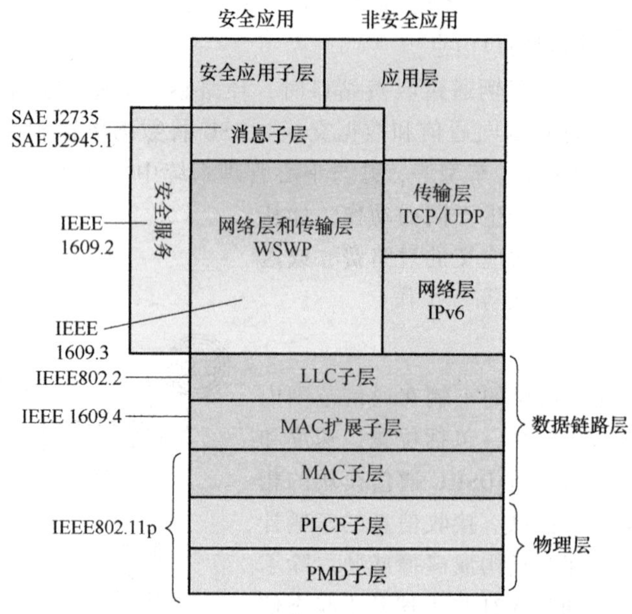


图 6-3 DSRC 的分层体系架构

频段、通信速率、调制方式、通信系统和误码率等。物理层采用 IEEE 802.11p 协议，该协议是基于 IEEE 802.11（Wi-Fi）标准的修改版本，由于 IEEE 802.11 系列标准仅支持低速场景，为了支持车联网通信的高速环境，避免邻近车辆之间通信的干扰，IEEE 802.11p 协议进行了改进，制定了更严格的邻信道干扰抑制（Adjacent Channel Rejection，ACR）指标，并选择采用 10MHz 带宽的信道。

DSRC 的物理层又分为两个子层，分别是物理层汇聚过程（Physical Layers Convergence Procedure，PLCP）子层和物理介质相关（PMD）子层。

（1）**PLCP 子层** PLCP 子层定义了物理层协议数据单元（PHY Protocol Data Unit，PPDU）。发送端的 PLCP 子层接收数据链路层传送的 MAC 帧，并添加物理层的开销以创建 PPDU。除了 MAC 帧，数据链路层还将三个参数传递给 PLCP 子层，分别是 MAC 帧的长度、传输速率和发射功率。接收端的 PLCP 子层从 PPDU 中提取 MAC 帧，并送给数据链路层，PLCP 子层还为数据链路层提供接收信号强度指示（Received Signal Strength Indication，RSSI）。

（2）**PMD 子层** PMD 子层直接与无线介质连接，定义了物理层数据单元和 OFDM 符号之间的映射，并利用 OFDM 技术进行无线空口传输。PMD 子层包括 PMD 发送器和 PMD 接收器。当 PLCP 子层请求 PMD 子层发送帧时，PMD 发送器提供构成每个 OFDM 符号的编码比特，还提供数据速率和发射功率，并执行 OFDM 调制，包括 IFFT 计算、循环前缀（保护间隔）插入、波形滤波、射频调制和功率放大等。接收数据时，PMD 接收器执行解调步骤并将接收的帧传输给 PLCP 子层，解调步骤包括自动增益控制（Automatic Gain Control，AGC）、时钟恢复、射频解调、循环前缀去除和 FFT 计算，PMD 子层还将接收到 RSSI 信号传输给 PLCP 子层。

### 2. 数据链路层

数据链路层定义了帧的具体结构，提供可靠传输、差错控制、流量控制等，该层可分为LLC子层、MAC扩展子层和MAC子层。LLC子层用于指示上层不同的传输类型，并生成协议数据单元，同时执行数据流的控制、差错控制及校正，使用IEEE 802.2协议；IEEE 1609.4在MAC子层之上定义了MAC扩展子层，支持多信道操作；MAC子层为共享无线资源的不同节点提供接入控制，使用IEEE 802.11p协议。

相较于IEEE 802.11协议，IEEE802.11p协议针对MAC子层也做了一些修订。使用IEEE 802.11协议的普通无线局域网设备在发送数据帧之前，需事先与目标通信方建立一个基本业务集合（Basic Service Set，BSS）。BSS包括一个基站和若干移动站。一个移动站无论是和本BSS的移动站进行通信，还是和其他BSS的移动站进行通信，都需要通过本BSS的基站。但在高速环境下，无线环境快速变化，通信的参与方也在快速变化，这种通信模式无法满足车与车的通信要求，因此IEEE 802.11p协议提出OCB（Outside the Context of a BSS，BSS上下文之外的）通信模式，允许处于通信距离内的设备在没有建立BSS时相互发送数据帧，简化通信流程，降低通信时延。

此外，为了支持差异化的QoS需求，IEEE 802.11p协议引入增强分布式信道接入（Enhanced Distributed Channel Access，EDCA）机制，实现基于优先级的信道访问，当不同优先级的业务或用户有数据帧等待发送时，优先级高的业务或用户优先获得无线信道使用权。

### 3. 网络层和传输层

网络层和传输层采用一套由IEEE 1609工作组定义的标准。IEEE 1609标准是基于IEEE 802.11p协议的上层应用标准，定义了多信道操作、网络服务以及各通信实体安全等。IEEE 1609又分为4个部分，其中1609.4用于通道交换，1609.3用于网络服务，定义了WAVE短信息协议（WAVE Short Message Protocol，WSMP），1609.2用于安全服务。DSRC还支持在网络层和传输层使用Internet协议，包括IPv6、UDP和TCP等，上述协议均属于通用协议，此处不再赘述。

DSRC的网络层和传输层根据应用类型（安全应用和非安全应用）不同，提供两种传输方式，安全应用相关功能采用WSWP传输，非安全应用也可以使用WSMP传输，但主要通过传统的TCP/UDP和IP传输。WSWP开销小，通常用于单跳信息，多跳信息可利用IPv6等路由功能。

### 4. 应用层

在应用层，SAE J2735定义了一组应用程序的信息格式，其中最重要的是基本安全信息（Basic Safety Message，BSM），它传达关键的车辆状态信息用于支持V2V的安全应用。新的SAE J2945.1最低性能要求标准主要用于解决BSM传输速率和功率、BSM数据的准确性以及信道拥塞控制等问题。

## 【知识拓展】

### 1. 什么是信道干扰抑制?

信道干扰抑制是接收器滤除信道之外的能量的能力，包括邻信道抑制和非邻信道抑制（Non-Adjacent Channel Rejection，NACR）。

2. 什么是循环前缀？

循环前缀（Cyclic Prefix，CP）是将 OFDM 符号尾部的信号复制到头部构成的，如图 6-4 所示，其主要目的是减少码间干扰（Inter Symbol Interference，ISI）。CP 的长度主要有两种，分别为常规循环前缀（Normal Cyclic Prefix）和扩展循环前缀（Extended Cyclic Prefix），常规 CP 和扩展 CP 的描述详见 TS 38.211 标准。

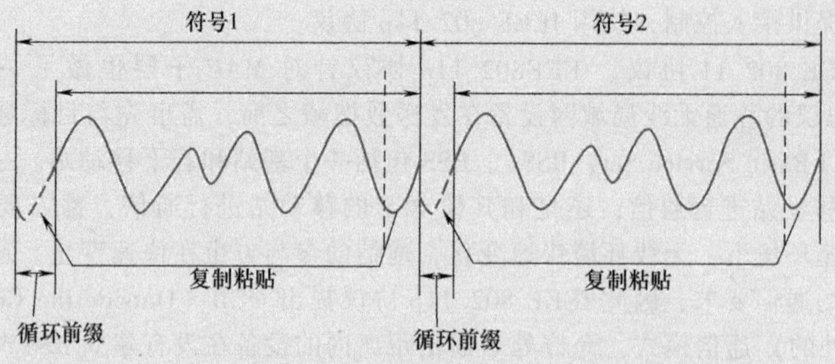


图 6-4 OFDM 符号的循环前缀生成示意图

3. 什么是自动增益控制？

自动增益控制是使放大电路的增益自动随信号强度调整的自动控制方法。

4. 什么是增益？

增益（Gain）是指对元器件、电路、设备或系统的电流、电压或功率进行增大的程度，单位是分贝（dB），如果是功率增大的程度，增益表达式可表示为：$\text{Gain}=\log_{10}(P2/P1)$ dB，其中 P1 与 P2 分别为输入及输出的功率。

5. 什么是 WAVE？

WAVE（Wireless Access in Vehicle Environment，车载环境下的无线接入）是指针对车辆环境的无线通信技术，用于提供短距离的安全应用服务、道路收费服务等，在美国，与 WAVE 有关的技术就称为 DSRC。

## 6.2.2 DSRC 物理层的数据帧结构

标准 IEEE 802.11p 协议定义的物理层数据帧包括 PLCP 前导码字段、SIGNAL 字段、SERVICE 字段、物理层服务数据单元（PHY Service Data Unit，PSDU）、TAIL 字段和 PAD 字段，如图 6-5 所示。

| PLCP 前导码字段 | SIGNAL 字段 | SERVICE 字段 | PSDU | TAIL 字段 | PAD 字段 |
|---|---|---|---|---|---|

图 6-5 DSRC 物理层的数据帧结构

PLCP—Physical Layer Convergence Protocol，物理层汇聚协议

### 1. PLCP 前导码字段

数据帧的最前端为 PLCP 前导码字段，包括 12 个前导码，具体分为 10 个短前导码

（SP）和2个长前导码列（LP），如图6-6所示。前导码字段的作用是定时同步、载波偏移估计、自动增益控制、信道估计等与物理层相关的操作。

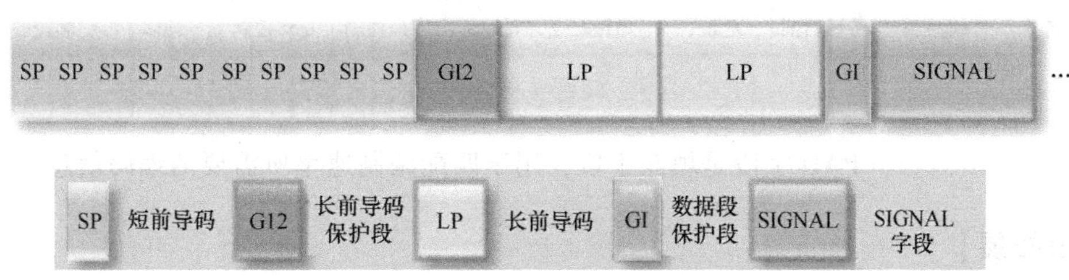


图6-6 DSRC数据帧的前导码字段的结构

**2. SIGNAL字段**

SIGNAL字段的长度为24位，包含数据传输速率位（4位）、保留位（1位）、OFDM符号长度（12位）、奇偶校验位（1位）和结尾补足位（6位），如图6-7和表6-1所示。由于数据帧的传输速率在PLCP前导码字段和SIGNAL字段之前是未知的，为了保证上述两个字段能够正确解码，需要采用事先确定的最低数据传输速率进行处理，这样即使接收端不能成功解码整个数据帧，依据这两个字段的信息仍可以估计帧长度等相关信息，以确定该帧的结束点。

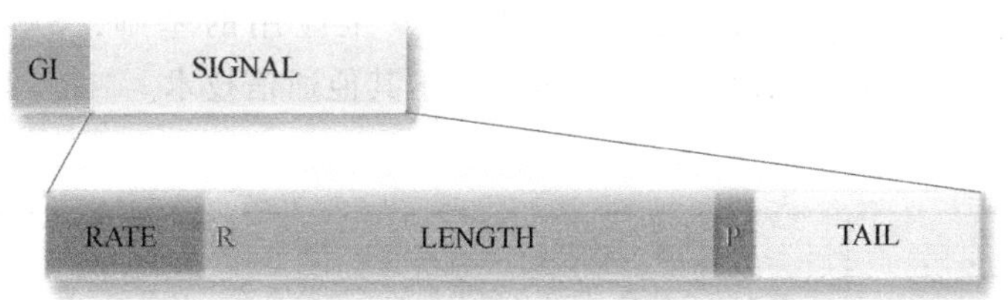


图6-7 DSRC数据帧的SIGNAL字段的结构

**表6-1 DSRC数据帧的SIGNAL字段的结构**

| 字段 | 数据传输速率位（RATE） | 保留位（Reserved，R） | OFDM符号长度位（LENGTH） | 奇偶校验位（Parity，P） | 结尾补足位（TAIL） |
|---|---|---|---|---|---|
| 长度/bit | 4 | 1 | 12 | 1 | 6 |

**3. SERVICE字段和TAIL字段**

SERVICE字段和TAIL字段共同用于比特加扰。

**4. PSDU和PAD字段**

（1）**PSDU字段** PSDU字段为有效载荷，也是MAC子层的协议数据单元（MAC PDU，MPDU）。实际上IEEE 802.11 MAC子层在接收到服务数据单元（MAC SDU，MSDU）后，通过添加MAC头部、CRC校验等信息形成MPDU。最常见的MPDU格式如图6-8所示，帧控制字段包括一个协议版本、一个帧类型和子类型；持续时间字段表示帧持续时间；对于发送OCB帧，地址1、2和3分别代表源MAC地址、目标MAC地址和BSSID；序列控制包含当前帧的分片数和序号；Qos控制字段用于服务质量控制；帧体来自LLC子层；帧校验序列字段通过对帧头和帧体计算得到4B的CRC码，用于检测错误。

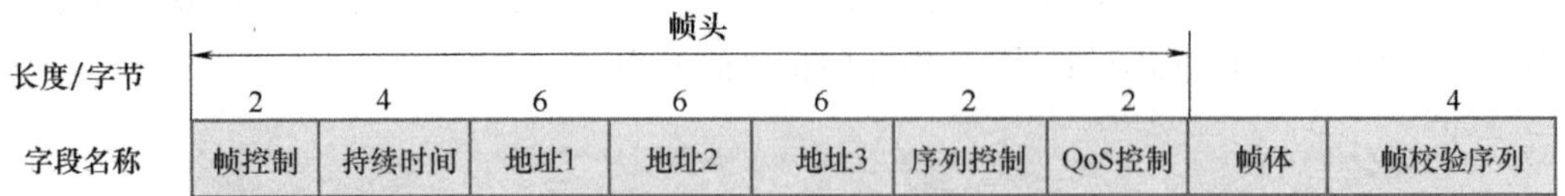


图 6-8　DSRC 数据帧的 PSDU 字段的格式

（2）**PAD 字段**　PAD 字段是填充字段，用于匹配调制速率所需要的编码信息比特数。

**【知识拓展】**

什么是 **BSSID**？

BSSID（Basic Service Set ID，基本服务集 ID）是一个长度为 48 位的二进制标识符，用来识别不同的 BSS。

### 6.2.3　DSRC 应用层传输的信息

**1. SAE J2735 定义的信息类型**

为了支持应用间的互操作性，SAE J2735 定义了 16 类 DSRC 标准信息，见表 6-2，使用标准的车辆数据信息集进行 V2X 通信是车联网安全应用的基础，SAE J2735 虽然针对 5.9GHz 的 DSRC 制定的标准化信息集，但也可用于其他通信技术。

表 6-2　SAE J2735 定义的信息

| 信息名称 | | 说明 |
|---|---|---|
| BSM | Basic Safety Massage | 基本安全信息，包括必须携带的关键信息和可选信息，是最基础的 V2X 信息，通过广播的形式发出 |
| EVA | MSG_Emergency Vehicle Alert | 紧急车辆警告，由紧急车辆通过广播发出，可供私人和公共车辆使用 |
| ICA | MSG_Intersection Collision Avoidance | 交叉路口的碰撞避免信息，由车辆或者 RSU 发出 |
| MAP | MSG_Map Data | 地图数据，用于传递多种类型的地理道路信息，包括复杂交叉路口描述、路段描述、高速曲线轮廓、车道线信息等。MAP 信息可与 SPAT 信息关联使用 |
| NMEA | MSG_NMEA Correction | NMEA 校正信息，用于封装国家海洋电子协会（National Marine Electronics Association，NMEA）在其 0183 号协议标准中定义的 NMEA 183 型差分校正 |
| PSM | MSG_Personal Safety Message | 个人安全信息，是针对易受伤害的道路使用者（Vulnerable Road User，VRU）发布的 V2P 信息，用于广播各种 VRU 运动状态的安全数据，如行人、骑自行车者或道路工人 |
| PDM | MSG_Probe Data Management | 探测数据管理，用于控制 OBU 收集并发送到本地 RSU 的数据类型 |
| PVD | MSG_Probe Vehicle Data | 探测车辆数据，用于与其他 DSRC 设备（通常为 RSU）交换车辆的状态，以便收集有关典型车辆沿路段行驶行为的信息 |
| RSA | MSG_Road Side Alert | 路侧警告，用于向周边车辆发送附近的危险报警，一般由 RSU 发出 |
| RTCM | MSG_RTCM Corrections | RTCM 校正信息，用于封装基于全球卫星定位信号和其他无线导航信号的国际海运事业无线电技术委员会（Radio Technical Commission for Maritime services，RTCM）差分校正信息 |

（续）

| 信息名称 | | 说　明 |
|---|---|---|
| SPAT | MSG_Signal Phase And Timing Message | 信号灯相位和配时信息，用于传递交叉路口一个或多个信号灯的当前状态，此信息可用于闯红灯报警及绿波车速引导等场景 |
| SRM | MSG_Signal Request Message | 信号请求信息，用于车辆节点向 RSU 请求当前路口的信号灯信息 |
| SSM | MSG_Signal Status Message | 信号灯状态信息，RSU 在信号交叉口发送的信息 |
| TIM | MSG_Traveler Information Message | 出行者信息，用于发送路边标识等信息到 OBU |
| CSR | MSG_Common Safety Request | 通用安全请求信息，车辆请求其他车辆提供安全所需的附加信息，以供本车正在运行的应用程序使用 |
| — | MSG_Test Message | 提供本地或地区的可扩展的部署使用信息 |

注：MSG 为 Message 的缩写。

2. 其他标准定义的信息类型

（1）欧洲电信标准化协会标准　欧洲电信标准化协会（European Telecommunication Standards Institute，ETSI）在制定应用层相关标准时，充分考虑了道路安全与交通效率类应用在数据需求方面的相似性，定义了周期性协作感知信息（Cooperative Awareness Message，CAM）和事件分布式环境通知信息（Decentralized Environmental Notification Message，DENM）来支持各类应用。

尽管欧洲 ETSI 和美国 SAE 定义的信息名称不同，但信息携带的实质是相同的，表 6-3 为典型车联网应用场景下采用 SAE 信息格式和 ETSI 信息格式的对比。

表 6-3　典型车联网应用场景下采用 SAE 信息格式和采用 ETSI 信息格式的对比

| 典型应用 | SAE 信息格式 | ETSI 信息格式 |
|---|---|---|
| 前向碰撞预警 | BSM | CAM |
| 紧急制动预警/盲区预警/变道辅助/左转辅助 | BSM | CAM |
| 紧急车辆提醒 | BSM（包括特殊车辆的附加信息） | CAM |
| 天气预警 | TIM | DENM |
| 车内标牌 | TIM | DENM |
| 道路施工 | RSA，TIM | DENM |

（2）中国汽车工程学会　中国汽车工程学会（China SAE，CSAE）充分考虑我国交通环境和产业需求，制定了车联网应用标准 T/CSAE 53—2017，并于 2017 年 9 月正式发布，该标准定义了 5 类基本的 V2X 信息，见表 6-4。

表 6-4　China SAE 信息集的 5 类 V2X 信息

| 信息类型 | 说　明 |
|---|---|
| 基本安全信息（BSM） | 车辆通过该信息广播，将自身的实时状态告知周围车辆 |
| 地图信息（MAP） | 由路侧单元广播，向车辆传递局部区域的地图信息 |

(续)

| 信息类型 | 说　明 |
| --- | --- |
| 路侧信息<br>(Road Side Information,RSI) | 由路侧单元向周围车载终端发布的交通事件信息以及交通标识标牌信息 |
| 路侧安全信息<br>( Road Safety Message,RSM) | 路侧单元检测周围交通参与者的实时信息,并将其整理成对应格式发送给交通参与者 |
| 信号灯相位和配时信息(SPAT) | 包括一个或多个路口信号灯的当前状态信息,结合 MAP,为车辆提供实时的前方信号灯相位信息 |

### 3. 信标信息

DSRC 传输的信息分为两大类，分别是警告信息和信标信息（Beacon Message）。警告类信息是在紧急情况下迅速发布危险警告的事件驱动信息，包括紧急制动、路面条件、危险及施工区域通知等，警告信息不需要周期性发送，发送频率取决于警告的类型。信标信息是车载自组织网络中的一种最基本、最重要的信息类型，在 ETSI 标准中称为协作感知信息，在 SAE J2735 标准中称为基本安全信息，包括周围车辆的位置、速度、加速度以及车辆的转向、制动等操作信息，该类信息以较高的频率周期性发送。

通常情况下，节点会根据接收到的信标信息建立一个邻居列表，记录邻居节点的相关信息。节点也会根据接收到的信标信息更新邻居列表，当接收到新的邻居节点的信标信息时，就在邻居列表中增加该邻居节点的信息；当超过一定时间没有接收到某个邻居节点的信标信息时，就判断该邻居节点已经离开，在邻居列表中删除该邻居节点的信息。节点根据自己的邻居列表可以建立本地拓扑图。所有的车辆节点和路边设备节点通过信标信息的一跳通信建立彼此之间的联系，形成车载自组织网络。信标信息的交互极大地扩展了节点对交通环境的感知能力，在安全应用中，车辆节点可以通过邻居节点的位置和运行状态等信息来提供碰撞预警；在非安全应用中，车辆节点可以根据本地拓扑图建立多跳路由连接，提供各类车辆间的信息传输服务。

## 任　务

1. IEEE 802.11p 相较于 IEEE 802.11 做了哪些改进？改进的原因是什么？

2. DSRC 通信过程中，安全应用类信息采用（　　）传输。

A. TCP　　B. UDP　　C. WSWP　　D. 以上说法都不对

3. DSRC 通信过程中关于非安全应用类信息传输协议，下列说法正确的是（　　）。（多选）

A. 可以使用 TCP 和 UDP　　B. 可以使用 WSWP

C. 只能使用 TCP 和 UDP　　D. 只能使用 WSWP

E. 不能使用 WSWP

4. PMD 子层和 PLCP 子层有什么作用？

5. 物理层的 PDU 在（　　）生成的，MAC 层的 PDU 在（　　）生成。

A. PMD 子层　　B. PLCP 子层　　C. LLC 子层　　D. MAC 子层

6. DSRC 的 MAC 子层如何处理信息优先级？

7. DSRC 物理层的数据帧的 PLCP 前导码字段有什么作用？

8. DSRC 物理层的数据帧的 PLCP 前导码字段和 SIGNAL 字段的数据传输速率如何确定？

9. 如何确定 DSRC 物理层的数据帧的 SIGNAL 字段之后的其他字段的数据传输速率？

10. DSRC 物理层的数据帧的数据校验方式为（　　）。

A. 校验和校验　　B. 循环冗余码校验

C. 奇偶校验　　D. 以上说法都不对

11. （　　）信息属于信标信息；（　　）信息属于警告信息。（多选）

A. BSM　　B. RSA　　C. SPAT　　D. CAM　　E. EVA

12. 信标信息有什么作用？

13. DSRC 通信过程中，信标信息采用（　　）传输。

A. TCP　　B. UDP　　C. WSWP　　D. 以上说法都不对

## 任务 6.3　DSRC 的通信原理

### 6.3.1　DSRC 的通信机制

DSRC 的通信机制包括双向通信机制、基于位置的通信机制。

1. 双向通信机制

双向通信是指两车之间或者车与路侧单元之间能够进行双向的信息交互，对于每一个发送的信息都期望得到接收方的反馈，提高了通信的可靠性，但是等待回复产生较大的传输时延，如果信息采用组播或广播发送会导致更长的时延和更高的网络负荷，因此双向通信机制主要用于单播通信。

双向通信机制包括四个阶段，分别是发现阶段、连接阶段、数据发送阶段和结束阶段。在发现阶段，一辆车搜索周围的节点（另一辆车或路侧单元）；在连接阶段，一辆车发起与另一辆车或路侧单元的初始连接，另一辆车或路侧单元按照规则允许或拒绝连接；在数据发送阶段，通信双方保持连接并进行信息交互；在结束阶段，其中一方结束连接后，通信双方停止信息交互。

2. 基于位置的通信机制

基于位置的通信是一种特殊的通信机制，也叫作地理位置广播，该机制中信息同时快速地传输给一个特定地理区域的一组车辆，减少网络负荷及信息分发的时间，但是没有交互，不能确定信息是否成功接收。

基于位置的通信机制有两种信息分发方式：一是采用组播方式分发给上述地理区域内的所有节点；二是采用位置辅助组播方式分发至上述地理区域内的部分节点。如果通信范围内没有车辆，则分组被存储，并在监测到有车辆进入通信范围时立即发出。

基于位置的通信根据传输路径可以分为单跳通信和多跳通信。

（1）基于位置的单跳通信机制　基于位置的单跳通信机制是指发送信息的车辆和接收

信息的车辆直接连接，信息不需要转发，通信过程包含两个阶段，即发现阶段和泛洪阶段。发现阶段是指一辆车搜索某区域内的其他车辆。在发现阶段，位置会持续更新，以维持周边节点的实时位置信息。泛洪阶段是指信息发送方传递带标签的信息，接收到信息的车辆检查标签，并根据标签确定是否接收该信息。

（2）基于位置的多跳通信机制　基于位置的多跳通信机制是指通过其他车辆转发信息，此时需要分配一个到目的地节点的路径，即进行路由。路由通过 DSRC 网络层实现。

## 6.3.2　DSRC 网络层的通信方式

DSRC 网络层通信的目的是进行路由，路由过程需要选择合适的路由算法，保证网络分组信息完整性的同时，减少信息传输次数。路由算法需要达到两个目标：一是决定信息接收方的位置；二是为下一跳选择一个合适的相邻节点将信息传递出去。

### 1. 路由算法的关键参数

路由算法有四个关键参数，分别是时延、分组成功投递率（Packet Delivery Ratio，PDR）、路由开销和容错。时延在项目 1 进行详细介绍，下面主要介绍 PDR、路由开销和容错。

（1）**PDR**　PDR 表示被成功接收的分组占发送分组的比例。理论上，当没有信息丢失，PDR 的值是 1，但是自组织网络从源节点到目的节点的路由在通信过程中会出现错误甚至中断，PDR 通常小于 1。

（2）路由开销　路由开销是指控制数据与有效载荷数据之比，该值应尽可能低，以避免网络超载。

（3）容错　容错是指数据传输过程中出现错误时能够检测错误并从中恢复的能力。

### 2. 路由算法的分类

路由算法根据路由是否预知分为按需路由算法和完全分发式路由算法。按需路由算法是指只有特定节点请求时才计算路由，算法开销较小，但是传输时延较大；完全分发式路由算法是指所有可能的目的节点的路由已经预知，时延低，但是路由对拓扑变化不敏感，不会实时更新，需要大量的控制数据，网络开销大。因此最佳算法是上述两种算法的组合。

路由算法根据是否需要节点位置分为依赖位置的算法和不依赖位置的算法。基于位置的路由算法可以减少控制数据的数量，降低路由开销。根据路由算法是否能保护数据不被窃听或操纵，分为公共路由算法和安全路由算法。贪婪周边无状态路由（Greedy Perimeter Stateless Routing，GPSR）是一种应用较广的依赖位置的公共路由算法。Ad hoc 按需距离矢量路由（Ad Hoc on Demand Distance Vector Routing，AODV）是一种基于网络拓扑的公共路由算法。表 6-5 是 GPSR 算法和 AODV 算法的性能比较。安全路由算法是在公共路由算法的基础上修改和增强得到的，例如 Ad hoc 网络认证路由（Authenticated Routing for Ad hoc Networks，ARAN）和 AODV 类似，但是使用了基于公钥机制的可信证书服务器，保护网络免受恶意攻击。

表 6-5　GPSR 算法和 AODV 算法的性能比较

| 协议名称 | PDR | 时延 | 路由开销 | 容错 |
|---|---|---|---|---|
| GPSR | 较低 | 小 | 小 | 较好 |
| AODV | 较高 | 大 | 大 | 较差 |

### 6.3.3 DSRC 数据链路层的 CSMA/CA 媒体访问机制

【思考】

**无线局域网能否使用在有线局域网中应用广泛的 CSMA/CD 媒体访问控制机制？**

CSMA 部分可以应用。无线局域网在发送数据之前，先对媒体进行载波监听，如果其他站点在发送数据，就推迟发送以免发生碰撞，但是 CD 在无线环境下不能使用，主要原因是：

1）无线信道传输条件特殊，信号强度的变化范围非常大，如果在无线局域网上实现碰撞检测，硬件上的花费比较大。

2）无线局域网无法保证碰撞检测的可靠性，原因是无线局域网有时检测到信道空闲，其实信道并不空闲（隐蔽站的例子），有时检测到信道忙，其实信道是空闲状态（暴露站的例子）。

【知识拓展】

什么是隐蔽站？什么是暴露站？

图 6-9 中，站点 A 和站点 C 同时向站点 B 发送数据，图中的虚线圈分别是站点 A 和站点 C 的信号覆盖范围，而 B 处于两个站点信号覆盖范围的相交区域。由于 A 和 C 相距较远，检测不到对方发送的无线信号，以为 B 是空闲的，都向 B 发送数据结果发生碰撞，这种未能检测出信道上其他站点信号的问题，称为隐蔽站问题（Hidden Station Problem）。

图 6-10 中，如果站点 B 向站点 A 发送数据时，站点 C 想和站点 D 通信。A 和 C 都在 B 的作用范围之内，可以接收 B 发出的信号，B 和 D 都在 C 的作用范围内，可以接收 C 发出的信号，C 检测到信道上有信号，不敢向 D 发送数据，这就是暴露站问题（Exposed Station Problem）。

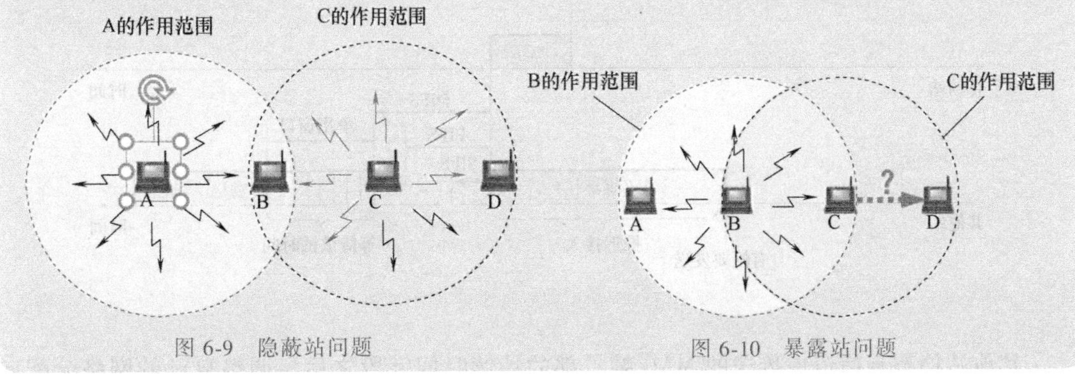


图 6-9 隐蔽站问题　　图 6-10 暴露站问题

无线局域网不能使用碰撞检测，只要开始发送数据，就不能中途停止发送，要把整个帧发送完毕，因此无线局域网发生碰撞会导致信道资源严重浪费，应当尽量避免碰撞的发生。无线局域网采用 CSMA/CA 的媒体访问控制机制。为了避免碰撞，所有站点发送完一帧数据

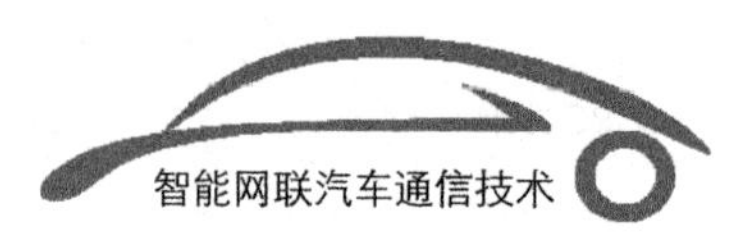


后，必须等待一段很短的时间才能发送下一帧，这段时间称为帧间间隔（Inter Frame Space，IFS）。为了区分不同类型的帧使用信道的优先级，IEEE 802.11 标准定义了三种 IFS，分别是短帧间隔（Short IFS，SIFS）、分布协调帧间隔（Distributed IFS，DIFS）和点协调帧间隔（Point IFS，PIFS）。

SIFS 最短，使用 SIFS 的帧类型包括确认（ACK）帧、响应控制（Clear to Send，CTS）帧等，其中 CTS 帧用于信道预约。DIFS 最长，所有的数据帧和管理帧都采用 DIFS 作为等待时延。PIFS 的长度在 SIFS 和 DIFS 之间，主要用于高优先级信息的发送，如信标信息。SIFS、PIFS、DIFS 之间有如下关系：PIFS=SIFS+时隙，DIFS=SIFS+2×时隙。

**【知识拓展】**

什么是分布式协调？什么是点协调？

IEEE 802.11 设计了独特的 MAC 子层，通过协调功能（Coordination Function）确定基本服务集（BSS）中的移动站什么时候能发送数据或接收数据。协调功能包括分布式协调功能（Distributed Coordination Function，DCF）和点协调功能（Point Coordination Function，PCF）两种接入机制，DCF 是必须的访问协议，站点基于竞争的方式接入媒体；PCF 是可选的访问协议，站点不需要竞争，在被分配的特定时间单独使用信道。

### 1. CSMA/CA 协议的工作原理

CSMA/CA 协议的工作原理如图 6-11 所示，当源站需要发送一个数据帧时，首先检测信道，在信道空闲时间达到一个 DIFS 之后，主机发送数据帧，目的站正确接收到该数据帧后，等待一个 SIFS 后发出对该数据帧的确认。若源站在规定时间内没有收到 ACK 帧，就必须重传此帧，直到收到确认为止，或者经过若干次重传失败后放弃发送。

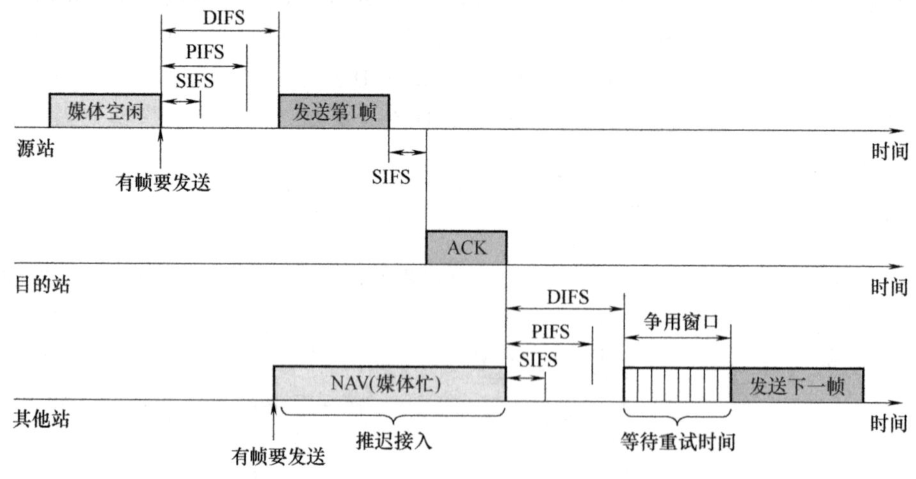


图 6-11　CSMA/CA 协议的工作原理

其他站检测到信道中传送的 MAC 帧首部的持续时间字段之后，调整自己的网络分配向量（Network Allocation Vector，NAV）。NAV 指出必须经过多少时间才能完成本次传输，使信道转入空闲状态，这种信道空闲监听机制称为虚拟载波监听。因此 DSRC 信道空闲可通过物理层的载波监听或者 MAC 子层的虚拟载波监听。

当有多个站点想要同时发送数据且信道空闲时，CSMA/CA 的数据发送过程为：

1）经过 DIFS 时长后如果信道空闲，使用二进制指数退避（BEB）算法产生一个竞争窗口（Contention Window，CW），每一个站点从竞争窗口随机选择一个退避数存储在随机退避计数器中。

2）每经过一个时隙（Time Slot），站点监听一次信道，若信道空闲，则对应的随机退避计数器的数值减 1。随机退避计数器的值首先变为 0 的站点获得信道使用权，可进行数据发送，其他站点冻结随机退避计数器的值，停止倒计时。

3）当前发送数据的站点收到 ACK 回复后，再经过一个 DIFS 时间，其他站点的随机退避计数器重新启动并开始计时，依次下去，直到所有站点的数据发送完毕。发送完数据的站点在这一次传输完成后，如果还有数据需要发送，等待 DIFS 的时间后重新从竞争窗口选择一个随机数进行倒计时。若某站点在随机退避计数器计时结束后发送数据与其他站点发生冲突，则发生冲突的所有站点产生新的竞争窗口，并重新选择随机退避数继续进行倒计时。

下面以一个例子说明基于 CSMA/CA 的数据发送过程。图 6-12 中站点 1 与站点 2 同时有数据发送，需要竞争信道的使用权，等待 DIFS 时间后，若信道保持空闲状态，则确定竞争窗口（CW），IEEE 802.11 协议默认的初始竞争窗口为 31，即随机退避数的范围是［0，31］，图中站点 1 的随机退避数选为 8，站点 2 的随机退避数选为 3。

经过 3 个时隙后，站点 1 的随机退避计数器从 8 减至 5，而站点 2 从 3 减至 0。因此站点 2 获得信道使用权，并发送数据报 A 给接入点（AP），AP 收到数据后进行校验，若校验通过，则在 SIFS 后反馈 ACK 确认帧。

站点 2 的数据传输完成后，等待 DIFS 时间重新从竞争窗口选择随机退避数进行倒计时，图中站点 2 选择了 6。站点 1 第一次没有竞争到信道，在 DIFS 时长后直接基于上次的退避计数器的值继续进行倒计时。

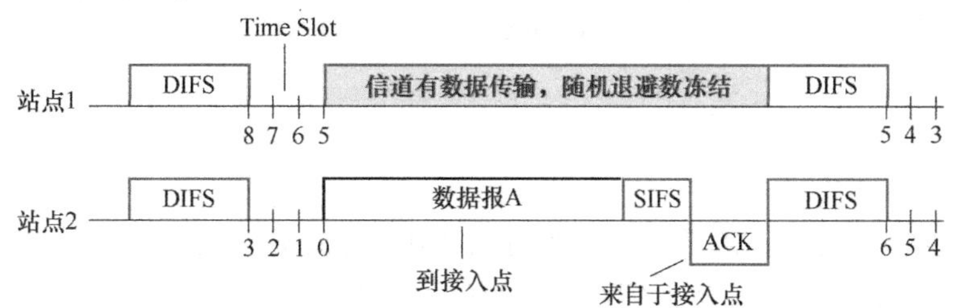


图 6-12 基于 CSMA/CA 的数据发送和接收过程举例（两个站点同时发送数据）

**【思考】**

**1. 如果站点 2 未收到 ACK 报文，可能的原因是什么？**

可能的原因有两个，一是 AP 没有成功接收数据报，二是 AP 对数据报进行 CRC 校验时出现错误。

**2. 如果站点 2 未收到 ACK 报文，应该如何处理？**

站点 2 需要等待 EIFS（Extended IFS，扩展帧间间隔）之后，采用 BEB 算法确定竞争

窗口，并重新选择随机数进行倒计时。EIFS 时间范围包含了 SIFS、ACK 和 DIFS 三个时间片。而站点 1 在 DIFS 时长后在随机退避数 5 的基础上继续进行倒计时。

**3. 如果站点 1 和站点 2 第一次竞争信道时选择了相同的退避时间会出现什么情况？**

两个站点会同时发送数据，AP 接收到两个信号产生干扰，无法正确解码，CRC 校验错误，AP 不会给任意站点反馈 ACK 数据报，两站点在等待 EIFS 时长后进入下一次信道竞争。为了避免第二次竞争冲突，选用 BEB 算法对竞争窗口进行扩展，即发生一次冲突后，CW 范围会从 [0, 31] 变化到 [0, 63]。并重新选择两个站点的随机退避数进行倒计时。

2. 信道预约

为了更好地解决暴露站带来的碰撞问题，发送数据的站点可进行信道预约。信道预约的数据发送过程如图 6-13 所示，当源站想要给目的站发送数据时，在监听到信道空闲的前提下，数据传输过程分为以下 4 个阶段。

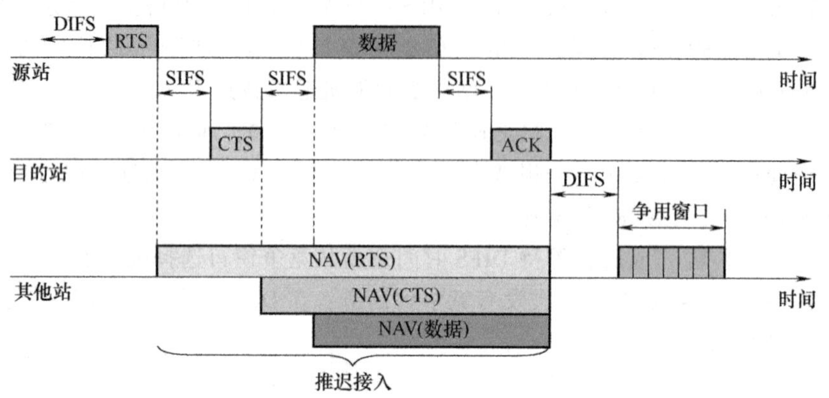


图 6-13 基于信道预约的数据发送过程

（1）源站向目的站发送一个请求发送（Request to Send，RTS）帧　源站在发送 RTS 帧之前，必须先监听信道，若信道空闲，则等待 DIFS 时间后发送 RTS 帧。RTS 帧包括源地址、目的地址和本次通信所需的持续时间，长度为 20B。

（2）目的站向源站发送响应控制（Clear to Send，CTS）帧　目的站正确接收到 RTS 帧后，在可以接收数据的情况下，等待 SIFS 时间间隔向源站发送 CTS 帧，CTS 帧长度为 14B，也包含本次通信所需的持续时间。

（3）源站发送数据帧　源站收到目的站发送的 CTS 帧后，等待一个 SIFS 时间开始发送数据帧，数据帧最长可达 2346B。

（4）目的站发送 ACK 帧　目的站接收到源站发送的数据帧后，等待 SIFS 时间后向源站发送一个 ACK 帧。

这种信道预约方式也称为 RTS/CTS 握手机制。RTS 帧中存储的本次通信所需的持续时间是从源站发送 RTS 帧完毕后，到目的站发送完 ACK 帧的持续时间，这段时间为 SIFS+CTS 发送时间+SIFS+数据帧发送时间+SIFS+ACK 发送时间。CTS 帧中存储的本次通信所需的持续时间是从 CTS 帧发送完毕后到 ACK 帧发送完成所需要的时间，这段时间为 SIFS+数据帧发送时间+SIFS+ACK 帧发送时间。

使用 RTS 帧和 CTS 帧会使整个网络的通信效率下降，但是两种控制帧的长度很短，开销小，相比传输产生碰撞导致数据帧重发所占用的资源，信道预约使用的资源更少。

### 6.3.4 DSRC 数据链路层的 EDCA 访问模式

不同的站点竞争信道采用 CSMA/CA 访问机制，站点内部不同的发送任务发生碰撞时，需要采用增强分布式信道接入（EDCA）。EDCA 根据发送信息的内容将其赋予不同的优先级，定义了 8 个业务类型（Traffic Category，TC）和 4 个本层接入类型（Access Category，AC），即每个信道定义了 4 个不同的 AC，8 个 TC 可分别映射到 4 个 AC 的独立队列。4 个 AC 按照优先级从低到高分别为：AC0 后台业务（AC_BK）、AC1 尽力而为业务（AC_BE）、AC2 视频业务（AC_VI）、AC3 语音业务（AC_VO），EDCA 为每个 AC 分配不同的竞争参数以实现区分优先级高低的目的。

数据传输时，EDCA 根据业务的 QoS 参数映射到对应的 AC，AC 使用竞争参数参与无线信道的接入竞争。每个 AC 队列最重要的竞争参数是仲裁帧间间隔（Arbitration IFS，AIFS）和竞争窗口，所有等待发送数据的 AC 等待一个 AIFS 时长后，根据竞争窗口选择随机退避数并启动倒计时，先完成倒计时的 AC 获得数据发送权。某接入类型 AC_i 的 AIFS 可根据公式 AIFS［AC_i］=SIFS+AIFSN[AC_i]×Slot Time 计算，式中 AIFSN 为 AIFS Number，即仲裁帧间间隔数。表 6-6 是 OCB 模式下 EDCA 参数的默认值，例如，一个传输任务在 AC_BK 列表中，如果采用 OCB 传输模式，则对应的 AIFS=SIFS+9×Slot Time，其竞争窗口的范围是［$aCW_{min}$，$aCW_{max}$］，其中 $aCW_{min}$、$aCW_{max}$ 分别为最小竞争窗口和最大竞争窗口。

**表 6-6 OCB 模式下 EDCA 参数的默认值**

| 接入类型 | 竞争窗口 | | AIFSN |
|---|---|---|---|
| | 最小值 | 最大值 | |
| AC_BK | $aCW_{min}$ | $aCW_{max}$ | 9 |
| AC_BE | $aCW_{min}$ | $aCW_{max}$ | 6 |
| AC_VI | $\frac{aCW_{min}+1}{2}-1$ | $aCW_{max}$ | 3 |
| AC_VO | $\frac{aCW_{min}+1}{4}-1$ | $\frac{aCW_{min}+1}{2}-1$ | 2 |

EDCA 的数据传输过程和 CSMA/CA 类似，此处不再赘述，所不同的是，如果有多个 AC 的退避数同时减至 0，高优先级的 AC 获得发送机会。此外，竞争窗口的选取和 CSMA/CA 有一些差异。EDCA 中，某 AC 的竞争窗口从最小值开始，如果传输不成功，则竞争窗口翻倍，竞争窗口达到最大值则保持该值，如果数据成功发送，则竞争窗口被重置为最小值。此外，EDCA 引入发送机会（TXOP）的概念。TXOP 是站点可以传送特定业务数据的限定时段，站点在接入信道的过程中获得 TXOP，并在 TXOP 时间段内连续地传输数据帧和管理帧，并接收响应帧。TXOP 为零，意味着每次竞争接入后只能传输一个数据帧或管理帧（例如 OCB 模式下）。

### 6.3.5 DSRC 的多信道操作

#### 1. DSRC 的信道划分

图 6-14 是美国 DSRC 技术的频段划分，联邦通信委员会（FCC）分配的频谱为 5.850~5.925GHz，这个频谱又分为七个 10MHz 信道（编号分别是 172、174、176、178、180、182、184），两端有 5MHz 的保护频带。FCC 还将每个信道指定为服务信道（Service Channel，SCH）或控制信道（Control Channel，CCH），其中只有一个控制信道（178），主要用于广播安全相关的信息或发送控制信令；六个服务信道中，车车信道（172）用于碰撞避免、车间通信等，车路信道（184）用于长距离、大功率的通信，剩余的四个服务信道（174、176、180、182）用于普通数据业务的传输，四个信道可被合并为两条 20MHz 的信道，其中 174 信道和 176 信道合并为 175 信道，用于中距离传输；180 信道和 182 信道合并为 181 信道，用于短距离传输。

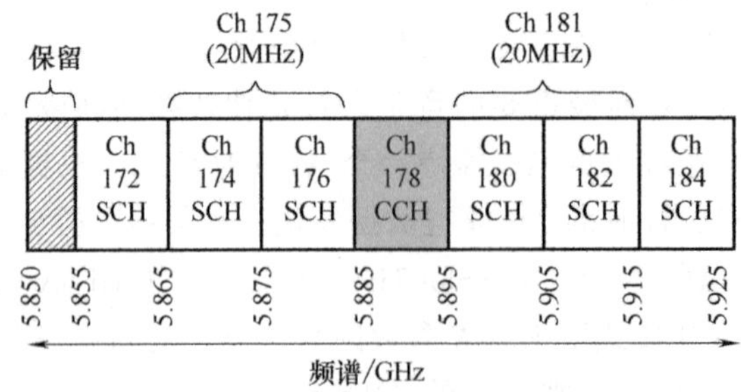


图 6-14 美国的 DSRC 频段划分

#### 2. DSRC 的信道访问

IEEE 1609 工作组制定 IEEE 1609.4 标准用于规范和协调多信道访问。DSRC 信道访问的时间采用连续划分，每 100ms 为一个周期，并规定控制信道和服务信道各占 50ms，称为信道间隔，每个间隔的开始阶段包含 4ms 的保护间隔，用于提供信道切换的过渡保护，不用作信息传递，如图 6-15 所示。

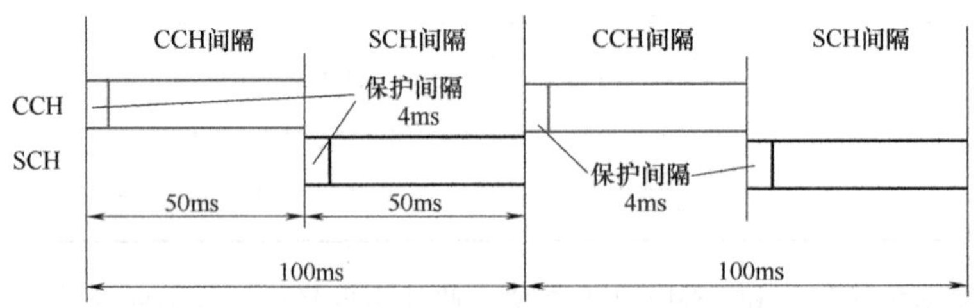


图 6-15 控制信道与服务信道的时间轴布置

信道访问总是从 CCH 开始，站点在 CCH 的保护间隔后开始发送重要的安全信息，如信标信息，如图 6-16 所示。信道访问过程可以分为连续访问和交替访问。所谓连续访问是指数据传输使用完整的 100ms 周期，既使用 CCH 信道，也使用 SCH 信道，如图 6-16a 所示。交替访问如图 6-16b 所示，此时数据传输未使用完整的 100ms 周期，仅用 CCH 信道，交替访问时需要用到信道协调，所谓信道协调是指 MAC 子层协调信道间隔，能在适当的时候使用适当的信道传送数据。

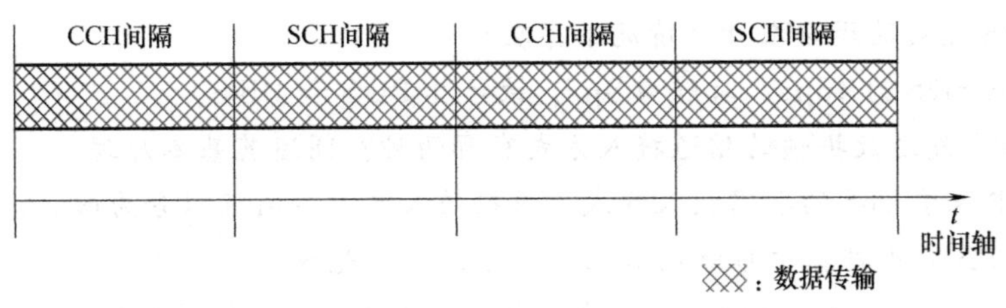


a)

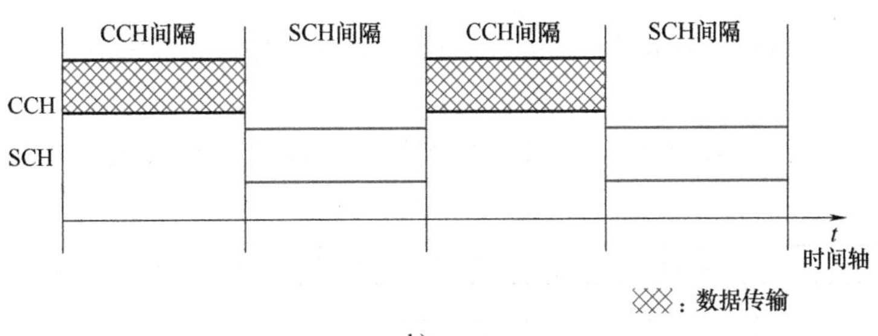


b)

图 6-16 DSRC 的信道访问示意图

a）连续访问 b）交替访问

## 任 务

1. DSRC 的通信方式包括（ ）。（多选题）

A. 单播　　B. 广播

C. 组播　　D. 以上说法都对

E. 以上说法都不对

2. DSRC 基于位置的单跳通信机制属于（ ）。

A. 单向组播通信　　B. 单向单播通信

C. 单向广播通信　　D. 双向单播通信

3. 路由算法的四个评价指标分别是什么？

4. DSRC 为什么不能采用 CSMA/CD 媒体访问机制？

5. 什么是隐蔽站问题？什么是暴露站问题？

6. 什么是虚拟载波监听？

7. 虚拟载波监听的功能在（ ）实现。

A. 物理层　　B. MAC 子层

C. 网络层　　D. 应用层

8. 为什么信道预约可以解决隐蔽站问题？

9. 分析基于信道预约的数据传输过程。

10. 分析 CSMA/CA 和 EDCA 的相同点和不同点。

11. 根据图 6-17 分析 DSRC 的信道访问方式。

（1）使用 SIFS、PIFS、DIFS 的是哪些帧？

(2) DIFS之后的退避在什么情况下存在？

(3) 如果SIFS为16μs，时隙为9μs，试计算PIFS和DIFS。

(4) DSRC发送数据帧的信道接入方式有哪两种？阐述其基本原理。

(5) 图中基于QoS的数据接入方式，根据接入类型不同可以分为四种，分别是什么？

(6) 如何区分四种基于QoS的数据接入方式的优先级高低？

(7) 每个接入类型的AIFS如何计算？根据表6-6计算四种接入类型的AIFS。

(8) 如果采用CSMA/CA访问机制的两个站点在退避时间同时倒计时到0，应如何处理？

(9) 如果ACK_VO和ACK_VI在退避时间同时倒计时到零，如何处理两个队列中的数据？

(10) 如果TXOP为0，发送站点发送完一帧数据后可以继续发送吗？如果TXOP不为零呢？

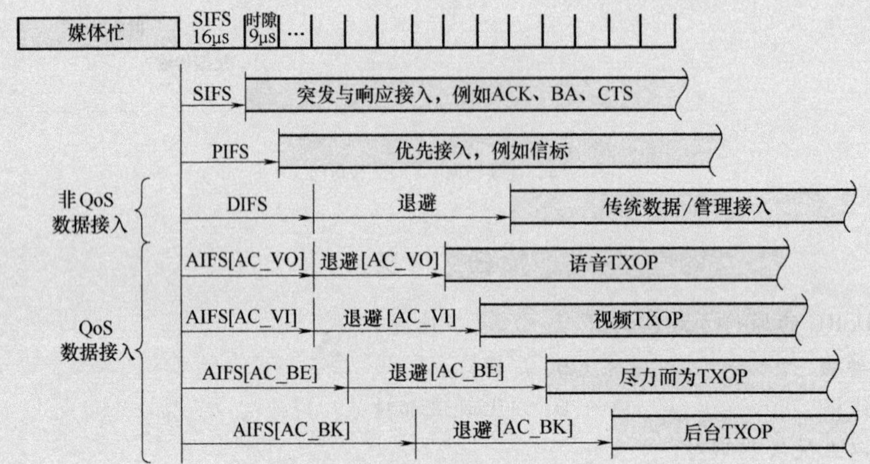


图6-17 DSRC的信道访问方式

# 项目7 基于蜂窝移动通信的车联网——LTE-V2X

## 任务 7.1 LTE-V2X 的通信方式及应用

LTE-V2X 是我国具有自主知识产权的 V2X 技术，是基于分时长期演进（Time Division-LTE，TD-LTE）的智能交通系统（ITS）解决方案，借助已存在的 LTE 网络设施实现 V2V、V2I、V2P 和 V2N 的信息交互，适应更复杂的安全应用场景，满足低时延、高可靠性和带宽要求。

### 7.1.1 LTE-V2X 的通信方式

LTE-V2X 采用广域集中式蜂窝通信（LTE-V-Cell）和短程分布式直通通信（LTE-V-Direct）两种技术方案，分别对应 LTE Uu 接口和 PC5（ProSe Direct Communication，ProSe 直接通信）接口，Uu 接口为 UE（User Equipment，用户终端）与 UTRAN（UMTS Terrestrial Radio Access Network，UMTS 的陆地无线接入网）之间的接口。因此广域集中式蜂窝通信又称为基于 LTE-Uu 接口的通信，短程分布式直通通信称为基于 PC5 接口的通信。

**1. 广域集中式蜂窝通信**

广域集中式蜂窝通信利用基站作为集中式的控制中心和数据信息转发中心，由基站完成集中调度、拥塞控制和干扰协调等，可以显著提高 LTE-V2X 的接入和组网效率，保证业务的连续性和可靠性。

广域集中式蜂窝通信的典型应用场景如图 7-1 所示。图 7-1a 中，车辆通过基站或路侧设备获得远端 ITS 服务器的 IP 地址并接入。图 7-1b 中，车辆通过不同的基站或路侧设备，进而通过云平台获得远距离车辆的信息。图 7-1c 为非视距（NLOS）场景下，车辆在十字路口由于建筑物的遮挡不能直接进行信息交互，此时可以通过基站或路侧设备的转发，获得车辆间的道路安全信息。

**2. 短程分布式直通通信**

直通通信是指终端间的数据不需要经过基站，直接在两个终端间进行传输，这种链路被称为直通链路（Sidelink）。短程分布式直通通信可以实现车与车、车与道路基础设施之间的短距离通信，满足道路安全业务的低时延、高可靠传输要求。图 7-2 是车辆 A、B、C 相距

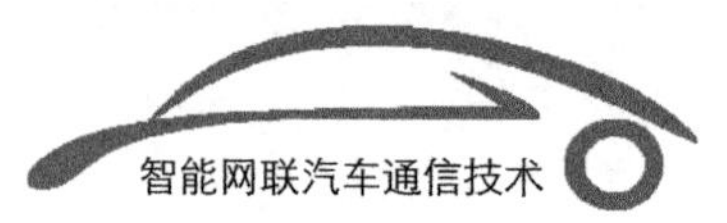

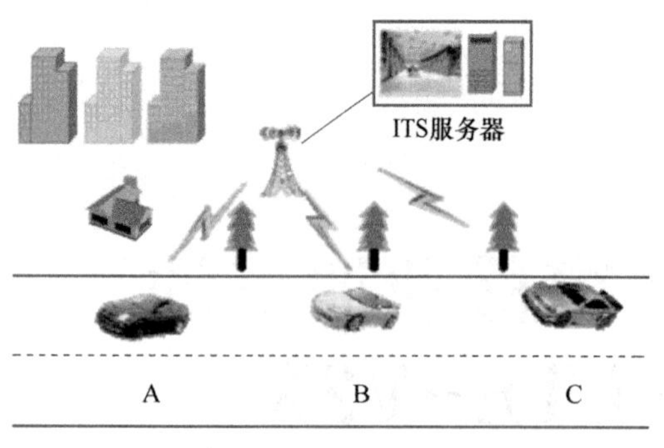

a)

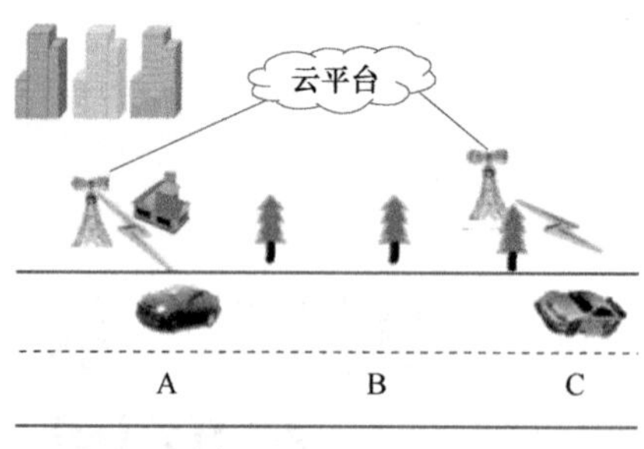

b)

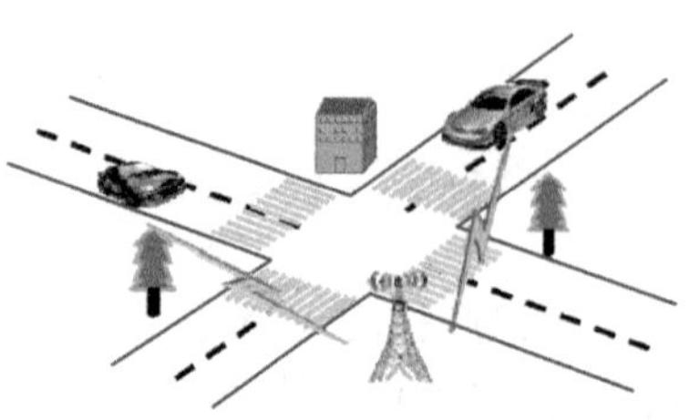
c)

图 7-1 广域集中式蜂窝通信的典型应用场景

a）IP 地址接入 b）远距离信息获取 c）NLOS 增强

较近，通过短程分布式直通通信传输数据。需要注意的是，LTE-V2X 的短程分布式直通通信只能采用广播方式进行信息交互，而不能使用单播和组播方式。

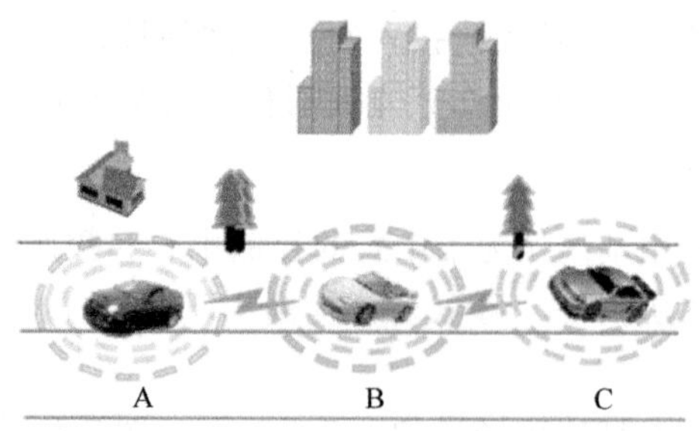


图 7-2 短程分布式直通通信的应用场景——低时延安全业务传输

**【知识拓展】**

什么是 ProSe?

ProSe（Proximity Services，邻近服务）是基于 3GPP 通信系统的近距离通信技术，是 D2D 通信技术中的一种。

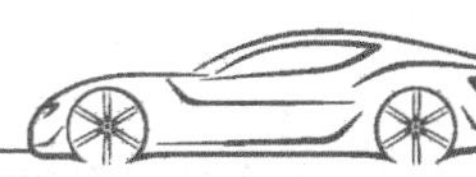

### 7.1.2 LTE-V2X 的应用案例

LTE-V2X 主要面向基本道路安全业务，典型应用框图如图 7-3 所示，其中，行驶安全类主要使用短程分布式直通通信，信息娱乐类和后台监控类使用广域集中式蜂窝通信。

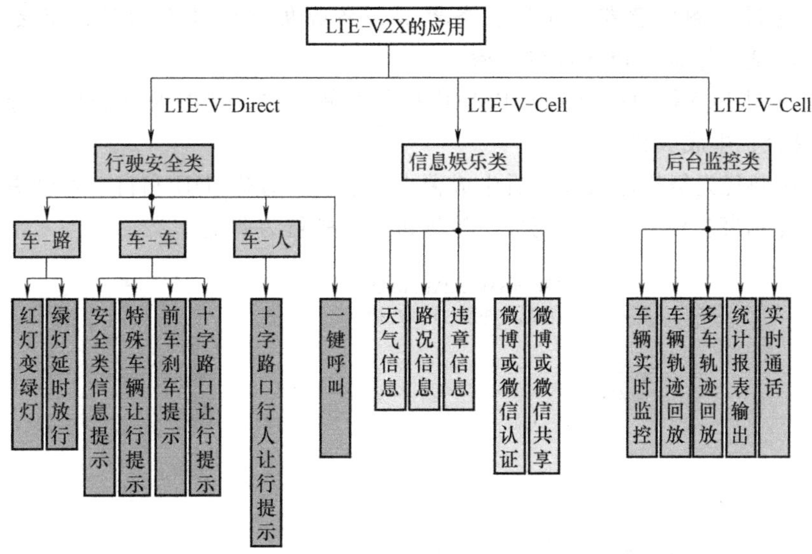


图 7-3 LTE-V2X 通信技术在智能网联汽车上的应用

下面以 V2V 和 V2I 为例介绍 LTE-V2X 短程分布式直通通信的通信过程。

**1. 基于 PC5 接口的 V2V 通信**

图 7-4 是 LTE-V2X 基于 PC5 接口的 V2V 通信过程。

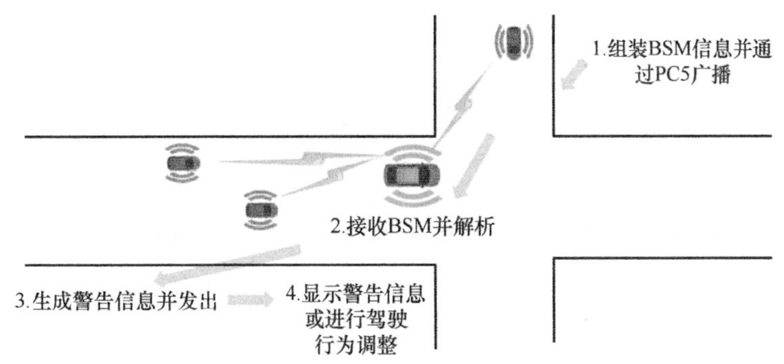


图 7-4 基于 PC5 接口的 V2V 通信过程

1）发送节点（车辆）的 OBU 获取自身位置、速度、档位、制动、航向角等信息，组装成 BSM 信息，并通过 PC5 接口广播。

2）接收节点（车辆）OBU 通过 PC5 接口接收周围车辆的 BSM 信息，解析出车辆的位置、状态、类型等。

3）接收节点根据地图、自身车辆以及周围车辆信息，筛选出有碰撞风险的车辆或者需要避让的特殊车辆，并生成警告信息，通知 HMI 和自动驾驶决策器。

4）HMI 显示警告信息及与本车存在碰撞风险的车辆信息，自动驾驶决策器进行驾驶行为调整。

**2. 基于 PC5 接口的 V2I 通信**

图 7-5 是 LTE-V2X 基于 PC5 接口的 V2I 通信过程。

1）RSU 通过路侧传感器、应用服务器等设备收集路侧动态信息，组装 RSI、RSM、SPAT、MAP 信息，并通过 PC5 接口广播。

2）OBU 通过 PC5 接口接收周围 RSU 广播的路侧信息，并根据车辆自身行进路径与路侧信息进行融合，生成威胁。

3）根据威胁优先级排序及综合后生成警告信息，并通知 HMI 和自动驾驶决策器。

4）HMI 显示警告信息，自动驾驶决策器进行驾驶行为调整。

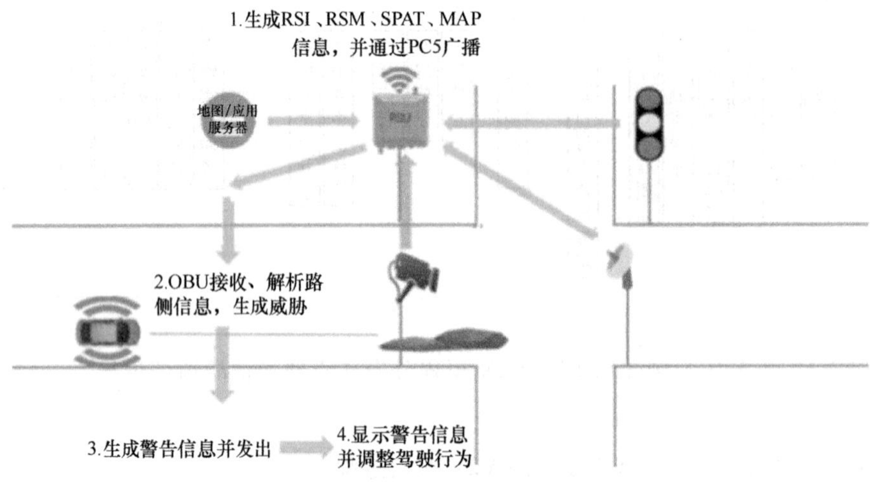


图 7-5　基于 PC5 接口的 V2I 通信过程

**任　　务**

1. 什么是直通通信？
2. 简单分析广域集中式蜂窝通信和短程分布式直通通信的通信过程。
3. LTE-V2X 的通信接口包括哪两种？
4. 查阅资料，分析广域集中式蜂窝通信和短程分布式直通通信的应用场景。

## 任务 7.2　LTE-V2X 的网络架构及分层结构

### 7.2.1　LTE-V2X 网络架构

LTE-V2X 的网络架构如图 7-6 所示，该架构支持 PC5 接口和 Uu 接口两种传输方式，将 Uu 接口和 PC5 接口结合，优势互补，通过合理分配系统负荷，提高车联网通信的可靠性，实现无中断通信。图中的归属签约用户服务器（Home Subscriber Server，HSS）、移动性管理

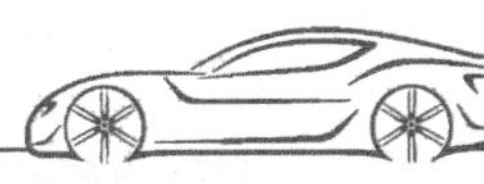

实体（Mobility Management Entity，MME）、服务网关（Serving Gateway，SGW）和数据网关（Packet Data Network Gateway，PGW）是4G核心网的网元。HSS是一个中央数据库，包含用户的签约信息和订阅信息，其功能包括用户认证和访问授权等；MME主要负责用户的鉴权信息管理和位置信息更新；SGW实现数据包的路由和转发等功能；PGW的主要功能包括基于用户的包过滤、UE的IP地址分配、上行链路的数据包标记、基于业务的上下行速率的控制。S6a接口是MME与HSS之前的接口，SGi接口是安全网关接口，S1接口支持MME、SGW、PGW与基站之间的多对多连接关系。

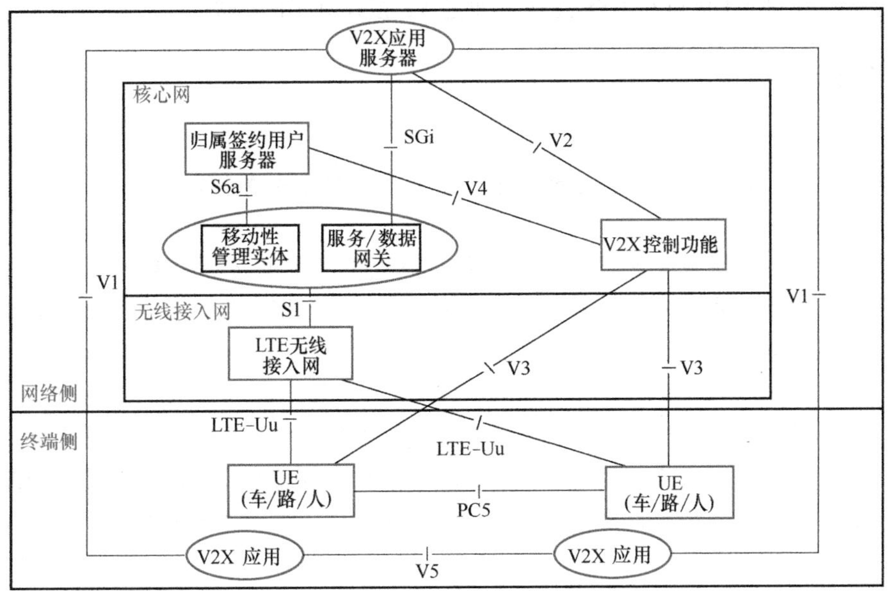


图7-6　LTE-V2X的网络架构

**1. 基于PC5接口通信的网络架构**

基于PC5接口的通信是UE与UE之间的短距离直接通信，不经过LTE无线接入网，此处的UE可代表车辆、行人等位置不断移动的终端，也可以代表固定部署的RSU等。基于PC5接口的通信通过直连和广播提供低时延、高容量的数据传输，适用于V2V、V2I和V2P通信。从应用层看，UE间直通通信的V2X应用在V5接口上进行对等通信。PC5接口通信不依赖于蜂窝网络，时延小，是LTE-V2X的研究重点。

**2. 基于Uu接口通信的网络架构**

基于Uu接口的通信是终端和基站之间的通信，其特点是长距离和更大范围的可靠通信，尽量复用蜂窝移动通信系统的已有设计，在网络架构中引入V2X应用服务器（V2X Application Server，VAS），并在核心网中通过SGi接口和服务/数据网关连接。VAS在应用层进行信息的发送、接收和转发处理。终端侧的V2X应用和网络侧的VAS通过Uu通信方式在V1接口进行对等通信。

基于Uu接口的通信必须经过V2X应用服务器，支持时延不敏感的业务（如地图下载、信息娱乐等），适用于V2V、V2I、V2P和V2N通信。

**（1）V2V/V2I/V2P通信**　V2V/V2I/V2P实现UE间的通信，此时需要经过LTE接入

网和 VAS，V2X 信息的典型传输路径为 UE—LTE 接入网—SGW/PGW—VAS—SGW/PGW—LTE 接入网—UE，这种传输方式需要经过 5 个蜂窝通信网络的网元，传输时延大。

（2）**V2N 通信**　V2N 通信实现 UE 侧的 V2X 应用与 V2X 应用服务器之间的通信，因此上行方向的 V2X 信息的传输路径为 UE—LTE 接入网—SGW/PGW—VAS，下行方向的传输路径为 VAS—SGW/PGW—LTE 接入网—UE。

基于 PC5 和 Uu 的 LTE-V2X 网络架构在核心网引入了 V2X 控制功能（V2X Control Function，VCF），便于进行 Uu 接口和 PC5 接口信息传输的管理和控制，VCF 通过 V2 接口和 VAS 连接，通过 V4 接口和 HSS 连接，通过 V3 接口和 UE 连接。

**【知识拓展】**

**1. 什么是网元？**

网元是网络中的设备，是网络管理中可以监视和管理的最小单位。

**2. 什么是签约信息？**

签约信息是指业务使用者或者业务提供者与业务或者网络运营商之间签订的合约信息，在移动通信系统中，用户的签约信息主要包括用户标识、签约业务、服务等级、接入限制、漫游限制等。

**3. 什么是鉴权信息？**

鉴权信息是用于验证用户是否拥有系统访问极限的信息。在移动通信网络中，鉴权包括两个方面：一是用户鉴权，即网络对用户进行鉴权，防止非法用户占用网络资源；二是网络鉴权，即用户对网络进行鉴权，防止用户接入非法网络，被骗取关键信息。

## 7.2.2 LTE-V2X PC5 接口的分层结构及信道

### 1. LTE-V2X PC5 接口的分层结构

LTE-V2X PC5 接口包括应用层、网络层和接入层。接入层又细分为数据链路层（L2）和物理层（L1），如图 7-7 所示。应用层为对等通信实体进行信息组包和解析；网络层支持

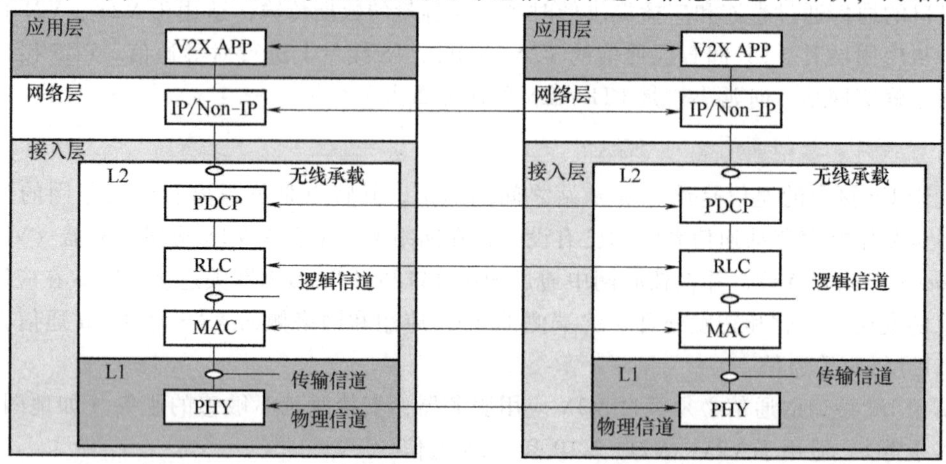


图 7-7　LTE-V2X PC5 接口的分层结构

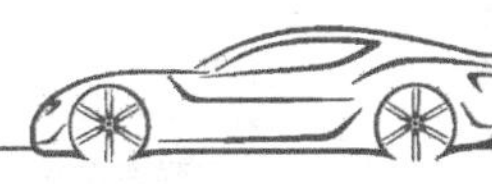

IP 和非 IP 方式传输，IP 传输只支持 IPv6，不支持 IPv4，非 IP 传输支持不同的 V2X 协议；数据链路层在用户面负责用户业务数据的传输，在控制面负责无线接口的管理；物理层负责比特流传输的所有功能，包括信道编码、调制解调、天线映射等。

数据链路层从下到上分为 3 个子层，分别是媒体接入控制（MAC）子层、无线链路控制（Radio Link Control，RLC）子层和分组数据汇聚协议（Packet Data Convergence Protocol，PDCP）子层。MAC 子层负责逻辑信道的复用及调度，支持逻辑信道优先级机制；RLC 子层用于数据分段处理，在 LTE-V2X 中仅支持非确认模式（Unacknowledged Mode，UM），只能进行数据分段，不能进行重组；PDCP 子层使用 PDCP 报头中的 SDU Type 字段指示网络层所采用的协议，支持基于 IP 和基于非 IP 的 V2X 信息。PDCP 子层向上层提供服务的接口是无线承载（Radio Bearer，RB），因此 RB 也是网络层和数据链路层之间传输信息的通道。

**2. LTE-V2X PC5 接口的信道**

LTE-V2X PC5 直通链路的信道分为 3 种，分别是物理信道、传输信道和逻辑信道，物理信道用于物理层的信号发送。PC5 接口相邻层之间的连接点称为服务接入点（Service Access Point，SAP）。物理层和 MAC 子层之间的 SAP 为传输信道。MAC 子层和 RLC 子层之间的 SAP 为逻辑信道。LTE-V2X PC5 接口各信道的名称及作用见表 7-1，信道之间的映射关系如图 7-8 所示。需要注意的是，LTE-V2X PC5 接口只能使用广播通信方式，没有连接建立的信令交互过程，也没有收发终端之间的资源配置过程，只需要利用 SBCCH 上传输的广播信息同步 PC5 链路上的终端即可开始通信。

表 7-1 LTE-V2X PC5 接口各信道的名称及作用

| 信道类型 | 信道名称 | 说明 |
|---|---|---|
| 逻辑信道 | SBCCH<br>Sidelink Broadcast Control Channel<br>直通链路广播控制信道 | 用于承载直通链路上广播的控制信息，包括系统带宽、天线配置以及参考信号功率等 |
| | STCH<br>Sidelink Traffic Channel<br>直通链路业务信道 | 用于承载用户之间的直通链路的业务数据（V2X 信息） |
| 传输信道 | SL-BCH<br>Sidelink Broadcast Channel<br>直通链路广播信道 | 用于承载 SBCCH 数据 |
| | SL-SCH<br>Sidelink Share Channel<br>直通链路共享信道 | 用于承载 STCH 数据 |
| 物理信道 | PSBCH<br>Physical Sidelink Broadcast Channel<br>物理直通链路广播信道 | 用于承载 SL-BCH 数据，采用 QPSK 调制和卷积码编码 |
| | PSSCH<br>Physical Sidelink Share Channel<br>物理直通链路共享信道 | 用于承载 SL-SCH 数据，支持 QPSK 和 16QAM 调制，采用 Turbo 码编码 |
| | PSCCH<br>Physical Sidelink Control Channel<br>物理直通链路控制信道 | 用于承载物理层的直通链路控制信息（Sidelink Control Information，SCI），采用 QPSK 调制和卷积码编码 |

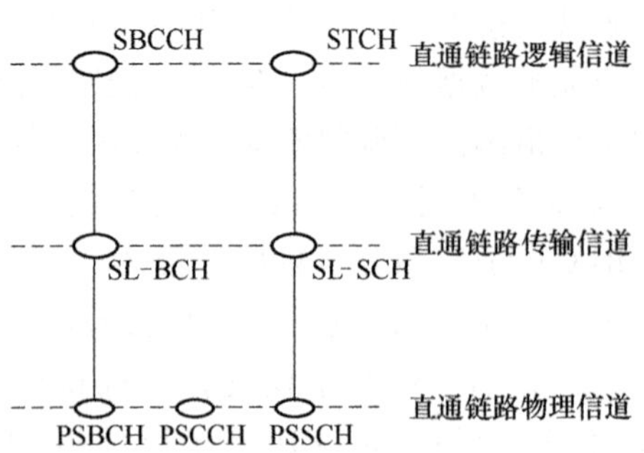


图 7-8 LTE-V2X PC5 接口的信道映射关系

### 3. LTE-V2X 的物理信道

LTE-V2X 信息传输涉及两个相关联的物理信道，分别是控制信道 PSCCH 和数据信道 PSSCH。PSCCH 用于指示关联的 PSSCH 的控制信息，包括初传和重传的频域资源位置、初传和重传的时间间隔、调制和编码方法、数据优先级和资源预留周期等；PSSCH 用于承载 V2X 信息，接收端只需检验 PSCCH，即可获知 PSSCH 的资源位置。

PSCCH 与关联的 PSSCH 以频分复用方式在相同子帧（LTE-V2X 传输的最小时域）中发送，R14 LTE-V2X PC5 接口的 PSCCH 和 PSSCH 可采用两种复用方式，即邻带传输和非邻带传输。邻带传输是指 PSCCH 与关联的 PSSCH 在频域上相邻，如图 7-9 所示；非邻带传输是指 PSCCH 与关联的 PSSCH 在频域上保持一定的间隔。非邻带传输方式峰均比大、功率回退明显，目前已经很少采用。

图 7-9 PSCCH 与关联的 PSSCH 在同一个子帧的邻带传输示意图

## 【知识拓展】

### 1. 什么是用户面？什么是控制面？

在通信系统中，控制面和用户面是根据数据类型划分的，控制面传输控制信令，用户面传输实际数据。2G 时代，用户面和控制面没有明显分开，3G 时代将两个面进行了分离。图 7-10 是 4G 核心网中用户面和控制面分离的例子（以手机上网为例），控制信令的

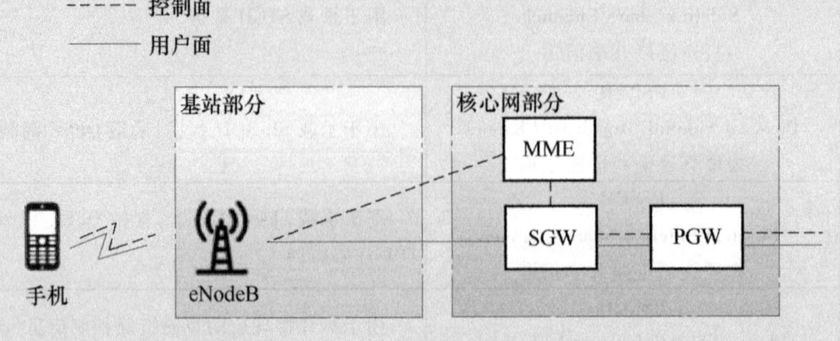


图 7-10 4G 核心网中用户面和控制面的分离示意图（以手机上网为例）

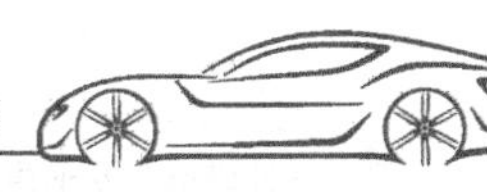

传输经由 MME、SGW、PGW 三个核心网元，而业务数据的传输只经过 SGW 和 PGW 两个网元，实现核心网内的用户面和控制面的分离，提高传输效率。

**2. 什么是 QPSK?**

QPSK（Quadrature Phase Shift Key，四进制相移键控）是 PSK 调制技术的一种，可用于四进制码元的信号调制。PSK 是幅度和频率恒定、相位改变的数字调制方式。表 7-2 是 QPSK 调制载波相位和码元的对应关系举例。

表 7-2 QPSK 调制载波相位和码元的对应关系举例

| 码元 | | 载波相位 |
|---|---|---|
| 0 | 0 | 45° |
| 0 | 1 | 135° |
| 1 | 1 | 225° |
| 1 | 0 | 315° |

**3. 什么是卷积码?**

卷积码的编码过程是对输入信号比特进行分组编码，在每个分组编码插入校验码，检验码不仅与本组码元有关，还与其他分组的码元有关。卷积码的纠错能力较强，因此 DSRC 通信采用这种编码方式。

**4. 什么是 QAM?**

QAM（Quadrature Amplitude Modulation，正交幅度调制）是一种振幅和相位同时改变的调制方式，基本调制过程为：发送端将传输数据分成两路（一般奇数位作为一路，偶数位作为另外一路），并采用两个频率相同、相位正交的载波分别对两路传输数据进行调制，利用调制信号的正交性，将两路信号叠加后发送，实现两路信息的并行传输。接收端收到信号后进行分离及还原得到原始数据。QAM 根据码元符号的个数，可分为 4QAM、l6QAM、64QAM、256QAM。4QAM 的一个码元符号代表 2 位信息位，调制后得到 4（$2^2$）个不同的波形。l6QAM 的一个码元符号代表 4 位信息位，调制后得到 16（$2^4$）个不同的波形，依次类推。

**5. 什么是 Turbo 码?**

Turbo 码是首个接近香农极限的现实可行的编码，运用卷积码和随机交织器结合实现随机编码的思想。信道的香农极限（或称香农容量）是指在会发生随机误码的信道上进行无差错传输的最大数据传输速率。

**6. 什么是随机交织器?**

交织器是一个一一映射函数，作用是将输入信息序列中的比特的位置进行重置，以减小各分支编码器的输出序列相关性。交织器可以分为两类：一是规则交织器，也称确定性交织器，其交织器的映射函数可以由一个确定的解析函数给出；二是随机交织器，其映射函数不能由一个确定的解析表达式给出。随机交织器是影响 Turbo 码性能的关键。

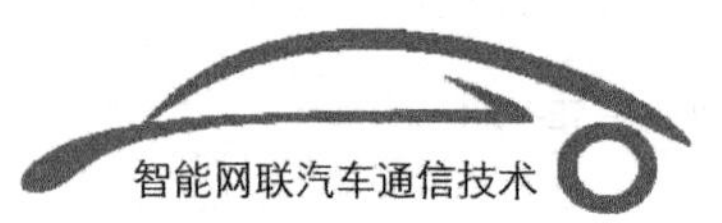


**7. Turbo 码是如何进行编码的？**

图 7-11 是 Turbo 编码器的一般结构，信号序列 $u$ 经过编码器 1 产生一个校验序列 $x^{1p}$，经过随机交织器和编码器 2 产生一个校验序列 $x^{2p}$，为了提高码率（编码器每秒编出的数据数量），利用删余（Puncturing）技术从上述两个校验序列中删除一些校验位，并与未编码的 $x^s$ 复用调制后，生成 Turbo 码序列 $x$。

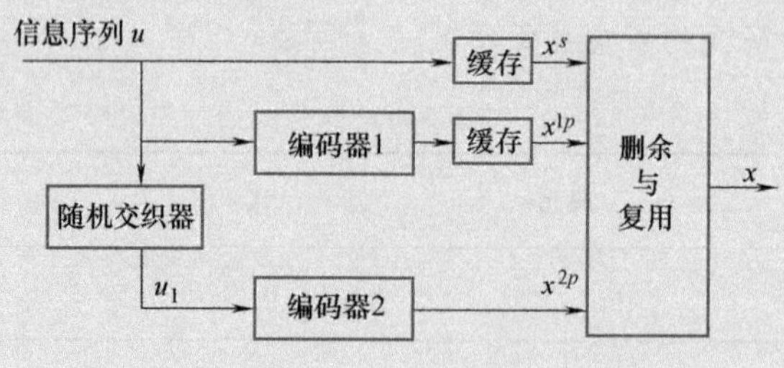


图 7-11　Turbo 编码器的结构

**8. 什么是删余？**

删余是通过删除冗余的校验位来调整码率。

**9. 什么是峰均比？**

峰均比也称为峰值因数（Peak-to-Average Power Ratio，PAPR），是一种对波形的测量参数，等于波形的振幅平方除以有效值（RMS）平方得到的一个比值。

## 任　　务

1. LTE-V2X UE 之间通过 PC5 接口通信的通信方式是（　　）。

A. 单播　　B. 组播

C. 广播　　D. 以上说法都不对

2. 分析 LTE-V2X 两个 UE 之间通过 Uu 接口通信的通信流程。

3. 分析 LTE-V2X UE 和 V2X 应用服务器之间通过 Uu 接口通信的通信流程。

4. LTE-V2X PC5 接口的网络层采用的传输方式是（　　）。（多选）

A. IPv4　　B. IPv6

C. 非 IP　　D. IPv4 和非 IP

E. 以上说法都不对

5. LTE-V2X PC5 接口物理层的作用是什么？

6. 关于 LTE-V2X 基于 PC5 接口的数据链路层，下列说法正确的是（　　）。（多选）

A. MAC 子层以逻辑信道的形式为 RLC 子层提供服务

B. RLC 子层支持确认模式

C. RLC 子层支持数据的分段和重组

D. PDCP 子层使用 PDCP 报头中的 SDU Type 字段指示网络层的协议

E. PDCP 子层支持基于 IP 和基于非 IP 的 V2X 信息

7. 名词解释：服务接入点、无线承载、信令、香农极限。

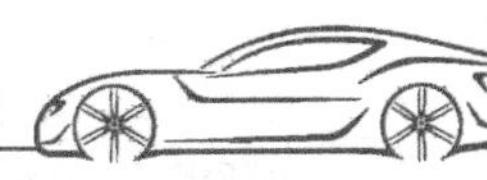

8. 物理层和 MAC 子层之间的服务接入点是（　　），MAC 子层和 RLC 子层之间的服务接入点是（　　）。

A. 物理信道　　B. 传输信道　　C. 逻辑信道　　D. 无线承载

9. LTE-V2X 物理信道采用（　　）编码方式。(多选)

A. 卷积码　　B. LDPC

C. Turbo 码　　D. 非系统卷积码

E. 非递归系统码

10. LTE-V2X 采用（　　）调制方式。(多选)

A. QPSK　　B. BPSK

C. 16QAM　　D. 64QAM

E. 256QAM

11. QPSK 和 4QAM 有什么相同点和不同点？

12. 什么是卷积码？

13. 试分析 Turbo 码的编码过程。

# 任务 7.3 LTE-V2X 基于 PC5 接口的帧结构和资源池配置

## 7.3.1 LTE-V2X 基于 PC5 接口的帧结构及同步机制

### 1. LTE-V2X 的帧结构

LTE-V2X PC5 接口的物理层设计沿用支持直通通信的 LTE 4G 蜂窝通信技术的基本框架，其上行链路复用 4G 蜂窝网，采用单载波频分多路复用（Single Carrier- Frequency Division Multiple Access，SC-FDMA）波形，而下行链路采用 OFDM 波形。物理层针对 V2X 的特点进行优化设计，主要体现在控制信道和数据信道复用以及帧结构的调整，控制信道和数据信道复用在本项目的任务 2 已经介绍，帧结构的调整体现在解调参考信号（Demodulation Reference Signal，DMRS）的设计和自动增益控制（AGC）的设计上。

LTE-V2X PC5 接口通信的帧结构如图 7-12 所示。帧周期为 10240ms，由 1024 个长度为 10ms 的无线帧组成，每个无线帧包括 10 个长度为 1ms 的子帧结构。LTE-V2X 传输的最小时域单位是子帧。图 7-13 是 LTE-V2X PC5 接口通信的子帧结构，每个子帧包含 14 个 SC-FDMA 符号，子帧最后一个符号为 GP（Guard Period，保护间隔），用于上下行切换的保护，

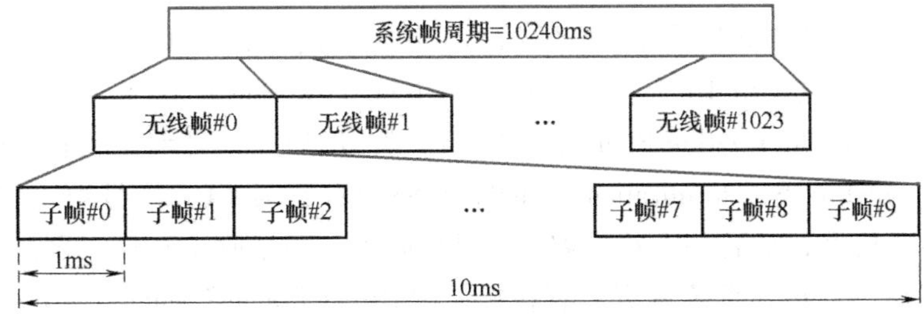


图 7-12　LTE-V2X PC5 接口通信的帧结构

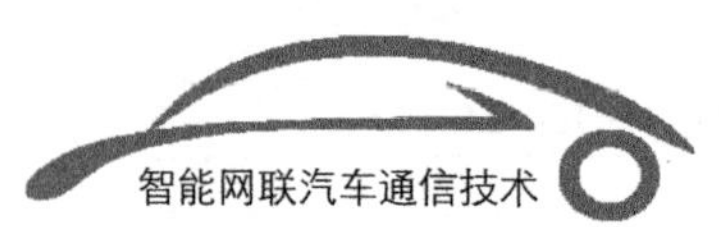


| AGC | | DMRS | | | DMRS | | | DMRS | | | DMRS | | GP |
|---|---|---|---|---|---|---|---|---|---|---|---|---|---|

图 7-13　LTE-V2X PC5 接口通信的子帧结构

接收端无须处理该符号也能完整接收子帧信息。

在 V2X 应用场景中，车辆运动速度较快会导致多普勒频移，对信道估计产生严重影响。因此需要在 PC5 接口通信中优化设计 DMRS。LTE-V2X 通信技术借鉴了基于 LTE 网络终端直通技术的 DMRS 列结构，并将 1 个子帧中的 2 列 DMRS 增加到 4 列，使邻近的 DMRS 间隔从之前的 0.5ms 缩减为 0.25ms，有效解决高速场景下高频段的信道检测、估计及补偿等问题。

增强后的子帧结构还改进了 AGC。在蜂窝通信系统中，每个 UE 的通信对象始终是基站，UE 与基站之间一对一通信，子帧的发送功率和接收增益变化较缓慢。LTE-V2X PC5 接口的直通通信采用广播形式发送，UE 接收到的每个子帧可能来自于不同距离的通信对象，子帧的接收功率动态变化，因此需要重新进行 AGC 设计。LTE-V2X AGC 的测量没有引入专用测量区域，而是通过子帧的第一个符号（AGC）进行，接收端在该符号上进行增益调整。

**2. LTE-V2X 的同步机制**

在无线传输层面，系统内各 UE 保持相同的时间和频率基准是数据正确传输的前提，统一的时间和频率基准也是资源池配置的基础。LTE-V2X 直通链路沿用 LTE 同步系统的基本思路，有 4 个基本同步源，分别是 GNSS、基站、发送直通链路同步信号（Sidelink Synchronization Signal，SLSS）的终端以及终端内部的时钟。LTE 网络中只有基站一个同步源，LTE-V2X 由于 OBU 或 RSU 内部装有 GNSS 模块，能够直接获得 GNSS 信号，因此增加一个 GNSS 同步源，通常认为 GNSS 和基站的同步源具有最高同步级别。基于 GNSS 或者基站同步源的优先级定义见表 7-3。

表 7-3　基于 GNSS 或者基站同步源的优先级定义

| 优先级 | 定义 |
|---|---|
| P1(第一优先级) | GNSS 或基站本身 |
| P2(第二优先级) | 直接将 GNSS 或者基站作为同步源的 UE |
| P3(第三优先级) | 将 P2 UE 作为同步源的 UE |
| P4(最低优先级) | 剩余 UE |

LTE-V2X 的发送 UE 和接收 UE 通过同步子帧进行同步，同步子帧的结构如图 7-14 所示，其长度为 1ms，也是由 14 个符号构成，其中符号#1 和符号#2 是主直通链路同步信号（Primary Sidelink Synchronization Signal，P-SSS），符号#11、符号#12 是辅直通链路同步信号（Secondary Sidelink Synchronization Signal，S-SSS）；符号#4、符号#6、符号#9 是 PSBCH 的解调参考信号，最后一个符号#13 为保护间隔，用于收发转换；剩余的 6 个符号为 PSBCH 的数据信息，包含系统带宽、直接帧号（Direct Frame Number，DFN）编号、子帧编号等。

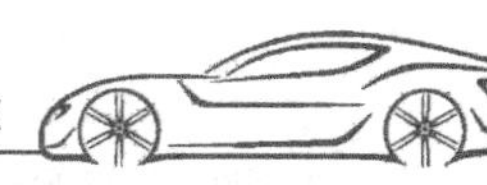

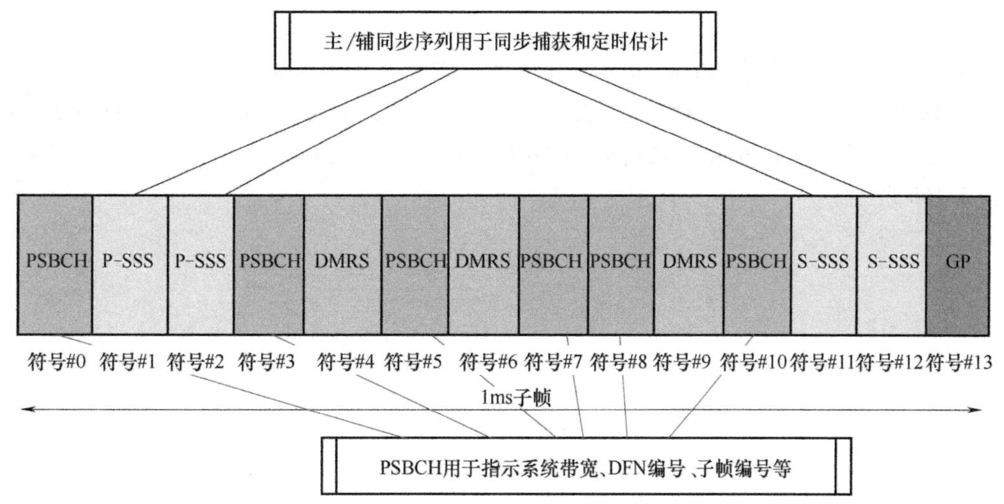


图 7-14　LTE-V2X 同步子帧的结构

P-SSS 和 S-SSS 统称为 SLSS，发送 UE 使用 SLSS 中的 ID 字段指示同步源的层级信息，例如，直接和 GNSS 同步时，SLSS ID 为 0，间接与 GNSS 同步时，SLSS ID 为 168（或者 169）。

接收 UE 使用搜索到的最高同步优先级（SSLS ID 最小）的同步子帧进行同步，并通过捕获 P-SSS 和 S-SSS 获取当前同步子帧的起点，进行 PSBCH 解调后，从 PSBCH 内容中读取信息，完成时间和频率的同步。如果接收 UE 无法搜索到表 7-3 中定义的同步源，则采用自己内部的时钟进行同步，相应的同步优先级为最低的 P4 级。

LTE-V2X 系统的同步周期固定为 160ms，每个帧周期内有完整的 64（10240/160）个同步周期。考虑半双工的限制，在一个同步周期内至少需要配置 2 个同步子帧，使 UE 可以在一个同步子帧内接收同步信号，并在另一个同步子帧上发送自己的同步信号。因此一个帧周期有至少 128 个同步子帧。

## 【知识拓展】

### 1. 什么是 SC-FDMA？

SC-FDMA 技术在 OFDM 的 IFFT 之前增加了离散傅里叶变换（Discrete Fourier Transform，DFT）和子载波映射。增加 DFT 获取频域信号，子载波映射决定了传输数据的频谱资源（子载波）。后续处理与 OFDM 相同，包括 IFFT 和插入循环前缀，如图 7-15 所示，因此 SC-FDMA 也称为基于离散傅里叶变换的扩频正交频分复用（Discrete Fourier Transform-Spread Orthogonal Frequency Division Multiplexing，DFT-S-OFDM）。

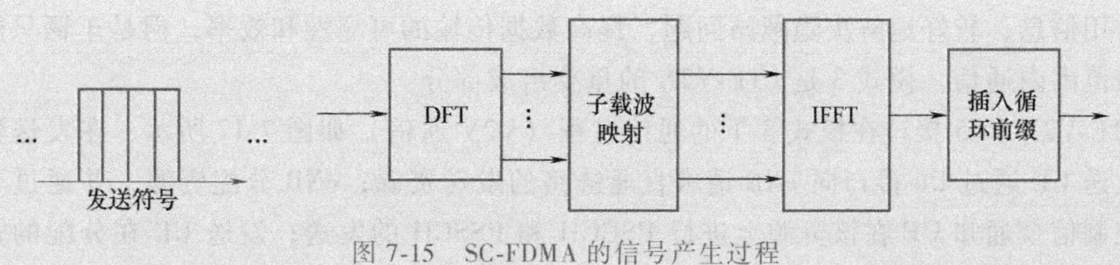


图 7-15　SC-FDMA 的信号产生过程

2. 什么是单载波？

子载波映射有集中式（Localized）映射和分布式（Distributed）映射两种。集中式映射是指 DFT 的输出映射到连续的子载波上形成单载波，如图 7-16a 所示，LTE-V2X 采用的就是这种映射方式；分布式映射是指 DFT 的输出映射到离散的子载波上形成多载波，如图 7-16b 所示。

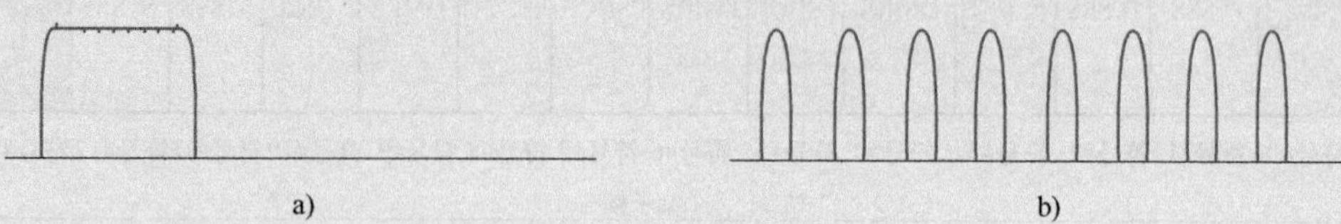

图 7-16 子载波映射方式

a）集中式映射 b）分布式映射

3. 什么是多普勒频移？

多普勒频移（Doppler Shift）又称为多普勒效应，是指物体辐射的波长因为波源和观测者的相对位置而产生变化。当观测者在运动的波源前面时，波被压缩，波长变得较短，频率变得较高，称为蓝移（Blue Shift）；当观测者在运动的波源后面时，会产生相反的效应，波长变得较长，频率变得较低，称为红移（Red Shift）。进站火车的鸣笛声变得尖细（即波长变短，频率变高）、离站火车的鸣笛声变得低沉（即波长变长，频率变低）就是一种多普勒频移。

4. 什么是资源池？

对于 LTE-V2X PC5 来说，资源池（Resource Pool，RP）是指 PSCCH 和 PSSCH 发送和接收资源的候选物理时域资源集合。

## 7.3.2 LTE-V2X 的资源池配置

LTE-V2X PC5 有两种资源池配置模式，分别是基于 4G 基站（Evolved Node B，eNB）调度的资源分配模式（模式 3）和 UE 自主选择的资源分配模式（模式 4）。

1. 基于 4G 基站调度的资源分配模式（模式 3）

模式 3 由基站（eNB）集中管理无线资源分配，结合 UE 上报的地理位置信息，eNB 可实现基于地理位置的资源分配。相较于 UE 自主选择的资源分配模式，eNB 可以获得更广的资源占用信息，较好地解决隐蔽站问题，提高数据传输的可靠性和效率，但是车辆只能在基站覆盖范围内通信。模式 3 是 LTE-V2X 的重要组成部分。

LTE-V2X PC5 接口在模式 3 下的通信过程（V2V 通信）如图 7-17 所示，在发送数据之前，发送 UE 通过 Uu 接口向 eNB 请求直通链路的发送资源；eNB 分配资源，并通过下行链路的控制信令通知 UE 在该资源上进行 PSCCH 和 PSSCH 的发送；发送 UE 在分配的资源上进行数据信号和控制信号的传输。

**2. UE 自主选择的资源分配模式（模式 4）**

模式 4 的自主资源选择机制不通过基站调度，而是通过 UE 间的直通通信，避免基站调度的信令开销，可支持蜂窝网络覆盖内和蜂窝网络覆盖外等不同场景，保证 V2X 业务的连续性和可靠性。模式 4 采用的资源分配方法包括基于感知的半持续调度（Sensing Based Semi-Persistent Scheduling，SB-SPS）、基于感知的单次选择（Sensing+ One Shot）以及随机选择。

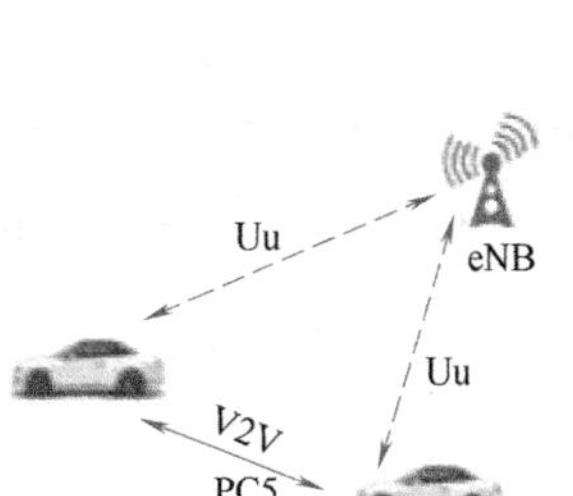


图 7-17 LTE-V2X PC5 接口在模式 3 下的通信过程（V2V 通信）

（1）基于感知的半持续调度 半持续调度（Semi-Persistent Scheduling，SPS）机制是蜂窝通信中针对具有周期性特征且分组大小较为恒定的业务所设计的资源调度机制，主要由基站控制，基站先发送 RRC（Radio Resource Control，无线资源控制）信令配置 SPS 资源，并通过下行调度信令指示 SPS 资源的时效时间及频域资源位置。SPS 的上下行资源释放可通过下行控制信令通知 UE 释放 SPS 资源，也可以通过检测上行 MAC 协议数据单元的情况隐性释放。

与 SPS 不同，SB-SPS 不再通过基站调度，而是根据已获得的资源池信息设计分布式的周期性资源占用机制，主要针对周期性数据传输业务。SB-SPS 的基本原理为：发送 UE 监听资源池，获知其他 UE 占用的资源，并根据监听结果对已占用的资源进行有效避让。发送 UE 除了预约本周期的发送资源，还可以预约未来使用的资源，考虑业务的 QoS 需求，对高优先级业务提供优先发送处理机制。

图 7-18 是一个基于 SB-SPS 的资源池配置的例子，系统中有 3 个业务在不同周期占用相同的时频资源，在第二个周期新出现的业务通过感知其他 3 个业务占用的时频资源，并进行有效避让，同时还预约了下一个周期（第 3 个周期）以后的时频资源。

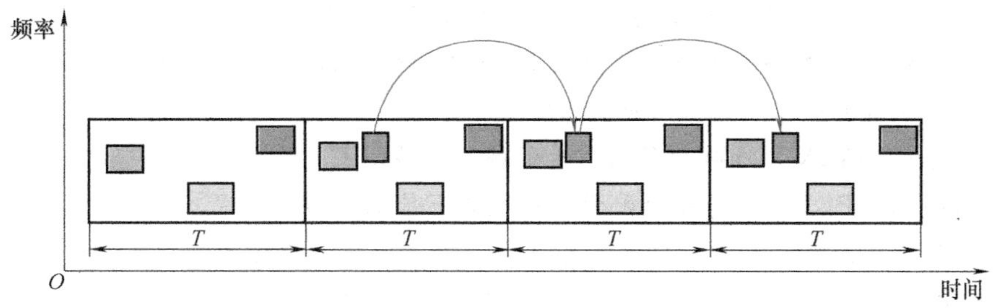


图 7-18 基于 SB-SPS 的资源池配置的例子

（2）基于感知的单次选择 SB-SPS 是针对周期性占用、分组大小相对恒定的业务设计，某些事件触发的 V2X 信息不符合周期性规律，分组大小也可能发生变化，无法使用 SB-SPS，需要使用基于感知的单次选择，发送 UE 通过感知主动避让其他 UE 占用的资源，但是无法预约下一次的发送资源，且其他 UE 很难感知和避让，资源碰撞概率较大。

（3）随机选择 LTE-V2X 考虑低时延要求，在可用资源中随机选择占用的资源。随机选择的资源分配机制实现简单，主要用于异常处理。

【知识拓展】

**1. 什么是 eNB?**

eNB（Evolved Node B，eNodeB）即演进型 Node B，是 LTE 网络中基站的名称。

**2. 什么是 RRC?**

RRC 是 LTE 网络层的控制面协议，负责终端的连接管理、移动性管理和无线参数配置，其发送的控制指令称为 RRC 信令。

## 任　务

1. LTE-V2X PC5 接口通信的上行链路采用（　　）波形，下行链路采用（　　）波形。

A. OFDM　　B. SC-FDMA　　C. CP-OFDM　　D. 以上说法都不对

2. SC-FDMA 和 OFDM 有什么相同点和不同点?

3. 如何解释 SC-FDMA 的单载波?

4. 什么是多普勒频移? LTE-V2X PC5 接口如何解决多普勒频移问题?

5. LTE-V2X PC5 的帧结构在 AGC 方面做了哪些改进? 改进的原因是什么?

6. LTE-V2X PC5 的帧结构的最后一个符号 GP 有什么作用?

7. LTE-V2X 有几个相关联的物理信道? 各有什么作用?

8. LTE-V2X PC5 的同步源包括（　　）。(多选)

A. 基站　　B. GNSS

C. 以 GNSS 作为同步源的终端　　D. 以基站作为同步源的终端

E. 终端自身的时钟信号

9. LTE-V2X PC5 接口传输信号的终端为什么需要同步?

10. LTE-V2X PC5 接口同步子帧中的 PSBCH 传输的信息包括哪些?

11. 如何根据同步信号判断同步层级?

12. 分析 LTE-V2X PC5 接口传输信号的终端同步过程。

13. LTE-V2X PC5 通过基站分配资源的模式有什么优势和不足?

14. 在三种自主资源选择方式中，可以预约未来使用的资源的是（　　）。

A. 基于感知的单次选择　　B. 基于感知的半持续调度

C. 随机选择　　D. 以上说法都不对

15. LTE-V2X PC5 接口的三种自主资源选择方式分别适用于什么情况?

16. 名词解释：资源池、邻信道传输。

# 项目8 基于蜂窝移动通信的车联网——5G-V2X

## 任务 8.1 5G-V2X 技术概述

### 8.1.1 5G 技术简介

当今时代对移动数据流量的高需求促进了移动通信技术的迅速发展，通信技术经过 1G、2G、3G、4G 时代进而诞生了第五代移动通信技术（5G）。

理论上 5G 的数据传输速率可以达到 10Gbit/s，比 4G 快 100 倍，峰值速率可以提升至 20Gbit/s。5G 的时延性能也得到大幅改善，4G 网络端到端的理想时延是 10ms 左右，而在理想状态下，5G 网络的端到端时延为 1ms。此外，5G 的泛在网特性大大提升地下车库、电梯、隧道等地方的网络质量，有效提升网络覆盖的深度。随着技术进一步突破，5G 性能还有进一步提升的空间。

1. 5G 主要应用场景

5G 通信的应用场景如图 8-1 所示，国际电信联盟（ITU）综合考虑速率、时延、连接数等多项技术指标定义了 5G 网络的三大应用场景，分别是增强型移动宽带（Enhanced Mobile Broad Band，eMBB）、高可靠低时延通信（Ultra-Reliable and Low Latency Communications，uRLLC）和海量物联（Massive Machine Type of Communication，mMTC），其中自动驾驶行业主要使用 eMBB 场景和 uRLLC 场景。

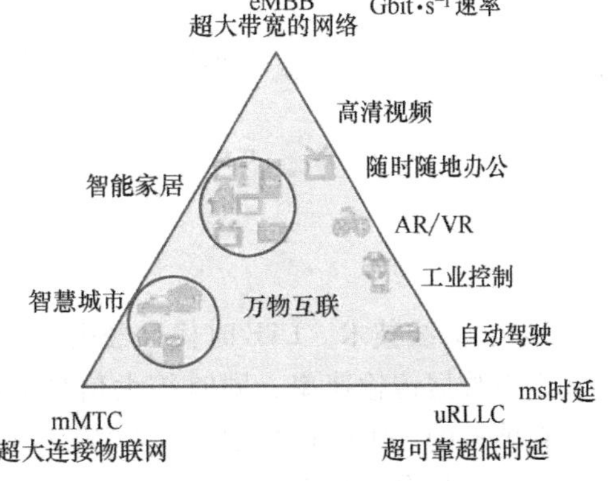


图 8-1 5G 通信的应用场景
AR—Augmented Reality，增强现实
VR—Virtual Reality，虚拟现实

2. 5G 技术的特点

（1）传输信号——毫米波 5G 的频率范围分为两种，一种是 6GHz 以下（Frequency Range1，FR1），与目前的 4G 差别不大；另一

种是在 24GHz 以上（Frequency Range2，FR2），见表 8-1。目前国际上主要使用 28GHz 进行试验，根据波长、光速、频率的关系，28GHz 信号的波长为 10.7mm，5G 采用毫米波进行信息传输。

表 8-1　5G 的频率范围

| 名　称 | 对应的频率范围 |
|---|---|
| FR1 | 450MHz～6GHz |
| FR2 | 24.25～52.6GHz |

（2）信号发送——微基站/多天线技术

1）微基站。电磁波的频率越高，波长越短，越趋近于直线传播（绕射和穿墙能力越差），在传播介质中的衰减也越大，例如激光笔射出的光的波长为 635nm 左右，容易被障碍物挡住，且传输距离有限。5G 使用高频段的电磁波，覆盖同一个区域需要的 5G 基站数量大大超过 4G，如图 8-2 所示。如果采用传统基站会导致成本大幅增加，为了减轻网络建设方面的成本压力，5G 建立微基站，微基站的建站密度大，组网方式多元化。未来更多的应用场景要求宏基站和微基站立体组网，如图 8-3 所示，微基站能覆盖宏基站无法精确到达的人口密集区，解决宏基站选址难的问题。

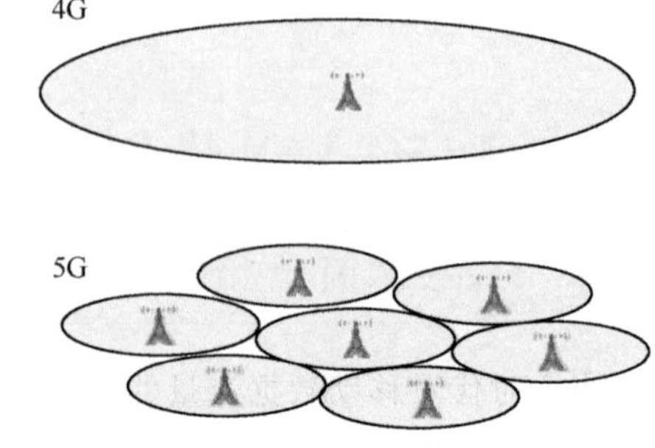

图 8-2　4G 和 5G 基站比较

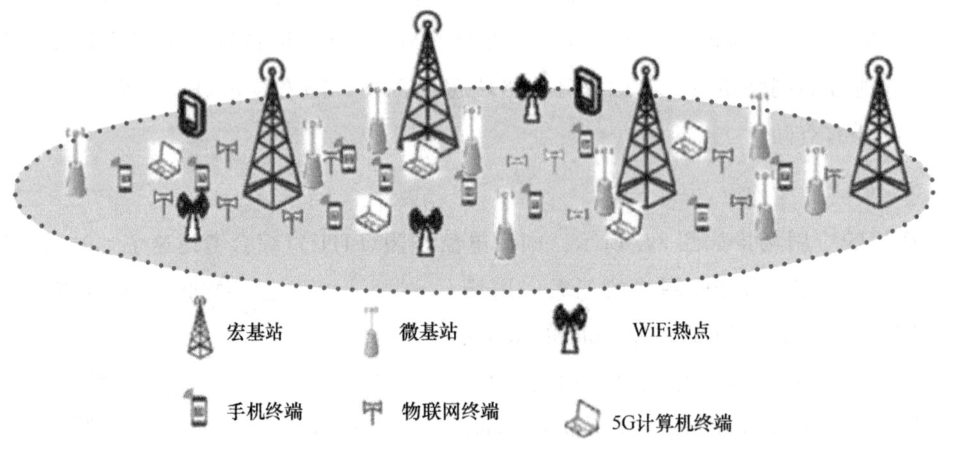

图 8-3　宏基站和微基站的立体组网形式

2）多天线技术。LTE 时代已经引入多天线技术，采用空分多路复用技术提升频谱利用率及空口数据传输速率，同时扩大信号的覆盖范围。根据天线特性，天线长度与波长成正比，在波长的 1/10～1/4 之间，且多天线技术要求天线之间的距离保持在半个波长以上，否则发射的信号会互相干扰，影响信号的收发。LTE 工作在低频段，电磁波的波长为厘米级，单根天线的长度较长，因此 LTE 的多天线技术使用的天线较少，主要是 2T2R、4T4R 等。5G 采用毫米波通信，其天线达到毫米级，为实现大规模多天线技术提供物理基础，5G 的多

天线阵列最少为 64 天线，一般为上百个天线。

目前终端不支持超大规模的天线阵列，依然是 1 天线、2 天线或 4 天线的配置，超大规模的天线阵列主要用于基站。

（3）信号传播——波束赋形　波束赋形（Beamforming）又叫波束成形，是一种使用天线阵列定向发送和接收信号的处理技术，通过调整信号的相位和幅度等参数，使得某些角度的信号获得相长干涉，而另一些角度的信号获得相消干涉，以获得特定方向上更远的传输距离。手电筒就是一个波束赋形的例子，光也是一种电磁波，灯泡作为一个点光源，发出的光没有方向性，照射距离较小，而手电筒可以把光集中到一个方向发射，能量更为聚焦，照射距离更远。波束赋形是 5G 关键技术之一，既可以用于信号发射端，也可以用于信号接收端。

波束赋形的基础是大规模天线阵列，LTE 的多天线技术发送的电磁波能量是全向的，5G 工作在高频段，电磁波能量传输的衰减更严重，全向发送信号的天线不适用，5G 通过控制大规模天线阵列中每一路天线的电磁波信号的相位和幅度，利用波束赋形技术使得发送的电磁波信号的能量更加集中，由全向的信号覆盖变为精准的指向服务。

图 8-4 是无波束赋形和有波束赋形的比较，信号传输范围内有 3 个 UE 需要接收信号，如果没有波束赋形，则天线系统在所有方向上辐射的能量几乎相同，天线周围的 3 个 UE 将接收几乎相同的能量，大部分能量在空间耗散掉，如图 8-4a 所示；当采用波束赋形后，辐射方向的信号强度被“处理”，使得指向 UE 的辐射能量比不指向 UE 的其他部分更大，如图 8-4b 所示。

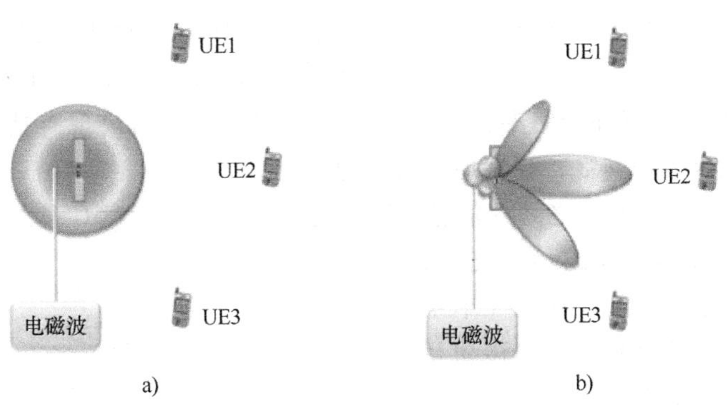


图 8-4　无波束赋形和有波束赋形的信号发送过程

a）无波束赋形　b）有波束赋形

**【知识拓展】**

**1. 1G、2G、3G、4G、5G 各有什么特点？**

简单来说，1G 实现了模拟语音通信，手持移动电话（俗称大哥大）没有屏幕，只能打电话；2G 实现了语音通信数字化，手机小屏幕，可以发短信；3G 实现语音以外的图片等多媒体通信，手机屏幕变大，可以看图片；4G 实现局域高速上网，大屏智能手机可以看短视频，在城市信号好，偏远地区信号差。1G~4G 着眼于人与人之间更方便快捷的通信，5G 实现随时、随地的万物互联。

**2. 什么是泛在网？**

泛在网主要体现在两个层面：一是广泛覆盖，凡是人类足迹所能到达的地域都覆盖有网络，如高山峡谷、偏远山区等；二是纵深覆盖，无线通信在地下、隧道以及电梯等区域具有更高品质的网络覆盖。

**3. 什么是2T2R、4T4R？**

2T2R是指终端采用2根物理发射天线和2根物理接收天线，其中，T代表Transmit，发送；R代表Receive，接收。同样的4T4R代表有4根发射天线和4根接收天线。

**4. 什么是相长干涉？什么是相消干涉？**

干涉是两列或两列以上的波在空间中相遇时发生叠加从而形成新的波形的现象。若两波的波峰（或波谷）同时抵达同一地点，则两波在该点同相，干涉会产生最大的振幅，称为相长干涉；若一列波的波峰与另一列波的波谷同时抵达同一地点，则两波在该点反相，干涉会产生最小的振幅，称为相消干涉。

### 8.1.2 5G-V2X通信的特点

5G-V2X通信的特点主要体现在可多网接入与融合的OBU系统、D2D通信技术、多身份5G基站。

**1. 可多网接入与融合的OBU系统**

在目前的车联网系统中，蜂窝移动通信网络、基于IEEE 802.11的车辆自组织网、车载通信系统等通信网络共存，形成一个多层次的大规模网络，这些网络标准和协议各不相同，导致OBU的数据信息交互和网络融合并不完善。5G技术可以解决现有技术的不足，在车联网的应用场景中融合多种网络，更好地实现信息交互。

5G车联网可以实现OBU之间的信息交互，还可实现OBU与5G基站、行人、车载移动终端、互联网等多实体之间的信息交互，实现OBU的多网接入，将车内网（车主和用户移动终端）、车际网、车载移动互联网三者融合，如图8-5所示。

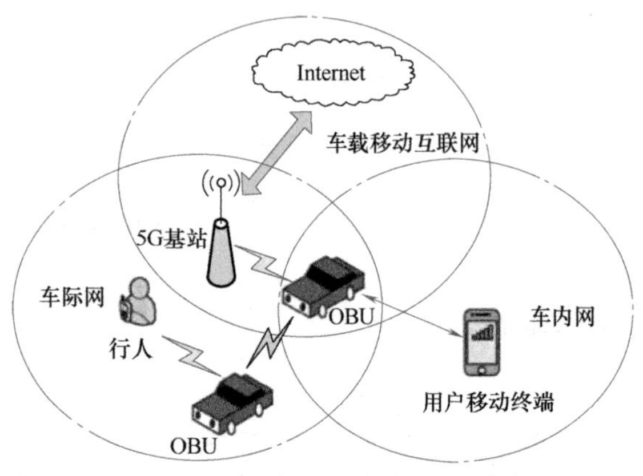

图8-5 车内网、车际网、车载移动互联网相互融合的结构

**2. D2D通信技术**

5G移动通信网络是一个双层网络架构，包括宏蜂窝层网络和设备层网络。宏蜂窝层网络与传统蜂窝网络类似，主要涉及终端设备和基站之间的通信；设备层网络实现的关键是D2D通信技术。5G-V2X D2D技术的实现主要包括4种，分别是基站控制链路的终端直通、终端控制链路的终端直通、基站控制链路的终端转发、终端控制链路的终端转发，如图8-6所示，图中的虚线是通信链路建立的示意，实线是数据传输的示意。

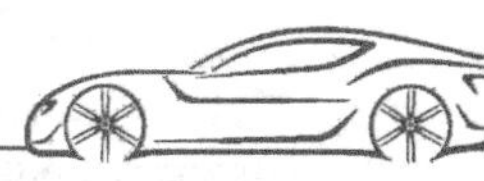

（1）基站控制链路的终端直通　基站控制链路的终端直通适用于距离较近的两个终端之间的通信，终端之间可以直接进行信息交互，但通信链路的建立需要基站完成，如图 8-6a 所示。

（2）终端控制链路的终端直通　和基站控制链路的终端直通一样，终端控制链路的终端直通也适用于距离较近的两个终端之间的通信，终端之间可以直接进行信息交互，所不同的是，终端控制链路的终端直通的通信链路建立由终端完成，无须基站参与，如图 8-6b 所示。

（3）基站控制链路的终端转发　基站控制链路的终端转发是在基站信号覆盖范围之外，基站和车载源终端之间需要进行信息交互时使用，此时源终端与基站之间可以通过邻近终端设备的信息转发实现通信，通信链路的建立由基站和邻近终端设备共同控制，如图 8-6c 所示。

（4）终端控制链路的终端转发　终端控制链路的终端转发适用于两个距离较远的终端进行通信的情况，该模式下，通信链路的建立和信息交互都不需要基站参与，源终端与目的终端之间通过临近终端进行协调和控制彼此之间的通信，如图 8-6d 所示。

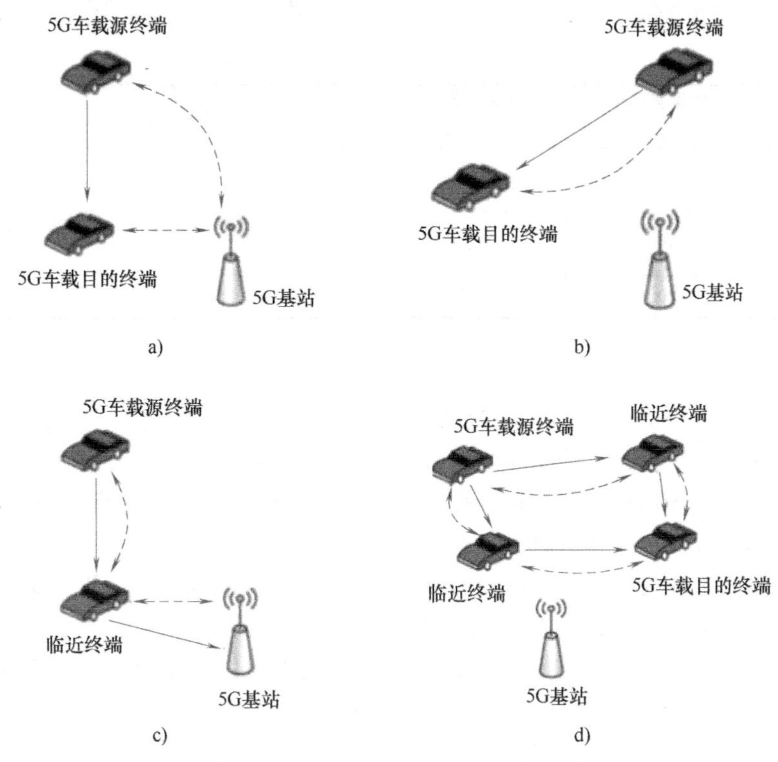


图 8-6　5G-V2X 基于 D2D 的通信方式

a）基站控制链路的终端直通　b）终端控制链路的终端直通

c）基站控制链路的终端转发　d）终端控制链路的终端转发

**3. 多身份 5G 基站**

在通信系统中，基站作为终端通信的中继，在链路控制和数据转发等方面起着重要作用。随着 5G 技术的快速发展，大量部署的 5G 基站实现超密集网络，能更高效地协助终端进行信息交互，实现精准定位。5G 基站的主要功能包括：

（1）协助中继　在车载移动互联网中，5G 基站可作为无线接入点，协助车辆与互联网之间进行通信，具备传统基站的中继转发功能。

（2）代替 RSU　在车辆高速移动的环境下，5G 基站取代 RSU 直接与 OBU 进行实时通信，发布道路交通信息，既解决了 V2I 协作通信系统融合产生的各种问题，又节约了车联网的构建成本。

（3）精准定位　目前车辆采用 GPS 定位技术，但 GPS 信号容易受天气等因素干扰导致无法精准定位。随着 5G 基站的大量部署，高密集网络、大规模天线阵列以及更高的频率和信号带宽可以提高车辆在非视距的复杂环境下的定位精度。

### 8.1.3　5G-V2X 的应用

在自动驾驶领域，LTE-V2X 主要用于辅助驾驶及部分低要求的自动驾驶应用，而 5G-V2X 则用于面向自动驾驶的高级应用，主要包括智慧路况监测、车辆编队行驶、远程车辆驾驶和传感器信息共享等，能更快实现车与车、车与移动终端之间的高质量通信，其中车辆编队行驶、远程车辆驾驶和传感器信息共享对网络的要求较高，见表 8-2。

表 8-2　车辆编队行驶、远程车辆驾驶和传感器信息共享对网络的要求

| 应用场景 | 通信覆盖范围/m | 端到端的最大时延/ms | 数据传输速率 | 信息传输的可靠性 |
|---|---|---|---|---|
| 车辆编队行驶 | 100 | 10 | 单车的上行数据吞吐量不低于 50Mbit/s | 99.99% |
| 远程车辆驾驶 | 300 | 20 | 单车的上行数据吞吐量不低于 25Mbit/s | 99.999% |
| 传感器信息共享 | 1000 | 3 | 1Gbit/s | 99.999% |

#### 1. 智慧路况监测

智慧路况监测平台构建基于 5G-V2X 的道路环境监控、流量分析、基础设施故障监控等业务。智能路侧设备采集积水结冰等路面状况、影响行驶的天气状况、道路施工维护和交通事故等信息，并通过 5G 网络上传至云平台进行实时分析决策，云平台将决策信息通过 5G 网络传输给车辆和行人，提高道路通行效率，减少拥堵。

智慧路况监测系统的上行业务流如图 8-7a 所示，路侧感知设备（摄像头等）采集到的信息传输到 5G 终端，再通过 5G 网络实时发送到智慧交通业务平台；下行业务流如图 8-7b 所示，智慧交通业务平台通过 4G/5G 蜂窝网利用附近的基站将信息传输给 RSU，RSU 实时推送路况信息给车辆。

#### 2. 车辆编队行驶

车辆编队行驶是指将一定数量的车辆编成队列按照一定的规则保持动态行驶，队列中的车辆可同步进行转弯、减速、加速等操作。编队行驶的车辆包括领头车辆和跟随车辆，领头车辆可以是无自动驾驶功能的车辆或高级别的无人驾驶车，跟随车辆是支持实时信息交互的高级别无人驾驶车。领头车辆实时发送操作信息给跟随车辆，这些信息包括路径规划、行驶速度、方向、加减速、安全距离保持等，跟随车辆根据接收到的信息对车辆进行控制，在保证安全性的前提下可大幅度减小车与车之间的行驶间距，提高通行效率。

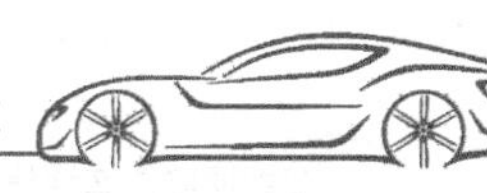

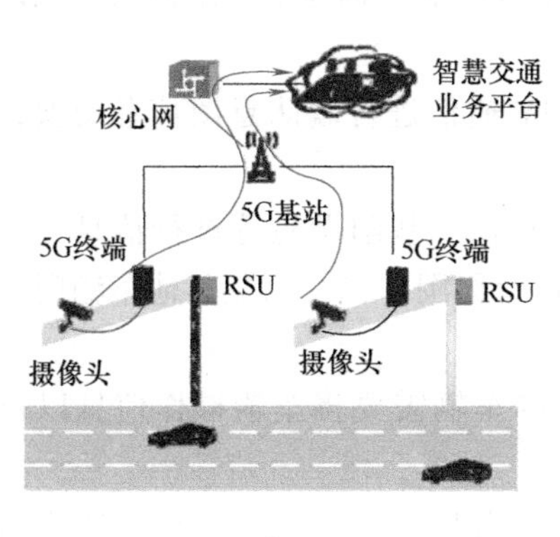


a)

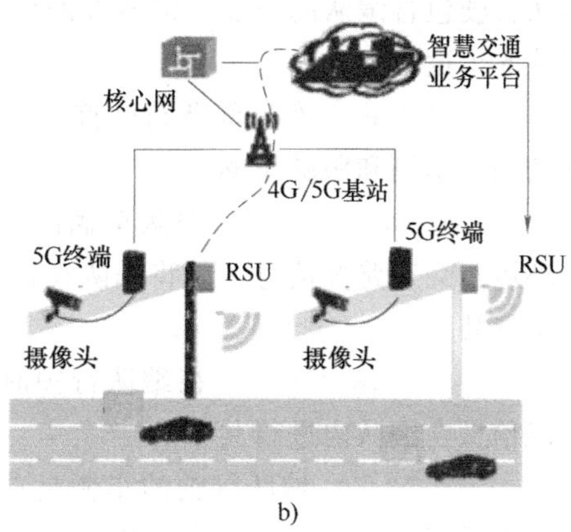


b)

图 8-7　基于 5G 网络的智慧路况监测示意图

a）上行业务流　b）下行业务流

车辆编队分为长期编队和临时编队，长期编队主要体现在高速路或者长途行驶中，如目的地相同的快递公司物流车辆，临时编队是在车流量较大的交通路口或者车辆十分密集的路况下，通过临时组建编队协同快速通过，提高城市道路通行效率，减少频繁起停和车辆怠速时的尾气污染。

车辆编队需要 V2V、V2I 和高精度定位等技术支持。基于 5G 的编队行驶网络解决方案如图 8-8 所示，车辆通过车载基础感知设备（车载摄像头、雷达）进行视距范围内的环境和路况信息的采集，通过和 RSU 通信获得视距范围外的路况信息，此外，红绿灯信息、道路上安装的摄像头采集的数据都通过 5G 终端发送到 5G 基站并传输给车辆，车辆根据采集和接收到的信息进行驾驶决策。车辆采集的环境和路况信息、车辆决策信息、5G 基站接收的远程监控信息通过 5G 核心网上传到监控中心，以便监控中心对编队行驶过程进行实时监控。

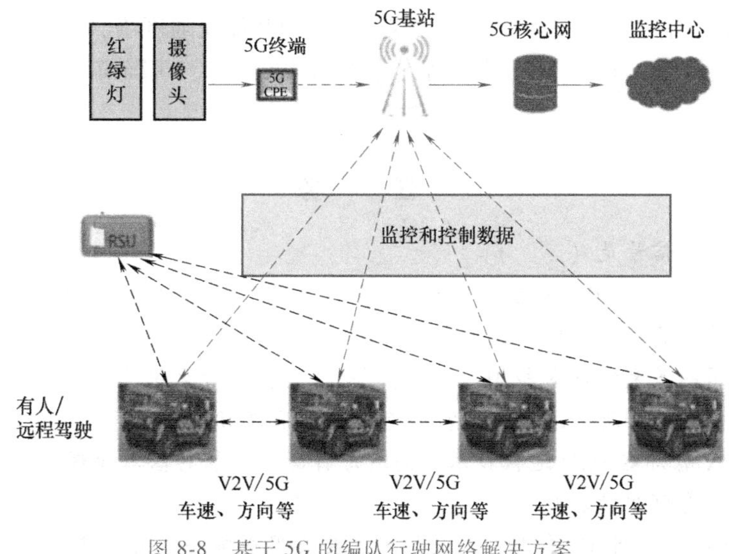


图 8-8　基于 5G 的编队行驶网络解决方案

5G CPE—5G 终端设备的一种

编队行驶包含编队的组建、编队外的信息交互、编队内的车辆通信、编队的变化以及编队的解除 5 个过程。

（1）编队的组建　车辆编队行驶首先需要基于 V2V 通信进行编队意图信息交换，并确定编队的领头车辆和跟随车辆。

（2）编队外的信息交互　编队车辆需要与周围的车辆、基础设施等进行信息交互，收集周围环境及交通路况信息，并将编队存在的信息传递给周围车辆，以免其他车辆闯入编队影响正常行驶。

（3）编队内的车辆通信　在编队行驶时，编队内的车辆需要将车辆操作信息以及周围交通路况信息在编队内进行共享。

（4）编队的变化　编队行驶的车辆是动态变化的，当某车辆提前到达目的地或因特殊情况需要离开编队时，该车辆将离开编队的意图传达给编队中的其他车辆，待领头车辆确认后即可离开编队。当前领头车辆如果偶遇突发情况需要切换到另一辆车时，在不影响其他车辆正常行驶的情况下，当前领头车辆和接下来的领头车辆进行信息交互完成相关操作，并通知其他跟随车辆。

（5）编队的解除　当编队车辆到达目的地或者完成编队任务后，编队解除。

3. 远程车辆驾驶

远程车辆驾驶是指远程对车辆进行操作的驾驶模式，操作对象可以是人，也可以是控制平台。相比自动驾驶而言，远程驾驶可以运用在更多特定的场景，比如公交车驾驶、危险区域的车辆驾驶等。远程驾驶的车辆需要布置多个摄像头进行多角度的路况拍摄并实时回传，因此需要通信网络具有极大的带宽和极低的时延。

4. 传感器信息共享

传感器信息共享是指允许交通系统中各类传感器采集的数据信息进行交换，实现集体环境感知，传感器包括路侧单元、车辆、行人设备等配备的各类型传感器。传感器信息共享技术增强了车辆对周围环境以及路况的感知能力，降低因盲区产生的交通事故发生率。城市交通网络基于传感器信息共享技术，可以实现更完善的智能交通网络，能提供基于实时互联数据的信号灯动态优化、车辆路径引导优化、智能停车引导、专用车道紧急调度等城市交通功能优化处理。

## 任　　务

1. 5G 传输的信号是（　　）。

A. 红外线　　　B. 激光　　　C. 厘米波　　　D. 毫米波

2. 5G 工作在高频段有什么优势和不足？

3. 5G 采用的多天线技术和 4G 相比有哪些改进？为什么做这些改进？

4. 5G 通信为什么进行波束赋形？如何进行波束赋形？

5. 5G-V2X 有哪些 D2D 通信技术，简述每种通信技术的基本原理。

6. 5G 基站有哪些功能？

7. 查阅资料，分析 5G 在无人驾驶领域主要应用在哪些方面，这些应用对通信网络有什么要求？

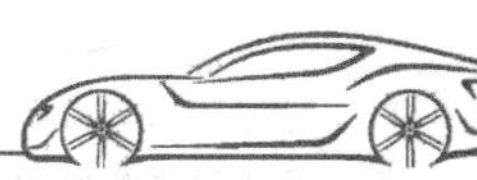

# 任务8.2 基于5G技术的V2X架构

## 8.2.1 5G-V2X的网络架构

5G-V2X的参考网络架构如图8-9所示，主要功能实体包括V2X应用服务器、4G核心网和5G核心网、V2X终端。

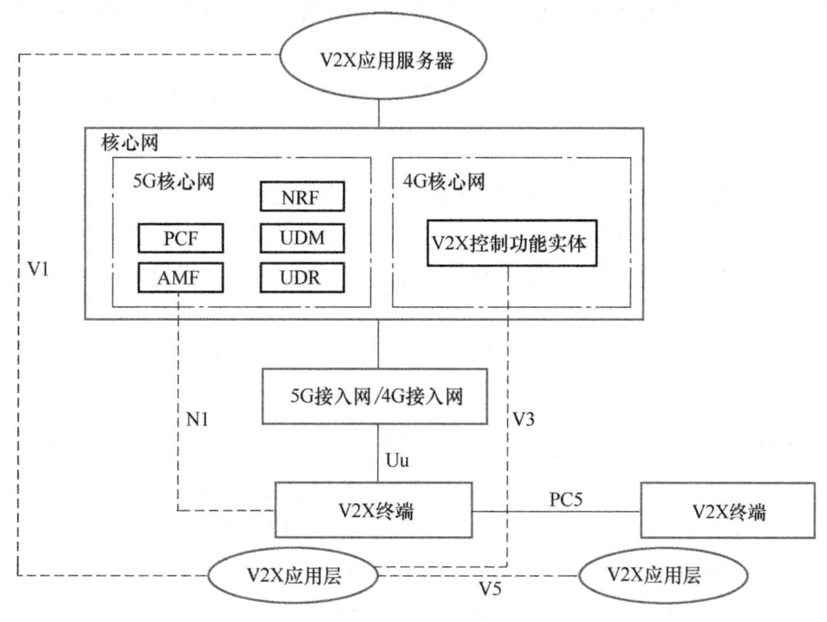


图8-9 5G-V2X的参考网络架构

### 1. V2X应用服务器

V2X应用服务器是位于蜂窝网之外的V2X管理实体，提供对全局V2X通信（包括PC5和Uu）的策略和参数的管理，以及对V2X终端的签约信息和鉴权信息的管理。

### 2. 4G核心网和5G核心网

从C-V2X的实际部署和蜂窝网络的演进考虑，LTE-V2X和5G-V2X在一段时间内会同时存在，LTE-V2X用于V2X基本道路安全业务，5G-V2X主要面向增强业务，二者相互补充。因此5G-V2X的网络架构既存在5G核心网，也存在4G核心网。4G核心网与V2X应用服务器连接，通过V2X控制功能（VCF）实体为蜂窝覆盖内的V2X终端提供V2X通信的策略和参数配置，以及签约信息和鉴权信息的管理。

5G核心网和4G核心网的功能一样，不同的是，5G核心网采用服务化架构，各个网络功能可以独立演进和扩展，并将4G核心网中的VCF实体放到5G核心网的策略控制功能（Policy Control Function，PCF）实体中。相应的，5G核心网的功能实体进行了扩展，增加的功能实体包括统一数据存储库（Unified Data Repository，UDR）实体、统一数据管理（Unified Data Management，UDM）实体、接入和移动性管理功能（Access and Mobility Management Function，AMF）实体以及网络存储库功能（Network Repository Function，NRF）实体等。

（1）**PCF**　PCF 用于 V2X 终端的鉴权信息管理，以及 V2X 通信（PC5 和 Uu）的策略和参数管理，并通过 UDR 实现参数更新。

（2）**UDR**　UDR 用于存储 V2X 通信过程的所有参数配置，也可以根据 V2X 应用服务器的数据进行更新。

（3）**UDM**　UDM 用于 V2X 终端 PC5 接口通信的签约信息管理。

（4）**AMF**　AMF 根据 PCF 提供的 V2X 配置信息，给终端提供 PC5 接口通信的策略和参数配置信息。另外，AMF 根据 PCF 和 UDM 提供的信息，管理终端 PC5 接口的签约和授权状态的上下文信息。

（5）**NRF**　NRF 根据 V2X 终端上报的信息，选择和发现对应的 PCF 配置。

**3. V2X 终端**

V2X 终端根据获取的 V2X 通信的策略和参数配置信息，在 PC5 接口和 Uu 接口上进行 V2X 通信。当终端位于蜂窝网络覆盖内时，相应的授权和参数配置通过网络进行；当终端位于蜂窝网络覆盖外时，终端需要明确知道自己的地理位置信息，才可以根据鉴权信息进行直通链路通信。

## 8.2.2　5G-V2X 的体系架构

图 8-10 为 5G-V2X 的体系架构，与 LTE-V2X 一样，采用“端管云”的架构，分为终端层、网络层和应用层，所不同的是，5G-V2X 网络层包含了两种基站，分别是 5G 基站（Next Generation NodeB，gNB）和可接入 5G 核心网的 LTE-4G 演进基站（Next Generation eNB，ng-eNB）。图中 SGW、PGW、MME、HSS、PCRF（Policy and Charging Rules Function，策略与计费规则功能）为 4G 核心网的主要网元，SGW、PGW、MME、HSS 在项目 7 介绍，PCRF 是业务数据流和 IP 承载资源的策略和计费控制判决单元。PCF、UDM、AMF、UPF（User Plane Function，用户面功能）、SMF（Session Management Function，会话管理功能）、AUSF（Authentication Server Function，鉴权服务功能）是 5G 核心网的主要网元，PCF、UDM 和 AMF 在前面已经介绍，UPF 负责 5G 核心网中用户面数据报的路由和转发相关功能；SMF 主要负责和分离的用户面交互，创建、更新和删除协议数据单元（PDU）会话，管理与 UPF 的会话环境；AUSF 实现 3GPP 和非 3GPP 的接入认证，类似于 MME 中的鉴权功能和 HSS 中的鉴权数据管理。

另外，5G-V2X 体系架构采用网络切片（Network Slicing）技术，将物理网络划分成专用的、虚拟化的、互相隔离的逻辑网络，每个虚拟网络可以根据不同业务的差异化需求提供满足时延、带宽、安全性和可靠性的网络资源。需要指出的是，基于 PC5 接口的低时延、高可靠直通链路的道路安全业务，因其时效性和区域性特点，不需要网络切片支持。5G 网络切片通过多种形式支持车联网的业务部署，其中应用较多的是业务分层切片模式和业务统一切片模式。

**1. 业务分层切片模式**

业务分层切片模式根据业务特点选择合适的切片，建立相应的车联网业务，如图 8-11 所示。图中将 5G-V2X 的物理网络分成 3 个切片，分别是 mMTC 切片、eMMB 切片和 uRLLC

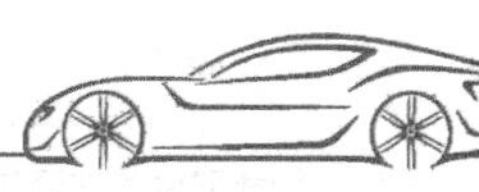

切片，如对于车辆生命周期维护业务，车辆上的车载终端可以通过 mMTC 切片与车辆监控平台建立对话，监控平台对车辆上的传感器进行监控，发现问题及时通知驾驶人；对于高清地图、C-V2X 证书管理等应用类业务，车载终端可以通过 eMMB 切片与相应的服务器建立连接，完成高清地图的下载等；对于辅助驾驶类车联网业务，车载终端可以通过 uRLLC 切片与其他车辆、路侧设备和业务服务器建立连接，进行辅助驾驶信息的发送和接收。图 8-10 中采用的也是业务分层切片模式，针对交通效率类和自动驾驶进行网络切片，两类业务分别在不同的虚拟逻辑网络上传输。

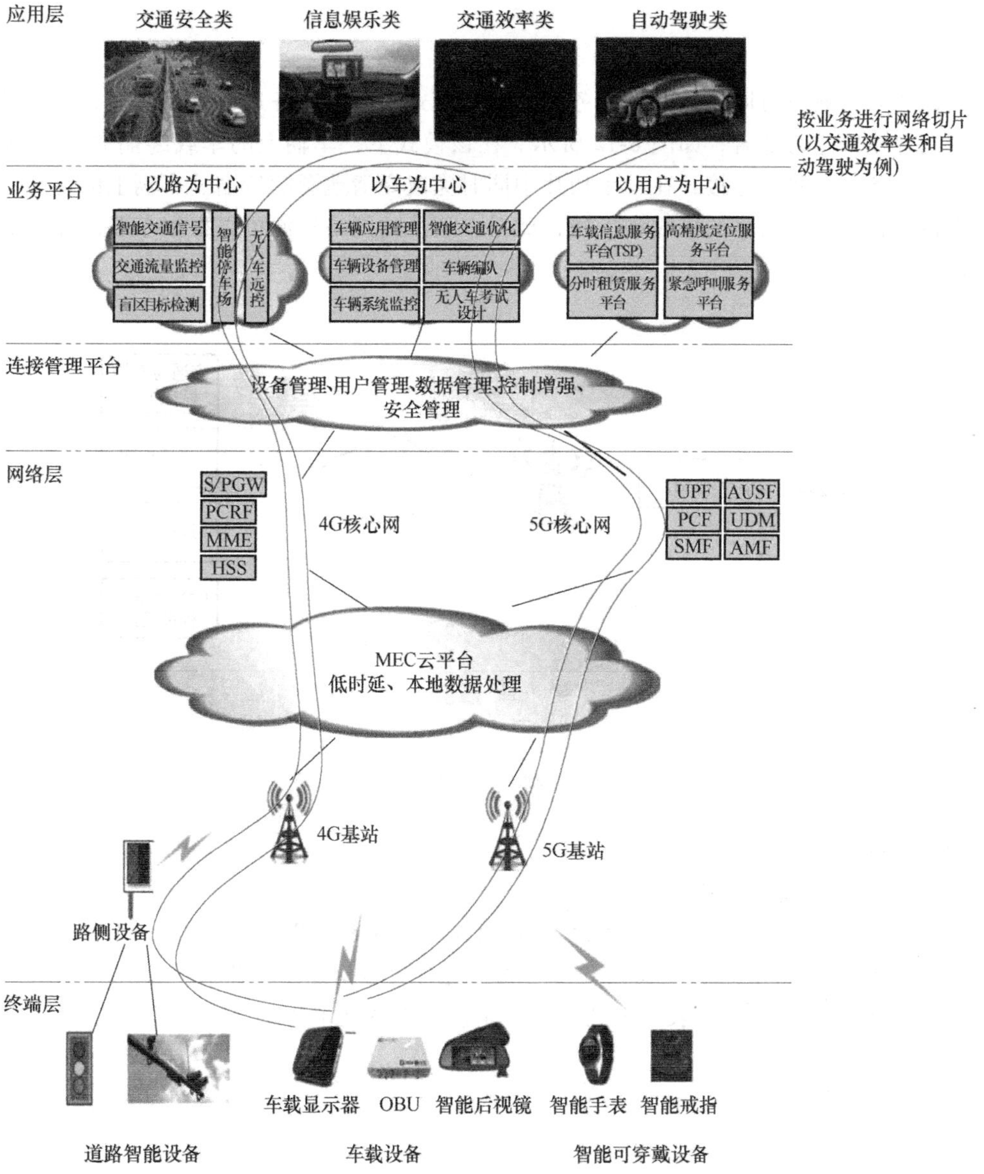

应用层
交通安全类
信息娱乐类
交通效率类
自动驾驶类
按业务进行网络切片(以交通效率类和自动驾驶为例)
业务平台
以路为中心
智能交通信号
交通流量监控
盲区目标检测
智能停车场
无人车远控
以车为中心
车辆应用管理
智能交通优化
车辆设备管理
车辆编队
车辆系统监控
无人车考试设计
以用户为中心
车载信息服务平台(TSP)
高精度定位服务平台
分时租赁服务平台
紧急呼叫服务平台
连接管理平台
设备管理、用户管理、数据管理、控制增强、安全管理
网络层
S/PGW
PCRF
MME
HSS
4G核心网
5G核心网
UPF
AUSF
PCF
UDM
SMF
AMF
MEC云平台
低时延、本地数据处理
4G基站
5G基站
路侧设备
终端层
车载显示器
OBU
智能后视镜
智能手表
智能戒指
道路智能设备
车载设备
智能可穿戴设备

图 8-10 5G-V2X 的体系架构

TSP—Telematics Service Provider，车载信息服务平台

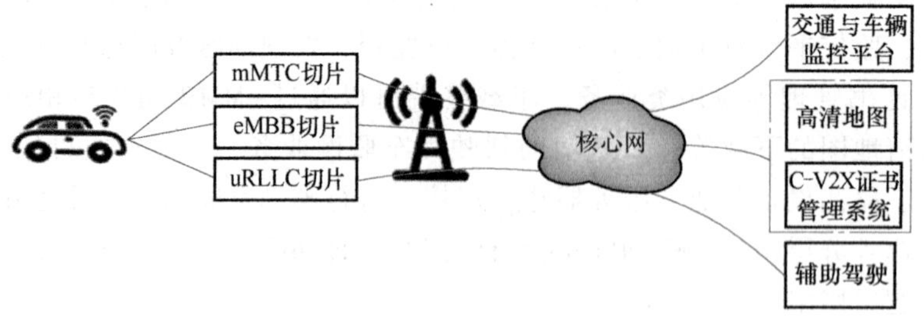


图 8-11　车联网业务分层切片模式

**2. 业务统一切片模式**

当需要多个业务协同工作时，业务分层切片模式不能对业务进行统一管理，需要采用业务统一切片模式进行部署，如图 8-12 所示。在该模式下，车辆上的车载终端通过 V2X 切片与车联网业务平台建立连接，在一个切片中同时完成高清地图的传输、车辆上的传感器状态的监控以及自动驾驶信息的接收和发送，此时，切片的网络资源可以根据车联网业务的需求动态调整。

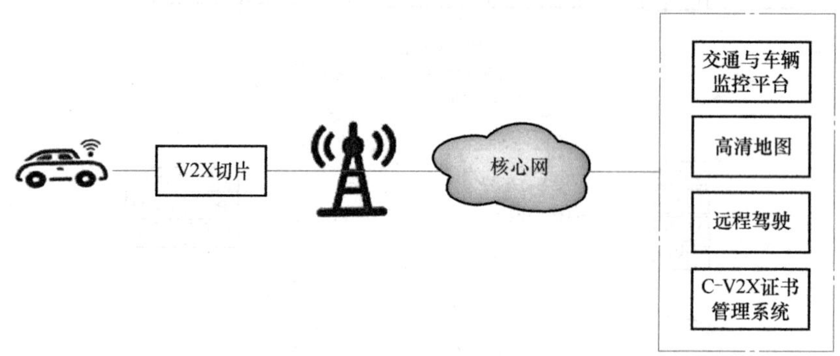


图 8-12　车联网业务统一切片模式

### 任　务

1. 5G-V2X 的网络架构为什么需要包含 4G 核心网？
2. 5G-V2X 的基站有哪两类？
3. 什么是网络切片技术？5G-V2X 采用网络切片技术有什么好处？
4. 基于 5G-V2X PC5 接口的通信是否需要进行网络切片？为什么？
5. 5G-V2X 常用的切片技术有几种？分别在什么情况下使用？

## 任务 8.3　5G-V2X 的通信接口

5G-V2X 支持基于 PC5 接口的网络直通的通信方式（5G-V2X PC5）和基于 Uu 接口的网络通信模式（5G-V2X Uu）。5G-V2X PC5 提供车车和车路等近距离直连通信能力，5G-V2X Uu 提供广域覆盖通信能力，PC5 与 Uu 相互协作融合，实现网络的全覆盖。

### 8.3.1 5G-V2X PC5 接口的通信模式和重传机制

#### 1. PC5 接口的通信模式管理

不同于 LTE-V2X PC5 接入层仅支持广播传输，5G-V2X PC5 接入层支持广播、组播和单播三种通信模式，因此策略和参数配置信息中包括三种通信模式的管理配置。配置策略包括两个方面：一是 V2X 应用的业务标识与通信模式的映射关系及配置策略；二是 V2X 应用的业务标识与数据链路层目标标识的映射关系及配置策略。

5G-V2X 应用层通过三个信息进行 PC5 链路的管理，分别是数据链路层的源标识、目标标识和通信模式。源标识由 V2X 设备自己分配，用于指示该设备的数据链路层地址，目标标识用来区分不同的 V2X 应用，由运营商分配。一个 V2X 终端可能存在多个源标识和多个目标标识，用于支持并发的 V2X 通信连接。

（1）广播通信模式的管理　发送终端首先确定 PC5 链路的标识信息，其中，源标识由发送终端自己确定，目标标识由广播通信模式下配置的业务标识与目标标识的配置策略确定。接收终端根据自身签约的广播业务集合，确定需要接收的目标标识集合，在接入层接收相应的业务数据。

（2）组播通信模式的管理　PC5 的组播通信模式下，发送终端首先还是需要确定 PC5 链路的标识信息，源标识的确定方式和广播模式相同，由发送终端自己确定。组播通信分为面向连接的组播通信和无连接的组播通信，两种通信模式下的目标标识确定方式不同。

1）面向连接的组播通信的目标标识确定。面向连接是指发送终端有明确的目标接收终端组，明确知道哪些车辆属于组内成员。此时由应用层负责组标识的分配及组内成员标识信息的确定，目标标识根据组标识获得。典型应用如车辆编队行驶。

2）无连接的组播通信的目标标识确定。在无连接的组播通信中，发送终端的应用层不知道具体参与组播的成员信息，需要以通信距离确定目标终端，一般有两种确定方法：一是给定地理位置门限值，根据发送终端和接收终端间的地理距离确定目标接收终端；二是给定参考信号接收功率（Reference Signal Received Power，RSRP），根据接收终端测量的目标信号强度确定目标接收终端。通过无线信号强度表征通信距离存在较大的误差，一般采用基于地理距离确定目标终端的方法。确定目标终端后，无连接的组播通信的目标标识确定方法和广播一致，由组播通信模式下配置的业务标识与目标标识的配置策略确定。

确定组播通信的源标识和目标标识后，接收终端根据自身签约的业务集合，确定需要接收的目标标识集合，在接入层接收相应的业务数据。

（3）单播通信模式的管理　PC5 的单播通信同样需要通过数据链路层的源标识和目标标识管理 PC5 链路，但是一对一的单播通信包括非接入层的连接建立、接入层的参数配置和业务传输 3 个过程，如图 8-13 所示。非接入层连接建立的过程是确定通信双方数据链路层的源标识和目标标识的过程，具体流程如下：

1）源终端利用配置策略配置默认目标标识信息，用于连接建立的请求和信令交互。

2）源终端发送通信请求信息，信息包括源终端的源标识信息、源终端的 V2X 业务标识信息，以及目标终端的标识信息（可选），如果请求信息中包含目标终端的标识信息，则为面向终端的单播通信请求，否则为面向 V2X 业务的单播通信请求，对该业务感兴趣的终端

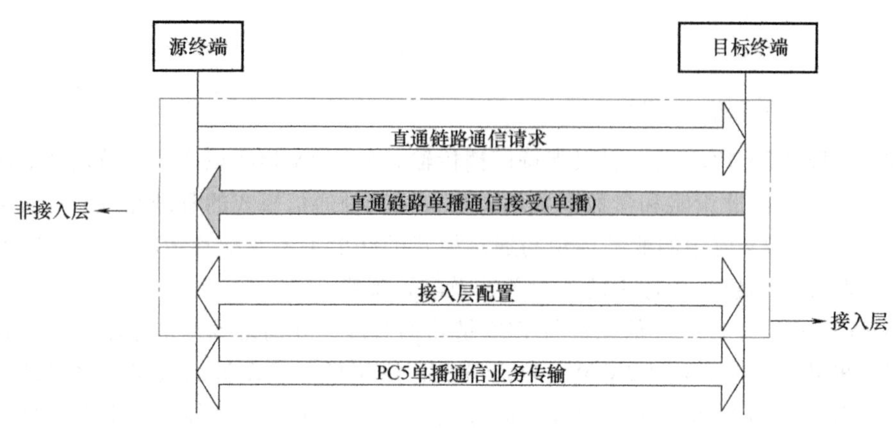


图 8-13　5G-V2X 单播通信模式的管理

都会响应连接建立请求。

3）接收终端检查通信请求信息，如果请求中包含目标终端的标识信息，则唯一的目标终端反馈接收通信请求信息，并反馈接受通信请求信息；如果请求信息中不包含目标终端的标识信息，则对源终端发送的业务感兴趣的终端都反馈接收通信请求信息，并反馈接受通信请求信息。接受通信请求信息中包含目标终端的源标识信息和源终端发送的 V2X 业务的标识信息。

通过非接入层的通信连接建立，源终端和目标终端交互各自的源标识信息，形成各自的目标标识信息，即源终端的目标标识信息是目标终端的源标识信息，目标终端的目标标识信息是源终端的源标识信息。完成非接入层的通信连接建立后，接入层可以使用非接入层建立的通信链路进行参数配置。接下来源终端和目标终端之间就可以开始业务传输。

**2. PC5 接口的重传机制**

LTE-V2X 仅支持盲重传机制，5G-V2X 不仅支持盲重传，为了实现直通链路单播和组播通信的可靠传输，引入基于 HARQ（Hybrid Automatic Repeat Request，混合自动重传请求）反馈的自适应重传机制，可以提升单播和组播传输的可靠性。HARQ 信息反馈给基站可以辅助基站优化直通链路资源分配和可靠调度。为了支持 HARQ 反馈机制，引入物理直通链路反馈信道（Physical Sidelink Feedback Channel，PSFCH）用于承载接收终端反馈给发送终端数据是否接收成功的 ACK/NACK 信息。

（1）盲重传　在 LTE 的盲重传机制中，一个数据分组的最大传输次数为 2，初传和重传的资源通过一个直通链路控制信息（SCI）完成确定。在 5G-V2X 中，终端根据自己的业务需求和配置确定重传的次数，应用于单播、组播和广播通信模式。5G-V2X 盲重传和自适应重传机制支持可变且更多的重传次数（最大重传次数是一个基于资源池配置的参数，其上限为 32 次）。当需要较多的传输次数时，从信令开销的角度考虑，一个 SCI 中无法包含所有的初传和重传的资源指示，需要将多个 SCI 中的信息拼接，指示一个数据分组的初传和重传资源。

盲重传没有反馈过程，降低了传输时延。但是由于重传次数是预先确定的，无论接收终端是否正确接收数据，发送终端都按照预定的次数进行重传，因此，对于已经接收成功的数据分组会导致资源浪费，没有接收成功的数据分组会导致可靠性降低。

（2）基于 HARQ 反馈的自适应重传机制　在自适应重传机制下，接收终端根据是否成

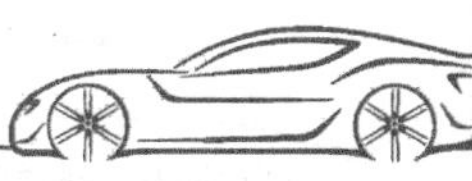

功接收数据，向发送终端反馈 ACK/NACK 信息，发送终端根据该信息决定是否进行重传，应用于单播和组播通信模式。针对组播通信模式，5G-V2X 还支持 NACK-Only 的 HARQ 机制，即组播用户中没有正确接收到数据报的接收终端需要反馈 NACK 信息，而正确接收到数据报的终端不需要发送 ACK 信息。HARQ 反馈重传机制增加传输时延。

1）基于单播的 HARQ 反馈重传机制。在 5G-V2X PC5 单播通信模式中，当接收终端正确接收 SCI 和 PSSCH 的信息时，在对应的 PSFCH 资源上反馈 ACK 信息；当接收终端正确接收 SCI 信息，但未能正确接收 PSSCH 信息时则反馈 NACK 信息；当接收终端未能正确接收 SCI 信息时，相当于接收终端不知道是否有相应的 PSSCH 传输，则不进行任何反馈，这种状态称为非连续发送（Discontinuous Transmission，DTX）状态。

2）基于组播的 HARQ 反馈重传机制。组播通信的 HARQ 反馈重传机制有两种类型，即基于 HARQ NACK 的反馈方式和基于 HARQ ACK/NACK 的反馈方式。当使用基于 HARQ NACK 的反馈方式时，所有目标接收终端共享相同的 PSFCH 资源，任何一个接收终端未正确接收 PSSCH 信息时，则在共享的 PSFCH 资源上反馈 NACK 信息，如果正确接收，则不反馈任何信息，这种方式适用于无连接的组播通信，因为无法确定目标接收终端，无法为每个终端分配 PSFCH 资源，存在的问题是发送终端无法区分 DTX 状态和 ACK 状态。当使用基于 HARQ ACK/NACK 的反馈方式时，每个目标终端都有自己独立的 PSFCH 资源，反馈方式和单播通信相同，该方式主要用于面向连接的组播通信，且组内用户较少的场景。

**【知识拓展】**

什么是接入层？什么是非接入层？

接入层（Access Stratum，AS）指网络中直接面向终端连接或访问的部分，利用光纤、双绞线、电磁波等传输介质实现与终端的连接，并进行业务和带宽的分配。非接入层（Non-Access Stratum，NAS）存在于 UMTS 的无线通信协议栈中，是核心网与终端之间的功能层，支持核心网和终端之间的信令和数据传输。

### 8.3.2 5G-V2X PC5 接口的帧结构及同步机制

#### 1. 5G-V2X PC5 接口的帧结构

5G-V2X 时域系统的帧结构如图 8-14 所示，和 LTE-V2X 一样，帧周期为 10240ms，由 1024 个长度为 10ms 的无线帧组成，每个无线帧包括 10 个长度为 1ms 的子帧结构，每个子帧又由若干个时隙构成，子帧中包含的时隙个数和子载波间隔（Sub-Carrier Space，SCS）的大小有关。不同于 LTE-V2X PC5 链路仅支持 15kHz 的 SCS，一个子帧只包含一个 1ms 的时隙 5G-V2X PC5 接口支持 15kHz、30kHz、60kHz 以及 120kHz 的 SCS。较大的 SCS 可以更好地支持低时延、高频段以及高速场景下的传输。一般来说，在常规循环前缀（CP）长度下，每个时隙包含 14 个 OFDM 符号，在扩展 CP 长度下，每个时隙包含 12 个 OFDM 符号，以常规 CP 长度为例，如果 SCS 为 15kHz，则一个 OFDM 符号的长度为 1/15kHz=66.7μs，1 个时隙共有 14 个 OFDM 符号，因此时隙长度为 1ms，即 1 个子帧包含 1 个时隙；如果 SCS 为 30kHz，则一个符号长度为 1/30kHz，时隙长度为 0.5ms，1 个子帧包含 2 个时隙；如果 SCS

为 120kHz，则每个时隙为 0.125ms，1 个子帧包含 8 个时隙。5G-V2X PC5 接口支持多种 SCS，使得其帧结构比较灵活。

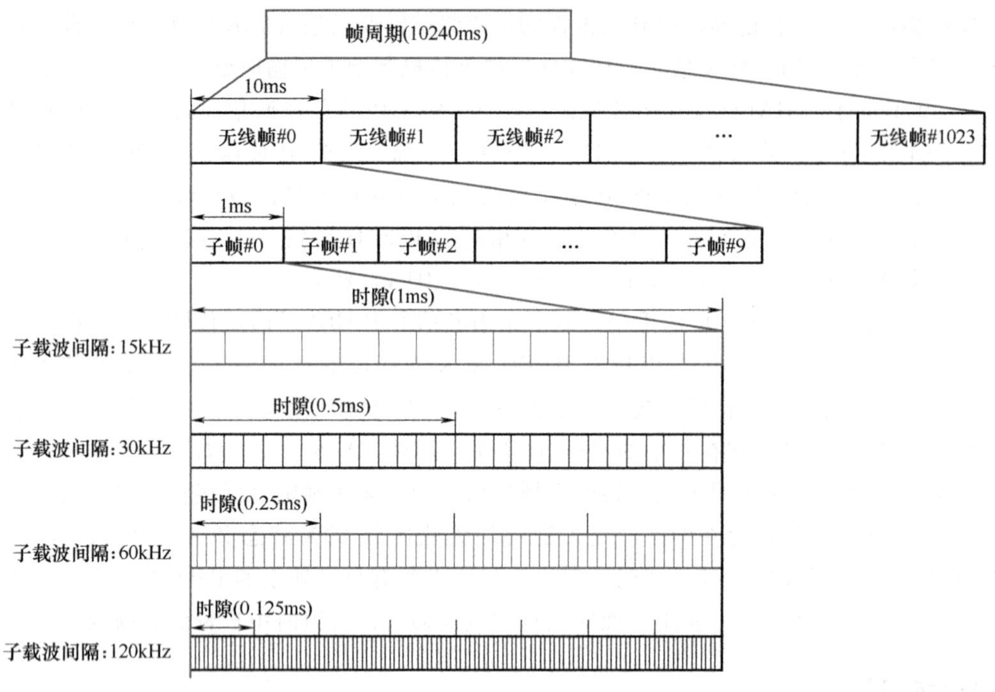


图 8-14　5G-V2X PC5 通信的帧、子帧和时隙示意图

**2. 5G-V2X PC5 接口的同步机制**

与 LTE-V2X 类似，5G-V2X 支持 4 种同步源，包括全球导航卫星系统（GNSS）、基站（gNB/eNB）、同步 UE，以及 UE 内部时钟，并且可以选择以 GNSS 或者基站作为最高同步优先级，对应的同步优先级层级关系见表 8-3。

表 8-3　5G-V2X PC5 通信的同步优先级

| 基于 GNSS 同步源的同步优先级 | | 基于 gNB/eNB 同步源的同步优先级 | |
|---|---|---|---|
| 优先级 | 定义 | 优先级 | 定义 |
| P0 | GNSS | P0′ | 基站（包括 gNB/eNB） |
| P1 | 直接与 GNSS 同步的终端 | P1′ | 直接与基站同步的终端 |
| P2 | 通过 P1 终端间接与 GNSS 同步的终端 | P2′ | 通过 P1′终端间接与基站同步的终端 |
| P3 | 基站（包括 gNB/eNB）① | P3′ | GNSS |
| P4 | 直接与基站同步的终端① | P4′ | 直接与 GNSS 同步的终端 |
| P5 | 通过 P4 终端间接与基站同步的终端① | P5′ | 通过 P4′终端间接与 GNSS 同步的终端 |
| P6 | 采用其他方式同步的终端 | P6′ | 采用其他方式同步的终端 |

① 以 GNSS 为最高优先级同步源时，系统可通过预配置的方式确定是否引入基站作为同步源。

图 8-15 是一个以基站（gNB）作为最高优先级同步源的同步过程，gNB 的同步优先级为 P0′，位于 gNB 覆盖范围内的终端 A 通过检测蜂窝网的同步信号块（Synchronizaiton Signal Block，SSB）信号获取 gNB 的同步，终端 A 的同步优先级是 P1′，终端 A 通过直通链路向终端 B 发送直通链路同步信息块（Sidelink-SSB，S-SSB）信号，此时终端 B 的同步优先级为 P2′，相应的，终端 C 根据终端 B 的 S-SSB 信号获取定时，其同步优先级为 P6′。

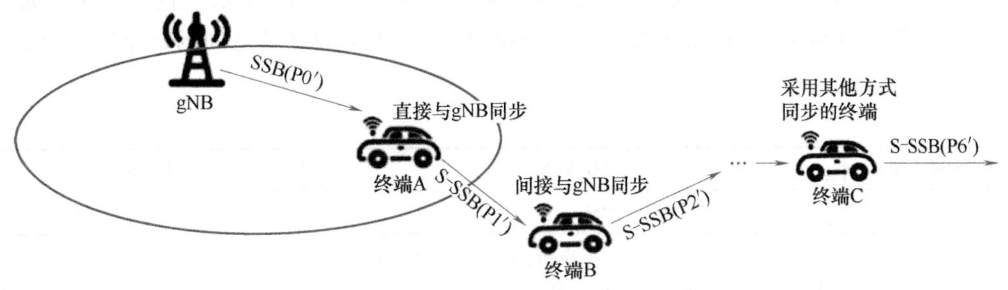


图 8-15 5G-V2X PC5 通信以基站作为最高优先级同步源的同步过程

【知识拓展】

**1. 什么是子载波间隔?**

载波是通信系统里频域资源的概念，子载波是可独立调制的一小段频域资源，一个信道有一个或者多个子载波，子载波间隔是指两个子载波尖峰之间的间隔。

**2. 什么是 SSB 和 S-SSB?**

SSB 包括主同步信号（Primary Synchronization Signal，PSS）、辅同步信号（Secondary Synchronization Signal，SSS）和物理广播信道（Physical Broadcast Channel，PBCH）。PSS 和 SSS 用于捕捉 SSB。PBCH 存储同步过程需要的信息，包括系统带宽、系统帧号、子载波间隔等。一个 SSB 在时域上占用 4 个 OFDM 符号，频域上占用 240 个子载波，如图 8-16 所示，为了保护 PSS 和 SSS，其两端的子载波均置零。

S-SSB 用于 5G-V2X 直通链路的同步搜索，结构和序列沿用了 SSB 的设计。

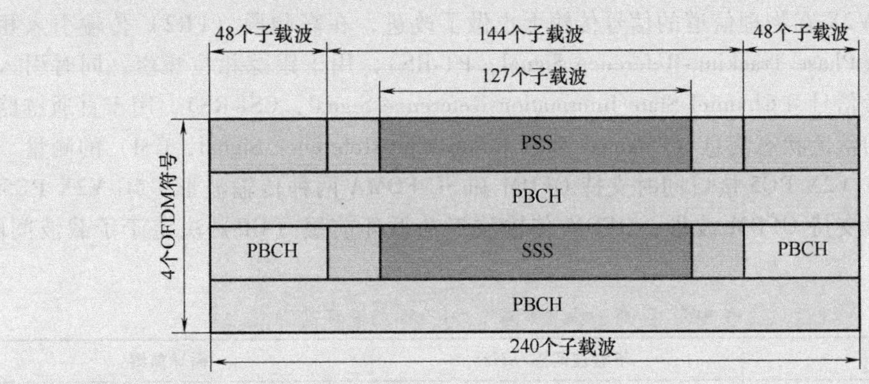


图 8-16 5G-V2X 同步信号块的结构

## 8.3.3 5G-V2X PC5 接口的物理信道及资源调度模式

### 1. 物理信道

和 LTE-V2X 不同，5G-V2X 引入专门的 PSFCH 承载单播或组播传输的 HARQ（ACK/NACK）反馈信息，且物理信道的编码和调制方式也有所不同，详细信息见表 8-4。5G-V2X

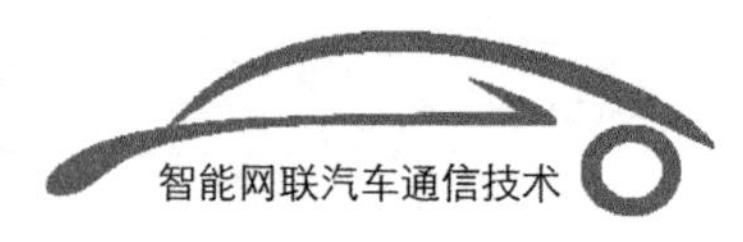


接口的物理信道和传输信道、逻辑信道之间的映射关系如图 8-17 所示。逻辑信道增加了直通链路控制信道（Sidelink Control Channel，SCCH），用于承载终端之间的直通链路的高层控制信息。

表 8-4　5G-V2X 和 LTE-V2X PC5 的物理信道的信号编码和调制方式比较

| 物理信道名称 | 5G-V2X | LTE-V2X |
|---|---|---|
| PSCCH | 编码：Polar 码；调制：QPSK | 编码：卷积码；调制：QPSK |
| PSSCH | 承载数据和高层信令传输时，编码：LDPC 码；调制：QPSK、16QAM、64QAM、256QAM<br>承载第二阶段的直通链路控制信息（SCI）时，编码：Polar 码；调制：QPSK | 编码：Turbo 码；调制：QPSK 和 16QAM |
| PSBCH | 编码：Polar 码；调制：QPSK | 编码：卷积码；调制：QPSK |
| PSFCH | 长度为 12 位的 ZC（Zadoff-Chu）序列承载 1 位的 HARQ ACK/NACK 反馈信息 | — |

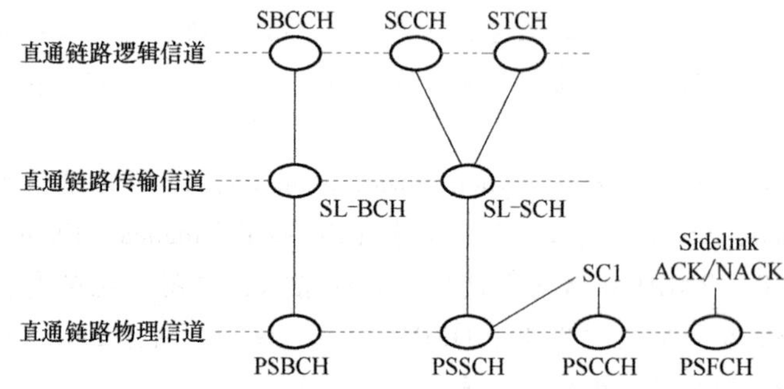


图 8-17　5G-V2X PC5 接口的逻辑信道、传输信道和物理信道之间的映射关系

此外，5G-V2X 在物理信道的信号传输上也做了改进，在高频段（FR2）传输引入相位追踪参考信号（Phase Tracking-Reference Signal，PT-RS），用于跟踪相位噪声，同时引入信号状态信息参考信号（Channel State Information-Reference Signal，CSI-RS），用于直通链路单播通信模式中的信道状态信息（Channel State Information-Reference Signal，CSI）的测量。

不同于 LTE V2X PC5 接口同时支持 OFDM 和 SC-FDMA 两种传输波形，5G-V2X PC5 接口的物理信道仅支持 OFDM 波形，OFDM 传输波形的循环前缀（CP）决定于子载波间隔，见表 8-5。

表 8-5　不同子载波间隔下 OFDM 的循环前缀

| 频带 | 子载波间隔/kHz | 循环前缀 |
|---|---|---|
| FR1 | 15 | 常规 |
| | 30 | 常规 |
| | 60 | 常规，扩展 |
| FR2 | 60 | 常规，扩展 |
| | 120 | 常规 |

**2. PC5 接口的资源调度**

5G-V2X 直通链路支持两种资源调度模式，即基站调度模式（资源分配模式 1，基站为

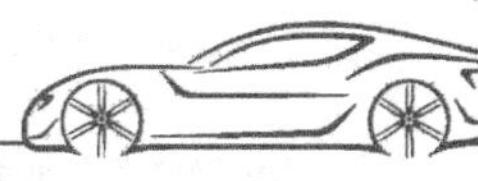

UE 分配传输资源）和 UE 自选模式（资源分配模式 2，UE 自主选择传输资源）。

（1）基站调度模式　在基站调度模式下，基站可通过动态授权或者配置授权的方式分配直连通信资源，并支持发送端 UE 将收到 HARQ（ACK/NACK）反馈信息转发给基站，实现可靠传输，主要应用于蜂窝网络覆盖范围内。该模式类似于 LTE-V2X 的模式 3，但是在以下两个方面做了加强：

1）引入 3 种调度方式。5G-V2X PC5 接口的基站调度模式引入动态调度、配置授权类型 1 和配置授权类型 2 的调度方式，其中动态调度主要针对非周期业务，配置授权类型 1 和配置授权类型 2 主要针对周期业务。相较于配置授权类型 1，配置授权类型 2 提供了一定的调度灵活性，但增加了控制信令开销。

2）实现重传调度。基站根据发送终端发送的 HARQ（ACK/NACK）信息，调度 V2X 发送终端的直通链路资源进行重传。

（2）UE 自选模式　在 UE 自选模式下，将 LTE-V2X 采用的基于感知的半持续调度方式作为基线，在此基础上针对 5G-V2X 支持动态业务包传输等新特性进行改进和增强，支持资源重新评估和抢占机制。

**【知识拓展】**

**1. 什么是 Polar 码？**

Polar 码（Polar Code），又称为极化码，是一种前向错误纠正编码方式，构造的核心是进行信道极化（Channel Polarization）处理，并选择在容量接近于 1 的信道上直接传输信息以逼近信道容量，这样可以达到香农极限。Polar 码于 2009 年被提出，2016 年被确立为 5G eMBB 场景下控制信道的短码标准，同时选为 uRLLC 和 mMTC 两种应用场景的候选编码方案之一。

**2. 什么是信道极化？**

信道极化是指信道经过特定的“组合”和“拆分”后，整体信道容量不变，其中，部分信道的信道容量接近于 1，部分信道容量接近于 0（纯噪声信道）。在编码时，在信道容量接近于 1 的信道发送信息比特序列，称为信息位，在信道容量接近 0 的信道发送冻结比特（如 0），称为冻结位。

**3. 什么是 LDPC 码？**

LDPC（Low-Density Parity-Check，低密度奇偶校验）码是一种由校验矩阵定义的线性分组码，构造方式是根据校验矩阵确定生成矩阵，通过生成矩阵将信息序列映射成发送序列的编码过程。LDPC 码与其他线性分组码的区别在于校验矩阵的稀疏性（校验矩阵中只含有很少量的非零元素），保证了 LDPC 码具有较低的编译码复杂度。2016 年 11 月，LDPC 码被确定为 5G eMBB 场景下的数据信道编码方案。

**4. 什么是线性分组码？**

分组码是将信源的信息序列分成独立的块进行处理和编码，编码时，将信息码分为每 $k$ 个码元为一组的信息组，并通过编码器生成 $n-k$ 个监督码元（也称为校验码元），形成长度为 $n$ 的码字。当分组码的信息码元与监督码元之间的关系为线性关系时称为线性分组码。

**5. 什么是ZC序列?**

ZC序列是一种通过相位变化生成的欧拉复数序列，即复平面单位圆上的点组成的序列，是CAZAC（Constant Amplitude Zero Auto-Corelation，恒包络零自相关）序列的一种。ZC序列具有非常好的自相关性和很低的互相关性，被用来产生同步信号，如LTE采用ZC序列作为同步的训练序列。

**6. 什么是恒包络?**

恒包络是指任意长度的CAZAC序列的幅值恒定。

**7. 什么是零自相关?**

自相关（Autocorrelation）也叫序列相关，是一个信号与其自身在不同时间点的相关性。零自相关是指任意CAZAC序列移位 $n$（$n$ 不是CAZAC序列的周期的整倍数）位后，移位后的序列与原序列不相关。

**8. 什么是序列的互相关性?**

序列的互相关性是指不同的序列之间的相关性。

5G PC5接口支持车辆、人、交通路侧基础设施之间的直接通信，可以保障无网络覆盖环境下的互连互通，表8-6是基于LTE和基于5G的PC5接口比较。

表8-6 基于LTE和基于5G的PC5接口比较

| 对比项 | | LTE PC5接口 | 5G PC5接口 |
|---|---|---|---|
| 相同点 | | 低时延，覆盖范围小<br>资源调度有两种模式：基站调度和自主调度<br>网络覆盖范围内、外均可用 | |
| 不同点 | 交互方式 | 广播 | 广播、单播和组播 |
| | 帧结构 | 子载波间隔固定(15kHz)、子帧长度固定 | 子载波间隔可灵活配置、子帧长度灵活可变 |
| | 物理信道编码方式 | 卷积码和Turbo码 | Polar码、LDPC码、ZC序列 |
| | 调制方式 | QPSK、16QAM | QPSK、16QAM、64QAM、256QAM |
| | 波形 | OFDM、SC-FDMA | OFDM |
| | 重传方式 | 盲重传 | 盲重传+HARQ反馈 |

### 8.3.4 5G Uu接口

5G Uu接口基于5G蜂窝网络的大带宽、低时延、高可靠性特点，能够支持车辆、交通基础设施、人、云端平台之间信息的快速传输。5G Uu接口还可以实现针对PC5接口的资源调度，以便合理分配直连通信传输资源，提高PC5的通信可靠性。

5G R15作为5G第一个基础版本，其Uu接口主要实现增强移动宽带（eMBB）场景业务，通过引入新型调制编码、大规模天线设计等技术，网络的容量及带宽性能大幅提升。R16版本引入免调度、重复传输等技术增强了高可靠低时延通信（uRLLC）场景业务。R16

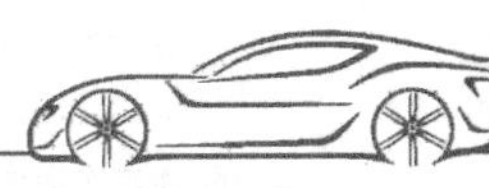

标准完成后，5G 蜂窝网能够满足智慧交通与自动驾驶中车辆、行人、路侧设备、平台的连接需求。

1. 增强移动宽带场景业务

车联网业务中的部分信息服务类业务和安全驾驶类业务涉及视频回传场景，对速率的要求较高，例如远程软件升级要求下行速率大于 500Mbit/s，上行速率大于 200Mbit/s。5G 增强移动宽带场景（eMBB）对通信网络进行重新设计，具体采取的措施包括大规模天线设计、新型调制编码、超密集组网等。

5G 在基站端采用大规模天线阵列，可同时服务大量终端，支持更多用户的空间复用传输，在用户密集的高容量场景可提升用户体验；控制信道和广播信道采用 Polar 码，数据信道采用 LDPC 码，为不同性能需求的业务和场景提供可靠传输；通过大量装配无线设备实现超密集组网，与传统组网方式相比，超密集组网频率利用率更高，系统容量更大。

2. 高可靠低时延通信场景业务

车联网业务中的部分安全驾驶类、驾驶效率类场景对速率、时延、可靠性 3 个维度指标要求较高，例如交叉路口辅助通行场景要求信息传输时延小于 20ms，可靠性大于 99.999%。高可靠低时延通信场景提供的大上行使能技术、低时延使能技术、超高可靠使能技术，可满足车联网业务的需求。

（1）大上行使能技术 为满足车联网对上行峰值速率、上行容量、上行边缘速率的高要求，5G 行业网引入灵活帧结构、上行载波聚合、补充上行（Supplementary Uplink，SUL）3 种增强技术。

为了适应各种业务场景，5G 支持不同的信道带宽，见表 8-7，FR1 频谱范围支持的信道带宽的范围是 5～100MHz，共计 12 种载波带宽，而 FR2 频谱范围，由于频率资源丰富，支持的信道带宽最小是 50MHz，最大可以达到 400MHz。为了允许这种带宽灵活性，5G 使用灵活的帧结构，具有不同的子载波间隔（SCS），5G SCS 有 5 种选择，分别是 15kHz、30kHz、60kHz、120kHz 和 240kHz。

表 8-7 5G 网络的信道带宽

| 名称 | 支持的信道带宽(MHz) |
|---|---|
| FR1 | 5,10,15,20,25,30,40,50,60,80,90,100 |
| FR2 | 50,100,200,400 |

载波聚合特性最早在 LTE-A 标准中引入，5G 沿用了载波聚合并进行了全方位增强，R16 版本的协议使用上行载波聚合轮流发送和支持非同步的载波间聚合，使上行速率提升 50%以上。上行载波聚合轮流发送是指上行载波聚合采用 TDMA 轮发方式，最大化上行传输速率。R15 版本的协议要求不同载波间的系统帧和时隙边界严格对齐（同步），R16 引入带间载波聚合（Inter-Band CA）的帧头不对齐（非同步）特性，不同载波的时隙边界对齐，但载波间的帧头最多可以偏移±2.5ms，提高了网络部署的灵活性，同时可以错开两个载波的发送时隙，最大化上行载波聚合的传输速率。

5G 网络采用中高频段信号，可能出现上行覆盖受限问题，SUL 技术采用一个比 NUL（Normal Uplink，正常上行链路）载波频率低的上行载波作为 5G 上行传输的补充，相当于在原

有的双向5G车道上增加了一条单向上行车道，充分利用低频率频谱资源，有效提升上行速率。

（2）低时延使能技术　针对uRLLC场景，5G网络通过Mini-Slot、免调度、uRLLC抢占等技术，将通信时延降低至5ms。时隙（Slot）是4G和5G传输机制中使用的典型传输单位，每个正常时隙传输14个OFDM符号（常规CP长度）或12个OFDM符号（扩展CP长度），5G系统允许传输从任何OFDM符号开始，且仅通信所需的符号，这种传输方式称为Mini-Slot传输。Mini-Slot一般传输2、4或7个OFDM符号，是5G中使用的最小调度单元。它支持基于非时隙（Non-Slot）的调度，可以和正常时隙不同步。图8-18中进行两次Mini-Slot传输，传输的OFDM符号分别是2个和4个，且传输开始的时间和正常时隙不同步。Mini-Slot有助于实现关键数据通信的极低延迟，并最大限度地减少对其他链路的干扰。

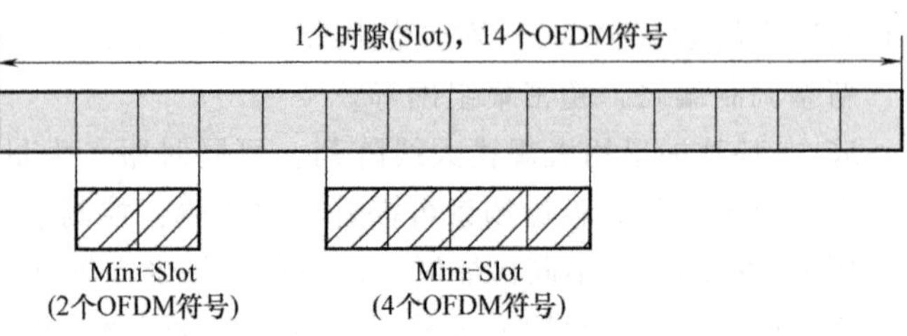

图8-18　Mini-Slot传输示例

免调度是指当用户的上行数据报到达时，直接在基站预先分配的资源上进行传输，类似于SPS资源调度方式，可大幅减小因等待资源分配产生的延时。uRLLC抢占是指uRLLC业务进行资源调度时，需要的资源与已经传输的另一个UE的eMBB业务资源冲突时，为了降低时延，uRLLC抢占这些资源。

（3）超高可靠使能技术　5G网络的物理层引入控制信道增强、低码率传输、重复传输等技术，提高了调制解调的容错性和数据传输的可靠性。控制信道增强包括采用更高的载波聚合等级、使用更多的资源传输控制信号等。低码率传输是指数据信号采用更低阶的调制和编码策略。重复传输是指在连续的多个时隙上使用相同的时域资源进行同一个信息的传输，建立2条冗余传输路径进行数据重复传输。

**【知识拓展】**

**1. 什么是带间载波聚合?**

载波聚合分为带内载波聚合和带间载波聚合。带内载波聚合是指分量载波属于相同的工作频带，如图8-19a和图8-19b所示。带间载波聚合是指分量载波属于不同的工作频段，如图8-19c所示。带内载波聚合根据分量载波频率是否连续又分为频率连续分量载波的带内聚合和频率不连续分量载波的带内聚合。频率连续分量载波是指分量载波的频率是连续的，如图8-19a所示，频率不连续分量载波是指载波分量之间有一个或多个间隙，如图8-19b所示。

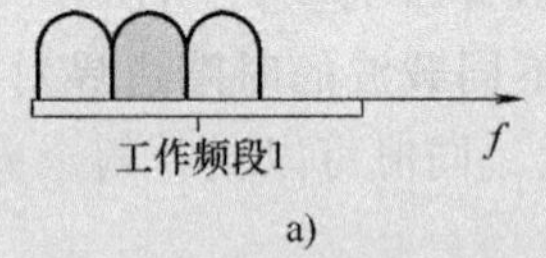

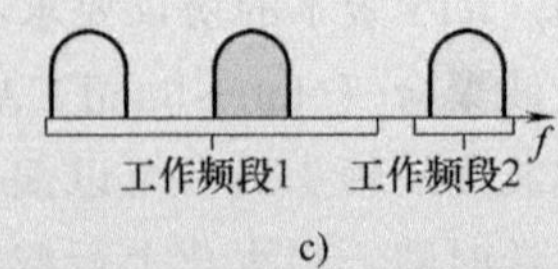


图8-19　载波聚合的分类

a）带内载波聚合（频率连续分量载波）　b）带内载波聚合（频率不连续分量载波）　c）带间载波聚合

**2. 什么是载波聚合等级？**

3GPP 定义了多种的聚合等级，对应于不同的聚合带宽和连续载波数。比如 FR1 频段内载波聚合等级 C 表示 2 个带内连续的载波聚合，且总带宽在 100MHz 至 200MHz 之间。FR2 频段内载波聚合等级 M 表示 8 个带内连续的载波聚合，且总带宽在 700MHz 和 800MHz 之间。

## 任　　务

1. 5G-V2X PC5 接口可以采用的通信模式，下列说法正确的是（　　）。(多选)

A. 可以使用单播通信模式　　B. 可以使用组播通信模式

C. 可以使用广播通信模式　　D. 只能使用广播通信模式

E. 单播、广播、组播通信模式均可使用

2. 分析数据链路层的源标识和目标标识的作用。

3. 如何进行广播通信模式管理？

4. 面向连接的组播和无连接的组播通信模式的管理有什么相同点和不同点？

5. 如何确定无连接的组播通信模式的目标终端？

6. 5G-V2X 的子帧为什么有不同的时隙？

7. 5G-V2X 和 LTE-V2X 的盲重传有哪些相同点和不同点？

8. 分析基于单播的 HARQ 反馈机制。

9. 基于组播的 HARQ 反馈机制有哪两种类型？分别用在什么场景？

10. 试比较 5G-V2X PC5 接口的同步机制和 LTE-V2X PC5 接口同步机制的异同。

11. 相较于 LTE-V2X 的 PC5 接口，5G-V2X 的 PC5 接口的信道做了哪些改动？

12. 试比较 5G-V2X 和 LTE-V2X 的资源调度方式。

13. 5G Uu 接口采用哪些措施提高系统的带宽？

14. 5G Uu 接口如何提高上行数据传输速率？

15. 5G Uu 接口降低通信时延的措施有哪些？

## 拓展任务 8.4　边缘计算

欧洲电信标准化委员会（ETSI）定义了多接入边缘计算（Multi-access Edge Computing，MEC）的概念，将云计算平台从移动核心网络内部迁移到靠近数据产生的接入网边缘，提供存储、计算、决策等核心功能，降低数据传输路由的时延，缓解核心网的负荷，主要面向移动通信网络。2016 年后，MEC 的应用场景从移动蜂窝网络进一步延伸至其他接入网络，根据 ETSI 发布的标准，MEC 主要有七大应用场景，见表 8-8。

表 8-8 ETSI 发布的 MEC 应用场景

| 场景 | 场景特点 | MEC 解决的问题 |
| --- | --- | --- |
| 智能视频加速 | 大容量 | 网络拥塞 |
| 视频流分析 | 大容量 | 视频流分析 |
| AR/VR | 低时延 | 信息处理精度和时效性 |
| 密集计算辅助 | 大连接 | 密集计算能力 |
| 企业网和运营商网络协同 | 企业网业务平台化 | 运营商网络和企业网络智能选择 |
| 车联网 | 低时延 | 分析和决策的时效性 |
| IoT 网关 | 海量数据 | 数据本地处理与存储 |

## 8.4.1 MEC 在 C-V2X 中的应用

不同的 C-V2X 应用场景从时延、带宽和计算能力等方面对网络环境提出了不同要求。例如，自动驾驶和传感器信息共享场景的时延要求最大 3ms；传感器共享场景对带宽的要求最高达到 1Gbit/s。汽车在行驶过程中可能会遇到突发状况，时间上不允许数据经由云端的数据中心处理再做出决策。此外，车辆行驶时无法保障所有地方都有较好的传输信号，在信号较差的情况下，车辆无法通过基站或者其他方式与云端保持稳定的连接。因此，C-V2X 系统引入边缘计算，系统无须将数据上传到云端，在本地的边缘车载网关或其他节点设备上即可进行处理与决策，提高时效性的基础上保证自动驾驶的安全性。

1. 面向 C-V2X 的 MEC 应用

(1) MEC 在基本业务中的应用　C-V2X 基本业务包括信息服务类、安全驾驶类和驾驶效率类。

1) 信息服务类。在信息服务类业务中，MEC 技术主要为车主提供地图下载及更新、远程车辆诊断、影音娱乐等服务，此类业务的数据速率要求较高，但对时延有一定容忍度。

2) 安全驾驶类。安全驾驶类典型业务包括交叉路口预警、行人碰撞预警、道路故障实时预警等，车辆通过 MEC 技术获取周围车辆、行人、路侧设备的信息，辅助支持驾驶人做出决策，此类业务通常需要满足 20ms 以内的通信时延和 99% 以上的通信可靠性要求。

3) 驾驶效率类。C-V2X 利用 MEC 及大数据分析技术优化交通设施管理，实现交叉路口智能信号灯联动控制、车速引导等，提高交通效率，此类业务通常要求时延在 100ms 以内。

(2) MEC 在增强型业务中的应用

1) 汇入主路。在汇入主路辅助场景中，MEC 服务器对 RSU 发送的监测信息及车辆的状态信息进行感知融合分析，并将分析结果实时发送给车辆，因此 MEC 服务器需要具备信息分析能力、环境动态预测能力、信息存储能力、与车辆和 RSU 之间的信息交互能力，性能方面需要提供 10~100Mbit/s 的带宽、20ms 的时延、支持图像处理级别的计算能力及 TB 级别的存储能力。

2) 车辆编队。在车辆编队场景中，MEC 服务器负责编队状态信息的存储和分析，并与 RSU、中心云协同，指导编队的形成和解除，实现编队车辆与其他车辆的通信。图 8-20 是

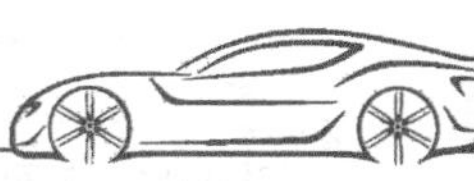

基于 MEC 的编队行驶方案，编队行驶过程中的高精度地图下载可以通过 MEC 服务器实现，编队行驶业务平台也可以部署在 MEC 服务器上，为车队提供高精度定位与导航服务，MEC 服务器还具有车队管理功能。该场景下，MEC 需要具备信息存储和整合分析计算能力、低时延大带宽通信能力、与中心云的交互能力。

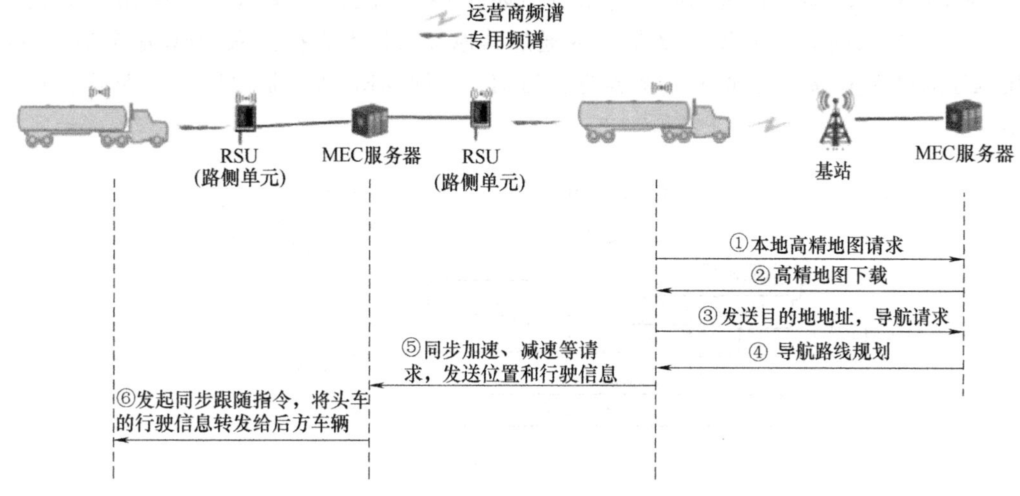


图 8-20 基于 MEC 的编队行驶方案

3）智慧交叉路口。在智慧交叉路口场景中，MEC 服务器对车辆及弱势道路使用群体的位置、速度等信息进行分析，并发出危险预警，同时优化信号灯各个相位配时参数，提高车辆通行效率。在性能方面，MEC 服务器需要提供 100Mbit/s 以上的带宽、20～100ms 的时延，能够支持大规模数据分析计算能力、智能决策能力以及 PB 级存储能力。

4）大规模协调调度场景。在大规模协调调度场景中，MEC 服务器收集传感器、车辆实时信息并进行分析，根据车辆密度、道路拥堵程度、拥堵节点位置以及车辆目标位置等信息，利用路径优化算法进行车辆导航调度，避免拥堵进一步恶化。因此，MEC 服务器应具备多种传感器及大量车辆状态信息的处理能力、综合路径规划的计算能力、EB 级别的海量信息存储能力、低时延大带宽通信能力。为了完成大范围、大规模的协同调度，MEC 服务器还需要具备与中心云平台进行交互的能力，以及跨基站、跨 MEC 服务器、跨路侧设备的业务支持能力。

**【知识拓展】**

什么是 TB、PB 和 EB?

TB、PB 和 EB 是设备存储容量的单位，常用的存储容量单位包括千字节（Kilo Byte，KB）、兆字节（Mega Byte，MB）、吉字节（Giga Byte，GB）、太字节（Tera Byte，TB）和拍字节（Peta Byte，PB）、艾字节（Exa Byte，EB）、泽字节（Zetta Byte，ZB）、尧字节（Yotta Byte，YB），之间的换算单位为 1024，如 1TB = 1024GB，1PB = 1024TB，1EB = 1024PB，1ZB = 1024EB（全世界沙滩上的沙子总数），1YB = 1024ZB（7000 个人类体内的微细胞总和）。

### 8.4.2 MEC 与 C-V2X 的融合架构

1. MEC 和 C-V2X 的融合部署

MEC 和 C-V2X 融合部署总体架构示意图如图 8-21 所示。C-V2X 终端采用 PC5 接口或 Uu 接口通过接入网接入 MEC 服务器，或通过其他接入技术直接接入 MEC 服务器，C-V2X 应用程序通过 Mp1 接口与 MEC 服务器进行通信，不同 MEC 服务器之间采用 Mp3 接口进行通信。

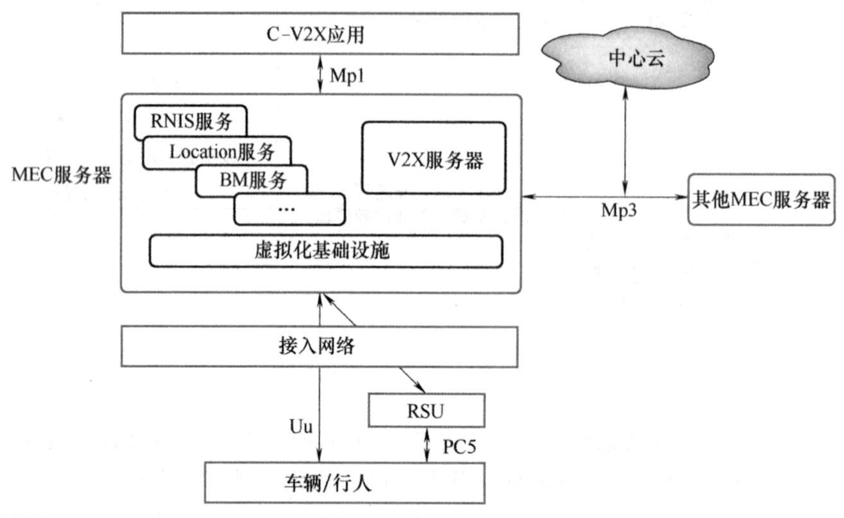


图 8-21 MEC 和 C-V2X 融合部署总体架构示意图

MEC 服务器提供多种服务供 V2X 应用程序调用，包括无线网络信息服务（Radio Network Information Service，RNIS）、定位（Location）服务、带宽管理（Bandwidth Manager，BM）服务以及应用移动性服务（Application Mobility Service，AMS）等，V2X 应用程序通过调用这些服务获取无线网络信息和车辆信息等。

（1）**RNIS**　MEC 服务器通过 RNIS 为第三方应用提供需要的网络信息，帮助其优化业务流程，提升用户体验，实现网络和业务的深度融合。

（2）**Location 服务**　MEC 服务器基于蜂窝网络信息为 V2X 应用提供车辆的定位信息，以便进行基于位置的车辆操作，例如工厂园区内车辆的进出管理、厂区无人车物流交通管制等。

（3）**BM 服务**　不同的车联网应用对通信带宽等网络资源的需求不同，BM 服务根据车联网应用对网络资源分配进行统一管理，对不同类型的业务进行差异化 Qos 管理，例如为碰撞危险警告等安全信息分配合理的固定带宽，拥塞情况下仍能保证警告信息及时发送。

（4）**AMS**　MEC 服务器支持车辆移动过程的业务连续性，AMS 可以将业务数据从源 MEC 服务器发送到目的 MEC 服务器，使得车联网业务可以跨 MEC 服务器、跨网络交互。

2. 融合 MEC 的 5G-V2X 的网络架构

与现有的移动网络相比，5G 网络架构最大的特点是“去中心化”。MEC 技术是实现 5G

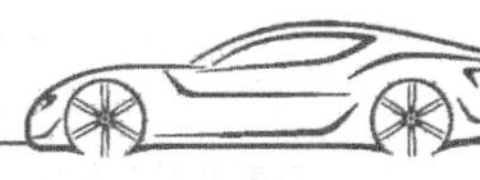

网络去中心化的关键，对大容量、大连接数据做本地化处理，降低时延、节省网络带宽，满足低时延、高带宽的需求。融合了 MEC 的 5G-V2X 网络架构如图 8-22 所示。该架构采用 5G 核心网的服务化架构，MEC 作为 5G 核心网的应用功能（Application Function，AF），通过网络开放功能（Network Exposure Function，NEF）和 5G 核心网中的网元实体交互，完成分流规则、策略控制的配置，图中的 UDM、PCF、UPF、NRF、UDR、AMF、SMF 属于 5G 核心网的主要网元，在本项目的任务 2 进行详细介绍，NG-RAN（Next Generation Radio Access Network，下一代无线接入网）代表 5G 接入网。

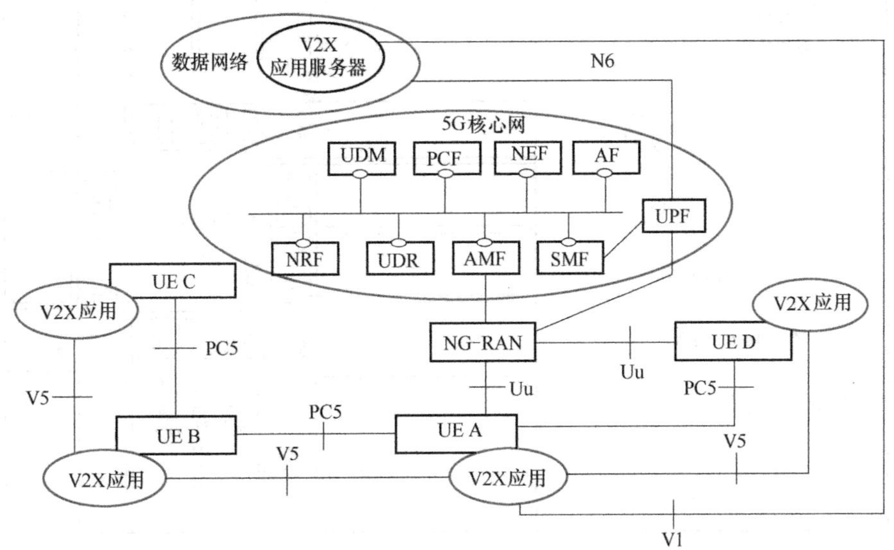


图 8-22 融合 MEC 的 5G-V2X 架构

**3. MEC 服务器的部署**

MEC 服务器的部署策略需要根据业务的时延要求、运营商的实际网络部署确定，对于端到端时延要求低于 20ms 的应用场景，MEC 服务器应部署在基站侧，此时通信时延可控制在 5ms 以内，但覆盖范围有限，单用户成本较高。对于端到端时延在 100ms 以内的应用场景，MEC 服务器可部署在接入环、汇聚环和核心环，部署在接入环的时延为 16～24ms，覆盖范围较基站侧部署有一定的扩展，但部署成本较高；部署在汇聚环和核心环时，其时延为 22～42ms，覆盖用户数较多，成本较低。

根据 MEC 服务器的位置分布可分为区域 MEC 平台和路侧 MEC 设备两类，两类边缘计算相对独立，可根据不同应用场景对 MEC 服务器进行灵活组合，形成系统解决方案。

例如，对于盲区感知结果分发场景，需要结合 C-V2X PC5 接口提供网络边缘计算，可部署路侧 MEC 设备，实现本地系统功能闭环，如图 8-23 所示。对于远程遥控驾驶等场景，需要利用 5G+边缘计算的低时延、数据分流特性，可以布置区域 MEC 平台，并通过 5G 网络和车辆连接，区域 MEC 平台可部署边缘应用或分流至其他专用平台，如图 8-24 所示。对于自动代客泊车或动态高精度地图等场景，需要利用边缘计算降低时延、提供算力，并与路侧感知进行联动，可部署与 PC5 通信结合的路侧 MEC 设备、与 5G 网络结合的区域 MEC 平台，通过分级部署实现两级联动，如图 8-25 所示。

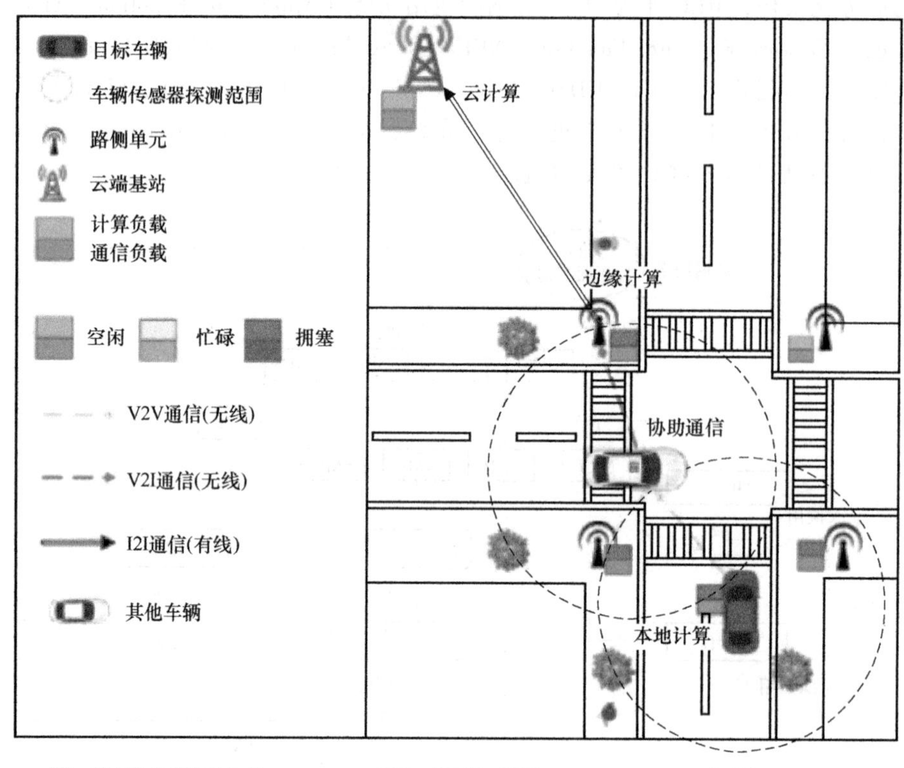


图 8-23　路侧 MEC 设备的部署实例（见彩图）

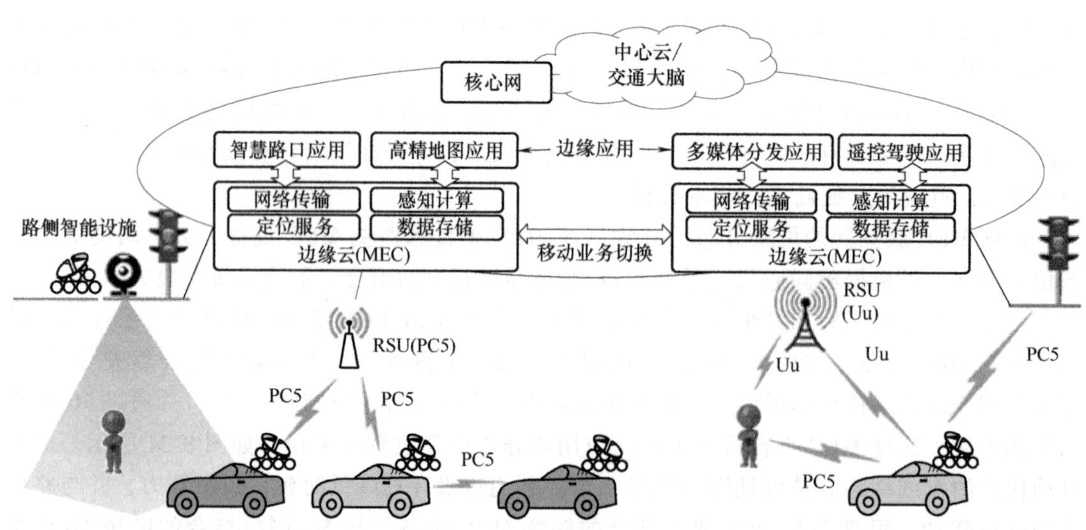


图 8-24　区域 MEC 平台的部署案例

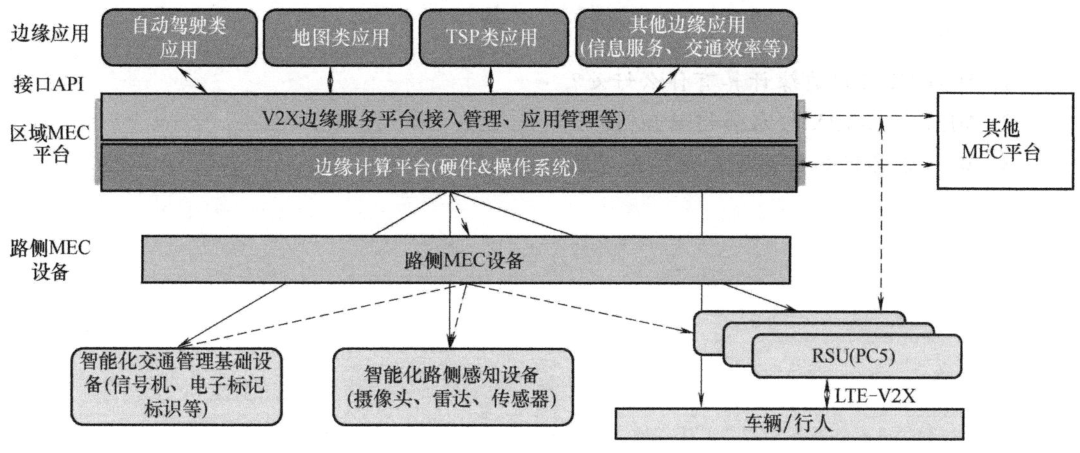


图 8-25　路侧 MEC 设备和区域 MEC 平台融合的案例

## 【知识拓展】

### 1. 什么是接入环、汇聚环、核心环？

移动网络从基站到核心网之间的连接包含了接入环、汇聚环和核心环，如图 8-26 所示。接入环负责将基站接入网络，实现与用户对接，并进行业务和带宽的分配；汇聚环是接入环和核心环的中介，作用是在工作站接入核心环前先做汇聚，减轻核心环设备的负荷；核心环主要用于网络的高速交换主干，是所有流量的最终承受者和汇聚者。图中 UPE（User-end Provider Edge，用户侧运营商边缘设备）直接连接基站，SPE（Superstratum Provider Edge，上层边缘设备）用于汇聚 UPE 的流量传递给上层的 NPE（Network Provider Edge，网络侧运营商边缘设备），并完成不同接入环之间的数据传递，NPE 用于连接核心网。

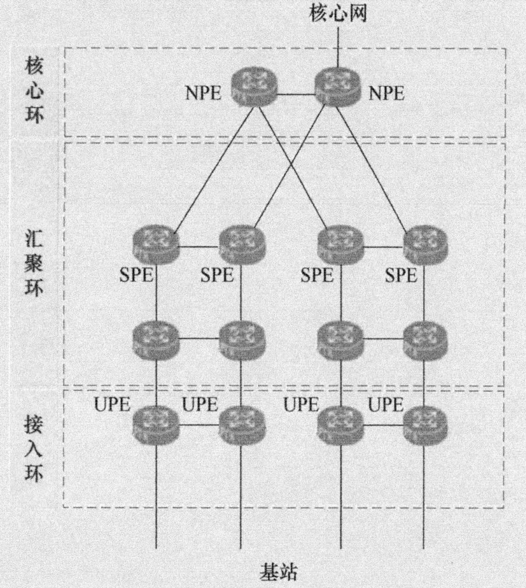


图 8-26　移动网络的组网方式

### 2. 什么是边缘设备？

边缘设备是指安装在边缘网络上的交换机、路由器、路由交换机等设备，负责接入设备和核心网络设备间的数据包传送，具有网络协议转换功能。边缘网络包括汇聚层网络（汇聚环）和接入层网络（接入环）的一部分或全部，是用户接入网络的最后一段。

## 任　务

1. 5G-V2X 使用边缘计算有什么好处？
2. MEC 和 C-V2X 技术如何融合？
3. MEC 服务器如何部署？试举例说明。

# 附录　FlexRay总线

**1. FlexRay 总线概述**

FlexRay 是一种用于汽车上的高速、确定性、具备故障容错能力的总线技术，将事件触发和时间触发两种方式结合，具有高效的网络利用率和系统灵活性的特点，可作为汽车内部网络的主干网络。

**（1）FlexRay 总线的通道结构**　FlexRay 总线采用双通道结构进行通信，如附图 1 所示，最大数据传输速率为每通道 10Mbit/s。第二个通道可以发送与第一个通道相同的信息，以冗余的方式换取安全性，也可以发送与第一个通道不同的信息，以提高传输速率，当两通道发送的信息不同时，FlexRay 可实现最高 20Mbit/s 的传输速率。

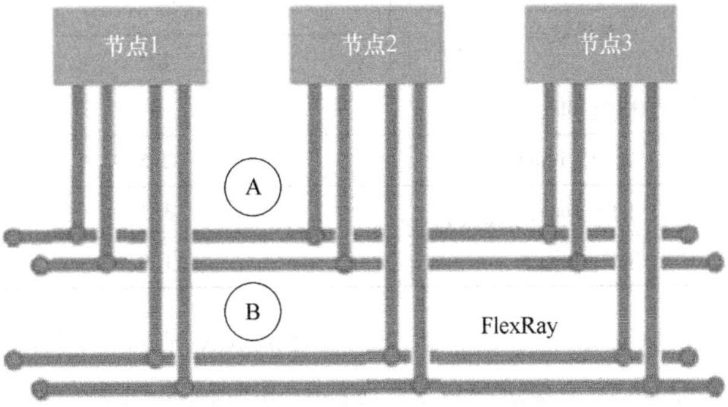

附图 1　FlexRay 总线的双通道结构

**（2）FlexRay 总线的拓扑结构**　FlexRay 总线的拓扑结构灵活多样，有总线型、星形和混合型三类，两个通道可以独立实现，采用不同的拓扑结构，如一个通道为星形拓扑结构，另一个为总线型拓扑结构，最终组合的拓扑结构有很多种，附图 2 是通道 A 采用总线型拓扑结构、通道 B 采用星形拓扑结构的混合式拓扑结构图。

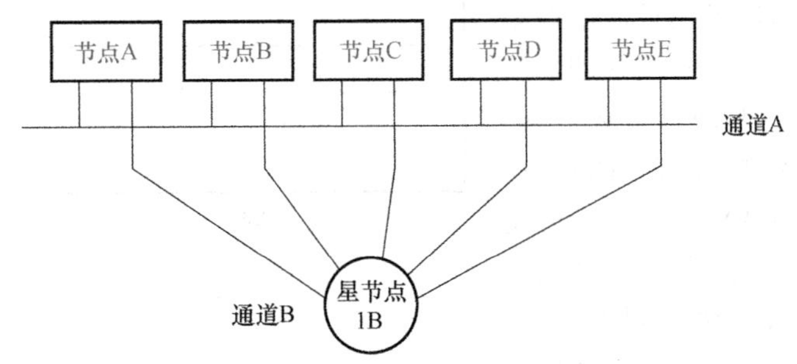


附图 2　FlexRay 总线的混合式拓扑结构

**(3) FlexRay 总线上传输的信号** FlexRay 总线可采用屏蔽双绞线或非屏蔽双绞线，每个通道有两根导线，即总线正（Bus-Plus，BP）和总线负（Bus-Minus，BM），采用不归零编码传输数据。总线上传输的信号如附图 3 所示，将不同的电压加载在一个通道的两根导线上，使总线有 4 种状态，分别是 Idle_LP（Idle_Low Power，休眠）、Idle（空闲）、Date_0（工作）和 Date_1（工作），具体电压值见附表 1。

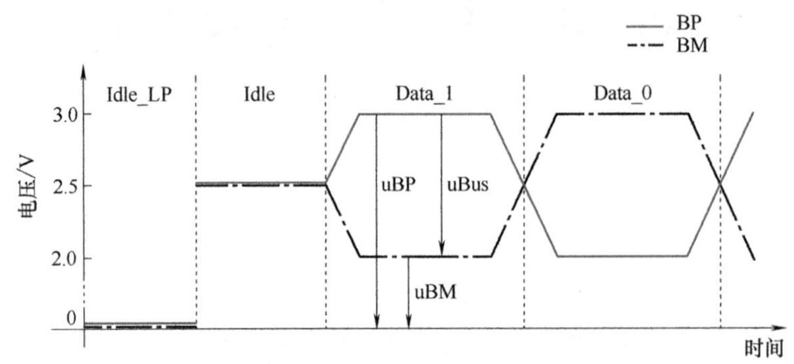


附图 3 FlexRay 总线上传输的信号

附表 1 FlexRay 总线上传输的电压值

| 总线状态 | 电压值/V | |
|---|---|---|
| | BP | BM |
| 休眠(Idle_LP) | 0 | 0 |
| 空闲(Idle) | 2.5 | 2.5 |
| 工作(Data_1) | 3.1 | 1.9 |
| 工作(Data_0) | 1.9 | 3.1 |

**(4) FlexRay 总线的节点** FlexRay 节点一般由主控制器、通信控制器、总线管理器、总线驱动器（发送/接收驱动器）和电源系统 5 个部分组成，如附图 4 所示。主控制器产生数据，并通过通信控制器传输；通信控制器执行 FlexRay 协议中的数据链路层功能；总线管理器和总线驱动器与通信控制器相连，其个数和通道数对应。

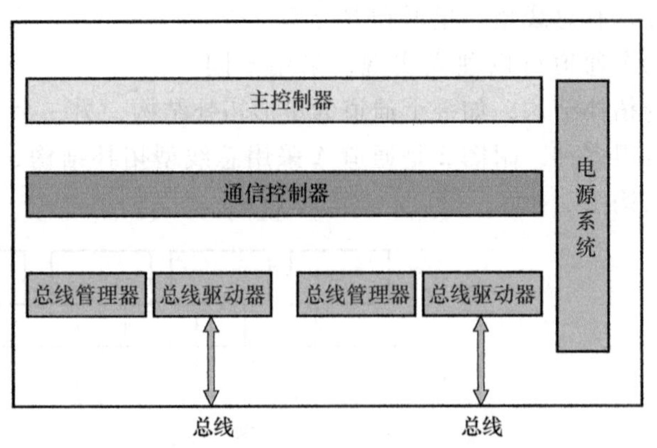


附图 4 FlexRay 总线的节点结构

总线管理器负责总线逻辑监控，当主控制器将分配的时间槽通过通信控制器传输给总线管理器时，总线管理器就允许主控制器在这些时间槽传输数据。总线驱动器负责总线物理信号的接收/发送，作用类似于 CAN 收发器，但是 FlexRay 总线驱动器还提供了低电压管理、供电监测及总线故障检测等功能。节点内各部分之间的连接关系及传输的信号如附图 5 所示。

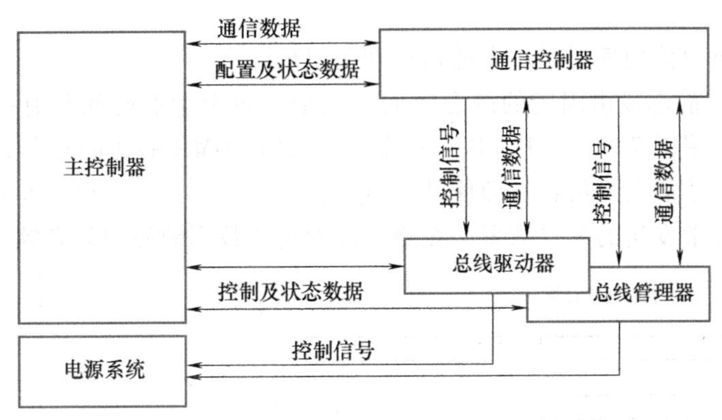


附图 5　FlexRay 总线节点内各部分之间的连接关系及传输的信号

**2. FlexRay 总线的通信周期**

通信周期是 FlexRay 数据传输的基本要素。FlexRay 通过时间分层（Time Hierarchy）的方法定义通信周期，共分为 4 个时间层次，如附图 6 所示，最高层为通信周期层（Communication Cycle Level）。FlexRay 总线的通信由若干个通信周期按照顺序逐个排列在时间轴上构成，从总线起动到停止都在不断重复该通信周期，一个通信周期持续 5ms，由静态段（Static Segment）、动态段（Dynamic Segment）、符号窗（Symbol Window）和网络空闲时间（Network Idle Time，NIT）4 部分构成。

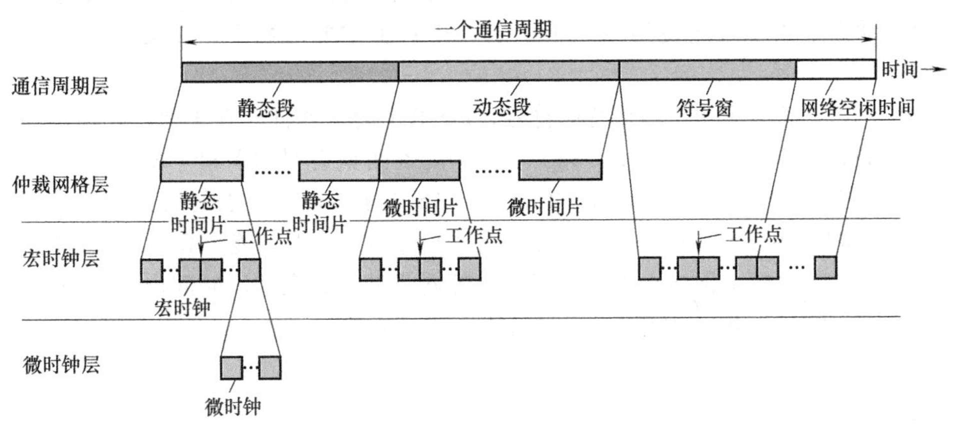


附图 6　FlexRay 总线的通信周期

通信周期层的低一层为仲裁网格层（Arbitration Grid Level）。在静态段，仲裁网格是一些连续的静态时间片（静态时隙，Static Slot），且时间片为等长的时间间隔。在动态段，仲裁网格是一组连续的微时间片（最小时隙，Mini Slot）。

仲裁网格层的静态时间片和微时间片、通信周期层的符号窗和 NIT 均建立在宏时钟层（Macrotick Level）之上，由不同数量的宏时钟构成。在宏时钟层，一些宏时钟的边界被指定为工作点（Action Point）。工作点是指节点根据校准的本地时基执行动作的时间点，在静态段、动态段、符号窗中的工作点指示立即开始发送数据，动态段中，有时工作点也用于指示数据发送结束。

最低层是微时钟层（Microtick Level）。微时钟是比宏时钟更小的时间段，若干个微时钟组成一个宏时钟。

下面主要分析通信周期层中一个通信周期的组成。

（1）静态段　静态段由固定的静态时间片组成，每个静态时间片有一个序号，并且与节点一一对应，如附图 7 所示。FlexRay 的静态段采用 TDMA 的访问机制，每个节点只有在属于自己的时间片才能发送信息，即使某个节点当前无信息可发，该时间片依然保留。静态段用于发送需要经常发送的重要数据，在静态段发送的数据帧称为静态帧。

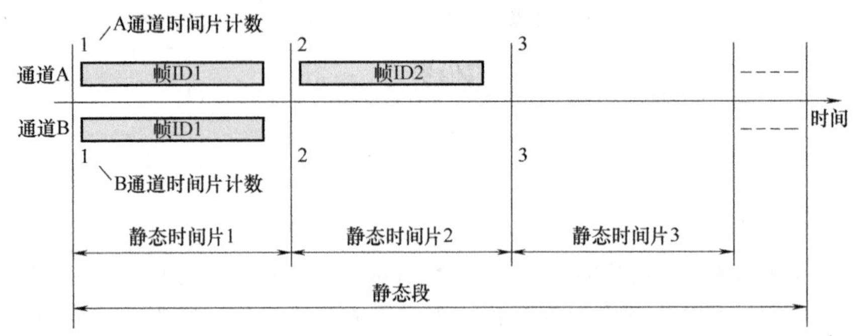


附图 7　FlexRay 通信周期的静态段

（2）动态段　动态段被分成若干微时间片，使用灵活时分多路复用（Flexible Time Division Multiple Access，FTDMA）的访问机制，总线会轮流询问每个节点是否有信息发送，没有就跳过，如果多个节点需要同时发送数据，则根据数据帧的优先级竞争获得总线使用权。动态段用于发送使用频率不确定、相对不重要的数据，在动态段发送的数据帧称为动态帧。

（3）符号窗　符号窗用于传输特征符号，FlexRay 的特征符号有 3 种，分别是冲突避免符号（Collision Avoidance Symbol，CAS）、媒体接入测试符号（Media Access Test Symbol，MTS）和唤醒符号（Wake Up Symbol，WUS）。CAS 用于冷起动节点的通信启动。MTS 用于总线的测试。WUS 用于唤醒过程的初始化。符号窗内的内容及功能由高层协议规定。

（4）网络空闲时间　网络空闲时间用于时钟同步处理，在这段时间内，FlexRay 总线上没有信息传输，所有节点利用网络空闲时间使内部时钟与全球时基同步。

### 3. FlexRay 总线的数据帧结构

FlexRay 总线的数据帧由帧头（Header）段、有效数据（Payload）段和帧尾（Trailer）段 3 部分构成，如附图 8 所示。

保留位 | 有效数据前导指示位 | 空帧指示位 | 同步帧指示位 | 起始帧指示位

| | 帧ID | 有效数据段长度 | 帧头CRC | 周期计数 | 数据0 | 数据1 | 数据2 | … | 数据n | CRC | CRC | CRC |
|---|---|---|---|---|---|---|---|---|---|---|---|---|
| 1 1 1 1 1bit | 11bit | 7bit | 11bit | 6bit | 0～254B | | | | | 24bit | | |
| 帧头段 | | | | | 有效数据段 | | | | | 帧尾段 | | |

附图 8　FlexRay 总线的数据帧结构

（1）帧头段　帧头段由 40 位构成，其组成及作用见附表 2。

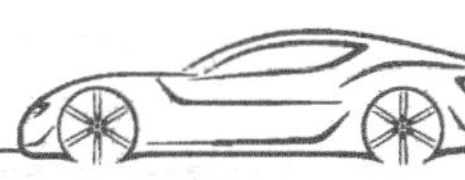

附表 2 FlexRay 总线数据帧的帧头段构成

| 字段名称 | | 长度/bit | 作用 |
|---|---|---|---|
| 指示位(Indicators) | 保留位(Reserved) | 1 | 为后期扩展做准备 |
| | 有效数据前导指示位(Payload Preamble Indicator) | 1 | 有效数据段是否包含网络管理向量或信息 ID 信息<br>当设置为 0 时,不包含网络管理向量和信息 ID;当设置为 1 时,静态帧的有效数据段包含网络管理向量,动态帧的有效数据段包含信息 ID |
| | 空帧指示位(Null Frame Indicator) | 1 | 该帧是否为空帧,即该帧的有效数据段中是否存储有效数据<br>该位为 1 时,表示该帧有效数据段有数据;该位为 0 时,表示该帧为空帧,有效数据段没有数据 |
| | 同步帧指示位(Sync Frame Indicator) | 1 | 该帧是否为一个同步帧<br>该位是 0,表示该帧为非同步帧;如果是 1,则为同步帧,所有接收到本帧的节点把该帧用于同步 |
| | 起动帧指示位(Startup Frame Indicator) | 1 | 本帧是否为起动帧<br>该位是 0,则为非起动帧;如果是 1,则为起动帧。<br>只有冷起动节点可以发送起动帧 |
| 帧 ID(Frame ID) | | 11 | 确定传输该数据帧的时隙,在每个通道周期内一个帧 ID 只能使用一次,帧 ID 的取值范围为 1~2017 |
| 有效数据段长度(Payload Length) | | 7 | 该帧的有效数据段长度,以字(1 个字=2B)为单位 |
| 帧头 CRC(Header CRC) | | 11 | 用于帧头的校验 |
| 周期计数(Cycle Count) | | 6 | 发送节点在发送数据帧时的周期计数值 |

（2）有效数据段　有效数据段包含要传输的有效数据，最大为 254B，且为偶数字节。当有效数据前导指示位为 0 时，该字段全部为有效数据；当有效数据前导指示位为 1 时，对于动态帧，前 2B 为信息 ID 字段，信息 ID 用于接收节点过滤接收数据。对于静态帧，前 12B 有可能全部或部分为网络管理向量（Network Management Vector，NMV）。一个节点簇（一个 FlexRay 网络内所有参与通信的节点）中的所有节点的 NMV 是一致的。

（3）帧尾段　帧尾段是一个 24 位的 CRC 校验码。校验范围包括帧头和有效数据字段，在两个通道中使用相同的 CRC 生成多项式。

数据帧在进行物理层传输前需要加上位置标识、同步等信息形成一个二进制位流，接收端接收到这些位流分解出一帧的信息并提供给数据链路层。

增加信息的过程如下：

1）把数据帧的所有信息分成字节。

2）在数据帧的最前面加入一个传输起始序列（Transmission Start Sequence，TSS）。

TSS 在发送节点开始发送数据帧之前，首先发送一个连续低位的序列，长度可以通过配置设置，接收节点检测到这个序列即判定总线由空闲状态进入工作状态。

3）在 TSS 后面加入帧起始序列（Frame Start Sequence，FSS）。

FSS 是一位高位，表示一个数据帧的传输开始，还可以补偿 TSS 同步的量化误差。

4）在数据帧的每一个字节前面插入字节起始序列（Byte Start Sequence，BSS）得到扩展字节。

BSS 包含连续的一个高位和一个低位。发送节点在数据帧的每一个字节信息（每 8 位数据）前面加上 BSS，接收端接收数据帧时可以利用 BSS 进行再同步。

5）按照原来数据帧的字节顺序排列所有扩展字节。

6）计算帧的 CRC 校验码，并把校验码的各字节加上 BSS 进行字节扩展。

7）在如上形成的位流后面加上帧结束序列（Frame End Sequence，FES）。

FES 包含连续的一个低位和一个高位，表示一帧结束。

8）如果是动态段的帧，FES 后面还需要添加一个动态尾部序列（Dynamic Trailing Sequence，DTS）。

DTS 用于动态段的帧尾，包括先低后高两部分，低的部分可变长度，至少保持一位的时间，高的部分固定为一位的时间。

用于物理层发送的静态数据帧和动态数据帧的二进制位流如附图 9 和附图 10 所示。

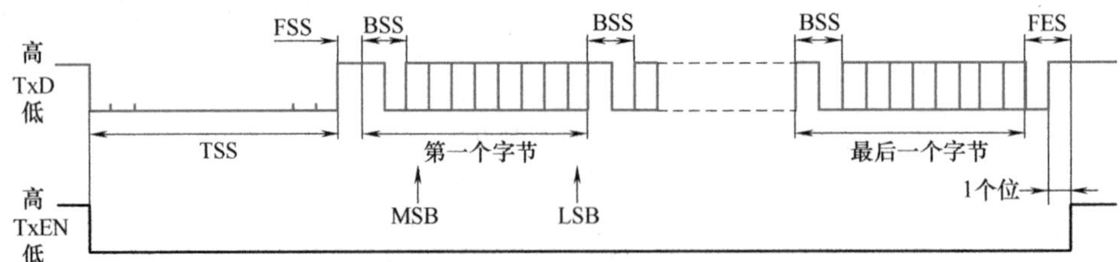


附图 9　FlexRay 总线用于物理层发送的静态数据帧的二进制位流

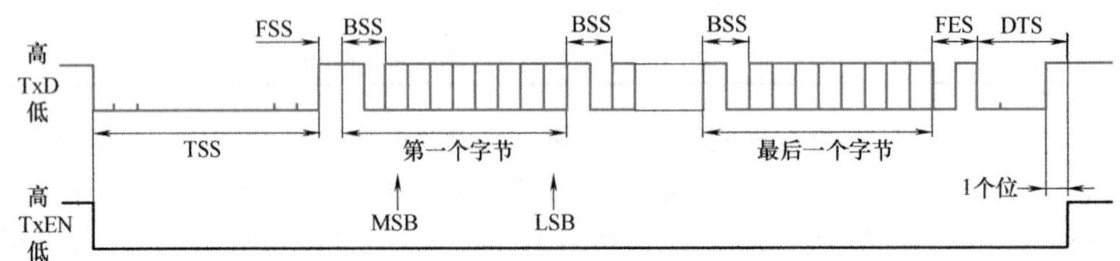


附图 10　FlexRay 总线用于物理层发送的动态数据帧的二进制位流

注：TXD 为发送数据引脚；TXEN 为发送使能信号引脚

**4. FlexRay 总线的应用**

2006 年 FlexRay 首次应用于量产车，作为数据主干网在 BMW X5 的悬架系统上使用，包含 15 个 FlexRay 节点，采用单通道结构，传输速率为 10Mbit/s，拓扑结构为星形及总线型。附图 11 是 FlexRay 总线在 BMW 车系 F01/F02 车型上的应用案例。FlexRay 总线连接 12 个节点和一个网关，将行驶动态管理系统相关 ECU 联网，并和发动机管理系统实现跨系统联网，网关可以和汽车其他总线（CAN/LIN/MOST）进行通信。

FlexRay 的另一个应用场景是汽车线控系统。附图 12 是 FlexRay 总线在线控转向系统里的应用实例，该系统包括两个 ECU，即 FlexRay 总线的两个节点，分别是路感模拟控制器和执行转向控制器。路感模拟控制器采集转向盘转角信号和转向盘扭矩信号，并控制路感模拟电机工作。执行转向控制器采集车速信号，并控制执行转向电机工作。路感模拟控制器和执行转向控制器之间通过 FlexRay 总线进行信息交换，例如，路感模拟控制器需要根据执行转向控制器采集的车速信号确定路感模拟电机的力矩，以产生低速时转向盘轻、高速时转向盘较重的手感；而执行转向控制器需要利用路感模拟控制器的转角信号和扭矩信号，控制执行转向电机完成转向过程。FlexRay 总线采用双通道的总线型拓扑结构。

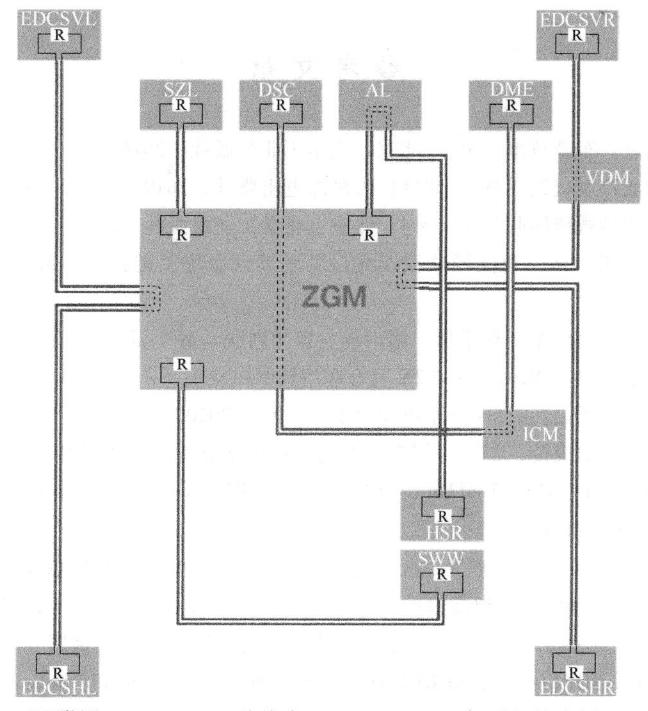


附图 11 FlexRay 总线在 BMW F01/F02 车型上的应用

ZGM—中央网关模块 EDCSVL—左前电子减振器控制系统卫星式控制单元 SZL—转向柱开关中心 DSC—动态稳定控制系统 AL—主动转向系统 DME—数字式发动机电子系统 EDCSVR—右前电子减振器控制系统卫星式控制单元 VDM—垂直动态管理系统 EDCSHR—右后电子减振器控制系统卫星式控制单元 ICM—集成式底盘管理系统 HSR—后桥侧偏角控制系统 SWW—变道报警装置 EDCSHL—左后电子减振器控制系统卫星式控制单元

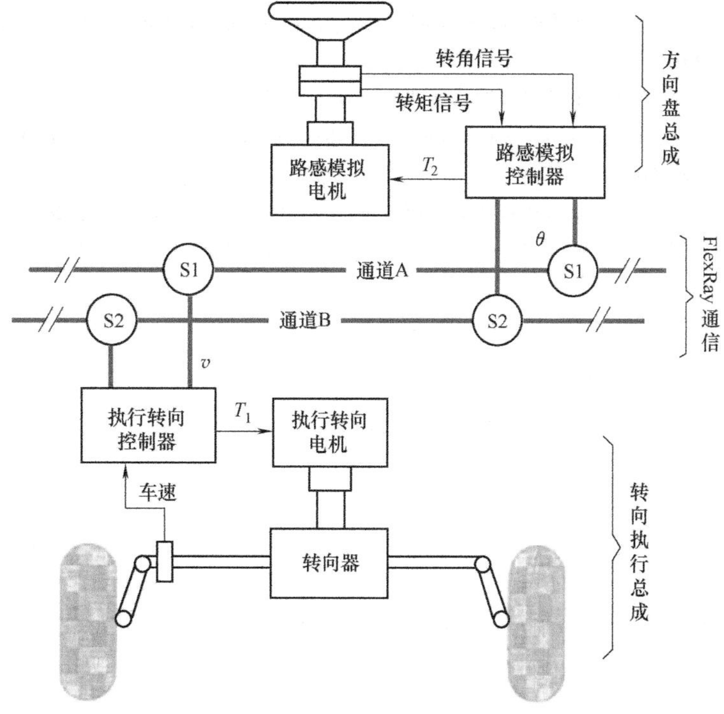


附图 12 FlexRay 总线应用于线控转向系统

# 参 考 文 献


[1] 崔胜民. 智能网联汽车新技术 [M]. 北京：化学工业出版社，2016.

[2] 崔胜民. 智能网联汽车概论 [M]. 北京：人民邮电出版社，2019.

[3] 崔胜民. 一本书读懂智能网联汽车 [M]. 北京：化学工业出版社，2019.

[4] 崔胜民，俞天一，王赵辉. 智能网联汽车先进驾驶辅助系统关键技术 [M]. 北京：化学工业出版社，2019.

[5] 孙逢春，李克强. 电动汽车工程手册：第六卷　智能网联 [M]. 北京：机械工业出版社，2020.

[6] IMT-2020（5G）推进组. MEC 与 C-V2X 融合应用场景白皮书 [Z]. 2019.

[7] 中国联合网络通信有限公司. 5G 车路协同白皮书 [Z]. 2020.

[8] 清华大学，苏州汽车研究院，等. 中国自动驾驶仿真研究报告 [Z]. 2019.

[9] Math Works. Automated Driving TooLboox [EB/OL]. [2023-01-01]. https：//ww2. mathworks. cn/products/automated-driving. html.

[10] 夏草盛. 传感器技术在电动汽车上的应用与发展 [J]. 电子元器件与信息技术，2019（1）：55-58.

[11] 王贺. 雷达摄像头数据融合在智能辅助驾驶的应用 [D]. 长春：吉林大学，2019.

[12] 刘俊生. 基于激光点云与图像融合的车辆检测方法研究 [D]. 重庆：重庆理工大学，2019.

[13] CHEN L C，PAPANDREOU G，KOKKINOS I，etal. DeepLab：Semantic Image Segmentation with Deep Convolutional Nets，Atrous Convolution，and Fully Connected CRFs [J]. IEEE Transactions on Pattern Analysis & Machine Intelligence，2018，40（4）：834-848.

[14] ZHAO H，SHI J，QI X，etal. Pyramid Scene Parsing Network [C]. //2017 IEEE Conference on Computer Vision and Pattern Recognitim（CVPR）New York：IEEE，2017.

[15] LIN G，MILAN A，SHEN C，etal. RefineNet：Multi-path Refinement Networks for High-Resolution Semantic Segmentation [C] //2017 IEEE Conference on Computer Vision and Pattern Recognition（CVPR）. New Yrok：IEEE，2017.

[16] 梁乐颖. 基于深度学习的车道线检测算法研究 [D]. 北京：北京交通大学，2018.

[17] ALY M . Real time Detection of Lane Markers in Urban Streets [C] // Intelligent Vehicles Symposium. New York：IEEE，2014.

[18] 常亮亮. 基于激光雷达的车道线检测方法研究 [D]. 重庆：重庆邮电大学，2019.

[19] 张名芳，付锐，郭应时，等. 基于三维不规则点云的地面分割算法 [J]. 吉林大学学报（工学版），2017，47（5）：8.